이채문 전공체육 연간 강좌 계획

해커스임용 **이채문 전공체육 2024대비 연간 계획**		2024대비 [illegible]		[illegible]) 콜라보 모의고사	
		수요일	[illegible]	[illegible]	일요일
		이채문 전[illegible]		[illegible]	이채문 전공체육 시험범위
		13시 - 17시		1교시 9시 30분 - 10시 [illegible]0분 해설 온라인 강의로 제공 예정	2교시 10시 30분 - 11시 40분 3교시 12시 10분 - 13시 20분 해설 13시 40분 - 15시 10분
1월 체육측정평가 3주 12만원 1/4 개강, 1/20 종강	1주	**1/4 개강**	1/6	–	–
	2주	1/11	1/13	–	–
	3주	1/18	1/20 종강	–	–
1~2월 운동역학 6주 24만원 1/25 개강, 3/3 종강	1주	**1/25 개강**	1/27	1/29(일) 교육평가, 통계, 연구 20점	1/29(일) 1월호 체육측정평가 80점
	2주	2/1	2/3	–	–
	3주	2/8	2/10	–	–
	4주	2/15	2/17	–	–
	5주	2/22	2/24	–	–
	6주	3/1	3/3 종강	–	–
3월 스포츠교육학2 3주 12만원 3/15 개강, 3/31 종강		이론 강의 없는 주		3/12(일) 교육과정 20점	3/12(일) 3월호 운동역학 80점
	1주	**3/15 개강**	3/17	–	–
	2주	3/22	3/24	–	–
	3주	3/29	3/31 종강	–	–
4월 운동생리학 5주 20만원 4/5 개강, 5/7 종강	1주	**4/5 개강**	4/7	4/9(일) 교육방법 및 교육공학 20점	4/9(일) 4월호 스포츠교육학2 80점
	2주	4/12	4/14	–	–
	3주	4/19	4/21	–	–
	4주	4/26	4/28	–	–
	5주	5/3	5/7 종강	–	–
5월 운동학습 및 심리 3주 12만원 5/17 개강, 6/2 종강		이론 강의 없는 주		5/14(일) 교육행정학 20점	5/14(일) 5월호 운동생리학 80점
	1주	**5/17 개강**	5/19	–	–
	2주	5/24	5/26	–	–
	3주	5/31	6/2 종강	–	–
5~6월 스포츠사회학 3주 12만원 6/7 개강, 6/23 종강	1주	**6/7 개강**	6/9	6/11(일) 교육심리학 20점	6/11(일) 6월호 운동학습 및 심리 80점
	2주	6/14	6/16	–	–
	3주	6/21	6/23 종강	–	–
7월 체육사/철학/윤리 3주 12만원 7/5 개강, 7/21 종강		이론 강의 없는 주		7/2(일) 교육사회학 20점	7/2(일) 7월호 스포츠사회학 80점
	1주	**7/5 개강**	7/7	–	–
	2주	7/12	7/14	–	–
	3주	7/19	7/21 종강	–	–
7~8월 스포츠교육학 1 *2022총론 반영 예정 3주 12만원 7/26 개강, 8/11 종강	1주	**7/26 개강**	7/28	–	–
	2주	8/2	8/4	–	–
	3주	8/9	8/11 종강	–	–
		이론 강의 없는 주		8/20(일) 교육의 이해, 교육철학 20점	8/20(일) 8월호 스포츠교육학 1, 체육사/철학/윤리 80점
9~11월 실전모의고사 8주 32만원		9/3 개강 ~11/19 종강 (*일요일 진행)		–	

※ 강의계획은 상황에 따라 달라질 수 있으며 세부계획은 강좌 별 수업계획서를 참조

해커스임용 이채문 전공체육 스포츠교육학 1

해커스임용

차례

PART 1 체육 교육론

제 1 장 | 체육과 특성

제 2 장 | 체육과 학습 이론의 유형

제 3 장 | 체육 수업 비평

제 4 장 | 반성적 체육수업

차례

PART 2 체육과 교육과정

제 1 장 | 체육과 교육과정의 의미와 본질

제 2 장 | 체육과 교육과정의 사조와 모형

차례

제 3 장 | 체육과 교육과정의 변천

제 4 장 | 체육과 교육과정의 개발 수준과 개발 과정

제 5 장 | 교사 수준의 체육과 교육과정 개발

제 6 장 | 체육 교육과정의 통합적 접근

차례

제 7 장 | 교수·학습단원의 개발

PART 3 2022개정 교육과정 총론 문서

제 1 장 | 초·중등학교 교육과정 총론 교육부 고시 제2022-33호

제 2 장 | 초·중등학교 교육과정 총론 교육부 고시 제2015-74호

PART 4 2015개정 체육과 교육과정

제 1 장 | 공통 교육과정

제 2 장 | 선택 중심 교육과정

차례

PART 5 2022개정 체육과 교육과정

제 1 장 | 공통 교육과정

제 2 장 | 선택 중심 교육과정

제 3 장 | 일반 선택 과목 체육 1

차례

제 6 장 | 진로 선택 과목 스포츠 문화

제 7 장 | 진로 선택 과목 스포츠 과학

제 8 장 | 융합 선택 과목 스포츠 생활 1

제 9 장 | 융합 선택 과목 스포츠 생활 2

이 책의 구성

01 다양한 학습요소를 통한 체계적인 이론 학습

제4장 반성적 체육수업

1 반성적 수업의 개념과 모형

1. 반성적 수업의 개념 및 특징 09 기출 18 기출 22 기출

(1) Dewey는 반성적 사고는 '상호작용 또는 현실로부터 의미를 창출하고 이해하고자 하는 유목적적이고 직접적인 열중 의지이며 가시적이고 직접적인 것들을 토대로 작용하는 의식의 흐름에 의해서 파악하는 것이 아니라 그 속에 내재해 있는 참된 의미를 과학적이고 실증적인 근거에 의해서 파악하는 것'을 말한다(최진섭, 1996).

(2) 숀(Schon, 1983)은 반성적 교사 자신의 실천적 지식(Knowing-in-action)[2]을 습득하는 데 관건이 된다고 보았다.

(3) 그는 교사의 실천적 지식과 관련된 일상적인 행위의 흐름을 방해하는 무언가가 있을 때, 즉 어떤 놀라움이 있을 때 의식적인 반성이 일어난다고 보았으며, 이 의식적인 반성을 '실천 행위 중 반성'(reflection-in-action)과 '실천 행위 후 반성'(reflection-on-action)의 두 유형으로 세분화하고 있다.

① '실천 행위 중 반성'

㉠ 개인이 문제를 구조화하고, 상황을 이해하며, 문제를 이끌어 오는 가정들의 기저를 비판적으로 평가하며, 검증될 수 있는 대안적인 해결 방식을 구성하도록 허용하는 하나의 의식적인 탐구이다.

㉡ 이는 어떤 실천적 행위를 하는 도중에 수행하고 있는 것에 대해 반성적 사고를 하는 것으로 자신이 구성한 전략을 향상시키고 개선하면서 문제를 다루어 보는 과정으로 다양한 관점으로 문제를 다루는 것을 중요하게 여기는 유형이다.

② '실천 행위 후 반성'

㉠ 놀라움이 왜 일어났는지를 이해하기 위해 우리의 행위를 돌이켜 생각해 보는 것을 의미한다.

㉡ 이러한 반성이 일어나면 형상과 어떤 거리를 두게 되며, 평가적이고 비판적으로 그 상황을 숙고할 수 있게 된다.

㉢ 이는 이미 일어난 상황에 대하여 자신의 행위를 되돌아보면서 체계적으로 깊이 생각해 보는 것으로 자신의 행위를 관찰하고 행위가 끝난 다음에 유사한 상황에서 어떻게 다르게 행동할 수 있는지를 생각하는 유형이다.

(4) 숀(Schon, 1983)에 의하면, 교사의 전문지식은 이 두 가지 반성을 통하여 습득되는 실천적 지식이라고 하고 있다. 이는 교사교육에서 전문적 지식의 본질과 그것이 획득되는 방식을 실천주의적 관점에서 보고 있다는 것을 보여준다.

2) 2007년 개정 체육과 교육과정에서는 체육과 교육 내용을 '스포츠 또는 운동'이 아닌 '신체 활동 지식(physical activity knowledge)'으로 재개념화 하였다. 신체활동지식이란, 모든 신체 활동에 보편적인 개념, 원리, 수행방법 등을 추가 시킨 개념으로, 신체 활동의 명제적 지식과 실천적 지식을 포함한다. 신체 활동의 명제적 지식이란 신체활동과 관련된 이론으로 비유할 수 있으며, 신체 활동에 대해 아는 것을 의미한다. 반면 신체 활동의 실천적 지식은 신체 활동과 관련된 실제를 뜻하는 것으로 직접 몸으로 신체 활동을 수행할 수 있는 것을 의미한다.

(5) 진정한 전문가로서의 능력은 '실천 행위 중 반성'과 밀접한 관련이 있다(Schon, 1983). 이는 전문적 행위를 하고 있는 동안 변화가 내재된 행위 방식에 대해 생각하며, 자신이 무엇을 하고 있는지를 알고 있다는 것을 의미한다. 따라서 '실천 행위 중 반성'은 실천적 이론과 실험을 포함하게 되며, 이 과정을 통해 진정한 전문성 발달이 이루어질 수 있다.

(6) 반성적 수업의 특징 09 기출

① 반성적 수업은 수업 활동 자체는 물론이고 수업 활동이 이루어지는 환경에도 관심을 가짐으로써 수업 활동을 사회 문화적 맥락에서 이해하려는 체육교사의 총체적 노력이다.

② 교수 기능의 효율성에 중점을 두고 수업을 행하는 것이 아니라, 학생의 자아실현과 수업의 기회균등이라는 측면에서도 마찬가지로 강조를 둔다.

③ 체육교사가 자신의 수업 활동에 대한 비판적인 태도를 취하여, 자신의 수업 활동을 구체적으로 검토하고 분석하는 노력을 반드시 동반한다.

④ 문제 해결의 순환 과정을 거치면서 진행된다(계획 ⇨ 실천 ⇨ 관찰 ⇨ 반성 ⇨ 수정).

⑤ 체육교사 혼자만의 개인적 활동이 아니며, 체육 담당 교사 전체가 참여하는 사회적 노력으로서 반드시 동료 교사들과의 협동적 대화와 협조 노력 속에서 이루어지는 집단적 작업이다.

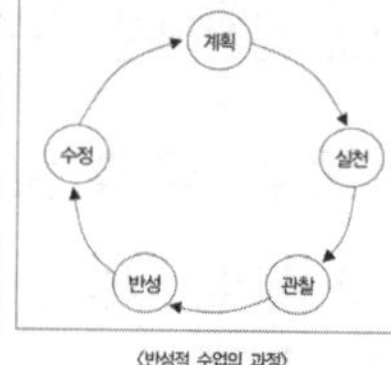

〈반성적 수업의 과정〉

참고문제	2015년 지도사 2급
9. 교수-학습과정의 구성 요소가 아닌 것은? 가. 실행　나. 계획　**다. 전환**　라. 평가	

2. 반성적 수업의 절차 및 모형

(1) 반성적 수업은 교사의 전문적 자질을 향상시키는 의미를 내포하고 있으며, 전문성 함양을 위한 교사교육과 밀접한 관련이 있다고 할 수 있다. 교사의 전문성 신장을 위한 여러 가지 교사교육 프로그램이 있는데, 다양한 교사교육 프로그램의 신념과 가정은 4가지 범주로 제시할 수 있다(자이크너 Zeichner, 1981).

① 첫째, 행동주의적 패러다임(behavioral-paradigm)으로 효과적인 교사에게 요구된다고 생각하는 구체적인 기술을 강조하는 입장이다.

② 둘째, 인본주의적 패러다임(humanistic-paradigm)은 초임교사의 개인적 발달을 강조한다.

③ 셋째, 전통적 도제 패러다임(traditional-craft paradigm)은 초보자가 경험적이고 존경할 만한 장인에게서 학습하는 것으로 실제적인 수업 실습을 강조한다.

④ 마지막으로 탐구 지향적 패러다임(inquiry-oriented paradigm)은 자신의 수업을 분석하는 개인의 능력과 학급 문제에 대한 대안적 해석을 강조한다.

과목별 이론 학습

과목별로 학습해야 할 이론을 체계적으로 정리하였습니다. 쉽고 상세한 설명을 통해 방대한 이론을 효과적으로 학습할 수 있습니다.

기출연도 표시

이론별로 기출된 연도를 표시하여 출제 빈도 및 최신 기출 이론을 쉽게 알 수 있도록 하였습니다.

핵심어

이론의 주요 단어에는 네모 박스로 강조하여 이론 학습 시 중요한 키워드를 쉽게 파악하고 눈에 익힐 수 있습니다.

02 이론 학습 후 바로 풀어보는 기출문제 + 참고문제

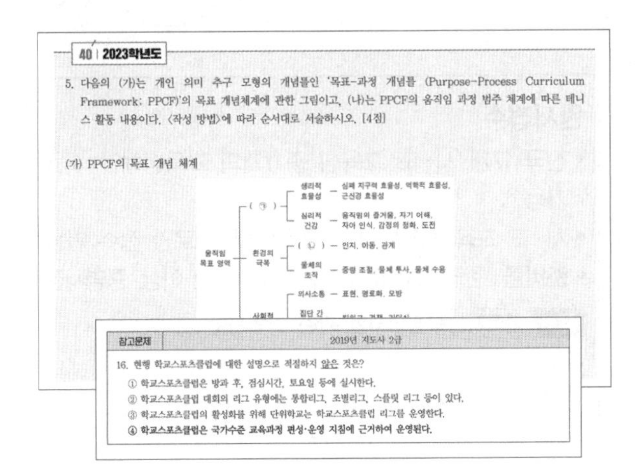

40 | 2023학년도

5. 다음의 (가)는 개인 의미 추구 모형의 개념틀인 '목표-과정 개념틀 (Purpose-Process Curriculum Framework: PPCF)'의 목표 개념체계에 관한 그림이고, (나)는 PPCF의 움직임 과정 범주 체계에 따른 테니스 활동 내용이다. 〈작성 방법〉에 따라 순서대로 서술하시오. [4점]

(가) PPCF의 목표 개념 체계

참고문제	2019년 지도사 2급

16. 현행 학교스포츠클럽에 대한 설명으로 적절하지 않은 것은?
① 학교스포츠클럽은 방과 후, 점심시간, 토요일 등에 실시한다.
② 학교스포츠클럽 대회의 리그 유형에는 통합리그, 조별리그, 스플릿 리그 등이 있다.
③ 학교스포츠클럽의 활성화를 위해 단위학교는 학교스포츠클럽 리그를 운영한다.
④ 학교스포츠클럽은 국가수준 교육과정 편성·운영 지침에 근거하여 운영된다.

임용 기출문제

임용 기출문제를 개념별로 분류하여 수록하였습니다. 이론 학습 후 바로 풀어보는 기출문제를 통해 배운 내용을 적용하고 이론을 복습할 수 있습니다.

참고문제

임용 기출문제 외에도 체육 관련 자격증 시험 기출문제도 함께 수록하였습니다. 다양한 기출문제를 풀어보며 관련 이론을 폭 넓은 관점에서 파악할 수 있습니다.

03 시험에 출제되는 내용만 수록한 최신 개정 교육과정

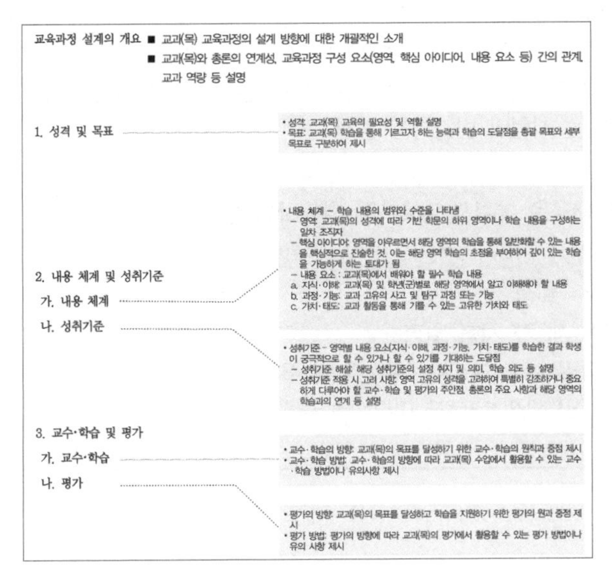

교육과정 설계의 개요
■ 교과(목) 교육과정의 설계 방향에 대한 개괄적인 소개
■ 교과(목)와 총론의 연계성, 교육과정 구성 요소(영역, 핵심 아이디어, 내용 요소 등) 간의 관계, 교과 역량 등 설명

1. 성격 및 목표
   - 성격: 교과(목) 교육의 필요성 및 역할 설명
   - 목표: 교과(목) 학습을 통해 기르고자 하는 능력과 학습의 도달점을 총괄 목표와 세부 목표로 구분하여 제시

2. 내용 체계 및 성취기준
   가. 내용 체계
   - 내용 체계 – 학습 내용의 범위와 수준을 나타냄
     – 영역: 교과(목)의 성격에 따라 기반 학문의 하위 영역이나 학습 내용을 구성하는 일차 조직자
     – 핵심 아이디어: 영역을 아우르면서 해당 영역의 학습을 통해 일반화할 수 있는 내용을 핵심적으로 진술한 것. 이는 해당 영역 학습의 초점을 부여하여 깊이 있는 학습을 가능하게 하는 토대가 됨
     – 내용 요소 : 교과(목)에서 배워야 할 필수 학습 내용
     a. 지식·이해: 교과(목) 및 학년(군)별로 해당 영역에서 알고 이해해야 할 내용
     b. 과정·기능: 교과 고유의 사고 및 탐구 과정 또는 기능
     c. 가치·태도: 교과 활동을 통해 기를 수 있는 고유한 가치와 태도

   나. 성취기준
   - 성취기준 – 영역별 내용 요소(지식·이해, 과정·기능, 가치·태도)를 학습한 결과 학생이 궁극적으로 할 수 있거나 할 수 있기를 기대하는 도달점
     – 성취기준 해설: 해당 성취기준의 설정 취지 및 의미, 학습 의도 등 설명
     – 성취기준 적용 시 고려 사항: 영역 고유의 성격을 고려하여 특별히 강조하거나 중요하게 다루어야 할 교수·학습 및 평가의 주안점, 총론의 주요 사항과 해당 영역의 학습과의 연계 등 설명

3. 교수·학습 및 평가
   가. 교수·학습
   - 교수·학습의 방향: 교과(목)의 목표를 달성하기 위한 교수·학습의 원칙과 중점 제시
   - 교수·학습 방법: 교수·학습의 방향에 따라 교과(목) 수업에서 활용할 수 있는 교수·학습 방법이나 유의사항 제시

   나. 평가
   - 평가의 방향: 교과(목)의 목표를 달성하고 학습을 지원하기 위한 평가의 원과 중점 제시
   - 평가 방법: 평가의 방향에 따라 교과(목)의 평가에서 활용할 수 있는 평가 방법이나 유의 사항 제시

개정 교육과정

시험에 출제되었던 2015개정 교육과정뿐 아니라 최신 개정된 2022개정 교육과정 중 반드시 학습해야 하는 부분을 수록하였습니다. 2015개정 교육과정을 통해 출제된 부분을 파악하고, 2022개정 교육과정 중 출제 가능성이 있는 부분을 예상하며 학습할 수 있습니다.

중등임용 시험 Timeline

* 아래 일정은 평균적인 일정이며, 각 시점은 변경될 수 있습니다.

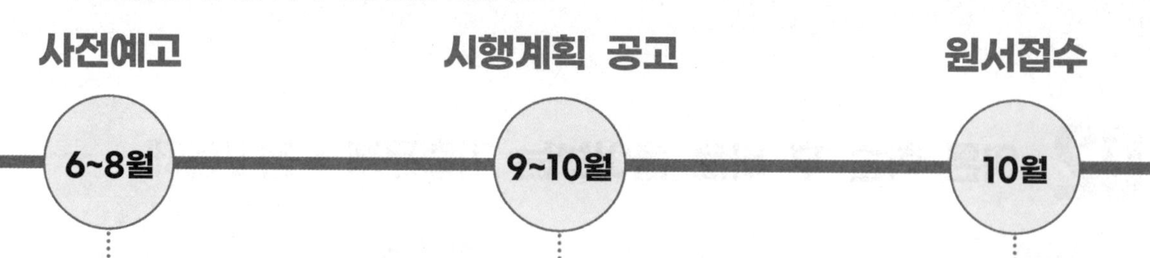

사전예고

- **대략적 선발 규모(=가 T.O.)**: 선발예정 과목 및 인원
- **전반적 일정**: 본 시행계획 공고일, 원서접수 기간, 제1차 시험일 등
- 사전예고 내용은 변동 가능성 높음

원서접수

- 전국 17개 시·도 교육청 중 1개의 교육청에만 지원 가능
- 시·도 교육청별 온라인 채용시스템으로만 접수 가능
- **준비물**: 한국사능력검정시험 (심화) 3급 이상, 증명사진

참고 한국사능력검정시험 관련 유의사항

- 제1차 시험 예정일로부터 역산하여 5년이 되는 해의 1월 1일 이후에 실시된 시험에 한함
- 1차 시험 예정일 이전까지 취득한 인증등급 이상인 인증서에 한하여 인정함

시행계획 공고

- **확정된 선발 규모(=본 T.O.)**: 선발예정 과목 및 인원
- **상세 내용**: 시험 시간표, 제1~2차 시험 출제 범위 및 배점, 가산점 등
- 추후 시행되는 시험의 변경사항 공지

☑ 아래 내용은 놓치지 말고 '꼭' 확인하세요!

- □ 응시하고자 하는 과목의 선발예정 인원
- □ 원서접수 일정 및 방법
- □ 제1차 ~ 제2차 시험 일정
- □ 스캔 파일 제출 대상자 여부, 제출 필요 서류
- □ 가산점 및 가점 대상자 여부, 세부사항

제1차 시험 / 제1차 합격자 발표 / 제2차 시험 / 최종 합격자 발표

11월 — **12월** — **1월** — **2월**

제1차 합격자 발표
- 제1차 시험 합격 여부
- 과목별 점수 및 제1차 시험 합격선
- 제출 필요 서류
- 제2차 시험 일정 및 유의사항

제2차 시험
- 교직적성 심층면접
- **수업능력 평가**: 교수·학습 지도안 작성, 수업실연 등(일부 과목 실기·실험 포함)
- 제1차 합격자를 대상으로 시행됨
- 시·도별/과목별로 과목, 배점 등이 상이

제1차 시험
- **준비물**: 수험표, 신분증, 검은색 펜, 수정테이프, 아날로그 시계
- 간단한 간식 또는 개인 도시락 및 음용수(별도 중식시간 없음)
- **시험과목 및 배점**

구분	1교시: 교육학	2교시: 전공 A		3교시: 전공 B	
출제분야	교육학	교과교육학(25~35%) +교과내용학(75~65%)			
시험 시간	60분 (09:00~10:00)	90분 (10:40~12:10)		90분 (12:50~14:20)	
문항 유형	논술형	기입형	서술형	기입형	서술형
문항 수	1문항	4문항	8문항	2문항	9문항
문항 당 배점	20점	2점	4점	2점	4점
교시별 배점	20점	40점		40점	

최종 합격자 발표
- 최종 합격 여부
- 제출 필요 서류 및 추후 일정

스포츠교육학 1 평가 영역 및 내용 요소

구분	기본이수 과목 및 분야	평가 영역	평가 내용 요소	중등학교 교육과정 관련성
교과 교육학	체육 교육론	체육교과교육	체육교과교육의 개념과 가치	중-체육(성격, 목표) 고등-체육탐구(체육의 본질)
			20세기 체육교육의 발전	
			21세기 체육교육의 동향	
		체육교육과정	체육교육과정의 역사와 변천	중, 고등-체육 (내용체계 및 성취기준)
			체육교육과정의 사조와 모형	
			체육교육과정 개발과 개선	중, 고등-체육(성격, 목표)
			체육교육과정의 통합적 접근	
		체육 교수학습 및 평가	체육교수학습의 의미	중, 고등-체육 (교수학습 및 평가의 방향)
			체육수업의 이해 및 개선	
			체육교수학습 방법	
			체육수업 및 (장애)학생 관리	
			체육수업 평가	
		체육과 교재	체육과 교재의 의미와 유형	중, 고등-체육 (내용체계 및 성취기준)
			체육교수학습 자료의 개발 및 활용	
			체육교수학습 지도안의 작성	
			체육 교구 및 교재의 활용	
		체육교사	체육교사의 자질 및 역할	중-체육(성격, 목표) 고등-체육탐구(체육과 진로)
			체육교사 전문성 개발과 학습 공동체	중-체육(성격, 목표) 고등-체육탐구(체육과 진로)
			체육수업 장학 및 컨설팅	중-체육(성격, 목표) 고등-체육탐구(체육과 진로)

PART 1
체육 교육론

제1장 체육과 특성

0 스포츠 교육의 역사 15 서술 18 지도사 20 서술

1. 스포츠 교육의 발전 과정

(1) 19세기 초·중반

① 체조 중심의 체육: 독일, 스웨덴, 덴마크(민족주의), 미국(건강)

② 건강 중심적 기독교주의(Muscular Christianity): 청교도주의와 스포츠의 타협

③ 이상적인 남성상(강함, 활달함), 여성상(순종, 순결): 여성차별

④ 아마추어리즘과 페어플레이 정신: 제1회 근대올림픽 개최에 영향

(2) 19세기 말~20세기 초

신(新) 체육: 신체를 통한 교육으로서의 체육, 루소, 존 듀이 사상의 영향으로 놀이, 게임, 레크리에이션의 의미가 부각되었다.

참고문제	2018년 지도사 2급
2. 〈보기〉에서 괄호 안에 알맞은 용어는? 〈보 기〉 진보주의 교육이론은 신체와 정신은 서로 분리될 수 없으며, 모든 교육적 활동은 지적, 도덕적, 신체적 결과를 동시에 가져다준다는 것을 강조한다. 이 이론은 체육교육의 목적이 '체조 중심의 체육'에서 (　　)으로 전환되는 철학적 근거를 마련해 주었다. **① 신체를 통한 교육**　② 체력 중심의 교육　③ 신체의 교육　④ 움직임 교육	

(3) 1950년대 이후

① 휴먼 무브먼트(human movement)와 움직임 교육

㉠ 라반(Rodolph Laban), 캐시디(Rosiland Cassidy)

㉡ 체육 학문화 운동(the disciplinary movement)의 이론적 계기를 제공하였다.

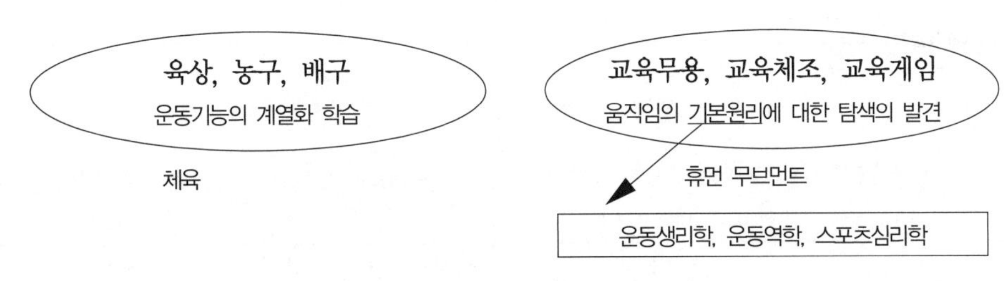

[그림 1-1] 휴먼 무브먼트의 교육내용

② 인간주의 스포츠(체육교육)

㉠ 1960~70년대 '인간주의 철학 사조들(humanistic philosophies)'의 영향

㉡ 자아발달, 열린교육, 정서교육 중시: 경쟁 배제

㉢ 체육 분야에서 헬리슨(Donald Hellison)이 학교체육의 1차적 목표는 인성발달, 자기표현력 함양, 대인관계 향상임을 주장하였다.

③ 놀이교육과 스포츠 교육(1970년대 이후)

㉠ 놀이라는 문화 활동의 내재적 가치 강조

㉡ 시덴탑(Daryl Siedentop)의 '스포츠교육 모형': 스포츠의 기능, 지식, 태도를 교육시켜서 아이들 스스로 스포츠를 즐기고, 참여하며, 건전한 스포츠 문화 형성에 공헌하는 사람이 되게 하는 것이다.

④ 신체운동학(kinesiology, 1990년대 이후)

㉠ "신체운동학은 신체활동을 다루는 학문 영역이자 지식체계이다"(Hoffman)

㉡ 신체활동을 교육내용으로 하는 오늘날의 스포츠 교육과 관계가 깊으며 스포츠 교육의 목적과 내용을 보다 확장하는데 기여하였다.

㉢ 골격근에 의해 나타나는 신체의 움직임으로 에너지를 배출하는 신체활동임. 스포츠, 운동, 게임, 무용 등을 포함하여 일상생활에서 이루어지는 걷기, 달리기, 자전거타기, 계단오르기 등의 신체 활동을 총체적으로 일컫는 용어이다.(2007 체육과 교육과정)

2. 다음은 근·현대 체육 사조의 특징이다. 〈보기〉의 지시에 따라 서술하시오. [5점]

강건한 기독교주의 (Muscular Christianity)		(㉢)	㉣인간움직임 (Human Movement)
영 국	미 국	• '실용주의'의 유용성 수용 • '진보주의 교육'의 영향을 받음. • '신체의 교육'에서 '신체를 통한 교육'으로 전환 • 인간의 총체성(지·덕·체) 강조 • 놀이, 게임, 스포츠를 교육의 수단으로 활용	• 라반(R. Laban)의 '움직임 교육의 원리'에 영향을 받음. • 움직임 지식의 요소로서 신체, 노력, 공간, 관계를 구성 • 체육 학문화 운동의 계기를 만듦. • 초등학교에서는 교육게임, 교육무용, 교육체조의 3개 영역으로 단원 구성
• 계몽주의적 성향 • ㉠ 애슬레티시즘(athleticism)의 종교적 이념 체계 • 남성다움, 힘과 용기, 단결(협동정신) 등 중시 • 미국 체육에 영향을 줌.	• 대학 및 YMCA 등에서 체육활동 장려 • ㉡ 체육 활동을 위한 공원과 운동장 설립의 확산 • 레크리에이션 및 청소년 활동 활성화 • 중등교육을 비롯한 청소년 여가 활동의 수단으로 스포츠 채용		

〈작성 방법〉

1) 밑줄 친 ㉠이 갖는 체육사적 의의를 2가지만 쓰시오.
2) 밑줄 친 ㉡과 관련된 운동(movement)의 명칭과 괄호 안의 ㉢에 해당하는 체육 사조의 명칭을 순서대로 쓰시오.
3) 미국 중등학교 체육 교육에서 밑줄 친 ㉣의 영향으로 나타난 수업 내용적 측면의 변화를 1가지만 서술하시오.

[정답] 1) ㉠ 스포츠 교육 발달의 촉진제, 스포츠의 조직화와 문화적 진화, 체육에 새로운 이념과 목적 개념 부여(중 2개) [2점]
[3가지 중 앞의 2개 앞의 것 틀리면 안됨]
2) ㉡ 플레이 그라운드 운동 [1점] ㉢ 신체육 [1점] [자연주의 안됨]
3) ㉣ [휴먼무브먼트] 체육의 학문중심적 접근, 체육의 기초개념, 학문 하위 체계 / 과학적 원리 = 유사답안 인정 / 베이직 스터프, 생리학, 심리학 역학 하위이론, 학문화되어 체육이론이 정립되었다.
[오답] 지문에 있는 내용 짜깁기는 틀림
움직임의 교육 원리는 틀림 / 학문화 운동은 틀림 / 무용 스포츠 게임이 도입되었다는 틀림[초등내용에 해당]

02 | 2020학년도

6. 다음은 시대별 체육 사상에 관하여 정리한 김 교사의 수업 자료이다. 〈작성 방법〉에 따라 순서대로 서술하시오. [4점]

시대별 체육 사상

(가) (㉠) 사상	• 우드(T. Wood), 귤릭(L. Gulick), 헤더링턴(C. Hetherington) 등에 의해 주창됨. • 놀이이론, 강건한 기독교주의 등이 핵심적인 배경이 됨. • 윌리엄스(J. Williams)와 내시(J. Nash)에 의해 현대 체육의 개념이 완성됨.
(나) 실학주의 사상	• 베이컨(F. Bacon), 멀케스터(R. Mulcaster), 코메니우스(J. Comenius) 등이 감각적 실학주의를 주창함. • 관념은 감각을 통해 형성된다는 이론이 등장함. • 체육의 교육적 가치를 인식함.
(다) (㉡) 사상	• 라반(R. Laban)에 의해 주창된 교육사상임. • 캐시디(R. Cassidy)와 메스니(E. Methney)에 의해 체육의 학문화에 활용됨. • 탐색과 발견의 교육방법으로 제안됨.

〈작성 방법〉

- o 괄호 안의 ㉠, ㉡에 해당하는 사상의 명칭을 순서대로 쓸 것.
- o 괄호 안의 ㉠의 기반이 된 교육사상의 명칭을 쓸 것.
- o (가), (나), (다)를 과거에서 현재의 순으로 배열하여 서술할 것.

[정답] • ㉠은 신체육(1점), ㉡은 인간움직임(Human Movement) 또는 움직임교육(Movement Education)이다. (1점)
• ㉠의 명칭은 진보주의이다. (1점)
• (나), (가), (다)이다. (1점)

1 교과로서의 '체육' 15 지도사 18 지도사 19 지도사

• 우선 우리는 교과를 이해하기 전에 '교육'(education)과 '교과'(subject matter)의 관계를 짚고 넘어갈 필요가 있다. 교육과 교과의 차이를 생각해보고, 체육 교육과 체육 교과와의 차이를 예로 설명해보자.

• 이는 교육 활동에서 가장 중요한 2개의 용어가 많이 혼용되고 있기 때문이다. 즉 '체육 교육'과 '체육 교과'는 서로 유사하면서 동시에 다른 측면을 가지고 있다.

1. 교과로서의 체육의 이해

(1) **체육 교과**는 **학교**에서 **정규 체육 수업 시간**에 이루어지는 체육 교육을 일컫는다.

(2) '방과 후'나 '토요 스포츠 데이'에 이루어지는 **'학교스포츠클럽'**은 체육 교과의 일환으로 보지 않는다.

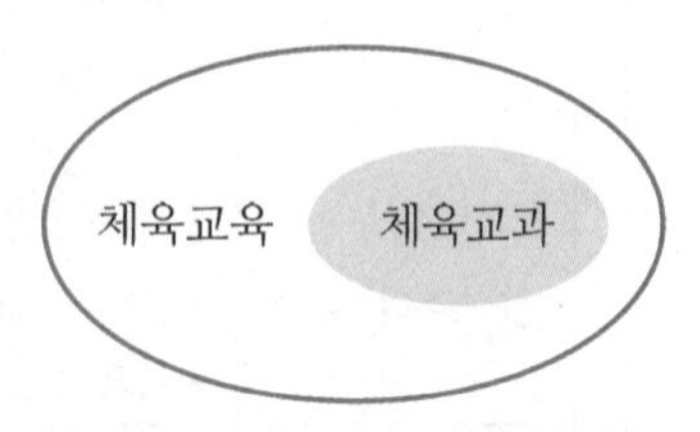

	학교	교육과정 (정규수업)	체육교과	예시
체육 교육	○	○	○	중학교 과목: **체육** 고등학교 일반선택과목: 체육, **운동과 건강** 고등학교 진로선택과목: **스포츠 생활, 체육 탐구**
	○	○	×	학교스포츠클럽**활동**
	○	×	×	학교스포츠클럽 (방과 후 학교스포츠 클럽, 토요 스포츠 데이)
	×	×	×	사설 체육 프로그램

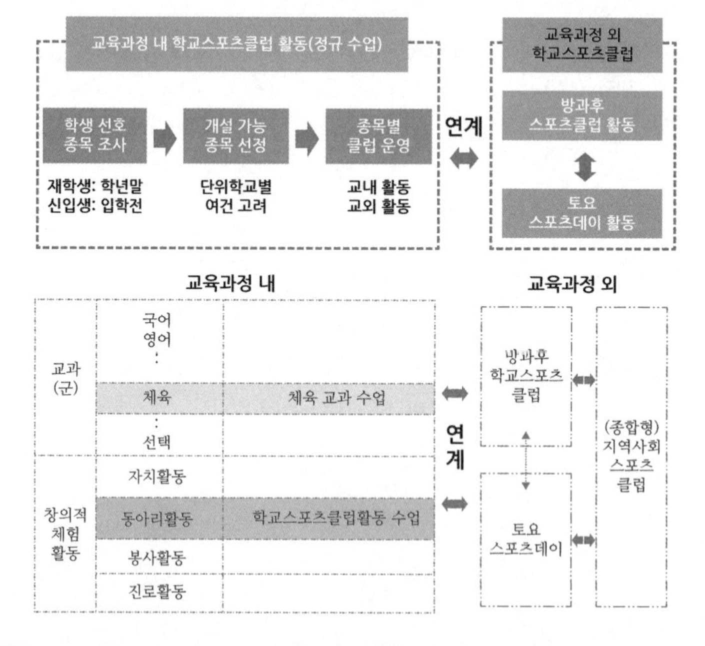

◦ 학교스포츠클럽활동은 '창의적 체험활동' 시간 중 '동아리 활동'으로 이루어지는 종목별 클럽 단위 스포츠 활동으로, 교육과정 내에서 반드시 가르쳐야 하는 교과 외 학생 체육 활동을 의미한다.

참고문제	2015년 지도사 2급

14. 중학교에서 실시되는 "학교 스포츠 클럽활동"은 창의적 체험활동의 어떤 영역에 포함되는가?

가. 정규교육과정 활동　나. 동아리 활동　다. 봉사활동　라. 진로활동

참고문제	2018년 지도사 2급

11. 〈보기〉에 ㉠, ㉡의 용어가 바르게 묶인 것은?

〈보 기〉

2015 초·중등학교 교육과정 총론에 의하면, 중학교 '학교스포츠클럽 활동'은 정규교육과정의 (㉠)에 편제되어 있지 않으며, (㉡)의 동아리활동에 매학기 편성하도록 하고 있다.

	㉠	㉡
①	교과 활동	재량 활동
②	비교과 활동	창의적 체험활동
③	비교과 활동	재량 활동
④	**교과 활동**	**창의적 체험활동**

참고문제	2019년 지도사 2급

16. 현행 학교스포츠클럽에 대한 설명으로 적절하지 않은 것은?

① 학교스포츠클럽은 방과 후, 점심시간, 토요일 등에 실시한다.
② 학교스포츠클럽 대회의 리그 유형에는 통합리그, 조별리그, 스플릿 리그 등이 있다.
③ 학교스포츠클럽의 활성화를 위해 단위학교는 학교스포츠클럽 리그를 운영한다.
④ 학교스포츠클럽은 국가수준 교육과정 편성·운영 지침에 근거하여 운영된다.

(3) 교과로서의 체육의 의미 중 먼저 교과의 정의를 함께 이해할 필요가 있다.

① (김대현·김석우): "**교과**는 각급 학교의 교육과정에서 수업과 학습을 위하여 구분하는 기본 단위"라고 한다.

② (이경섭·강현석): "**교과**는 과목의 모체, 교과서에 의한 교과 범위, 교과의 특성 등의 뜻을 공유하고 있는 가르치기 위한 지식이나 기능의 범주"라고 한다. 대개 교과는 1개 이상의 학문들로 구성된다.

예 수학 교과는 수학이라는 학문으로 구성되고 과학은 물리, 생물, 화학, 지구과학이라는 여러 개의 학문이 결합되어 구성된 교과이다.

(4) 하지만 체육 교과의 경우는 수학이나 과학처럼 체육학의 근간을 이루기는 하지만, 수학이나 과학 교과와는 또 다른 측면이 존재한다.

① 예를 들면, 체육학에는 운동생리학, 운동역학, 스포츠심리학, 체육철학 등 하위 전공 학문이 있지만, 이 전공 학문을 체육 교과에서는 직접적으로 가르치지 않는다.

② 반면 2009개정 교육과정에서는 **'체육'이라는 교과 안**에서 초등학교와 중학교 **공통 과목**인 「**체육**」 / **고등학교는** 「**운동과 건강생활**」, 「**스포츠 문화**」, 「**스포츠 과학**」이라는 **선택 과목**을 가르친다.

③ 2015개정 교육과정

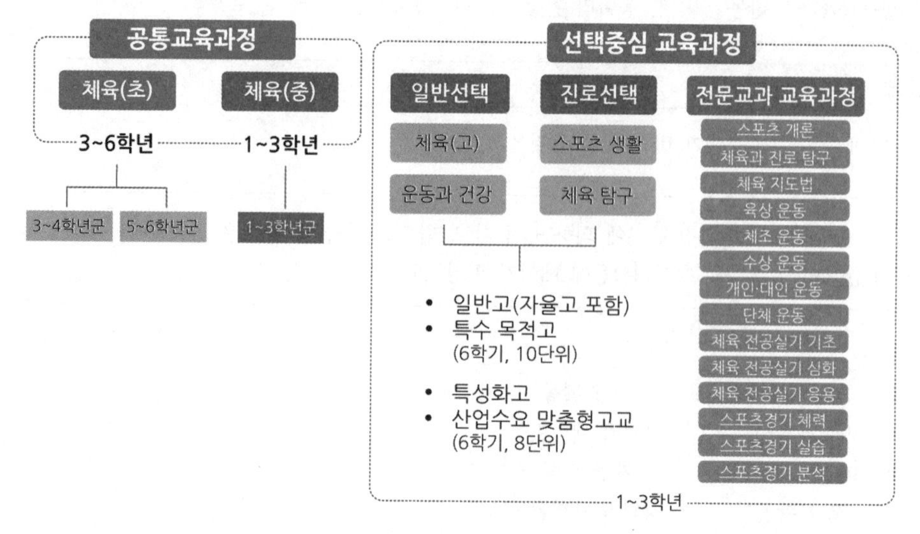

[그림 1-2] 2015개정 교육과정: 학교급별 체육과 교육과정의 과목 구조

(5) 이처럼 학교 교육에서는 '교과'라는 교육의 틀로 무언가를 가르치게 되는데, 체육의 경우 '학문으로서의 체육'과 '교과로서의 체육'은 명칭이 동일하지만 가르치는 목적과 내용이 일치하지 않음을 알 수 있다.

2. 교과로서의 체육의 2가지 전제 조건

(1) 하나의 학문이나 사회적 활동으로서의 체육이 아닌, 교과로서의 체육을 이야기할 때는 2가지 전제 조건을 고려해 볼 필요가 있다. 한 가지는 **교육적 의미와 가치**이고, 두 번째는 **시간적 환경 요인**이다.

① **교육적 의미와 가치**: 무엇보다도 학교 교육에서 교과로서의 위치를 자리매김하기 위해서, 교육적 의미와 가치는 **타 교과와 차별화될 수 있는 고유한 교육적 특성과 가치**를 가지고 있어야 한다는 의미이다. 이 특성의 정도에 따라 교과의 존폐가 결정되기도 한다.

예 '2009년 개정 교육과정'에서 도덕 교과, 기술·가정 교과 등은 독립된 교과가 아닌 사회(도덕) 교과와 과학(기술)교과로 통합되었다. 또 다른 예는 한문, 교련 등 과거에는 있었던 교과들이 최근에는 없어지거나 교과가 아닌 과목으로 전락하는 경우가 있었다.

② **시간적 환경 요인**: 다시 말하면 **교육과정 편제**에 나와 있는 **수업 시수**이다. 이 편제표의 수업 시수는 각 교과 내용의 범위와 계열성을 결정짓는 가장 중요한 변수가 된다. 편제의 내용이 주당 3시간과 주당 2시간일 때 교과의 내용 범위와 깊이는 크게 달라지기 때문이다.

2 체육과 명칭 19 기출

1. 제1차 초등학교 체육과 교육과정 '보건'

(1) 교과로서의 '체육'명칭은 제1차 교육과정기의 초등학교급을 제외하고는 '2009년 개정 교육과정에 따른 체육과 교육과정'(2011년 고시)까지 **체육**이라는 명칭으로 사용되어 왔다.

(2) 제1차 초등학교 체육과 교육과정에서는 체육 교과를 **'보건'**으로 제시하였는데, 그 이유는 당시 시대적 상황이 한국 전쟁 이후였기 때문에 위생과 건강을 강조하고자 교과 명칭을 보건으로 정한 것이다. 하지만 그 당시 모든 체육 교육 내용은 보건의 내용이 아닌 '체육'의 내용으로 구성되어 있음을 알 수 있다.

2. 2009년 개정 교육과정에서 교과군 '체육'

(1) 가장 최근에 고시된 '2009년 개정 교육과정'에서는 국어, 사회, 과학, 체육, 예술, 영어라는 7개 교과군이 제시되고 있다.

(2) 이 교과군들의 명칭을 자세히 분석해 보면, 체육 교과에만

① **'교육'(education)**의 의미가 포함되어 있음을 알 수 있다. 이는 교사와 학습자의 입장에서 보면, 교육에 가르치고 배운다는 의미가 포함되어 있기 때문에 **의미 중복성 문제**를 가지게 된다.

② 또한 **신체(physiacal)**란 의미가 체육 교과안에 포함되어 있어 **교과의 목적과 내용을 신체로 국한**시키는 현상이 비일비재하다.

3. 건강의 중요성 반영한 '체육과 건강', '건강과 체육'

(1) 전 세계적으로 체육 교과명을 분석해 보면, 대부분의 국가에서는 전통적으로 사용하여 왔던 '체육'(physical education)을 그대로 사용하고 있다. 최근 건강의 중요성이 시대적으로 강화되면서 체육 교과명을 '체육과 건강' 또는 '건강과 체육'(Health and Physical Education)으로 변경한 국가들이 증가하고 있다.

(2) 하지만 이 현상을 긍정적으로 바라보면 안 된다. 무엇보다도 건강(Health)과 체육(Physical education)은 서로 동일한 수준의 개념으로 구성된 명칭이 아님을 이해할 필요가 있다.

(3) 건강은 체육 교과를 통해서 얻을 수 있는 교과의 목적 중의 하나이다. 그렇기 때문에 교과의 1개 특성과 교과의 명칭을 동일한 수준에서 제시하는 것은 모순이다. 마치 '의사소통과 국어', '논리와 수학'등으로 표현하는 것과 동일한 문제에 봉착하게 되는 셈이다.

4. 대안적인 명칭 '움직임학'

(1) 최근에 체육 교과명에 대한 논의가 유정애·오수학에 의해서 이루어졌다. 이 연구에서는 체육 교과의 대안적인 명칭으로 '움직임학'을 제시한 바 있다. 체육학에 대한 명칭 논의는 그 동안 적지 않은 국내·외 체육학자들에 의해 이루어져 온 반면, 교과명에 대한 논의는 거의 이루어지지 못한 상황임을 알 수 있다.

(2) 따라서 현재에 사용되고 있는 '체육'이란 명칭을 그대로 지속적으로 사용할 것인지, 아니면 시대적 변화에 맞는 다른 명칭으로 사용할 것인지에 대한 장기적인 숙고를 통한 심도 있는 연구가 필요하다.

3 체육과 교육적 특성

(1) 과거와 같이 우리 몸을 지식이 아닌 기능(skill)을 다루는 객체로만 생각해서는 안 된다. 이는 '몸'에 대한 우리의 제한된 인식 범위로 인해 체육 교과 지식의 범위와 깊이가 좁아지고 얕아졌기 때문이다.

(2) 체육 교과는 교과 명칭에도 제시되어 있듯이 우리의 몸을 사용한다는 점이 특징적이다.

① 우리의 몸은 인간의 최초 인식이 이루어지는 인식 주체이면서 동시에 세계와 대화를 하는 장(場)이다.

② 우리 몸에 대한 인식의 변화로 체육 교과에서는 몸으로 가르치고 학습하는 영역을 확장해 나갈 수 있는 다양한 교육 기회와 방식을 제공할 수 있다.

③ 즉, 몸과 마음을 이분법적으로 바라보지 않고 **통합된 총체(totality)**로 바라보아야 한다. 이는 근본적으로 체육 교과명에 '신체'(physical)라는 명칭이 포함되어 있지만, **우리 몸은 생물적 존재 이상의 다양한 '의미'(meaning)**를 가지고 있기 때문이다.

④ 교육학자인 존슨(Johnson)은 그 동안 **몸이 실증주의 철학에 의해 경시되었던 점을 비판**하고 마음은 우리 몸 안에 있음을 기억해야 한다고 강조한다. 그는 몸과 마음은 분리될 수 없는 것이며, 마음을 몸으로 회귀시키는 노력이 필요함을 주장한다.

⑤ 몸에 대한 인식론의 변화를 통해서 우리는 체육 교과가 생물학적인 몸 자체를 강하게 단련하거나 건강하게 만드는 데만 교육 목표가 있지 않음을 인식해야 한다.

(3) 모든 교과는 교과의 교육적 도구를 활용하여 학생들로 하여금 세상을 이해하도록 안내한다.

제2장 체육과 학습 이론의 유형

(1) 체육 교사가 왜 다양한 교수법을 사용해야 하는지에 대한 여러 가지 이유 중의 한 가지는 바로 체육과의 학습 스타일 때문이다. 학습 스타일은 최근 교육학계의 관심을 크게 받지 못하고 있다. 이는 학습 스타일이 중요하지 않아서가 아니라 다른 부분들이 우리 교육계와 체육교육계의 중요한 사안으로 자리잡고 있기 때문이다.

(2) 그럼에도 불구하고 여전히 체육과 학습 스타일에 대한 이해가 필요한 것은 체육 수업은 지속적인 교수(teaching)-학습(learning)의 상호작용으로 이루어지기 때문이다. 체육 교사가 교수 이론, 수업 방법 및 기술 등에 관한 지식은 충분히 갖추고 있지만, 상대적으로 학습 이론, 학습 방법 등에 대한 지식이 미흡하다면 온전한 체육 교육을 실행하기 어렵다.

1 체육과 학습 스타일

1. 학습 스타일의 개념과 특성 19 기출 21 기출

(1) 각 교사마다 성향이 다르고, 각 교사가 실행하는 수업마다 자주 사용하는 방법들이 있다. 그렇다면 교사들은 동일한 전공과목 또는 교과를 가르칠 때 왜 서로 다른 방법을 사용하는 것일까? 그 이유를 생각해 볼 필요가 있다.

(2) 학습 스타일은 개개인이 새롭거나 어려운 정보를 효율적으로 수집하는 방식을 뜻한다(유정애, 2001; 2005). 학습 스타일의 차이는 가정 및 문화적 영향뿐만 아니라 개개인의 지능, 동인, 태도, 기능 및 성취도와 같은 변인들의 상호작용과 상관관계에 의해서 발생한다.

(3) 학습 스타일은 인지적(cognitive), 정의적(affective), 생리적(physiological) 유형과 같은 세 가지 하위 유형을 통합하는 용어로 본다.

(4) 체육 교사들은 이러한 학습 스타일에 대한 이해를 통해 학습자들의 학습 스타일에 맞는 **수업 환경을 조성**해 주어야 한다.

(5) 학습 스타일은 새로운 지식과 정보를 획득하는 과정에서 인지적, 정의적 및 생리적 특성이 작용·통합되어 나타나는 학습방식을 말한다.

2. 학습 스타일의 종류 15 기출

(1) 앞에서도 언급한 바와 같이 학습자들은 자신들이 선호하는 학습 스타일을 가지고 있으며, 이를 중심으로 학습을 하게 된다.

(2) 학습 스타일에 대한 정의가 국내·외 학자마다 다른 것처럼 학습 스타일의 종류도 다양하게 소개되고 있다. 즉 아주 간단한 학습 스타일부터 복잡한 학습 스타일까지 그 범위가 매우 큰 편이다. 이 부분에서는 체육 교사가 학습 스타일을 고려한 수업 환경을 조성할 때 참조할 수 있는 아주 간단한 학습 스타일 2가지만 제시하고자 한다.

2-1. 위트킨(Witkin)의 학습 스타일

〈표 2-1〉 위트킨(Witkin)의 환경 의존형과 환경 독립형 학습자들의 특성 비교

환경 의존형 학습자	환경 독립형 학습자
• 총체적으로 인지하고 경험한다. • 개념의 일반적인 특징들과 그 특징들의 관계성을 발견한다. • 전체적인 개념에서 출발하여 그 다음 부분을 보는 경향이 있다. • 충동적이고 심사숙고적이지 못하며, 사회 환경에 매우 의존적이다. • 주위와 세상에 대해 관심을 가진다. • 자신의 경험과 밀접한 관련이 있는 교재를 사용할 때 가장 잘 학습한다. • 타인들이 설정한 목적과 강화방법을 추구한다. • 사회적 강화(예 교사의 칭찬 등)와 비판에 영향을 쉽게 받는다. • 혼자보다는 사람들과 같이 공부하는 것을 선호한다.	• 분석적으로 인지하고 경험한다. • 개념의 세부적인 특징을 발견하지만 이를 독립적인 개념으로 받아들인다. • 부분적인 개념으로 출발한 후 전체를 보는 경향이 있다. • 자주적이고, 공정하며, 목표 지향적이다. • 주위와 세상에 대해 냉철한 관점을 가지고 있다. • 새로운 개념에 흥미를 느낀다. • 자기 스스로 설정한 목적과 강화방법을 가지고 있다. • 비판에 영향을 덜 받는다. • 혼자서 공부하는 것을 선호한다.

(1) Witkin은 환경 의존형(Field Dependent: FD)과 환경 독립형(Field Independent: FI)이라는 학습 스타일을 제시하였다.

(2) 이 학습 스타일은 학습자 개인이 불확실한 정보나 익숙하지 않은 환경 속에서 보여주는 인지적인 반응 방식으로 분류되고 있다.

(3) 2가지가 동시에 나타나는 경우에도 어느 한쪽 스타일이 두드러지게 나타나고 다른 한쪽 스타일은 상대적으로 약하게 나타나는 경우가 대부분이다. 다만 스타일의 경중이 있을 뿐이다.

① 환경 의존형은 환경에 매우 민감하게 반응하고, 총체적으로 정보를 인지하고 경험한다.

② 반면에 환경 독립형은 분석형이라고도 불리며, 환경에 별로 영향을 받지 않는다.

2-2. 바비(Barbe)와 스와싱(Swassing)의 학습 스타일 15 기출

(1) 바비(Barbe)와 스와싱(Swassing)이 소개한 학습 스타일(learning modalities or perceptial modalities)은 정보를 조직화하고 환경과 상호작용하기 위해 사용되는 감각 양식(예 시각, 청각 등)을 활용한 것이다.

(2) 이 감각 양식에 따라 학습자의 학습 스타일을 시각형 학습자, 청각형 학습자, 신체운동형 학습자로 분류하고 있다.

① 시각형 학습자는 매체 또는 그림 등을 읽고 보면서 가장 효율적으로 학습한다.

② 청각형 학습자는 설명을 듣거나 타인과 이야기하면서 학습한다.

③ 신체운동형 학습자는 학습 교재를 직접 체험하면서 또는 타인과 상호작용하면서 가장 효율적으로 학습한다.

(3) 다음 〈표 2-2〉는 이 학습 스타일에 따른 학습자의 특성을 비교하고 있다.

〈표 2-2〉 학습스타일의 특성 비교

시각형 학습자	청각형 학습자	신체운동형 학습자
문자, 사물, 시범을 보면서 학습한다.	타인이나 자신의 말을 들으면서 학습한다.	직접 해보거나 참여함으로써 학습한다.
얼굴을 기억하고 이름을 잊어버리며 메모를 한다.	이름을 잘 기억하고, 얼굴을 잊으며, 단어의 반복을 통해 잘 기억한다.	본 것이나 이야기했던 것보다 직접 해본 것을 가장 잘 기억한다.
심사숙고적이다. 미리 계획을 세우고 적으면서 생각을 정리한다. 문제점들을 낱낱이 적는다.	문제점들을 외부로 공개하려는 경향이 있고, 말로써 해결하려고 한다.	충동적이다. 문제점 안에 직접 뛰어들고 신체활동에 참여하면서 해결점을 찾으려고 한다.
주위를 둘러보고 구조를 조사한다.	주위상황과 무엇을 할 것인가에 대해 이야기하기를 좋아한다.	만져보고 느끼면서 조작하는 것을 좋아한다.
조용하며, 길게 얘기하지 않는다. 오랫동안의 이야기를 듣는 것이 힘들게 여겨진다.	듣는 것을 좋아하지만 이야기를 더 하고 싶어 한다. 설명이 매우 길고 반복적이다.	말하면서 움직인다. 잘 듣지 않는 편이다. 말하거나 들을 때 가깝게 선다. 세세한 구두설명에 쉽게 흥미를 잃는다.
'보자, 쳐다봐'라는 용어를 많이 사용한다.	'들어봐, 경청하라'라는 용어를 많이 사용한다.	'해보자, 움직여봐'라는 용어를 많이 사용한다.

(4) 학습 유형을 고려한 체육수업 운영

① 절충적 교수·학습 방법의 사용

㉠ 학습 유형을 고려한 수업을 지도하기 위해서는 절충적 지도 방법이 효과적이다.

㉡ 절충적 지도 방법은 어떠한 개념을 설명하기 위해서 몇 가지 다른 방식이 사용되거나 완전 학습을 위해 몇 가지 학습 선택의 기회를 제공하는 것을 말한다.

예
- 개념을 가르치기 위해 칠판이나 운동장에서 보드에 그림을 그리거나 혹은 비디오 테이프를 보여준다.
- 수업 중에 음악을 틀어 주어 학습동기를 유발하거나 학습 분위기를 조성한다.
- 학생들이 직접 컴퓨터, 사진기, 비디오카메라를 이용하여 자료를 조사 및 수집하거나, 현장을 직접 방문하여 체험학습에 참여한다.

※ 절충적 교수·학습 방법을 사용한 배구 언더핸드 패스 지도의 구체적인 예

마치 의자에 앉아 있는 것처럼 몸의 자세를 취하고(시각적), 두 손의 손바닥이 위쪽으로 향한 채 손목을 잡는다. 삼각형처럼 되어야 한다(시각적).
엄지손톱을 볼 수 있게 검지를 나란히 평행으로 하여 두 손을 잡는다(시각적). 그리고 두 엄지가 서로 밀접하게 닿았는지 느껴보아라(신체운동적). 손목에 팽팽함을 느껴야한다(신체운동적).
몸은 공이 가기를 원하는 방향으로 마주서야 하고, 공이 팔에 닿는 것을 관찰한다(시각적).
공이 닿는 순간 두 다리를 리듬감 있게 앞으로 뻗어, 공을 정확히 맞히고 그 소리를 들어본다(청각적).

② 다양한 학습 환경의 조성

㉠ 체육수업에 학생들의 다양한 학습 유형을 수용하기 위해서는 교사의 지도 방법의 변화도 중요하지만 학습 환경의 변화도 병행되어야 한다.

㉡ 형식적 구조를 선호하는 학습자들은 교실, 운동장, 체육관을 비롯한 전통적인 학습 환경에 잘 적응할 수 있으나, 비형식적 구조를 선호하는 학습자들은 형식적 학습 환경에서는 학습에 대한 흥미를 잃기 쉽다.

㉢ 따라서 교실의 좌석배치나 운동장의 용기구 배치, 체육관의 구조를 변경할 필요가 있다.

㉲ 운동장이나 체육관 공간을 변형하여 학생들의 학습유형에 따른 여러 활동 장소(stations)로 나눌 수 있다. 청각적 학습자를 위한 소리 및 독서 활동 장소(교과서, 참고 독서자료, 오디오테이프와 책상과 의자가 놓여있는 공간), 시각적 학습자를 위한 그림 활동장소(거울, 사진, 비디오와 TV등이 놓여 있는 공간), 또는 신체운동적 학습자를 위한 움직임 활동장소(혼자, 짝, 혹은 친구와 연습할 수 있는 공간) 등으로 구분하여 학습공간을 조성할 수 있다.

3. 데일(Dale)의 경험의 원추

(1) 이론의 개요

① Dale은 진보주의 교육이론에 기초하여 학습경험을 11단계로 분류하였다.

② 그는 시청각 교육을 "세계를 교실 안으로 끌어들이는 방법"이라고 명명하는 등 현대적인 시청각 교육을 체계화 하였다.

③ 경험의 원추모형을 제시하고 시청각 자료의 역할과 성격을 규명하였다.

④ 그는 시청각 매체를 경험의 전도의 따라, 직접·목적적 경험 → 고안(구성)된 경험 → 극화된 경험 → 시범·연기 → 견학 → 전시 → TV → 영화 → 녹음·라디오·사진 → 시각기호 → 언어기호로 분류하였다.

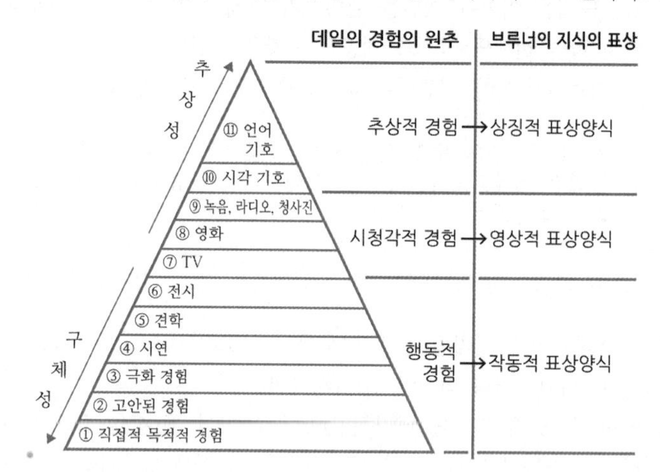

(2) 경험의 원추의 의미

① 경험의 원추는 가장 구체적이고 직접적인 경험을 밑면으로 해서 위로 올라갈수록 간접적이고 추상적인 경험으로 배열된다.

② 학습에 있어서는 직접적인 경험과 추상적인 경험이 모두 필요함을 의미한다.

(3) 경험의 원추와 학습

① 경험의 원추는 학습자의 발달단계와 관계가 있다.

② 발달단계가 낮은 학습자일수록 직접적 경험에 가까운 방법으로 학습하는 것이 효과적이다.

③ 발달단계가 높은 고등학생이나 대학생은 상징적 언어에 의해 학습하는 것이 효과적이다.

④ 학습시간의 단축을 위해서는 원추 상단의 매체를 이용하는 것이 좋다.

⑤ 연령이나 지식의 정도가 중간 정도인 학습자의 확실한 학습보장을 위해서는 원추하단의 매체를 사용하는 것이 좋다.

03 | 2012학년도

5. 다음은 유 교사의 배드민턴 수업을 일화 기록법에 의해 관찰한 내용이다. 데일(E. Dale)의 '경험의 원추'에 따른 설명으로 옳은 것만을 〈보기〉에서 있는 대로 고른 것은? [1.5점]

일화 기록지	교사	유 ○○		관찰자	권 ○○
	수업 내용	배드민턴	관찰 기간	2011년 8월 ○○일 ~ 10월 ○○일	

8월 ○○일 2교시 체육관
학생들이 체육관으로 들어온다. 학생들이 모둠별로 체조를 하고 유 교사 앞에 모둠별로 앉는다. 출결 확인 후 2학기 수업 내용이 배드민턴이라고 알려 준다. 미리 준비한 (가) 배드민턴 경기 동영상을 학생들에게 보여 준다.

9월 ○○일 5교시 체육관
유 교사는 (나) 언더핸드 스트로크에 대해 학생들에게 설명하고 철민이를 앞으로 불러 (다) 셔틀콕을 주고 받으며 언더핸드 스트로크 시범을 보인다. 철민이를 들여보낸 후 두 명씩 짝지어 언더핸드 스트로크를 연습시킨다.

10월 ○○일 2교시 체육관
학생들에게 경기 방법을 설명하고 학생들은 모둠 대항 리그 방식으로 (라) 배드민턴 경기를 한다. 모둠의 일부 학생들은 복식 경기를 하고 나머지 학생들은 관찰한다.

〈보 기〉

ㄱ. (나)는 (다)보다 구체적이므로 학생의 이해도를 높일 수 있다.
ㄴ. (라)는 학생들에게 구체적 경험을 제공하여 학습 효과를 높일 수 있다.
ㄷ. (가)는 (다)보다 학생들에게 구체적 경험을 제공하므로 이해도를 높일 수 있다.
ㄹ. 학생들에게 경기를 관람하도록 하면 (가)보다 더 구체적 경험을 제공할 수 있다.

① ㄱ, ㄴ ② ㄱ, ㄷ ③ ㄴ, ㄹ ④ ㄱ, ㄷ, ㄹ ⑤ ㄴ, ㄷ, ㄹ

[정답] ③

1. (가)는 홍 교사가 동료 교사와 체육 수업에 대해 나눈 대화 내용이고, (나)는 홍 교사의 배구 수업 진행 장면이다. 〈보기〉의 지시에 따라 서술하시오. [5점]

(가) 홍 교사가 동료 교사와 체육 수업에 대해 나눈 대화

> 홍 교사: 그동안 저의 체육 수업은 학생들의 다양한 특성을 제대로 반영하지 못한 것 같습니다. 나름대로 학생들의 운동 기능이나 체력, 성차를 고려하여 수업을 하려고 했지만 모든 학생들에게 고른 기회를 주지는 못한 것 같습니다.
>
> 정 교사: 학생들이 학습 유형을 선택하여 연습을 하도록 하면 어때요? 다양한 학습 스테이션을 활용해서요.
>
> 홍 교사: 좋은 생각입니다. 제가 다음 주부터 배구 수업을 하려고 하는데요. 학생들의 학습 유형을 어떻게 알아볼 수 있을까요?
>
> 정 교사: 학생들에게 배구를 배웠던 경험과 선호하는 학습 방식에 대해 사전에 설문 조사를 해 보는 것은 어떨까요?

(나) 홍 교사의 수업 진행 장면

> 홍 교사: 지난 시간 리시브에 이어 오늘부터 서브를 배우겠습니다. 앞으로 2주간 ㉠ <u>언더핸드 서브부터 시작해서 플랫 서브, 좀 더 잘하는 학생들은 스파이크 서브까지 배우겠습니다.</u> 지금부터 언더핸드 서브에 대해 설명을 하겠습니다.
>
> … (중략) …
>
> 자! 그러면 이제부터 학습 스테이션으로 이동할 겁니다. 지난 주에 설문 조사를 한 내용을 바탕으로 선생님이 서브를 다양하게 학습할 수 있도록 3가지 학습 스테이션을 구성해 보았어요. 선생님이 신호를 하면 자신이 선택한 학습 스테이션으로 이동하여 연습하면 됩니다. 특히, 신체 운동형 학습 스테이션을 선택한 학생은 ㉡ <u>개인별로 체육관 벽으로부터 2미터 떨어진 곳에서 벽에다 소프트 발리볼을 가지고 언더핸드 서브를 넣는 연습부터 하세요. 어느 정도 동작에 익숙해지면 거리를 5미터로 늘리고, 마지막에는 배구공을 가지고 연습하세요.</u> 자! 지금부터 연습을 시작해 봅시다.

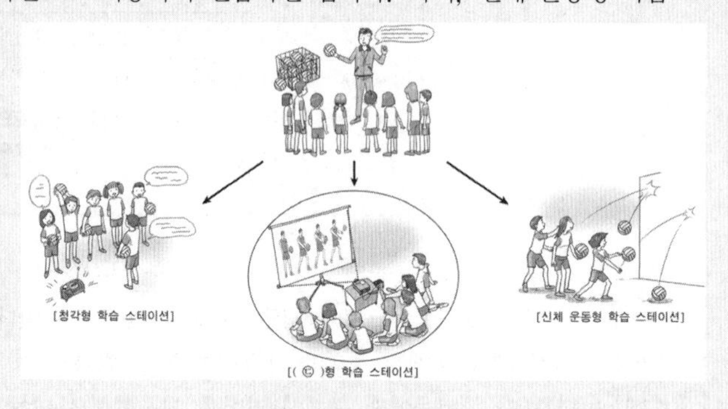

〈작성 방법〉

1) 링크(J. Rink)의 학습 내용의 발달(content development) 과정에 근거하여 밑줄 친 ㉠, ㉡에 해당하는 확대 과제 유형을 순서대로 쓰시오.
2) 바비와 스와싱(W. Barbe & R. Swassing)의 학습 유형 분류에 근거하여 괄호 안의 ㉢에 해당하는 용어를 쓰시오.
3) (가)와 (나)에 나타난 홍 교사의 교수·학습 방법의 의미를 2009 개정 교육과정에 따른 체육과 교육과정의 '교수·학습 운영 계획'에 근거하여 2가지만 서술하시오.

[정답] 1) ㉠ 과제 간 발달[1점] 복잡성을 높였다. ㉡ 과제 내 발달 [1점] 거리를 늘렸다.
2) ㉢ 시각(보다, 비전 등) [1점]
3) (가)는 평등한 학습기회 제공이다. [1점] (나)는 학생의 사전학습 경험 및 발달 특성 분석이다. [1점]

제 3 장 체육 수업 비평

1. 수준별 체육수업의 필요성과 방향

1-1. 수준별 체육수업이 필요한 이유

(1) 체육과 수준별 수업이 필요한 이유는 바로 여학생들과 운동기능이 낮은 남학생들 때문이다.

(2) 남학생과 여학생을 한 수업에 참여하도록 한다고 해서, 상위 집단의 학생들과 하위집단의 학생들을 함께 한 장소에서 수업한다고 해서 '교육적 평등[1]'이 실현되는 것은 결코 아니며, 이러한 물리적 조치는 '교육적 평등'이 아닌 '교육적 동등'이다.

(3) 따라서 우리나라 교육은 교육적 평등보다는 교육적 동등의 개념에 치우쳐 왔다고 말하면서 수준별 교육과정 또는 수준별 수업의 당위성을 주장한다.

1-2. 수준별 수업에서 '수준'의 의미

'수준'의 의미는 '학습 능력을 포함한 학습자의 다양한 개인차'로 정의한다.

1-3. 수준별 수업의 특성

(1) 학생의 다양한 개인차를 고려하여 수업의 제 국면에서 그 처치 방법을 달리하는 수업을 의미한다.

(2) 수준별 수업을 제공할 때 유의할 사항은 학생들이 다양하기도 하지만 많은 특성을 함께 공유한다는 점이다.

(3) 따라서 개인차를 고려하여 수준별 수업을 한다고 할 때 학생 하나하나의 개별성, 독특성을 키우는 교육도 중요하지만 학생들이 함께 어울려 살 수 있는 교육 또한 중요하다.

(4) 즉, 학생들이 사회 구성원으로서의 역할도 훌륭하게 수행할 수 있도록 길러져야 한다.

㉠ 수준별 수업은 결코 새로운 수업방법이 아니다. 다양한 능력, 특성을 지닌 학생들이 모인 집단을 지도하게 될 경우 뜻있는 교사라면 어떤 식으로든 수준별 수업을 생각하지 않을 수 없다.

㉡ 수준별 수업은 1:1 개별 수업과는 구분된다. 학습 주제에 따라 구성원의 특성을 감안하여 3~4개 정도의 소집단(동질능력 집단, 이질능력 집단, 흥미 집단, 학습 양식 집단, 이질 협력 학습 집단 등)을 나누어 수업을 하는 방식이면 충분하다.

㉢ 수준별 수업은 능력별 수업, 이동식 수업만은 아니다. 똑같은 방식의 수준별 수업도 어떤 학교에서는 효과적이지만 또 다른 학교에서는 부정적인 결과를 더 많이 초래할 수도 있다는 점을 유념하여 학교, 교사, 학생들에게 적합한 수준별 수업모델을 창출해 나가는 노력이 필요하다.

---

1) 교육적 평등(educational equity): '모든 학생들에게 평등하게 의미있는 학습'이 이루어 질 수 있도록 적절한 교육내용 및 방법을 제공함을 의미한다. 결과적으로, 교육적 평등은 모든 학생들이 성이나 능력에 상관없이 성공적인 학습기회를 부여한다.

2. 수준별 체육수업의 실제 13 기출

2-1. Moston과 Ashwoeth가 고안한 '체육 수업 스펙트럼'(11가지 교수 스타일)

(1) 이 수업 스타일은 '과제 활동 전, 중, 후 의사결정의 권한'에 따른 분류로, 각 지도 유형별로 독특한 특성과 장점을 가지고 있다.

(2) 이 중에서 포괄형 교수스타일이라는 하나의 지도 유형이 존재하는데, 이것은 수준별 수업의 기본 개념과 맥락을 공유하고 있다.

(3) 이 스타일의 목적은 모든 학생들로 하여금 자신에게 적합한 참여와 기능 수준에 맞는 과제에 참여하도록 하는데 있다. 이 스타일의 가장 두드러진 특성은 모든 학생들을 교육의 장(場)에 참여시킨다는 점이다. 다양한 수준의 학습 활동 과제를 제공함으로써 그동안 체육 수업에서 소외감이나 좌절감을 느껴온 학생들 조차도 '함께 참여할 수 있는 기회'를 부여한다는 것이다.

2-2. 포괄형 수업 스타일(참고용)

(1) **포괄형 수업 스타일의 특징**

① **모든 학생들의 성공적인 학습 기회 제공**

② **학생에 의한 수준 선택**

③ **자신과의 경쟁**: Mosston과 Ashworth는 경쟁은 다른 사람들과의 경쟁이 아니라, 자신이 가지고 있는 능력과 요구에 대한 경쟁임을 강조하고 있다.

④ **정서적 학습**: 일부 학생들은 한 가지 수준을 선택하는 과정에서 자신이 처한 현실과 욕구 사이에 격차를 발견할 수도 있다. 이때 교사는 합리적인 선택을 하고 자신의 욕구를 자신이 가지고 있는 능력에 맞추도록 도와주어야 한다.

(2) **포괄형 수업 스타일을 활용한 수준별 체육수업의 방향**

① 수준별 수업은 모든 학생들에게 적용될 수 있는 교육적 평등을 추구한다. 이는 모든 학생들에게 평등하게 의미 있는 학습이 이루어질 수 있도록 적절한 교육내용 및 방법을 제공함을 의미한다.

② 교육적 평등은 모든 학생들에게 성이나 능력에 상관없이 성공적인 학습 기회를 부여한다. 이러한 분위기 속의 학습 환경은 어느 단 한 명의 학생도 소외될 가능성이 없게 된다.

㉠ **평행적 구조의 줄넘기**: 학습초기 모두 성공적으로 줄을 넘지만 높이가 올라갈수록 개인차가 발생해 일탈행동이 일어날 확률이 높아진다.

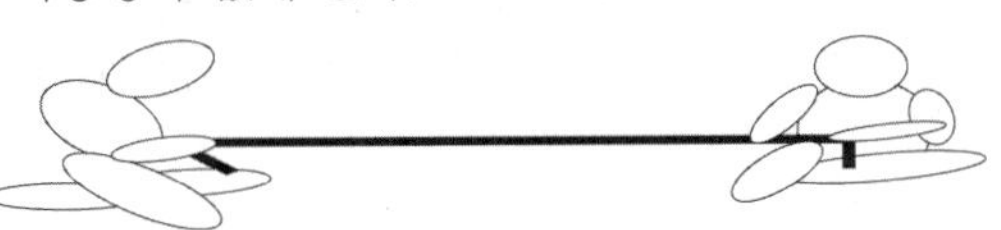

[그림 3-1] 평행적 구조의 줄넘기

㉡ **비평행적 구조의 줄넘기**: 모든 학생들로 하여금 자신의 수준에서 참여하도록 만든다. 운동기능 수준이 높고 낮음에 관계없이 모든 학생들은 성공적인 학습경험을 수업 내내 가지게 될 것이다. 모든 학생들은 자신의 수준을 스스로 선택하여 줄넘기를 시작하고, 초기 과제활동의 성공적인 경험은 지속적인 참여를 유도하고, 계속적으로 높은 수준의 줄넘기 과제를 도전하게 될 것이다.

[그림 3-2] 비평행적 구조의 줄넘기

(3) **수준별 체육수업의 구조** 13 기출

① 전통적인 체육 수업 구조: 학생들의 기능 수준, 흥미, 성, 학습 동기에 관계없이 모든 학생들에게 한 가지 동일한 수준의 과제를 제공, 동시에 학생들이 성취해야 하는 목표의 수준도 한 가지 동일 수준이었다. 따라서 일부 학생들을 체육 수업에서 소외시키거나 배제시키는 결과를 초래한다.

[그림 3-3] 전통적인 체육 수업 구조

② 학생의 운동기능 수준에 근거한 수업 구조

㉠ **한 가지 과제 활동이 다양한 목표 수준을 가진 경우**: 모든 학생이 동일한 학습내용의 과제에 참여하게 되지만 학생들은 자신의 능력에 기초하여 서로 다른 수준의 학습목표에 도전하며, 학생들의 신체 활동에 대한 흥미가 거의 유사하나 그들의 능력 수준이 명백히 다른 경우 매우 적합한 방식이다.

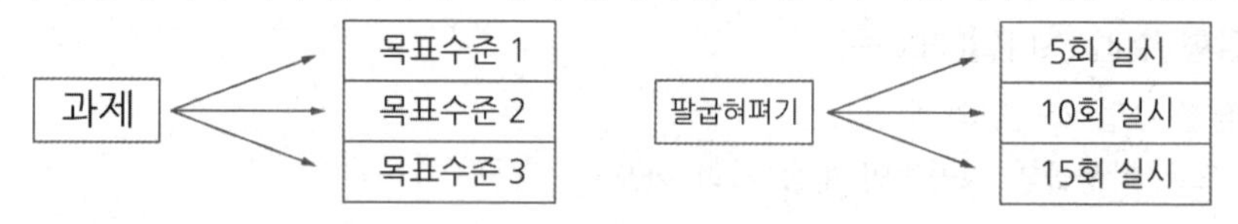

㉡ **다양한 과제 수준이 한 가지 과제활동 목표를 가진 경우**: 각 학생들은 학습 초기부터 자신의 능력에 적합한 수준에서 학습 과제에 참여하게 되지만 모든 학생들은 동일한 학습목표를 추구하게 된다. 학생들의 능력차이가 분명하게 나지만, 성취하고자 하는 학습목표가 동일할 때 활용할 수 있는 유용한 방법이다.

㉪ 모든 학생들이 비평행적 구조의 줄넘기 사례처럼 처음 시작하는 과제 수준이 다르지만 '줄을 성공적으로 넘는다'는 한 가지 동일한 학습목표를 가지게 된다.

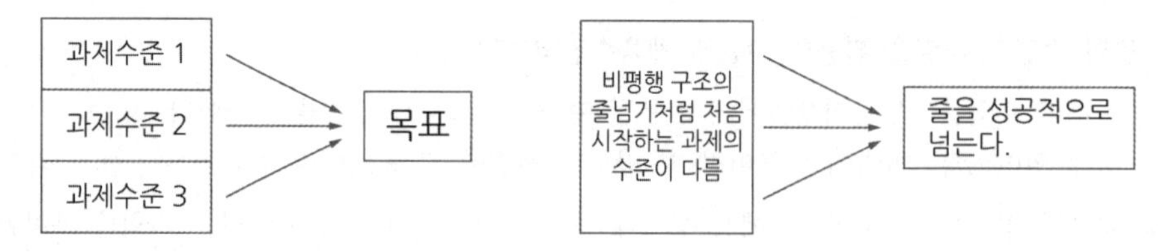

㉢ **다양한 과제 수준이 각각 목표 수준을 가진 경우**: 학생의 운동 능력이 분명하게 차이가 날 경우 적합하다. 즉 학생 집단이 이질적으로 구성되어 있다면 처음부터 학습 과정의 트랙을 달리할 수 있는 방법이다. 학급을 몇 개의 소집단으로 구분한 다음 유사한 과제로 구성된 활동에 참여하게 한다. 단 각 소집단이 참여하는 과제의 수준은 서로 다르다.

㉪ '앞구르기', '다리 벌려 앞구르기', '뒤구르기', '다리 벌려 뒤구르기'가 4개의 소집단에 제공될 수 있다. 앞구르기 집단은 8회 연속 구르기가 과제 목표 수준이 되며, 다리 벌려 앞구르기는 6회 연속, 뒤구르기는 6회 연속, 다리 벌려 뒤구르기는 2회 연속이 과제 목표 수준으로 제공될 수 있다.

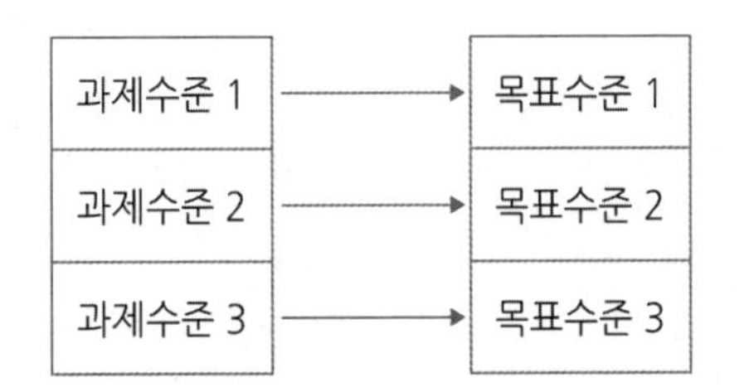

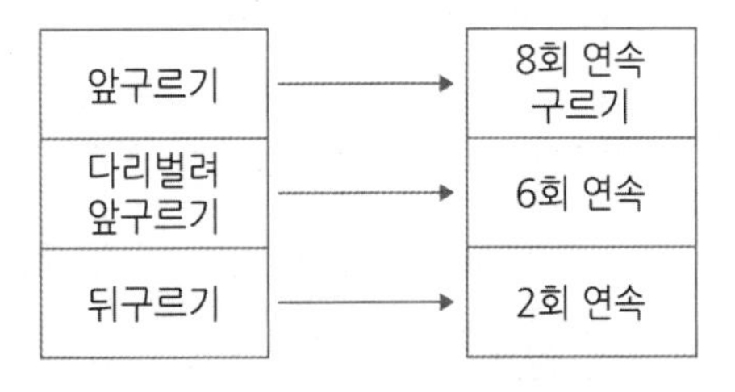

③ 학생의 흥미에 근거한 수업구조

㉠ **다양한 과제 유형이 한 가지 목표를 가진 경우**: 학생들이 유사한 운동 기능 수준을 가지고 있지만, 신체 활동에 대한 흥미가 서로 다를 경우 적합하며, 학생들은 다양한 과제 활동에 참여하지만, 동일한 과제 목표를 제시받게 된다.

㉮ 학생들에게 한 수업에서 축구, 배구, 농구가 제공될 수 있다. 이때 교사는 3번의 게임 중 1번 이상의 승리를 요구할 수 있다.

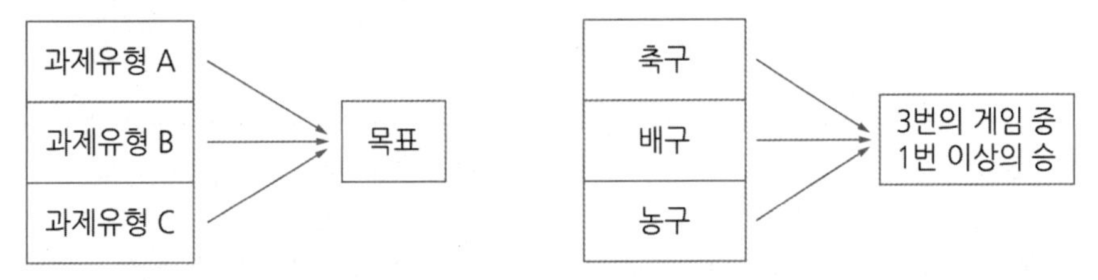

㉡ **다양한 과제 유형이 각 목표 유형을 가진 경우**: 학생들이 유사한 운동 능력을 가지고 있지만 매우 상이한 흥미를 가진 학급에 적합하다. 학생들에게 다양한 과제 활동이 주어지고 각 과제 활동은 고유한 과제 목표가 설정되어 있다.

㉮ 높이뛰기, 오래달리기, 해머던지기가 학생들에게 제공될 수 있고, 높이뛰기의 활동 목표는 1m 10cm이고, 오래달리기는 4km거리를 완주하는 것이며, 해머던지기는 완벽한 해머 던지기 동작을 숙달하는 것이다.

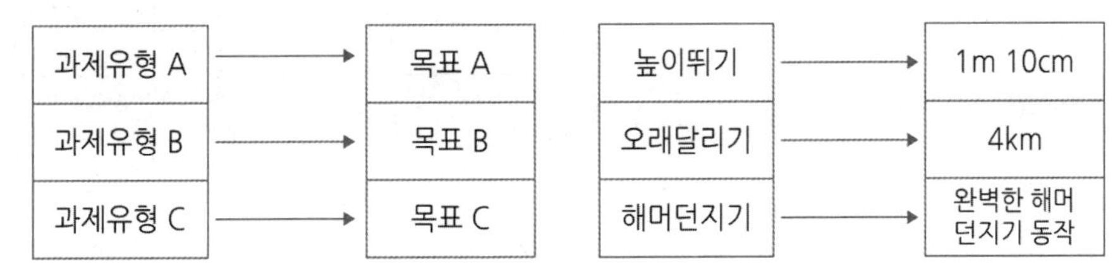

④ 학생의 운동기능과 흥미에 근거한 수업구조

㉠ **다양한 과제 유형이 각 목표 수준을 가진 경우**: 혼성학급에 적합하며 학생들은 서로 다른 과제 활동에 참여하면서 제공된 각각의 과제 목표 수준에 도달해야 한다.

㉮ 남학생은 1,000m 달리기나 1000m 걷기 과제가 제공되고, 여학생들에게는 800m 걷기나 800m 달리기가 제공된다. 이때 다양한 과제 활동은 달리기와 걷기가 되며, 각 목표 수준은 1,000m와 800m가 된다.

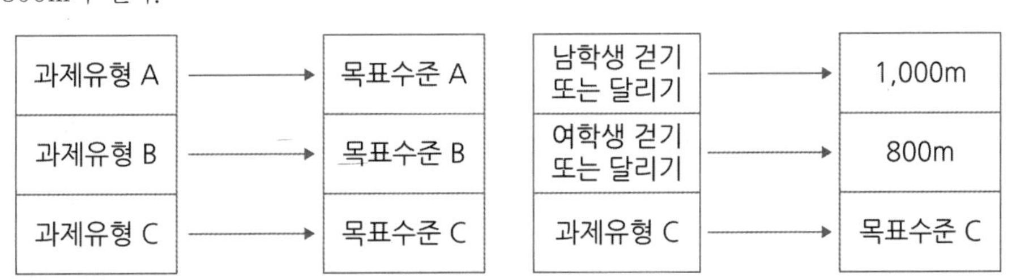

ⓛ **다양한 과제 수준이 다양한 목표 유형을 가진 경우**: 학생들에게 다양한 과제 수준의 활동이 제공되며, 각 과제 수준은 서로 다른 과제 활동 목표를 가지게 된다.

㉮ 테니스의 스트로크, 발리, 서비스가 학생들에게 제공될 수 있다. 이때 스트로크에 참여하는 학생들은 10번의 시도 중 5번 이상을 포핸드나 백핸드를 활용하여 성공해야 하는 목표를 설정할 수 있고, 발리에 참여하는 학생들은 포핸드 발리와 백핸드 발리에 참여함으로써 각 그립의 차이를 분석하고 평가해야 하는 목표를 설정할 수 있다. 서브에 참여하는 학생들은 5번의 시도 중 3번 이상 정확한 동작으로 서비스를 하는 목표를 설정할 수 있다.

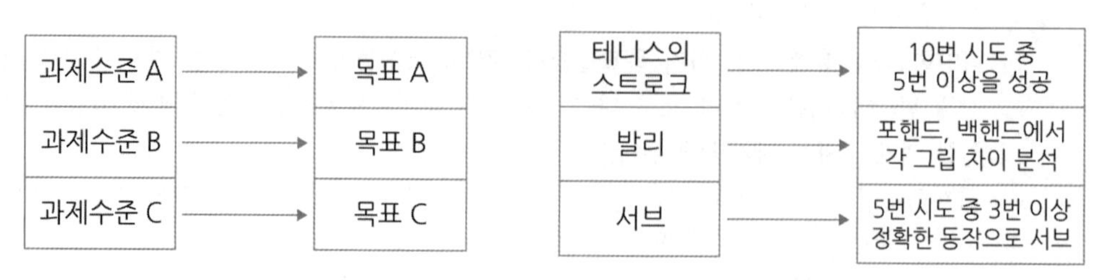

[참고] 절대적이지는 않고 이채문 사견 공통 특징

과제-수준(종목내, 유사동작), 유형(종목간)

목표-수준(숫자가 다름, 단위 일치), 유형(숫자와 단위가 다름)

구분	과제 수준(종목내, 유사동작), 유형(종목간)		목표 수준(숫자가 다름, 단위 일치), 유형(숫자와 단위가 다름)	
기능	한(一)	팔굽혀펴기	다(多)수준	(5, 10, 15)회
		핸드볼 스탠드 슈팅		(2, 4, 6)m 슈팅선
	다(多)수준	비평행적 구조의 줄넘기 높이가 다르게	한(一)	'줄을 성공적으로 넘는다'
	다(多)수준	(앞, 다리벌려, 뒤)구르기	다(多)수준	(8, 2, 5)회 연속
흥미	多 유형	축구, 배구, 농구	한(一)	3번의 게임 중 1번 이상의 승리
	多 유형	높이뛰기, 오래달리기, 해머던지기	多 유형	높이뛰기 1m 10cm, 오래달리기 4km거리 해머던지기 동작 숙달
기능과 흥미	多 유형	(남/여), (달리기/걷기) 남학생 1,000m 달리기나 1000m 걷기 여학생 800m 달리기나 800m 걷기	다(多)수준	(1,000, 800)m
	다(多)수준	테니스 (스트로크, 발리, 서비스)	多 유형	10번의 시도 중 5번 이상 성공 각 그립 차이 분석 5번 시도 중 3번 이상 정확한 동작

05 | 2013학년도 논술

다음은 박 교사의 수업 개선에 대한 견해이다.

> (가) 박 교사는 '2009 개정 교육과정에 따른 체육과 교육과정'의 개정 취지와 방향에 공감하고, 의미 있는 교육과정의 실천을 위해 노력하는 체육 교사이다. 그는 교육과정과 관련하여 교사가 실천자이자 개발자로서의 역할을 수행해야 한다고 생각한다.
>
> (나) 박 교사는 학교 단위의 교육과정 수립 과정에서 개발자의 역할을 수행하고자 한다. 그는 자신의 수업을 안내할 연간 지도 계획서를 체계적으로 작성하고자, '2009 개정 교육과정에 따른 체육과 교육과정'을 분석하여 개발자의 역할을 수행하였다.
>
> (다) 박 교사는 교수학습의 계획 단계에서도 개발자의 역할을 수행하고자 한다. '2009 개정 교육과정에 따른 체육과 교육과정'에서는 교수학습의 방향으로 수준별 수업을 강조하고 있다. 박 교사는 이러한 교육과정 의도를 반영하여 구체적인 수업 구상을 하면서 개발자의 역할을 수행하고자 한다. 이에 박 교사는 ㉠'다양한 과제 수준에 따른 수준별 수업' 과 ㉡'다양한 목표 수준에 따른 수준별 수업'의 방법을 적용하였다.

(가)에 제시된 교육과정 실천자와 개발자에 대한 의미와 역할을 설명하고, (나)의 연간 지도 계획서 작성 시 교육과정 개발자로서 박 교사의 구체적인 역할을 목표 설정, 내용 선정, 수업 시수 배정, 학습 환경 조성의 측면에서 각각 진술하시오. 또한, (다)에 제시된 수준별 수업에서 '수준'의 의미를 설명하고, 농구 슛 기능 지도 상황에서 ㉠과 ㉡에 대하여 사례를 들어 비교하시오.

[정답]
- '교육과정 실천자'는 국가 수준의 체육과 교육과정 문서의 내용을 이해하고 전달할 수 있는 능력, 즉, 효율적 수업을 지향하는 교육과정의 올바른 사용자 및 전달자를 의미한다.
- '교육과정 개발자'는 현재 적용되고 있는 국가수준의 체육과 교육과정의 특성과 방향을 정확히 이해한 후, 이를 기초로 자신의 교육적 필요성에 의해 현장에 적합한 맞춤형 체육과 교육과정을 직접 개발하는 것이다.
- 교사의 교육과정 실천자이자 개발자의 역할은 교육과정의 이론적인 지식을 현장에 적합하도록 재구성하여 실천할 수 있도록 연계성을 높이도록 하는 것이다.
- '목표 설정'은 체육교과 협의회에 참여하여 2009 개정 체육과 교육과정 문서에서 제시하고 있는 중등학교 5개의 영역별 목표를 기초로 해당 지도학년 수준에 맞게 재구성해야 한다.
- '내용 선정'은 체육교과 협의회에 참여하여 선정한 목표에 근거하여 중영역을 선정하고 필수적으로 지도해야 할 내용요소 및 성취기준에 적합한 신체활동을 선택하도록 한다.
- '수업 시수 배정'은 해당 학년의 수업시수를 확인하고 학교 행사 등 실제 수업이 가능하지 않는 일수를 고려하여 연간 총 실제 수업 시수를 산정한다. 그 후 영역별로 지역적 특성, 학교 특성, 체육교사배경, 학생의 교육적 요구와 흥미, 학교 체육 시설 등을 종합적으로 고려하여 영역별 시수 배정 비중을 결정한다.
- '학습 환경 조성'은 학생의 과제참여 기회를 높이고 학습 활동의 질적 향상을 위해 필요한 시설과 용기구를 다양하게 제시하고, 여러 가지 교육매체와 정보화 자료를 활용하여 학습 환경의 제약을 극복하도록 한다. 시설 미비 등의 이유로 교내에서 수업하기 어려운 신체활동은 지역 사회 체육시설 또는 주변 환경을 적극 활용하여 실시하도록 한다.
- '수준'의 의미는 학습능력을 포함한 학습자의 다양한 개인차이다.
- ㉠은 레이업 슛, 골밑 슛, 점프 슛, 훅슛 등 다양하게 농구 슛을 성공시키도록 과제 수준을 다르게 제공할 수 있다.
- ㉡은 골대로부터 동일한 거리에서 2회 연속, 3회 연속, 4회 연속 골을 성공 시키도록 목표 수준을 다르게 제공할 수 있다.

제 4 장 반성적 체육수업

1 반성적 수업의 개념과 모형

1. 반성적 수업의 개념 및 특징 00 기출 18 기출 22 기출

(1) Dewey는 반성적 사고는 '상호작용 또는 현실로부터 의미를 창출하고 이해하고자 하는 유목적적이고 직접적인 열중 의지이며 가시적이고 직접적인 것들을 토대로 작용하는 의식의 흐름에 의해서 파악하는 것이 아니라 그 속에 내재해 있는 참된 의미를 과학적이고 실증적인 근거에 의해서 파악하는 것'을 말한다(최진섭, 1996).

(2) 숀(Schon, 1983)은 반성적 교사 자신의 실천적 지식(Knowing-in-action)[2)]을 습득하는 데 관건이 된다고 보았다.

(3) 그는 교사의 실천적 지식과 관련된 일상적인 행위의 흐름을 방해하는 무언가가 있을 때, 즉 어떤 놀라움이 있을 때 의식적인 반성이 일어난다고 보았으며, 이 의식적인 반성을 '실천 행위 중 반성'(reflection-in-action)과 '실천 행위 후 반성'(reflection-on-action)의 두 유형으로 세분화하고 있다.

① '실천 행위 중 반성'

㉠ 개인이 문제를 구조화하고, 상황을 이해하며, 문제를 이끌어 오는 가정들의 기저를 비판적으로 평가하며, 검증될 수 있는 대안적인 해결 방식을 구성하도록 허용하는 하나의 의식적인 탐구이다.

㉡ 이는 어떤 실천적 행위를 하는 도중에 수행하고 있는 것에 대해 반성적 사고를 하는 것으로 자신이 구성한 전략을 향상시키고 개선하면서 문제를 다루어 보는 과정으로 다양한 관점으로 문제를 다루는 것을 중요하게 여기는 유형이다.

② '실천 행위 후 반성'

㉠ 놀라움이 왜 일어났는지를 이해하기 위해 우리의 행위를 돌이켜 생각해 보는 것을 의미한다.

㉡ 이러한 반성이 일어나면 형상과 어떤 거리를 두게 되며, 평가적이고 비판적으로 그 상황을 숙고할 수 있게 된다.

㉢ 이는 이미 일어난 상황에 대하여 자신의 행위를 되돌아보면서 체계적으로 깊이 생각해 보는 것으로 자신의 행위를 관찰하고 행위가 끝난 다음에 유사한 상황에서 어떻게 다르게 행동할 수 있는지를 생각하는 유형이다.

(4) 숀(Schon, 1983)에 의하면, 교사의 전문지식은 이 두 가지 반성을 통하여 습득되는 실천적 지식이라고 하고 있다. 이는 교사교육에서 전문적 지식의 본질과 그것이 획득되는 방식을 실천주의적 관점에서 보고 있다는 것을 보여준다.

---

2) 2007년 개정 체육과 교육과정에서는 체육과 교육 내용을 '스포츠 또는 운동'이 아닌 '신체 활동 지식(physical activity knowledge)'으로 재개념화 하였다. 신체활동지식이란, 모든 신체 활동에 보편적인 개념, 원리, 수행방법 등을 추가 시킨 개념으로, 신체 활동의 명제적 지식과 실천적 지식을 포함한다. 신체 활동의 명제적 지식이란 신체활동과 관련된 이론으로 비유할 수 있으며, 신체 활동에 대해 아는 것을 의미한다. 반면 신체 활동의 실천적 지식은 신체 활동과 관련된 실제를 뜻하는 것으로 직접 몸으로 신체 활동을 수행할 수 있는 것을 의미한다.

(5) 진정한 전문가로서의 능력은 '실천 행위 중 반성'과 밀접한 관련이 있다(Schon, 1983). 이는 전문적 행위를 하고 있는 동안 변화가 내재된 행위 방식에 대해 생각하며, 자신이 무엇을 하고 있는지를 알고 있다는 것을 의미한다. 따라서 '실천 행위 중 반성'은 실천적 이론과 실험을 포함하게 되며, 이 과정을 통해 진정한 전문성 발달이 이루어질 수 있다.

(6) 반성적 수업의 특징 00 기출

① 반성적 수업은 수업 활동 자체는 물론이고 수업 활동이 이루어지는 환경에도 관심을 가짐으로써 수업 활동을 사회 문화적 맥락에서 이해하려는 체육교사의 총체적 노력이다.

② 교수 기능의 효율성에 중점을 두고 수업을 행하는 것이 아니라, 학생의 자아실현과 수업의 기회균등이라는 측면에서도 마찬가지로 강조를 둔다.

③ 체육교사가 자신의 수업 활동에 대한 비판적인 태도를 취하여, 자신의 수업 활동을 구체적으로 검토하고 분석하는 노력을 반드시 동반한다.

④ 문제 해결의 순환 과정을 거치면서 진행된다(계획 ⇨ 실천 ⇨ 관찰 ⇨ 반성 ⇨ 수정).

⑤ 체육교사 혼자만의 개인적 활동이 아니며, 체육 담당 교사 전체가 참여하는 사회적 노력으로서 반드시 동료 교사들과의 협동적 대화와 협조 노력 속에서 이루어지는 집단적 작업이다.

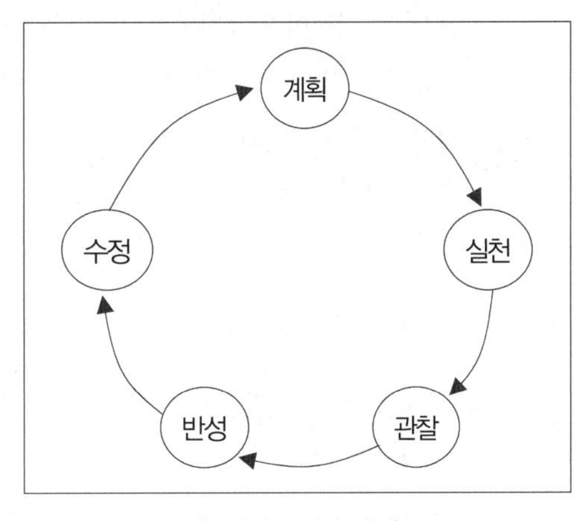

〈반성적 수업의 과정〉

참고문제	2015년 지도사 2급
9. 교수-학습과정의 구성 요소가 아닌 것은? 가. 실행 나. 계획 **다. 전환** 라. 평가	

2. 반성적 수업의 절차 및 모형

(1) 반성적 수업은 교사의 전문적 자질을 향상시키는 의미를 내포하고 있으며, 전문성 함양을 위한 교사교육과 밀접한 관련이 있다고 할 수 있다. 교사의 전문성 신장을 위한 여러 가지 교사교육 프로그램이 있는데, 다양한 교사교육 프로그램의 신념과 가정은 4가지 범주로 제시할 수 있다(자이크너 Zeichner, 1981).

① 첫째, 행동주의적 패러다임(behavioral-paradigm)으로 효과적인 교사에게 요구된다고 생각하는 구체적인 기술을 강조하는 입장이다.

② 둘째, 인본주의적 패러다임(humanistic-paradigm)은 초임교사의 개인적 발달을 강조한다.

③ 셋째, 전통적 도제 패러다임(traditional-craft paradigm)은 초보자가 경험적이고 존경할 만한 장인에게서 학습하는 것으로 실제적인 수업 실습을 강조한다.

④ 마지막으로 탐구 지향적 패러다임(inquiry-oriented paradigm)은 자신의 수업을 분석하는 개인의 능력과 학급 문제에 대한 대안적 해석을 강조한다.

(2) 자이크너(Zeichner, 1981)는 탐구 지향적 패러다임이 교사와 연구자 간, 이론과 실제 간의 거리를 좁혀 주며, '행위 중 반성'을 강조한 숀(Schon)의 입장과 유사하다고 밝히면서, 탐구 지향적 패러다임에 근거해서 교사교육이 이루어져야 한다고 주장한다.

(3) 숀(Schon)과 유사하게 클락(Clark, 1994)은 교사들은 구조화와 재구조화의 순환적 과정을 통해 행동에 대한 새로운 가능성과 상황에 대한 새로운 이해에 이르게 된다는 것을 지적한다.

① 폴러드(Pollard)와 탠(Tann, 1993)은 수업은 고도의 기술적이며 복잡한 활동으로 교사가 어떻게 행동할 것인가에 대한 판단을 요구하는데, 반성적 수업의 과정은 교사의 전문적 판단을 발달시키고 지속시키는 과정이며 교사의 실천적 능력과 직접적으로 관련되는 것으로 보고 있다.

② 즉, 수업 반성의 과정에서 교사는 기본적으로 계획하고 준비하며, 실행에 옮길 것이 기대된다.

(4) 반성적 교사는 자신과 학생의 의도, 행동, 느낌 등에 관해 자료를 수집하고 관찰하며 조정할 필요가 있다. 수집된 자료는 비판적으로 평가 분석되고, 이어서 어떤 판단과 의사결정이 일어나게 된다.

(5) 마지막으로 교사는 다시 그 과정을 시작하기 전에 자신의 학급경영 방침, 계획, 준비 등을 재검토하게 된다. 이러한 지속적이고 역동적인 순환 과정을 통해 교사는 질적으로 보다 높은 수업을 지향할 수 있게 된다고 보고 있는 것이다.

(6) **폴러드(Pollard)와 탠(Tann, 1993)이 제시하는 반성적 수업의 특징을 6가지**로 제시하면 아래와 같다.

① 첫째, 반성적 수업은 기술적 효율성, 방법뿐만 아니라 목표 및 결과와 관련된 **행동**을 나타낸다.

② 둘째, 반성적 수업은 자신의 교수 행동을 계속적으로 조정하고 검토하며 평가하는 순환적이며 나선적인 과정이다.

③ 셋째, 반성적 수업은 수업 능력의 발달을 지원하기 위하여 수업탐구**능력을 요구**한다.

④ 넷째, 반성적 수업은 개방성·책임감·성심 성의껏 노력하는 **태도를 요구**한다.

⑤ 다섯째, 반성적 수업은 교육훈련에서 가지게 된 통찰과 자기반성을 통해 부분적으로 형성된 **교사판단에 기초**한다.

⑥ 여섯째, 반성적 수업을 통한 전문성 학습과 개인적 만족은 **동료와의 대화와 협력**을 통해 형성된다.

(7) 폴러드(Pollard)와 탠(Tann)은 이러한 반성적 수업의 순환 단계가 Dewey의 반성의 개념을 따르고 있으며, 단순하지만 교육 실제에서 행해질 때 강력한 영향력을 가지는 것으로 밝히고 있다.

3. 현장개선 연구 03 기출 13 기출

3-1. 현장개선 연구 특징

(1) 케미스(S. kemmis)와 맥타가트(R. Mc Taggart)는 교육현장개선을 위한 방법의 하나로서 반성적 수업모형을 제시하고 있는데, 단계는 문제파악 및 개선 계획, 실행, 관찰, 반성의 4단계를 기본으로 하여 문제가 해결될 때까지 기본 단계가 순환된다고 밝히고 있다.

(2) 또한 교사는 이 단계를 거쳐 '수정된 계획'을 준비하고(첫째 단계로 순환) 보다 발전적인 아이디어를 얻기 위해 동료교사나 전문 연구자 또는 대학교수와 협동적으로 협의하여야 한다. 이와 같은 반성적 수업모형과 관련된 선행연구를 살펴볼 때, 교사의 수업에 대한 반성적 사고를 촉진시킬 수 있도록 구성된 모형들을 다양하게 나타나고 있으나,

(3) 결국 교사의 수업에 대한 문제 해결능력을 향상시키는 것을 핵심으로 하고 있다고 할 수 있으며, 교사의 반성적 사고능력을 발달시키는 것이 수업의 질을 향상시킬 뿐 아니라 교사의 전문성 함양에도 도움이 되는 것으로 지적하고 있다고 볼 수 있다.

근본적 특징	현장교사가 동료교사나 대학연구자의 도움을 받아 자신의 교육실천을 스스로 체계적, 반성적으로 탐구하여 이해하고 개선하는 것
연구의 주체	반드시 교사 자신
연구대상	자신이 실천하고 있는 실제적 교육활동이어야 한다.
연구의 목적	자신이 하는 일을 보다 잘 이해하고, 그것을 보다 나은 방향으로 개선하는 것으로, 자기 교육활동의 이해와 개선을 동시에 추구

현장개선연구의 과정적 특징(체육교육탐구)	
역동성	4단계가 서로 통합되어 이루어지는 하나의 과정. 실제에 있어서 서로 뚜렷이 구분되고 각각 완전히 독립되어 실천되는 것으로 이해되어서는 안 된다.
연속성	4단계를 단 한 번만 거치는 1회의 사이클로 종결된다고 생각해서도 안 된다. 이 사이클은 순환적으로 개선이 이루어질 때까지 계속적으로 거듭되어 실시되어야 한다.
집단성	마지막으로, 현장개선연구의 과정에 있어서 '그룹'의 중요성이 잊혀져서는 안 된다. 현장개선연구는 협동적이고 단체적인 성격을 띠고 있기 때문에, 개인적으로 이루어지는 연구는 올바른 의미에서의 현장 개선연구라고 간주하기 어렵다. 반드시 동료교사나 대학교수를 비판적 친구로 연구과정에 합류시켜 다양한 관점에서 보다 비판적으로 연구가 진행되도록 해야 한다.

참고문제	2019년 지도사 2급

12. 〈보기〉에서 설명하는 현장(개선)연구의 특징으로 적절하지 않은 것은?

〈보 기〉

현장(개선)연구는 체육 지도자가 동료나 연구자의 도움을 받아 자신의 강좌를 반성적으로 탐구하여 개선하는 데 목적이 있다.

① 집단적 협동과정이다.
② 자기 성찰을 중시한다.
③ 연속되는 순환 과정이다.
④ 효율성과 결과를 중시한다.

3-2. 현장개선 연구 단계(S. kemmis, R. Mc Taggart, 체육교육탐구)

현장개선연구는 일반적으로 '문제파악 및 계획 → 실행 → 관찰 → 반성'의 4단계를 기본 싸이클로 하여 이 4단계의·순환적 싸이클로 문제가 해결될 때까지 계속적으로 진행하는 과정이다.	
문제파악 및 계획 단계	• 문제파악은 현재 자신이 개선을 하려는 문제 사태나 상황을 명확히 파악한다. • 개선계획은 파악된 문제를 개선하거나 해결하기 위한 전체 과정을 마련하는 단계이며, 문제의 개선이 현실적으로 이루어질 수 있도록 실현성 있게 준비되어야 한다.
실행단계	문제의 파악과 개선계획이 제대로 이루어지면 교사는 수업을 실시하면서 이 계획을 실행하는 단계이다. 이 단계에서 교사는 현재 상황에 대한 보다 나은 이해와 자신의 수업 활동에 어떤 실제적 변화를 가져다 줄 계획을 실천에 옮긴다.
관찰단계	교수 활동에서 의도적인 반성에 의한 것을 말한다. 다시 말해 계획에 따른 관찰과 반성을 위한 관찰의 의도가 강하다. 이 단계는 계획의 실행이 어떤 교수 효과를 가져 오는가 하는 것을 알아보기 위한 것이다. 반성 단계에서 기본적 자료로 이용할 수 있도록 관찰은 반드시 사전에 계획되어야 한다.
반성단계	관찰단계에서 모은 계획의 실행에 관한 다양한 자료들에 대해서 비판적으로 숙고하는 단계이다. 교사는 수집한 자료를 체계적으로 분석하며 어떤 일들이 벌어졌는지 그리고 왜 그러한 방식으로 벌어졌는지를 종합적으로 이해하려고 노력하며 자신이 계획했던 변화가 이루어졌는지도 알려고 한다.

4. 체육수업 개선 연구의 토대

(1) 체육수업을 보다 나아지게 만들기 위해서는 반드시 연구가 필요하다. 체육수업 개선과 연구의 관계를 이처럼 파악함으로써 체육학자들은 수업개선에 체육 연구를 적극적으로 활용해야 한다고 주장한다(Kemmis & McTaggart, 2000).

(2) '기능적 합리주의'에서 '반성적 실천주의'로 전환되면서 탐구 과정을 반성적 행동의 기준으로 삼고, 교사 준비 과정에서도 미래교사를 위한 탐구중심 접근을 강조하고 있다.

※ 참고: 기능중심 교사 교육은 학생의 성취도를 향상시키는 일에 효과적인 교사를 가장 효율적인 방식으로 만들어내는데 목적을 둔다. 주어진 교육 목표를 비판적 검토없이 그대로 받아들이고, 수업은 그 목표를 성취하는 가장 효과적인 수단으로만 간주

(3) 이러한 탐구중심 교육에서 교사가 갖추어야 할 가장 중요한 자질은 자신이 하는 활동을 본인이 관찰하고 분석해서 자신의 교육활동을 스스로 개선할 수 있는 능력을 파악하는 것이다.

4-1. 연구자로서의 교사(teacher as researcher)

(1) '연구[3]자로서의 교사'가 강조되는 맥락은 무엇과 관련이 있는가? 실증주의와 반실증주의 설과 이해 등 오랜 방법론 논쟁의 결과, 대부분의 연구자들은 모든 현상을 연구하는 단일한 방법론이 존재하지 않으며, 또한 모든 사람이 동의할 수 있는 제3의 객관적 관점이 존재하지 않는다는 것을 인정하게 된 시대적 맥락과 관련이 있다.

(2) 스텐하우스(Stenhouse)(1975)는 교사가 하는 일은 전문 연구자에 의해서 연구되어야 하는 것은 물론이지만 그것은 반드시 교사 자신에 의해서도 연구되어야 한다고 주장한다. 편협한 전문인이 아닌 확장된 전문인으로서 교사는 자기 탐구를 통한 자발적 전문성 향상의 능력을 가지고 있어야 한다.

3) 연구(硏究): 어떤 일이나 사물에 대하여서 깊이 있게 조사하고 생각하여 진리를 따져 보는 일. [비슷한 말] 연공(硏攻)

(3) 자신이 하는 일에 대해 탐구적 자세를 가지기 위해서는 수업이 바로 연구 그 자체가 되어야 한다고 말한다(스텐하우스 Stenhouse, 1975). 그의 주장은 교육학자와 교사들의 공감을 얻어 '교사연구'라는 교육연구의 새로운 장르를 성립시키는 데 공헌하였다.

(4) '교사연구(teacher research)는 자신이 하는 일을 인식하고 개선하기 위한 목적으로 교사가 자신의 일에 대하여 수행하는 반성적이고 체계적인 탐구를 말한다.'라고 스텐하우스(Stenhouse, 1975)는 제시하였다. 따라서 교사연구는 다음과 같다.

〈표 4-1〉 스텐하우스(Stenhouse, 1975)의 교사연구(teacher research)

연구의 성격	**반성적이고 체계적이다.** 이 말은 교사연구는 반성적 탐구를 통해서 문제를 발견하고, 그것을 해결하기 위한 체계적인 자료수집과 분석 방법을 가지고 있다는 것을 의미한다.
연구 주체	**교사 자신이다.** 여기에서 교사란 학교와 대학에서 학생을 가르치는 교사와 교수를 포함한다.
교사연구의 대상	**가르치는 사람으로서 자신이 하는 일의 모든 측면이다.**
교사연구의 목적	**교사가 자신이 하는 일을 정확히 인식하고 또 그것을 보다 나은 방향으로 개선하는 것이다.**

4-2. 반성적 전문인(reflective professionals) 22 기출

(1) 전문지식 분야는 '기능적 합리주의'의 논리에 지배되어 왔고 기능적 합리주의의 논리에 의하면 '전문적 실천'이란 외부로부터 주어진 과학적 이론과 기법을 실제적 문제를 해결하는데 효과적이고 효율적으로 응용하는 것을 의미한다.

① 이 논리에서는 이론과 실천이 구분되고 연구하는 사람과 실천하는 사람이 구별된다.

② 연구하는 사람이나 이론가는 문제를 발견하고 그 해결책을 제공해주는 권위자로 인정한다.

③ 실천하는 사람은 그것을 소비하고 적용하는 이차적이고 주변적인 역할을 한다.

④ 지식의 자원으로서 실천하는 사람의 중요성은 무시되고 그가 하는 일의 성격은 단지 '기술자'로 취급된다.

(2) 기능적 합리주의에 근거해서 이루어지는 전문인 교육의 한계와 폐단에 대한 지적이 점차로 강화되고 다양화되면서 보완적 접근 또는 대안적 접근을 찾으려는 노력이 이루어졌다.

① 기능적 합리주의에 대한 신랄한 비판을 가한 숀(Schon)(1983, 1987)에 의해 제안된 반성적 접근은 다양한 방면으로 전문인 교육의 이론과 방법에 대한 시사점을 제공해 주었다.

② 숀(Schon)은, 전문인은 기능적 실천인이 아니라 반성적 실천인이라는 것이다.

③ 기능적 실천인은 주어진 이론을 그대로 기계적으로 적용시키는 수준에서 자신의 일을 하는 전문인이다.

④ 반면에 반성적 실천인은 자신의 실천에 대한 성찰적 태도를 지니고, 자신의 실천 행위를 반성적으로 검토하고 생각하면서, 실제에 적합한 이론을 스스로 만들어내면서 자신의 일을 해나가는 전문인이다. 전문인 교육은 이러한 실제에 대한 성찰의 능력을 갖춘 '반성적 전문인'을 길러내는 것을 목적으로 삼아야 한다고 주장한다.

5. 다음의 (가)는 김교사의 교사 전문성 신념에 관한 내용이고, (나)는 현장 개선 연구 보고서의 일부이다. 〈작성 방법〉에 따라 순서대로 서술하시오.[4점]

(가) 김 교사의 교사 전문성 신념

(㉠)적 실천주의
- 지식은 실제 속에 있으며, 이론과 실천은 분리되지 않는다.
- 교사의 역할을 이론의 적용자로 규정한 기능적 합리주의와 달리, 교사는 지식의 소비자이자 생산자이다.

〈작성 방법〉

ㅇ 괄호 안의 ㉠에 해당하는 용어를 숀(D. Schön)의 주장에 근거하여 쓸 것.

[정답] ㉠ 반성 [1점]

2 예비교사를 위한 반성적 체육수업 실습(반성적 교수법의 실제)

(1) 최근 교사교육에 있어서 예비교사들의 훈련을 위한 하나의 수단으로 반성적 교수법의 적용이 자주 시도되고 있다.

(2) 반성적 교수법은 물론 최근의 개념은 아니지만 실제적으로 적용되고 시도된 것은 그렇게 오래되지 않았다. 특히 우리나라에서는 반성적 교수법의 원리나 방법은 이해하고 있다 하여도 실제로 교사교육 현장에서 적용되는 경우는 드문 것 같다. 이에 필자는 과거 미국에서의 예비교사를 위한 반성적 교수법의 교수경험을 중심으로 반성적 교수법의 실제적인 활용을 위한 구체적인 방법을 소개하고자 한다.

1. 반성적 교사

(1) 반성적 교사란 교수(teaching)에 관해 더욱 사려 깊고 현명한 교사를 일컫는다.

(2) 반성적 교사는 그러므로 의도적으로 자신들의 교수법, 행동, 시간의 효율성 등을 조사한다. 그들은 지속적으로 스스로에게 "나는 왜 가르치는 일을 하는가?" "내가 가르치는 교수의 결과는 무엇인가?" "나는 어떻게 나의 교수법을 개선시킬 것인가?"에 관한 질문을 한다(Cruickshank, 1987).

2. 반성적 교수법

(1) 반성적 교수법이란 참여자들로 하여금 실제적인 교수경험의 기회를 가지게 하며 이의 성공여부를 확인하게 하고 미래의 교수수행능력을 개선할 수 있는 교수학습법에 관한 지식을 얻을 수 있게 하는 대학 내의 실험실적 교수경험을 말한다.

① 이를 위하여 지도교수는 한 학급의 예비교사를 5-6명을 단위로 하여 4-6개 집단으로 나누는 것이 바람직하다.

② 다음에 지도교수는 각 집단에서 한 명씩을 선정하여 교사로 임명한다. 이 교사를 지명교사(designated teacher)라 한다.

③ 각 지명교사에게는 다음 강의 시간에 동료 예비교사를 가르치게 될 반성적 교수법을 위한 지도안이 주어진다.

④ 이 지도안에는 수업 목표, 내용 및 평가 도구까지 포함되어 있으나 지도방법은 제시되어 있지 않다.

⑤ 물론 각 지명교사들은 동일한 내용을 가르치게 된다.

⑥ 다음 강의 시간까지 지명교사들은 주어진 지도안의 수업 목표를 달성하고 학습자의 성취와 만족도를 극대화하기 위한 지도방법을 독자적으로 계획하게 된다.

⑦ 다음 강의 시간 중 지명교사는 자기에게 할당된 동료 예비교사를 대상으로 전 시간에 받은 내용을 가르치게 된다.

⑧ 수업이 끝난 후, 지명교사는 학습자 즉 동료 예비교사들이 어느 정도 학습을 성취하였는가를 결정하게 되며 소집단 토론과 학급 전체 토론을 통하여 교수학습에 관한 심도 있는 토론을 하게 된다.

(2) 그러므로 반성적 교수법은 크게 교수 준비, 교수 활동, 평가 및 반성의 네 단계로 이루어진다.

☞ **생각해보기**

1. Kemmis와 McTaggart(1988)가 제시한 '실행연구'(action research)의 사이클이 무엇인지 조사하여 발표하여 보자.
2. 경쟁활동 영역의 한 단원을 선정하여 반성적 교수법을 적용한 1차시분의 교수·학습 지도안을 작성하여 발표해 보자.
3. 반성적 교수법의 마지막 단계에서 교사는 학생과의 토론을 통해 '반성'을 실행하는 경우가 많다. 표현활동 영역에서 토론의 주제를 선정하고 5가지의 질문을 작성하여 발표하여 보자.

07 | 2000학년도

구성주의, 열린 교육, 수행평가 등 최근의 교육 이론적 동향은 체육수업에서 학생들의 적극적, 능동적 학습 활동을 강조한다. 이러한 동향은 반대편에서 보면 체육교사로 하여금 비판적인 태도·반성적인 자세로 수업에 임할 것을 요청한다. 즉, 체육교사는 '반성적 수업'을 해야 하는 것이다.

반성적 체육수업(reflective PE teaching)의 특징을 3가지 기술하시오.

___

[정답] 📖 체육교육탐구, 최의창

① 반성적 수업은 수업 활동 자체는 물론이고 수업 활동이 이루어지는 환경에도 관심을 가짐으로써 수업 활동을 사회 문화적 맥락에서 이해하려는 체육교사의 총체적 노력이다.

② 교수 기능의 효율성에 중점을 두고 수업을 행하는 것이 아니라, 학생의 자아실현과 수업의 기회균등이라는 측면에서도 마찬가지로 강조를 둔다.

③ 체육교사가 자신의 수업 활동에 대한 비판적인 태도를 취하여, 자신의 수업 활동을 구체적으로 검토하고 분석하는 노력을 반드시 동반한다.

④ 문제 해결의 순환 과정을 거치면서 진행된다(계획 ⇨ 실천 ⇨ 관찰 ⇨ 반성 ⇨ 수정).

⑤ 체육교사 혼자만의 개인적 활동이 아니며, 체육 담당 교사 전체가 참여하는 사회적 노력으로서 반드시 동료 교사들과의 협동적 대화와 협조 노력 속에서 이루어지는 집단적 작업이다.

✓ 참고자료

Pollard와 Tann(1993)이 제시하는 반성적 수업의 특징을 6가지로 제시하면 아래와 같다.

① 반성적 수업은 기술적 효율성, 방법뿐만 아니라 목표 및 결과와 관련된 행동을 나타낸다.

② 반성적 수업은 자신의 교수 행동을 계속적으로 조정하고 검토하며 평가하는 순환적이며 나선적인 과정이다.

③ 반성적 수업은 수업 능력의 발달을 지원하기 위하여 수업탐구능력을 요구한다.

④ 반성적 수업은 개방성·책임감·성심, 성의껏 노력하는 태도를 요구한다.

⑤ 반성적 수업은 교육훈련에서 가지게 된 통찰과 자기반성을 통해 부분적으로 형성된 교사판단에 기초한다.

⑥ 반성적 수업을 통한 전문성 학습과 개인적 만족은 동료와의 대화와 협력을 통해 형성된다.

08 | 2003학년도

학교에서 체육교사들이 당면하는 문제점을 이해·해결하기 위해 교사 스스로 연구 주체가 되어 수행하는 교사연구(teacher research)의 명칭을 쓰고, Kemmis와 McTaggart(1988)가 제안한 이 연구의 4단계 절차를 쓰시오.

① 교사연구의 명칭: ______________________

② 4단계 연구 절차: ______________________

[정답] ① 교사연구의 명칭: 현장 개선 연구

② 4단계 연구 절차: 문제파악 및 개선 계획, 실행, 관찰, 반성의 4단계를 기본으로 문제가 해결될 때까지 순환된다.

09 | 2013학년도

11. 다음은 ○○ 중학교의 체육 교사인 김 교사와 신 교사가 수업 개선 방법에 대해 나눈 대화 내용이다. (가)~(다)에 대한 설명으로 옳은 것만을 〈보기〉에서 있는 대로 고른 것은?

김 교사: 요즘 저는 체육 수업이 참 어려워요. 시간이 갈수록 어떻게 가르쳐야 잘 가르치는 것인지 잘 모르겠어요. 어떤 방법이 없을까요?

신 교사: 선생님은 먼저 체육 수업 자체에 관심을 갖는 게 더 중요한 것 같아요. 저는 케미스(S. kemmis)와 맥타가트(R. Mc Taggart)의 (가)을/를 활용하는데, 체육 수업 시간에 일어나는 문제점을 어떻게 인식하고 어떻게 해결할 것인지에 대한 아이디어를 얻기가 쉬웠어요. 아래 그림의 과정대로 해보니 체육 수업이 개선되고 보람도 느껴지더군요.

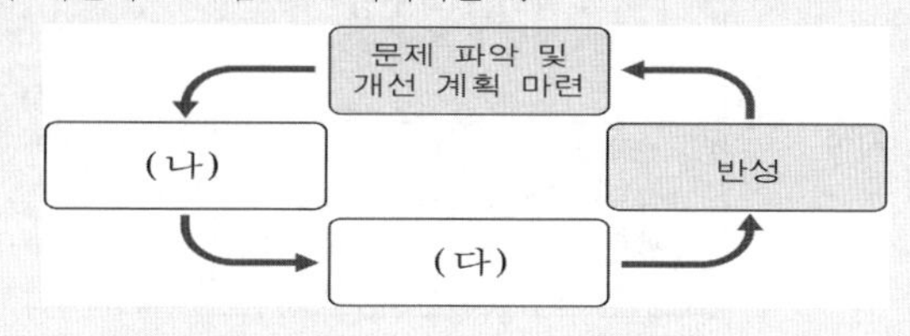

〈보 기〉

ㄱ. (가)는 문제 중심 학습(problem-based learning)으로서, 체육 수업에서의 문제 상황과 관련된 다양한 자료를 수집하여 분석, 검토하고 해결하는 과정을 교사 스스로 해 나간다.
ㄴ. (가)는 현장 개선 연구 혹은 실행 연구(action research)로서, 체육 수업에서의 문제 상황을 개선할 목적으로 동료와 협동적으로 실행하는 반성적 탐구의 형태를 지닌다.
ㄷ. (나)에서는 체육 수업에서 발생되거나 예상되는 문제점이 무엇인지를 명확히 규정한다.
ㄹ. (나)에서는 체육 수업 개선을 위한 계획이 제대로 실천되었는지, 실행 결과가 문제 상황을 해결하였는지를 검토한다.
ㅁ. (다)에서는 비판적인 반성을 위한 자료를 수집하는 데 주력한다.
ㅂ. (다)에서는 의도하지 않은 사건들도 기록한다.

① ㄱ, ㄷ ② ㄴ, ㄹ, ㅁ ③ ㄴ, ㅁ, ㅂ ④ ㄱ, ㄷ, ㄹ, ㅁ ⑤ ㄴ, ㄹ, ㅁ, ㅂ

[정답] ③

[해설]
- ㄱ. 문제 중심 학습(problem-based learning, PBL)의 기본이념은 학습자 중심의 학습 및 문제해결을 강조하는 구성주의적 학습환경과 유사하다.
- ㄴ. (가)는 현장 개선 연구 혹은 실행 연구(action research)로서, 체육 수업에서의 문제 상황을 개선할 목적으로 동료와 협동적으로 실행하는 반성적 탐구의 형태를 지닌다.
- ㄷ. '문제파악 및 개선 계획'에서는 체육 수업에서 발생되거나 예상되는 문제점이 무엇인지를 명확히 규정한다.
- ㅁ. ㅂ. (다) '관찰'에서는 비판적인 반성을 위한 자료를 수집하는 데 주력하며 의도하지 않은 사건들도 기록한다.
- ㄹ. '반성'에서는 체육 수업 개선을 위한 계획이 제대로 실천되었는지, 실행 결과가 문제 상황을 해결하였는지를 검토한다.

8. 다음 (가)는 중등 체육과 1급 정교사 자격연수에서 '체육교사의 수업 전문성'이라는 주제로 이루어진 강의 자료이고, (나)는 강사와 연수생 사이에 진행된 대화의 일부이다. (가)와 (나)를 참고하여 체육 교사의 수업 전문성 발달 과정을 〈작성 방법〉에 따라 논술하시오. [10점]

(가)

(나)

김 교사: 예, 알겠습니다. 저는 우선 학교에서 수업 전문성을 높이고 싶은데 좋은 방법이 없을까요?
박 교사: ⓜ수업을 성찰하고 반성적 교수·학습 방법을 활용해 보셨으면 합니다. 선생님의 수업 전문성 향상에 큰 도움이 될 겁니다.

… (하략) …

〈작성 방법〉

- 서론, 본론, 결론의 형식을 갖추되, 본론은 다음 4가지를 포함하고, 서론과 결론은 본론과 연계성을 갖도록 논술할 것.
- 밑줄 친 ⓜ의 과정에서 이루어지는 반성의 2가지 유형을 숀(D. Schőn)의 주장에 근거하여 기술할 것.

[정답] • 실천 행위 중 반성
• 실천 행위 후 반성

내가 꿈을 이루면 나는 누군가의 꿈이 된다.
오늘은 최선! 내일은 최고!

PART 2
체육과 교육과정

제1장 체육과 교육과정의 의미와 본질

1 체육 교육의 현재와 체육과 정체성

1. 체육교과의 정체성

(1) 체육과는 '신체 활동 지식(physical activity knowledge)'을 전수하는 역할을 담당한다.

(2) 체육과는 '신체 활동(physical activity)'을 매개로 하여 신체 활동 지식(physical activity knowledge)을 가르치는 교과이다.

(3) 신체 활동에 포함되어 있는 명제적 지식과 실천적 지식을 함께 학습함으로써 교육의 결과로 건강 및 체력이 증진되고 사회성이나 도덕성 등이 발달한다.

교과별 교육 대상과 교육 내용		
교과명	교과 매체 (또는 교육 대상)	교과 내용
체육	**신체 활동**	**신체 활동 지식**
국어	우리나라 언어	국어 지식
수학	수(數)	수학적 지식

(4) 신체 활동 지식은 무엇을 의미하는가?

① 체육 교과는 '신체 활동 지식'을 교육한다.

② 체육 교과는 독특한 지식 구조를 학생들에게 교육할 필요가 있으며, 이 독특한 지식 구조를 '신체 활동 지식'으로 규정할 수 있다. 체육 교과에서의 모든 신체 활동은 의도적인 인간 행위의 부산물이며, 체육 교과는 학교 교육 체제에서 지식을 체계적으로 전수하는 역할을 담당하고 있다.

(5) 체육과 교육과정 내용을 선정하고 조직할 때 기초가 될 수 있는 신체 활동 지식의 구조

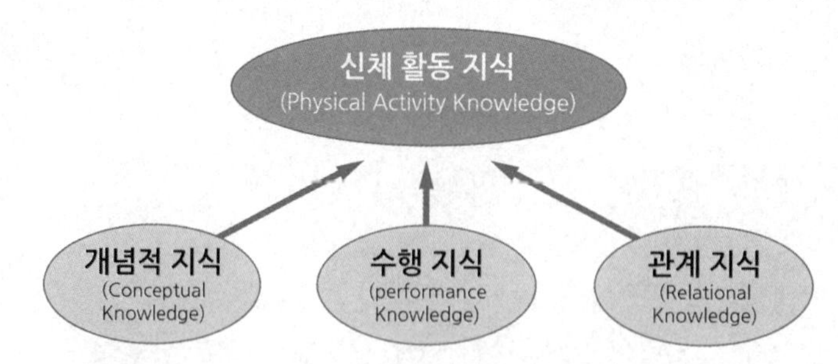

① 개념적 지식: Wright가 제시한 '명제적 지식'이다. 농구의 역사, 규칙 등에 관한 지식이다.

② 수행 지식: '방법적 지식'이며, 농구 패스 방법, 농구 경기 방법, 농구 공격 방법 등에 관한 지식을 의미한다. 즉, 농구 패스 방법을 실제 운동 또는 경기 상황에서 시연할 수 있는 지식이다.

③ 관계 지식: 신체 활동을 바람직하게 수행하는 데 필요한 자기 자신 및 타인에 대한 객관적 이해와 그것에 기초하여 행동하거나 대응할 수 있는 의지와 능력에 관한 지식을 의미한다(스포츠 경기에서 소속팀이 불리한 상황에 처했을 때 자기 자신을 스스로 통제 할 수 있는 자기조절에 관한 지식).

2 체육과 교육 및 체육과 교육과정

(1) 체육과에서 다루어지는 모든 교육활동을 말한다.

(2) 교육과정, 교수학습 방법, 평가, 제도, 시설, 환경, 교구, 교사, 학생 등의 여러 가지 요소를 포함한다.

3 체육과 교육과정

(1) 넓게 바라본다면, 체육 교육과 체육과 교육과정이 거의 일치한다. 전국의 모든 초·중·고등학교에서 12년간 다루어지는 교육 내용을 교육 환경, 체육학 이론, 교육학 이론, 교원, 학습자, 제도 등의 여러 가지 측면에서 바라볼 때 논의되는 국가 수준 체육과 교육과정(광의의 체육과 교육과정)은 그 범위가 매우 광범위하다.

(2) 1차시 수업에서 이루어지는 교육 내용(협의의 체육과 교육과정)으로 체육과 교육과정을 바라본다면 그 범위는 매우 협소하다.

<table>
<tr><th colspan="2">정의하는 관점</th><th colspan="2">특성(유정애)</th><th colspan="2">수준(최의창)</th><th>개념 분류의 관점(조미혜)</th></tr>
<tr><td>(유정애)</td><td>(조미혜)</td><td colspan="2">1. 공식성
2. 계획성
3. 의도성
4. 실천성
5. 잠재성</td><td colspan="2">1.이념적 수준
2.문서적 수준
3.실천적 수준</td><td>1. 이념/사고로서의 체육 c
2. 문서로서의 체육 c
3. 실천으로서의 체육 c
4. 잠재적 체육 c
5. 의도된 결과로서의 체육 c</td></tr>
<tr><td rowspan="2">1. 체육과 c문서/체육교과서
2. 체육의 범위와 계열성
3. 체육교과/교육 내용
4. 계획한 체육교육 활동</td><td rowspan="2">1. 의도한 학습 결과
2. 학습의 경험
3. 교과목/교육 내용
4. 계획된 교육 활동</td><td>기준</td><td>교육의 진행과정</td><td>의도성</td><td>의사결정 수준</td><td>c적용 및 부과방식</td></tr>
<tr><td>유형</td><td>1. 계획한 c
2. 실천한 c
3. 경험한 c</td><td>1. 표면적 c
2. 잠재적 c
3. 영 c</td><td>1. 국가 c
2. 지역 c
3. 학교 c
4. 교실 c</td><td>1. 공통필수 c
(공통 c)
2. 상이선택 c
(선택중심 c)</td></tr>
</table>

*c는 교육과정을 의미

4 체육과 교육과정의 특성

1. 공식성

(1) 체육과 교육과정은 거의 대부분 공식적(formal)이며, 국가 수준 체육과 교육과정에서 가장 크게 나타난다.

(2) 일반적으로 개인적 차원보다는 국가, 주, 지역구, 학교 등의 차원에서 개발, 편성, 운영되는 교육과정에 해당된다.

(3) 각 국가 또는 기관을 대표하는 다수 집단에 의해 공식적이고 합리적인 절차와 과정을 거쳐 개발 또는 운영되며, 일반적으로 문서(document) 형태로 이루어지는 특징이 있다.

(4) 국가 수준의 체육과 교육과정, 16개 시도교육청 교육과정 편성·운영지침, 각 시도 교육청의 실천중심 장학자료, 각 교육연수의 연수프로그램, 각 단위학교의 학교교육계획서(체육과 교육과정 계획서), 국정(1종) 체육 교과서, 검인정 체육 교과서(2종)등이 있다.

2. 계획성

(1) 체육과 교육과정은 본질적으로 미래 지향적인 교육의 계획(planning)을 담고 있다.

(2) 교육과정의 개발 및 운영기간에 따라 달라지는데, 1학기 또는 1년 계획, 또는 10년 또는 20년 향후 미래를 내다보고 이루어진다. 따라서 단기 계획과 장기 계획으로 구분하여 개발 또는 운영되는 특징이 있다.

(3) 단기 계획은 교사가 주로 활용하는 교수학습 과정안, 단원계획서, 연간지도계획서, 학교 수준에서 만들어지는 1년 단위의 학교교육계획서 등이 포함되어 있다.

(4) 장기 계획은 국가 수준 또는 주 수준의 체육과 교육과정 등이 있다.

3. 의도성

(1) 국가, 시·도 및 지역 교육청, 학교, 또는 교사의 교육적 의도(intent)를 담고 있는 특성이 있다.

(2) 국가에서 의도하는 교육적 결과가 교육과정에 반영될 수 있고, 또한 교사가 교육적 철학과 관점에 의해 개인적으로 강조하는 내용이 반영될 수 있다.

(3) 단위 학교에서 학생들의 체력을 증진하고자 '1인 1기 운동'을 펼치는 것이 대표적인 사례이다.

4. 실천성

(1) 체육과 교육과정은 실천성(practice)을 지향하고 있으며, 교사 수준의 수업에서 크게 강조되어 진다.

(2) 국가 또는 주 수준의 교육과정은 각 국 또는 각 주의 교육적 여건을 고려하여 최적의 상태로 실천될 수 있도록 개발되어진다.

(3) 전국의 모든 학교, 지리적 특성, 교원의 능력과 자질, 학습자의 요구, 교육 시설 등을 종합적으로 고려하여 일반적이고 보편적인 수준에서의 실천성을 담보하고 있다.

(4) 따라서 우리나라에서 개발되는 국가 또는 시·도 교육청 수준에서 만들어지는 체육과 교육과정은 각 단위 학교나 수업에서 100% 실천될 수 없다.

(5) 체육과 교육과정의 실천은 본질적으로 지역, 사회, 학교, 교사, 학생, 환경, 시설, 학부모 등의 여러 가지 변수에 의해 좌우되는 속성을 가지고 있기 때문이다.

5. 잠재성

(1) 체육과 교육과정은 본질적으로 잠재성(be hidden)을 가지고 있다.

(2) 국가 교육과정에서 계획하거나 의도하지 않았음에도 불구하고 교육과정이 운영되면서 학생들이 은연중에 배우게 되는 가치, 태도, 행동 양식과 같은 경험된 교육과정이다.

(3) 교사가 수업 계획에 포함하지 않거나 의도하지 않았음에도 불구하고 학생들이 수업에서 잠재적으로 교육 경험을 가질 수 있다.

(4) 잠재성은 공식성과 병행적 관계에 있기 때문에 긍정적인 교육 결과와 부정적인 교육 결과가 동시에 나타날 수 있다.

5 체육과 교육과정의 개념과 유형(체육과 교육과정 총론)

1. 체육과 교육과정의 개념

(1) 교육과정(curriculum)의 어원은 라틴어인 쿠레레(currere)에서 유래된 것으로, 쿠레레는 '경마장에서 말이 달리는 길'(course of race)을 의미한다.

(2) 체육과 교육과정의 넓은 의미

① '학교 체제 속에서 학생들이 가지는 체육 교육에 관한 모든 경험'을 말한다.

② 학교 체제라는 의미는 학교 장소와 교육 시간에 구애받지 않으며, 학기 중 또는 방학 중에 학교 안과 학교 밖에서 학생들이 경험하는 모든 체육 활동을 의미한다.

예 정규 체육 수업 활동, 체육 대회, 대교 경기 활동, 각종 스포츠동아리 활동, 야외 스포츠 체험활동, 체육과 방학 숙제 등

(3) 체육과 교육과정의 좁은 의미

① '체육 교육에서 의도한 학습 결과'를 말한다.

② 국가 수준, 학교 수준 혹은 교사 수준에서 학생들이 학습하기를 기대하는 체육 교육 행위의 결과이며, 교육 활동보다는 학습 결과에 초점을 두며 계획보다는 결과를 중시한다.

예 체력 증진 또는 운동 기술 습득

〈표 1-1〉 체육과 교육과정에 대한 다양한 정의와 관점(체육과 교육과정 총론, 유정애 저)

체육과 교육과정에 대한 다양한 정의	관점	예시
체육과 교육과정 문서 또는 체육 교과서	교육과정이 실재하는 구체적 문서화된 서류	국가 체육과 교육과정 문서, 시·도 교육과정 편성운영지침, 체육 교과서 등
체육의 스코우프와 시퀀스	연속적인 학년 수준에 따라 배당하고, 공통적인 주제에 따라 묶여진 목표들의 행렬표	내용 체계표, 연간지도계획안 등의 범위와 계열성
체육 교과 또는 교육 내용	• 학교의 교과목 • 각 교과목의 교육 내용 개설된 강좌명 • 강의요목	• 국어, 도덕, 수학, 과학 등의 교과목록 • 체육 교과의 교육 내용 • 현대사회와 스포츠 등
계획한 체육 교육 활동	사전에 계획된 일련의 활동 계획 또는 프로그램	체육과 연간지도계획서(또는 체육과 교육과정 계획서), 단원계획안, 교수학습 과정안 등

〈표 1-2〉 체육교육과정과 평가(조미혜, 오수학 공저)

교육과정을 정의하는 관점	특징
교과목 또는 교육 내용	교육과정이 실재하는 구체적 문서화된 서류
학습의 경험	• 학생이 실제로 경험하는 계획된 학습 • 학생이 원하는 경험이 일어나도록 학습 환경을 구성해야 함
의도된 학습의 결과	• 학습 경험을 통해 성취해야 할 의도된 학습의 결과 • 의도하지 않은 학습 결과가 나타날 수 있음
계획된 교육 활동	• 문서화된 서류-교육과정 문서 • 교육과정 문서뿐만 아닌 문서화되지 않은 교수법 등을 모두 포함

2. 체육과 교육과정의 유형 08 기출 18 기출

(1) 의도성

① 표면적 교육과정(expicit curriculum): 교육 목적과 목표에 따라 분명하게 의도되고 계획된 실천으로 학습자들이 경험하는 공식적 교육과정으로서, 교과서에 실린 내용이면서 교사들이 수업을 통해 표현한 것이다.

② **잠재적 교육과정**(implicit, hidden, latent curriculum): **교육과정에서 의도하거나 계획하지 않았으나 수업이나 학교의 관행으로 학생들이 배우는 가치, 태도, 행동양식과 같은 경험**

③ 영 교육과정(null curriculum): 교육과정의 선택과 배제, 포괄과 제외의 산물이기 때문에 표면적 교육과정의 필연적 산물

(2) 교육의 진행과정

① 계획적 교육과정(intended, planned curriculum): 교육과정 계획자나 교육 프로그램 제공자의 계획과 준비 측면이 강조되며, 교육부, 교육청, 학교, 학회 등에서 의도하고 계획된 사전 계획 중심의 교육과정

② **실천적 교육과정**(implemented, enacted, practiced curriculum): 교사들이 수업을 설계하고 이를 실제로 구현한 교육과정으로 지역 및 학교의 교육 여건, 교사, 학생 등의 사회적 맥락에 의해 영향을 받는 교육과정

③ **경험적 교육과정**(resulted, experienced, achieved curriculum): **학생들이 실제로 경험하고 결과적으로 학습한 교육과정을 의미**하며, 학생 개개인과 학습환경에 많은 영향을 받는 교육과정

(3) 체육과 교육과정의 적용 및 부과 방식

① 공통 필수 교육과정(common curriculum): 모든 학생들에게 동일하게 제공되는 교육과정으로, 모든 학생들에게 요구되는 지식, 기능, 행동 양식 등으로 구성되는 것으로 주로 초등학교와 중학교에 적용
예 2015 개정 교육과정: 공통 교육과정

② 상이 선택 교육과정(elective curriculum): 일부 학생들에게 적용되는 교육과정으로, 학생의 적성, 소질, 진로, 흥미 등에 따라 서로 다른 계열 또는 과정, 교과, 과목 등을 선택하여 주로 고등학교에 적용 예 2015 개정 교육과정: 선택 중심 교육과정

(4) 의사결정 수준

① 국가 교육과정(national curriculum): 교육과정의 보편성, 통일성, 기회 균등, 일정 수준의 교육 질 유지 등을 구현

② 지역 교육과정(district curriculum): 미국이나 호주에서처럼 지방 분권적인 정책을 가지고 있는 국가에서 주로 발견

③ 학교 교육과정(school curriculum): 학교 수준에서 이루어지는 교육과정 결정과 실천의 산물로서, 학교장의 교육 철학 또는 목표에 따라 중점 교육 사업과 특색 교육 사업(예 1인 1기 운동, 체력 증진 프로그램 등)이 계획되고 실천

④ 교실 교육과정(class curriculum): 체육 교사를 중심으로 계획되고 실천되는 교과 교육과정, 학년 교육과정, 학급 교육과정으로 구분하여 이해

11 | 2008학년도

다음은 박 교사가 작성한 축구 수업의 교수·학습 과정 안이다.

9차시	
학습 목표	1. 축구 경기의 방법과 규칙을 이해할 수 있다. 2. 축구 경기에 필요한 다양한 경기 기능을 익히고, 간이 경기에 활용할 수 있다. 3. 축구 경기를 감상하는 태도를 기를 수 있다.
교수·학습 활동	
도입	학습 목표와 내용 제시
전개	① 경기 방법과 규칙 설명 ② 모둠별 경기 기능 연습 ③ 모둠별 간이 경기 실시
정리	학습 내용 정리 및 차시 예고
수업 반성	오늘은 내가 설정한 인지적 영역과 심동적 영역의 학습 목표가 제대로 달성되어 기분이 좋았다. 그런데 ㉠경기 감상 태도와 같은 정의적 영역의 학습 목표는 제대로 달성되지 못한 거 같다. 또한, ㉡간이 게임 중에는 생각지도 않게 일부 학생들이 속임수를 이용한 반칙, 심판에 대한 항의와 같은 비신사적인 행동을 많이 해서 걱정스러웠다.

㉡의 결과에 관련 있는 교육과정 명칭을 쓰고, 그 개념을 2줄 이내로 설명하시오.

1) ㉡의 결과에 관련 있는 교육과정의 명칭 ________ 2) 개념: ________________

[정답] 1) 잠재적 교육과정

2) 개념: 교육과정에서 의도하거나 계획하지 않았으나 수업이나 학교의 관행으로 학생들이 배우는 가치, 태도, 행동양식과 같은 경험

8. 다음 (가)는 중등 체육과 1급 정교사 자격연수에서 '체육교사의 수업 전문성'이라는 주제로 이루어진 강의 자료이고, (나)는 강사와 연수생 사이에 진행된 대화의 일부이다. (가)와 (나)를 참고하여 체육 교사의 수업 전문성 발달 과정을 〈작성 방법〉에 따라 논술하시오. [10점]

(가)

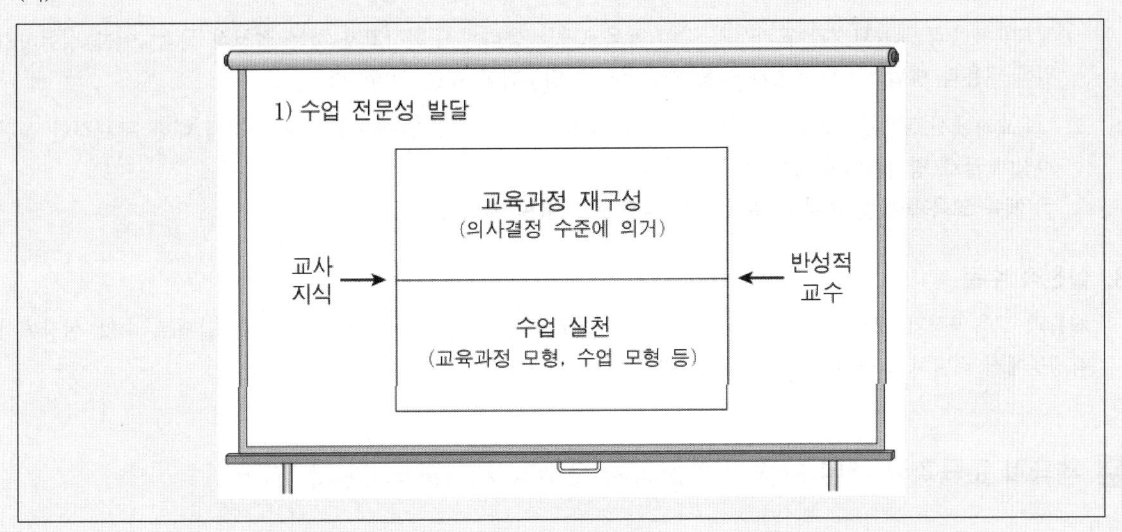

(나)

… (상략) …

김 교사: 저는 무엇보다 새로운 교육과정을 적용하는 게 어려워요. ㉠국가 수준의 교육과정을 단순히 따라하는 게 아니라 교육과정을 재구성하여 저만의 체육 수업을 계획하여 실천하고 싶어요. 선생님은 교육과정을 어떻게 구성하시나요?

박 교사: 저 또한 교육과정을 학교나 학생의 입장에서 재구성하여 적용하려고 노력합니다. 이 과정에서 가장 중요한 출발점은 체육교사가 수업을 통해 학생들에게 무엇을 어떻게 가르칠 것인지 결정하는 것이라고 생각합니다. 선생님은 어떻게 생각하세요?

〈작성 방법〉

○ 밑줄 친 ㉠의 교육과정 명칭을 의사결정 수준에 따른 교육과정 분류에 근거하여 쓰고, 이 수준에서 개발할 교육과정문서 2가지를 제시할 것.

[정답] • ㉠은 교실 교육과정이다.(1점) 체육 교과 교육과정 문서, 학년 교육과정 문서, 학급 교육과정 문서 (중 2개 2점)
또는
• ㉠은 교사수준의 교육과정(1점) 연간지도계획서, 단원계획안, 교수 · 학습과정안 (중 2개 2점)

6 체육 교육과정의 수준(체육교육탐구) 07+ 기출 공청회 13 기출

1. 이념적 수준

(1) 체육교육과정 사조(가치정향)나 모형과 같이 체육교과를 통하여 구현하고자 하는 궁극적 목적, 이를 실현하기 위한 내용과 방법, 그리고 평가 등을 원론적, 철학적으로 다루는 것을 의미한다.

2. 문서적 수준

(1) 제7차 체육과 교육과정과 교과서와 같이 체육교과를 통하여 구현하고자 하는 실천적 목적, 이를 실현하기 위한 내용과 방법, 그리고 평가 등을 객관적으로 명문화한 것을 의미한다.

(2) 체육교과에서 무엇을 왜 어떻게 가르쳐야 하며 어떤 방식으로 평가해야 한다는 것에 대한 구체적인 실천 지침이 글로 명시화되어 있는 것을 말한다.

① 체육 교육과정(및 해설서) 문서 ② 체육 교과서(및 지도서)

3. 실천적 수준

체육과 교육과정과 교과서에서 제시하고 있는 체육교과의 목적, 내용, 방법, 평가를 실제로 수업 현장에서 학생들에게 전달하고 학습하도록 만드는 교과 지도 활동을 의미한다.

7 체육과 교육과정 개념 분류 (📖 조미혜 오수학: 체육교육과정과 평가)

관점	특징
사고/이념으로서의 체육교육과정	• 체육에 대한 철학적 관심 • 체육의 성격, 목적 등 체육과 관련된 사고와 이념
문서로서의 체육교육과정	• 학생이 배워야 할 체육 목표, 내용, 방법, 평가를 제시한 문서 • 국가수준의 체육교육과정, 체육교육과정 해설서, 교과서, 지도서 등
실천으로서의 체육교육과정	• 학교에서 실제로 일어나는 체육 관련 교과활동 • 문서와 관계없이 교사가 실제로 가르치는 것
의도된 결과로서의 체육교육과정	• 학생이 교수 · 학습에 참여한 결과로 나온 성과 • 학생의 수준에서 경험된 것과 성취된 것
잠재적 체육교육과정	• 의도하지 않았지만 체육에서 가르쳐진 교육 내용 • 바람직하지 못한 교육과정 요소에 대한 대책 필요

13 | 공청회

다음 A군에서 열거한 교육 과정 개념과 관련이 있는 사항을 B군과 C군에서 각각 하나씩 골라 그 번호를 바르게 짝지은 것은?

보 기		
A군	B군	C군
1. 문서 2. 실천 3. 사고·이념 4. 의도된 결과 5. 잠재적 교육과정	가. 의도하지 않았지만 체육에서 가르쳐진 교육내용 나. 학교에서 실제 일어나는 체육관련 교과 활동 다. 학생이 교수·학습에 참여하여 나온 성과 라. 체육에 대한 철학적 관점 마. 학생이 배워야 하는 체육 목표, 내용, 방법, 평가를 제시함	a. 체육 교육과정 해설서, 교과서, 지도서 b. 학생의 수준에서 경험된 것과 성취된 것 c. 바람직하지 못한 교육과정의 요소에 대한 대책 필요 d. 체육의 성격, 목적 등 체육과 관련된 철학 e. 교사가 실제로 가르친 것

	A	B	C
①	1	다	a
②	2	라	a
③	3	라	d
④	4	가	b
⑤	5	가	d

[정답] ③

A군	B군	C군
1	마	a
2	나	e
3	라	d
4	다	b
5	가	c

7. 다음은 체육과 교육과정의 수준과 가치 정향에 대한 체육 교사들의 대화 내용이다. 세 교사의 대화 내용에 내포된 체육과 교육과정의 수준과 가치 정향으로 옳은 것은?

> 김 교사: 체육과 교육과정은 교과서와 함께 교육청에서 보급하는 장학 자료를 보면 쉽게 이해됩니다. 특히 교과서에 나오는 신체활동을 학생들이 능숙하게 수행할 수 있도록 하는게 중요하다고 생각합니다.
> 이 교사: 표현 활동 영역에 제시된 활동들 대신에 학생들이 자신들의 흥미와 수준에 적합한 활동들을 선택하여 모둠별로 연습하고 발표하게 했어요. 그랬더니 학생들의 반응이 아주 좋았습니다. 체육 수업은 이렇게 학생들에게 도전감과 성취감을 경험하게 하는 것이 중요하다고 생각합니다.
> 박 교사: 학생들에게 축구 시합 동영상을 자세히 관찰하게 한 후에 드리블 방법을 학생들 스스로 찾아 연습하도록 지도했습니다. 사실 저는 학생들이 드리블을 능숙하게 하도록 직접 지도하는 것보다 학생들이 스스로 원리와 방법을 찾아 지도하는 것이 더 의미 있다고 생각합니다.

	〈김 교사〉		〈이 교사〉		〈박 교사〉	
	수 준	가치 정향	수 준	가치 정향	수 준	가치 정향
①	이념적	내용 숙달	이념적	자아실현	문서적	내용 숙달
②	실천적	자아실현	문서적	학습 과정	문서적	학습 과정
③	문서적	사회 재건	실천적	학습 과정	이념적	학습 과정
④	문서적	내용 숙달	문서적	자아실현	실천적	자아실현
⑤	문서적	내용 숙달	실천적	자아실현	실천적	학습 과정

[정답] ⑤

제2장 체육과 교육과정의 사조와 모형

1 체육과 교육과정의 의사결정에 영향을 미치는 요인(원천) 00 기출 21 기출

- 교육과정을 개발하거나 운영할 때의 의사결정에 영향을 미치는 3가지 요인이 존재한다. 이 3가지 요인은 교과 내용, 사회, 학습자이다. 이 3가지 요인이 교육과정에 영향을 미치는 방식이나 크기는 구체적으로 밝혀지지 않고 있지만 이 요인들이 역동적으로 상호작용한다는 사실은 분명하다. 예를 들면 목표를 설정할 때, 내용을 선정하거나 조직할 때, 평가 목표와 방법을 결정할 때 등 여러 가지 교육과정의 요소가 개발되거나 실행될 때 이 3가지 요인은 서로 다르게 영향을 미치게 된다. 각 요인이 교육과정의 의사 결정에 영향을 미치는 정도는 시대와 사회적 변화에 따라 그 우위를 달리해왔다. 체육과 교육과정에서는 이 3가지 요소가 영향을 미치는 중심 위치에 따라 체육과 교육과정 가치 정향(value orientation, 또는 사조)의 특성이 결정된다.

가치 정향	강조점
내용숙달 가치 정향	교과 내용
자아실현 가치 정향	학생
사회적 책무성 가치 정향	사회
학습과정중심 가치 정향	교과 내용, 학생
생태통합중심 가치 정향	교과 내용, 학생, 사회

1. 교과 내용

(1) 교육과정의 핵심이 되는 요인

① 교과는 교과 교육학적 지식, 교과 교육학의 학문적 성과, 교과 내용의 체계, 교과 내용의 범위와 깊이의 균형성 등을 고려하여 각 교과 내용을 결정하게 된다.

② 교과의 내용은 교과가 가지고 있는 성격, 목표, 기능(function) 등을 정확히 대표하는 것이기 때문에 오래전부터 교육과정의 의사결정에서 우선적 위치를 차지하여 왔다.

(2) 적합한 체육 교과 내용

① 그동안 체육 교육 분야에서 제시된 답은 신체 훈련, 운동기능 습득, 체력증진, 스포츠 과학, 인간움직임 등이었다.

② 최근에는 신체 활동, 라이프 기술(life skill), 활동성(activeness), 뉴스포츠 등이 중요한 교육 내용으로 주장되고 있다.

③ 시대 또는 사회 변화에 교과 내용의 중요도와 방향이 달라진다.

2. 학습자

(1) 국가 교육과정

① 학습자의 특성을 교육적으로 수용하기가 결코 쉽지 않음에도 불구하고 많은 국가에서 모든 교과를 통해 학습자 중심의 교육과정을 개발 또는 운영하고자 하는 노력은 지속되어 왔다.

② 이러한 노력은 교육과정 개발 또는 실행 과정에서 학습자의 다양성과 교육적 요구 등을 수용하기 위해 학습자들의 발달 수준이나 성장 속도를 고려할 뿐 아니라, 학습자의 적성과 소질을 계발할 수 있는 기회 제공으로 연결되어 왔다.

(2) 체육과 교육과정

① 체육과 교육과정의 개발 또는 실행에서도 학습자의 신체적, 정신적, 인지적, 정서적 발달 단계를 고려하고 체육 활동에 대한 요구와 흥미를 수렴하며 학습자에게 교육적으로 제공하여 왔고 이 노력은 앞으로도 계속될 것이다.

3. 사회

(1) 국가 교육과정

① 사회적 관점에서 볼 때, 교육과정의 주된 준거는 사회적 유용성(usefulness)이다. 이 사회적 유용성도 시대와 사회적 변화에 따라 달라진다. 즉 시대와 사회적 환경 변화에 따라 가장 유용한 사회적 지식과 기능에 대한 인식과 신념이 영향을 받는다.

② 따라서 교육과정을 개발할 때 현 시점에서 국가·사회가 요구하는 지식, 자질, 소양, 능력 등이 고려되며, 동시에 미래 사회에서 요구될 것으로 전망되는 지식과 능력 등이 교육과정으로 유입된다.

(2) 체육과 교육과정

① 과거부터 지금까지 우리 사회에서 중요시 되어 왔던 국민의 건강 및 체력 증진이 체육과의 중요한 교육과정의 목표와 내용으로 존재해 왔다.

② 최근에는 건강 교육 및 체력 교육이라는 사회적 요구를 포괄하면서 또 다른 사회적 요구(예 여가 교육, 스포츠 문화 교육, 자기 관리, 도전 정신 등)가 강조되고 있다.

2 체육과 교육과정의 가치 정향 00 기출 09 기출 12 기출 16 기출 19 기출 22 기출

가치 정향	목표	내용	방법	평가
내용숙달 중심	기초지식의 습득과 기본 운동종목의 숙련된 수행	기술의 기본 기능 숙달 및 기본 지식 강조	명령식, 연습식 수업스타일로부터 문제해결 및 자기주도식 스타일에 이르는 다양한 수업 방법 사용	명료한 평가 기준과 타당성 있는 평가 방법에 의거한 객관적 평가
자아실현 중심	개개 학생의 주관적 성장, 자기 관리 능력 개발	긍정적 자아 개념을 확립하고 자기 능력의 한계를 넘어 새로운 자아 개념을 확고히 할 수 있도록 다양한 도전 활동 제공	학생들의 흥미, 능력, 수준 등을 고려해서 자신의 흥미와 수준에 알맞은 과제를 연습하도록 수업계획 작성	자발적 참여, 주관적 평가
사회적 책무성	스포츠를 삶의 축소판이라고 생각하고 사회적 평등과 정의를 강조하는 환경에서 협동심과 책임 의식 함양	사회적 책임감 수준으로 설계한 소규모의 학습 과제로 사회적 책무성 발달	타인에 대한 존중과 사회적 인간관계를 향상시킬 수 있는 수업 방법 사용	학생들이 학교 내에서 사회적 변화를 위하여 얼마나 협동적으로 일했는가를 평가
학습과정 중심	문제 해결 능력과 합리적 의사결정(논리적, 비판적 사고능력)능력 함양	학습을 지속시켜 주는 과정기술과 문제해결기술 강조	학생들이 체육활동을 하며 당면한 문제를 스스로 탐색하고 이를 해결할 수 있는 기회를 제공하는 기법 활용	학습과정의 질을 기준으로 평가
생태 통합	정의롭고 평등한 사회를 구현하기 위해 개인적 문제와 사회적 문제를 동시에 해결하는데 필요한 지식의 습득	미래 생활에서 필요한 자기관리 및 사회적 기술의 습득을 강조	교과 내용의 지식 체계, 학습자의 요구와 흥미, 사회적 요구를 균형 있게 반영하는 다양한 방법을 사용	지식에 대한 총체적 관점을 습득할 수 있는 방법으로 평가

1. 내용숙달 중심 사조(disciplinary mastery) 16 기출 21 기출

(1) 개요

① 가장 전통적인 교육과정 사조로서 교육내용의 숙달, 중요한 지식의 습득 또는 학문적 지식의 통합 등에 최우선을 둔다.

② 이 가치 정향에서 학교 교육의 중심 역할은 시대적으로 가장 중요한 핵심 지식들을 다음 세대에 전수하는 것이다.

③ 누구나 배워야하는 기초지식과 기능의 습득과 완벽한 숙달을 강조하며, 체육의 세부 학문영역의 **기초지식의 습득과 기본운동종목의 숙련된 수행을 목적**으로 한다.

④ 이 가치 정향에 의거하여 개발 또는 적용되는 교육과정의 제일차적 목적은 학생들이 현 시대에서 효과적으로 살아가는 데 필요한 지식, 능력, 소양, 태도를 갖추게 하는 데 있다.

⑤ 주로 전통적으로 가르쳐오던 육상, 체조, 수영 등을 중시한다.

⑥ **내용 선정에 있어서** 어느 시기의 교육과정 내에서건 **기본 운동기능의 중요성을 지속적으로 강조하였다.**

⑦ 내용 숙달 가치 정향에서는 가장 가치 있는 지식의 개념에 대한 논의가 중요시된다.

⑧ 이 가치 정향에 대한 관심은 1950년대부터 1970년대까지 '지식의 구조'의 개념으로 표현되었다. 1980년대 미국에서 있었던 '기초 교육으로의 회귀'(back to the basis)도 내용 숙달 가치 정향을 반영한 예라고 볼 수 있다.

(2) 내용숙달 중심 사조를 근간으로 수업하는 교사

① 운동기능, 스포츠, 움직임 그리고 체력요소를 상당히 강조한다.

② '가장 정확한 또는 가장 효율적인 운동 수행'에 수업의 초점을 둔다.

③ 일반적으로 체육 수업은 운동 기능 및 경기 전술에 대한 정확하고 효과적인 시범과 함께 간단한 설명 및 동작 연습 기회를 제공한다.

④ 교사는 구체적인 피드백을 제공하고 학생은 동작을 수정해 나간다.

⑤ 최종적으로 학생들은 명료한 평가 기준과 타당성 있는 평가 방법에 의거하여 평가받게 된다.

⑥ 명령식, 연습식에서부터 자기주도식 스타일 등 다양한 수업 방식에서 사용한다.

2. 자아실현 중심 사조(self-actualization) 19 기출

(1) 개요

① 자아실현 가치 정향은 교과 내용, 학습자, 사회 중 학습자에 가장 큰 비중을 두고 있기 때문에 학습자의 요구와 흥미를 교육과정 개발 또는 실행의 중심부에 위치시킨다.

② 이 가치 정향에 따른 교육과정은 자아 발견, 자기 관리 능력 개발, 전인적 통합의 과정을 강조하여 왔다.

③ 자아실현을 추구하는 교육과정은 개개 학생의 주관의 성장과 자기 관리 능력의 개발을 목표로 한다.

④ 1960년대 이래 교사 교육 프로그램들은 교육과정 개발의 중요한 목표로 자아실현의 개념을 강조해왔다.

⑤ 이 교육과정의 특징은 아동중심적이면서 학습자의 개인적 성장과 자율성 발달의 확대라고 볼 수 있다.

⑥ 이 가치 정향에서는 움직임, 스포츠, 운동이 학생들이 긍정적인 자기 존중감과 자기 효능감을 발달시키는 데 활용된다.

⑦ 이 가치 정향에 의거하여 개발되는 체육과 교육과정에서 내용 선정과 조직은 학생이 자아를 긍정적으로 확립하고 자기 능력의 한계를 넘어서 새로운 자아 개념을 확고히 할 수 있도록 다양한 도전 활동들을 제공한다. 체육과 교육과정 프로그램을 학생들의 다양성과 교육적 관심에 충실하여 융통성있게 설계하고 운영해 나간다.

(2) 자아실현 사조를 근간으로 수업하는 교사

① 학생들이 주체적으로 학습 목표를 수립하여 자신의 학습을 개척해 나갈 수 있도록 돕는 역할을 한다.

② 즉, 체육 수업에서 학생들이 **자신감과 긍정적인 자아 개념(자기개념)**을 가질 수 있도록 가능한 다양한 스포츠 종목을 활용하고, 어려운 기술을 시도하거나 타인과 함께 도전할 수 있는 기회를 제공함으로써 학생들의 성장을 유도한다.

③ 움직임, 스포츠, 체력 관련 학습 과제를 체계적으로 구조화하여 학생이 자아 이해, 목표 설정, 자기 주도적인 의사 결정을 할 수 있는 기회를 제공한다.

④ 체육과 교육과정의 목표 설정, 학습 활동의 선정, 평가 절차 등에 학습자의 목소리를 존중하고자 하기 때문에 전통적인 체육 교육관을 가지고 있는 학교 행정가 또는 동료 교사와 갈등 관계에 놓이기도 한다.

3. 사회적 책무성 가치 정향(social reconstruction) 19 기출

사회적 책무성 가치 정향은 Jewett et al.(1995) The curriculum process in physical education 책에서 소개되어 있는 사회 재건(social reconstruction) 가치 정향이 수정된 것이다. Ennis와 Chen(1993)의 논문과, Chen, Ennis & Loftus(1997)의 논문에서 연구를 수행한 결과, 많은 체육 교사들이 사회적 정의감, 평등, 개혁 등의 사회 재건 가치 정향보다는 협동심, 팀, 참여, 타인 존중 등의 사회적 책무성 가치 정향을 인식하고 있고 동시에 실행하고 있는 것으로 확인되었다.

(1) 개요

① 사회적 책무성 가치 정향은 교과 내용, 학습자, 사회 중에서 사회에 큰 비중을 두고 있다.

② 이 가치 정향에서는 사회적 평등과 사회 정의를 강조하는 환경에서 필수적인 긍정적인 대인 관계 기술을 개발하는 데 초점을 둔다.

③ 사회적 책무성 가치 정향을 가진 교육과정 개발자들은 움직임, 스포츠, 운동을 학생들이 타인과 함께 학습하며, 불평등적인 학습 과제나 행동을 발견할 수 있는 기회를 제공하는 데 활용한다.

④ 이 가치 정향에 따른 교육과정에서는 팀 프로젝트나 게임 상황에서 학생들에게 어떻게 협동하고 자기 책임감을 인식하고 실천해야 하는지를 교육한다. 구체적으로 학생들은 공정성, 평등, 정의 등의 개념을 인식함에 따라 리더십과 책임감있고 합리적인 의사결정 능력을 개발하도록 독려받는다.

(2) 사회적 책무성 중심 사조를 근간으로 수업을 구성하는 교사

① 체육 교사들은 수업에서 이루어지는 학생들 간의 대인 관계에 초점을 두며, 체육과 교육과정에서의 성, 인종, 장애우 등에 관한 평등적 관점이 중요시된다.

② 체육 수업 속에서 학생들은 일상적으로 페어플레이, 균등한 기회, 성역할 존중 등에 관한 비판적 관점을 가지게 된다.

③ 따라서 체육 교사들은 학생들이 신체적 또는 도덕적으로 도전할 수 있는 학습 환경을 제공하며 학생들이 도전에 성공하기 위해 협력해야 하는 학습 상황을 설계한다.

④ 즉, 체육 교사들은 학교 체제 속에서 공정성과 정의를 탐색하고자 하는 학생들의 요구, 희망, 바람들을 존중한다.

⑤ 이 가치 정향을 추구하는 체육 수업의 초점은 다양한 상황에서 효율적으로 대처할 수 있는 신중하면서 반성적인 개인 및 사회적 행동을 가르치는 데 있다.

⑥ 수업 내용은 사회적 책무성을 발달시키기 위해 사회적 책임감 수준으로 설계된 소규모의 학습 과제가 주로 제공된다.

⑦ 따라서 자아실현 가치 정향을 가진 체육교사와 마찬가지로, 전통적인 체육 교육관을 가진 행정가 또는 동료 교사와의 사이에서 어려움을 겪게 된다.

⑧ 평가는 학생들이 학교 내에서 사회적 변화를 위하여 얼마나 협동적으로 일했는가에 초점을 둔다.

4. 학습과정 중심 사조(learning process) 22 기출

(1) 개요

① 학습과정 가치 정향은 교과 내용, 학습자, 사회 중 교과 내용과 학습자를 동시에 고려한다.

② 따라서 학습과정 가치 정향에서는 '무엇을' 학습하는가 뿐만 아니라, '어떻게' 학습하는가를 매우 중요하게 생각한다.

③ 그 이유는 최근 폭발적인 지식의 증가로 인해 학교 교육과정으로는 이 모든 지식을 모두 가르치기 불가능하기 때문에 지속적인 학습을 가능하게 하는 '과정 기술(process skill)'의 필요성이 지지를 받고 있기 때문이다.

④ 이 가치 정향을 가지고 있는 사람들은 내용 숙달 가치 정향자들과 마찬가지로 학생들이 체육 교육을 받으면서 수행 능력(ability to perform)과 수행 지식(knowledge about performance)을 모두 갖추어야 한다고 생각한다.

⑤ 그러나 학습 과정 정향자들은 더 나아가 학습자들이 움직임, 스포츠, 운동에 관한 합리적인 의사 결정과 문제 해결 방법을 배워야 한다고 믿는다.

(2) 학습과정 중심 사조를 근간으로 수업을 구성하는 교사

① 이 가치 정향을 가지고 있는 체육 교사들은 학습자들에게 축구의 드리블 기술을 설명하고 시범보일 수 있는 능력을 갖추기를 기대하기보다는 이미 학습된 축구 기술을 활용하여 자신만의 움직임 수행문제에 도전하여 해결하기를 권장한다.

② 따라서 체육 교사는 학습자들이 스스로 운동 수행 문제들을 다양하게 탐색하고 합리적으로 해결할 수 있는 기회를 제공하는 수업 기법들을 활용한다.

③ 또한 체육 교사들은 학습자들이 신체 활동에 참여하면서 '어떻게, 왜'라는 질문에 답할 수 있도록 학습 과제를 설계하고 학생들은 자유롭게 이 학습 과제에 도전할 수 있는 효율적인 환경을 만들어 간다.

④ 체육 교사들은 문제 상황을 분석하기 위해 지식을 어떻게 활용하여 해당 문제를 해결하기 위해 어떻게 행동해야 하는가를 학생들에게 가르친다.

⑤ 이와 같은 체육 수업 방식에 친숙한 학생들은 자기주도적으로 학습에 참여하거나 동료 학생과 협력하여 문제를 해결하고자 하는 기대감을 가지고 체육 수업에 임한다.

⑥ 이 가치 정향에 의거하여 운영되는 체육 수업에서 교사들은 학생들이 학습 과정 가치 정향에서 강조하는 교육 경험에 관심이 없거나 독립적으로 학습을 주도할 수 있는 능력이 부족하다면 기대하는 학습 환경을 만들어가는데 어려움을 겪게 된다.

⑦ 학생들은 주어진 과제의 핵심적 요소가 무엇인가에 초점을 맞추도록 고무되고 교사는 한 단계씩 체계적으로 능력을 개발해 나갈 수 있는 과제를 준비한다.

5. 생태통합 중심 사조(ecological integration) 22 기출

(1) 개요

① 생태통합은 교육과정 개발 또는 실행 과정에서 교과 내용, 학습자, 사회 모두를 고려한다.

② 즉, 이 가치 정향에 기초하는 교육과정은 정의롭고 평등한 사회를 구현하기 위해 개인적 문제와 사회적 문제를 동시에 해결하는데 필요한 지식 습득을 강조한다.

③ 또한 이 교육과정 가치 정향에서는 학생들이 광범위한 신체 활동을 학습하고, 미래 생활에서 필요한 자기 관리 및 사회적 기술의 습득을 강조한다.

④ 이 가치 정향에서는 학생들이 때때로 집단 또는 조직의 이익을 위해 자신의 개인적 요구가 희생될 때도 있음을 배우고 반대로 사회에서는 개개인의 요구와 흥미를 존중할 필요가 있음을 인식하게 된다.

⑤ 결론적으로 이 가치 정향에 의거하는 교육과정 개발자는 교과 내용의 지식 체계, 학습자의 요구와 흥미, 사회적 요구를 균형있게 반영하려는 노력을 기울이게 된다.

⑥ 따라서 학습자들은 어떻게 학교 교육 지식이 현재와 미래 생활에서 의미있는 관련성을 맺을 수 있는지에 대해 배우게 된다.

(2) 생태통합 중심 사조를 근간으로 수업을 구성하는 교사

① 이 가치 정향을 가진 체육 교사들은 체육 프로그램이 다른 교과들의 내용 요소와 서로 영향을 주고 받을 수 있는 하나의 커다란 생태 시스템(ecosystem)이 될 수 있다고 인식한다.

② 체육 프로그램 내에서 이루어지는 모든 수업 활동은 일상생활 속에서 이루어지는 모든 의사 결정과 타교과 학습에 영향을 미치게 된다.

③ 체육 교사들은 체육 교육 내용과 학습자의 삶을 연계하려는 노력을 기울임으로써 학습자들이 학교 또는 학급에서 개인 및 사회적 차원의 합리적인 의사 결정이 필요할 때 학습한 지식을 활용할 수 있도록 돕는다.

④ 사회, 학생, 교과가 조화를 이루도록 노력한다.

15 | 2000학년도

체육 교육과정을 개발하기 위해서는 먼저 추구하고자 하는 체육교육의 방향과 목적을 분명히 드러내야 한다. 이 방향과 목적에 이론적 근거를 부가하여 개념적으로 체계화시킨 것을 '체육 교육과정 사조'라고 부르며, 이 사조를 기반으로 만든 좀 더 구체화된 모습의 실천 프로그램을 '체육 교육과정 모형'이라고 부른다.

1-1. 대표적인 5대 체육 교육과정 사조(PE curriculum value orientation)를 제시하시오.

____

[정답] 내용숙달 중심, 자아실현, 학습과정, 사회적 책무성, 생태통합 중심 사조

16 | 2009학년도 논술

1. 체육 교육과정의 5가지 가치 정향(내용 숙달, 자아 실현, 학습 과정, 사회적 책무성, 생태 통합)은 일반적으로 3가지 원천(교과 내용, 학습자, 사회)의 영향을 받는다. 각각의 가치 정향이 3가지 원천과 어떠한 관계가 있는지 설명하고, 자신이 가장 선호하는 가치 정향을 선택하여 이를 실현하기 위한 방안을 체육 수업의 목표, 내용, 방법, 평가 측면에서 서술하시오. [20점]

[정답]
- 체육 교육과정에서는 3가지 원천 중에서 가치 정향(사조)에 영향을 미치는 중심 위치에 따라 즉, 보다 최우선으로 가치에 두는 요소(원천)에 따라 가치 정향의 특성이 달라진다. 각 교육과정 사조들에서 3가지 원천들은 모두 고려하며, 각각에 두는 강조점이 다양하게 달라진다. 내용숙달 가치 정향은 교과 내용에, 자아실현 가치 정향은 학습자, 사회적 책무성 가치 정향은 사회, 학습과정 중심 사조는 교과내용과 학습자를 중요시하며, 생태통합 중심 가치 정향은 교과내용, 학습자, 사회 모두를 강조한다.
- 내용숙달 가치 정향을 체육수업에 실현하고자 한다.
- 수업의 목표는 누구나 배워야하는 기초지식과 기능의 습득과 완벽한 숙달을 강조하며, 체육의 세부 학문영역의 기초지식의 습득과 기본운동종목의 숙련된 수행을 목적으로 한다.
- 수업의 내용은 인기 스포츠, 레크리에이션, 육상종목 중심으로 즉, 농구, 축구, 야구, 육상, 체조를 포함한다.
- 수업의 방법은 배울 내용이나 전술을 수행하는 정확한 방법의 시범과 함께 간단한 설명을 해주며, 구체적인 피드백을 제공하고 학생의 동작을 고쳐 나가는 방식이 효과적이지만 학습상황에 따라서 명령식, 연습식 수업 스타일로부터 문제 해결 및 자기 주도식 스타일에 이르는 다양한 수업방법을 사용할 수 있다.
- 수업의 평가는 기초지식과 운동기능의 한 가지 기술의 정확성을 평가하기 위해 세분화된 개념규정을 바탕으로 객관적 방식을 사용한다.

17 | 2012학년도

3. 김 교사, 문 교사, 한 교사의 가치 정향과 주로 사용하는 체육 수업 모형을 나타낸 표이다. 교사들의 가치 정향과 수업 모형에 대한 설명 중 옳은 것만을 〈보기〉에서 있는 대로 고른 것은? [2.5점]

	가치 정향	수업 모형
김교사	• '스포츠를 삶의 축소판'이라 생각하고 평등과 정의를 강조하는 교육 • 수업에서 공동의 목적을 위해 협력하고 자기 책임감 함양을 강조하는 교육	• 교사-학생의 관계, 의사결정권 부여, 통합, 전이를 적용하여 교육함. • 상담시간, 그룹미팅, 반성의 시간 등으로 수업을 구성함.
문교사	• 학생이 운동 기능이나 과제수행의 방법을 스스로 알 수 있도록 도와줌. • 학생이 체육활동을 하며 당면한 문제를 스스로 탐색하고 이를 해결할 수 있는 기회를 제공하는 기법 활용	• 질문을 통해 사고력과 문제해결력을 증진하도록 함. • 학생이 활동 과제를 생각하고 움직이도록 하며 충분히 생각할 시간을 부여함.
한교사	• 환경과 총체적인 조화를 이루는 개인을 강조함. • 체육교육의 목표와 학생 개인의 목표를 모두 중시하는 교육	• 4~6명으로 구성된 팀을 기초로 활동함. • 활동 과제를 달성하기 위해 팀 구성원들이 서로를 배려하고 함께 배울 수 있도록 수업을 운영함.

〈보 기〉

ㄱ. 김 교사는 사회 공동체를 위한 학생들의 책임과 협력을 강조하는 가치 정향을 가지고 있다.
ㄴ. 문 교사는 자신감과 긍정적인 자기 개념을 강조하는 가치 정향을 가지고 있다.
ㄷ. 한 교사는 기본 움직임과 스포츠 기능을 강조하는 가치 정향을 가지고 있다.
ㄹ. 김 교사는 체계적인 절차에 따라 팀원이 서로 협력하여 학습과제를 수행하는 수업모형을 주로 사용한다.
ㅁ. 문 교사는 문제해결자로서의 학습자 역할을 강조하는 수업 모형을 주로 사용한다.
ㅂ. 한 교사는 미리 계획된 학습과제의 계열성에 따라 학생이 수업진도를 결정하는 수업모형을 주로 사용한다.

① ㄱ, ㅁ ② ㄱ, ㄴ, ㅁ ③ ㄱ, ㄹ, ㅂ ④ ㄱ, ㄴ, ㄹ, ㅁ ⑤ ㄴ, ㄷ, ㄹ, ㅂ

[정답] ① ㄱ, ㅁ

[해설] ㄱ. 사회적 책무성 ㄴ. 자아실현 ㄷ. 내용숙달 ㄹ. 협동학습 모형 ㅁ. 탐구수업 모형 ㅂ. 개별화 지도 모형

	가치 정향	수업 모형
김교사	사회적 책무성	개인적 사회적 책임감
문교사	학습과정	탐구수업 모형
한교사	생태통합 중심	협동학습 모형

10. 다음은 농구 단원 계획서에 대한 체육 교사들의 대화이다. 단원 계획서와 대화에서 나타나는 하 교사의 가치 정향 명칭을 쓰고, 해당하는 가치 정향에서 강조되는 특성을 체육 교과의 교육 목표와 내용 측면에서 각각 1가지씩 서술하시오. [4점]

> 하 교사: 이번에 농구 수업을 하려고 해요. 단원 계획서를 작성했는데 한번 검토해 주세요.
> 이 교사: 네, 알겠습니다. 단원 계획서를 작성할 때 어디에 중점을 두셨나요?
> 하 교사: 저는 체육 교과 내용 지식을 전달하고 충실히 익히는 것이 중요하다고 생각하여 아래와 같이 농구 단원 계획서를 작성했어요.

신체 활동	농구	총 시수	15차시
목 표	◦ 농구 수행 원리를 이해할 수 있다. ◦ 농구 기술을 능숙하게 발휘할 수 있다. ……(중략)……		

차시	단계	수업 내용	수업 활동	지도상의 유의점
1	지식 습득	……(중략)……		
2	기능 습득	◦ 패스의 움직임 원리와 충격량 ◦ 패스 기술 - 체스트 패스의 기본자세 - 체스트 패스의 스탭 - 1대1 체스트 패스 - 이동 체스트 패스 ◦ 캐치 기술 - 캐치의 기본 자세 - 캐치의 스텝 - 가슴 높이로 날아오는 공 캐치	◦ 원리 설명 ◦ 기술 시범과 반복연습	◦ 기초 지식의 반복 설명 ◦ 효율적인 지도 전략으로 연습 활동 구성 ◦ 구체적인 피드백 제공 ◦ 기술 수준에 따라 단계별 연습 실시 ◦ 기준 미통과자에 대한 추가 연습 실시
3~14		……(중략)……		
15	평가	◦ 농구 움직임 원리와 기초 지식 ◦ 농구 기술	◦ 지필 평가 ◦ 실기 평가	◦ 기준 미통과자에 대한 추가 과제 부여 및 재평가

[정답] • 내용숙달 중심 사조이다.
• 목표는 기술을 능숙하게 발휘해야 한다.
• 내용은 기술의 기초적인 기능을 강조한다.
(기본지식을 강조한다. 기본기능을 강조한다.) (그러나 스포츠 종목 작성 아님)

19 | 2019학년도

9. 다음은 A 체육교사의 교직 생활 성찰 일지이다. 〈작성 방법〉에 따라 순서대로 서술하시오. [4점]

오랜 교직 생활을 거치며 체육교육에 대한 생각도 변화되고, 수업 방식도 바뀌었다.

초임기는 주로 학생들이 건강하고, 운동을 잘하고, 체육적 지식을 많이 알도록 가르치는 것이 제일인 줄 알았다. 때문에 체력과 운동기능, 스포츠, 체육 관련 지식 등을 가르치고자 노력하였다. 하지만, 그 시절에는 수업 방법도 다양하지 못하였고, 일제식 수업과 ㉠ 직접교수모형을 주로 사용하였다.

… (중략) …

중년기에는 학생 개인의 발달도 중요하지만, 사회적 덕목이나 규범의 학습이 더욱 강조되어야 한다고 생각하였다. 때문에 협동심, 참여, 타인 존중 등 사회적 책무성을 중시하였다.
스포츠는 사회의 축소판이기에 스포츠 활동을 통해 사회적 덕목을 효과적으로 가르칠 수 있다고 믿고 지도하였다. 그 당시 책임감 발달을 위해 헬리슨(D. Hellison)이 개발한 개인적·사회적 책임감 모형을 적용하기도 하였다.

… (중략) …

점점 경륜이 쌓이면서(숙련기) 학생들이 자아를 발견하고, 자기관리 능력을 키워 전인적으로 성장하길 기대하였다. 체육 수업을 통해 학생들이 성취를 경험하고, 자신감과 긍정적 자아개념을 형성하는 것을 의도하였다. 그런 경험들을 토대로 심동적, 인지적, 정의적 영역의 통합적 발달을 추구하였다.
수업 방식으로는 학생들의 적성과 개인차를 존중하며, ㉡ 개별화 지도모형과 수준별 수업을 실시하였다.

개별화 지도모형을 적용함에 있어서, ㉢ 학생들이 2가지 이상의 기준 과제에서 습득한 기능을 조합하여 연습할 수 있는 리드-업 게임이나 변형 게임을 제공하며 수업을 진행하였다.

〈작성 방법〉

○ A 체육교사의 중년기와 숙련기에 나타난 교육과정 운영에 대한 가치정향의 명칭을 순서대로 쓸 것.

[정답] • 중년기는 사회적 책무성(사회재건, 사회개혁) 가치정향
• 숙련기는 자아실현 가치정향이다. [1점]

10. 다음은 체육과 전문적 학습 공동체 워크숍에서 교사들이 나눈 대화 내용이다. 〈작성 방법〉에 따라 순서대로 서술하시오. [4점]

> 최 교사: 오늘 워크숍 주제는 예고한 것처럼 ㉠ 체육과 교육과정 의사 결정에 영향을 미치는 3가지 요인(원천), 가치정향, 체육 교육과정 모형입니다. 먼저 선생님들께서 생각하고 계신 체육 교육과정의 목적은 무엇이고, 그에 맞는 체육 교육과정 모형을 말씀해 주시겠습니까? 아울러 교사 수준의 교육과정을 개발하실 때 어떤 점을 고려하시는지에 대해서도 설명해 주시기 바랍니다.
>
> 장 교사: 체육 교육과정 목적 중, 학생들의 체력을 향상하는 것이 가장 중요하다고 생각합니다. 그래서 모든 학생의 체력 수준 향상, 활기찬 미래의 생활 방식을 준비하는 것, 웰니스를 강조하는 모형을 저는 선호합니다. (가)
>
> 유 교사: 저도 장 선생님과 생각이 같습니다. 그래서 저는 교사 수준의 교육과정을 개발할 때, 학생이 자신의 수준에 맞게 자기 주도적으로 체력을 향상하도록 개별화 지도 모형을 자주 활용합니다. ㉡ 개별화 지도 모형은 일일 수업 계획에 대한 부담이 적고, 수업 시간 운영이 비교적 쉬운 편이죠.
>
> … (하략) …

〈작성 방법〉

- 밑줄 친 ㉠을 주잇과 베인(A. Jewett & L. Bain)의 주장에 근거하여 쓸 것.
- (가)에 해당하는 체육 교육과정 모형이 근거하고 있는 가치 정향의 명칭을 쓰고, 밑줄 친 ㉠ 중에서 무엇을 제일 우선으로 하는지 서술할 것.
- 밑줄 친 ㉡의 이유를 메츨러(M. Metzler)의 주장에 근거하여 단원 계획 수립 측면에서 서술할 것.

[정답] • ㉠은 교과, 학생, 사회이다.
• 교과내용 숙달 중심사조이다. 교과이다.
• ㉡ 하나의 내용 단원에 대한 통합계획으로 활용되기 때문에 일일 학습지도안은 없으며 모듈이 개인학습지로 제공된다.

21 | 2022학년도

6. 다음은 두 교사의 대화 내용이다. 〈작성 방법〉에 따라 순서대로 서술하시오. [4점]

> **[2021년 9월 ○○일 대화내용]**
>
> 김 교사: 코로나19로 인해 학생들의 신체 활동 참여 시간이 눈에 띄게 줄어든 것 같아요. 그동안 저는 수행 지식의 습득에 집중해 수업을 진행했는데, '무엇'에 해당하는 것만으로는 적용 능력을 키울 수 없는 것 같아요. ㉠'무엇'뿐만 아니라 '어떻게'와 관련된 능력도 함께 길러줘야 할 것 같아요. 그리고 수업에서는 학생들이 다양한 상황에서 문제를 탐색하고 합리적으로 해결해 볼 수 있는 기회를 제공하고 싶어요.
>
> 정 교사: 코로나19로 인간의 이동이 제한되면서 자연 환경이 더 좋아졌다는 기사들을 보며, 인간도 세계의 한 구성원이라는 것을 느꼈어요. 이러한 내용을 수업과 연결해 보면, ㉡교과·사회·학습자의 요구를 조화롭게 반영해, 교과 내용의 지식 체계, 학습자의 요구와 흥미, 사회적 요구를 균형 있게 고려하는 수업을 개발할 필요가 있어요. 또한, 수업에서 배운 지식이 미래에도 관련되도록 가르치려고 해요.
>
> 김 교사: 저의 가치 정향은 어떤 체육 교육과정 개발 모형과 연결할 수 있을까요?
>
> 정 교사: 움직임 분석 모형이 가능할 것 같아요. 움직임 분석 모형은 라반(R. Laban)의 움직임 개념틀에 따라 '내몸이 무엇을 하고 있는가?', '내몸이 어떻게 움직이고 있는가?', ㉢'내몸이 어디로 움직이는가?', '어떠한 관계가 벌어지는가?'의 4가지 질문을 바탕으로 삼고 있어요.

〈작성 방법〉

- 밑줄 친 ㉠, ㉡에 해당하는 가치 정향의 명칭을 주잇과 베인(A. Jewett & L. Bain)의 주장에 근거하여 순서대로 쓸 것.

[정답] ㉠ 학습과정(중심사조) [1점]
㉡ 생태통합(또는 생태학적 통합 중심 사조) [1점]

3 체육 교육과정 사조 분석

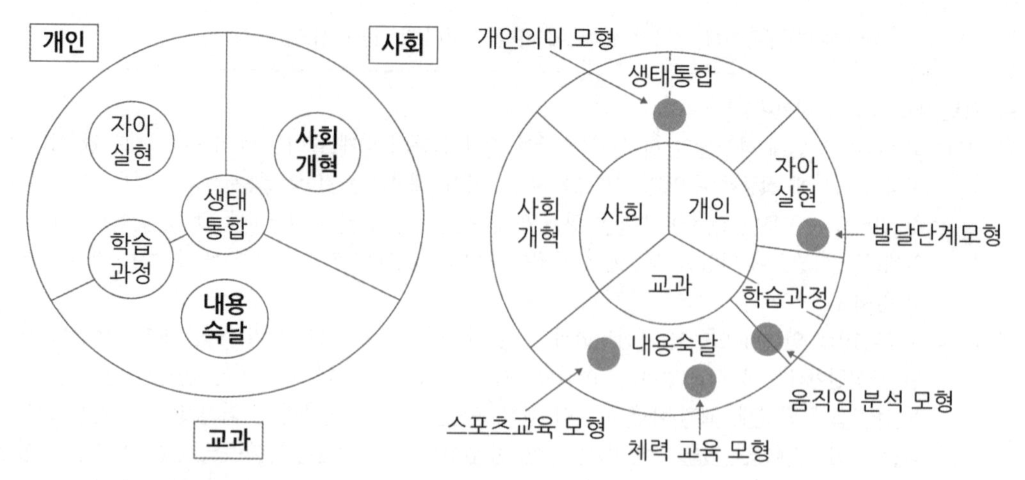

〈3가지 결정축과 사조와의 관계
(Jewettet, 1995)〉

1. 교육과정 개발의 3가지 원천

(1) 교육과정을 통하여 교육적 경험을 제공하고자 하는 학생의 특성

(2) 학교를 통하여 문화적 유산을 유지하고 전달하고자 하는 사회의 특성

(3) 배울 교과 내용의 성격

2. 한 가지 요소가 다른 두 가지 요소보다 강조되는 정도

(1) 교과숙달 중심 사조: 교과내용

(2) 자아실현 중심 사조: 학생

(3) 사회개혁 중심 사조: 사회

(4) 학습과정 중심 사조: 교과내용과 학생을 모두 중시

(5) 생태통합 중심 사조: 3가지 요소를 모두 강조

4 체육과 교육과정 모형의 개념 이해와 활용

1. 체육과 교육과정 모형의 잘못된 이해

(1) 체육과 교육과정 모형(model)은 태생적으로 외국에서 만들어진 것이기 때문에 그대로 사용한다면 우리나라 상황에 맞지 않다. 우리나라 상황에 맞지 않는다고 하면서 적용하지 않으려고 하는 것은 바람직하지 못한 자세이다.

(2) 체육과 교육과정 모형(model)은 단위 학교, 교사, 학생의 특성에 따라 변형하여 활용해야 한다.

2. 개념 및 기능

(1) 체육과 교육과정 모형은 체육 교육 프로그램을 설계하거나 구성하는 기본 틀을 안내하는 일반적인 패턴으로 볼 수 있다.

(2) 이 모형은 교육 경험을 선정하고 구조화하며 계열화하는 데 필요한 의사결정의 기초를 제공하기 위해 설계된 것이다. 즉 체육과 교육과정 모형은 일반적인 패턴이기 때문에 각 단위 학교에서 그대로 사용하는 데 충분하지 않다. 그러나 모형은 각 단위 학교 또는 교사가 학교 체육과 교육과정을 계획하거나 실제로 개발할 때 전체 구조와 방향을 제시해주는 기능을 한다.(jewett 등, 1995)

3. 역할

(1) 다른 사람이 개발한 체육과 교육과정 모형을 그대로 활용하면 만족스런 성공감을 가질 수 없다. 반드시 자신의 학교 상황, 자신의 교육철학, 학습자, 주위 여건 등을 고려하여 자신만의 독특한 체육과 교육과정 모형을 운영해야 한다.

(2) 일반적으로 체육과 교육과정 모형은 교육적 관점 또는 가치 정향, 프로그램 목적과 목표, 개념틀, 교사의 역할, 프로그램 설계 방법 등이 포함된다. 따라서 각 교육과정 모형은 교사가 체육과 교육과정을 실행할 때 학생들에게 보다 효과적인 프로그램을 제공하는 데 따라할 수 있는 일종의 청사진을 제공한다.

4. 필요성

(1) 체육과의 경우 다양한 체육과 교육과정 모형이 필요한 이유는 다른 교과와 비교해 볼 때, 체육과 교육 목적, 교과 내용 영역 또는 차원, 신체활동의 종류, 학생의 배경과 특성, 교육 장소, 교육 시설 및 환경이 너무나도 다양하기 때문이다.

5. 활용

(1) 각 체육과 교육과정 모형은 학생들이 질 높은 교육 내용을 가장 효과적으로 학습할 수 있도록 교사가 선택하고 활용할 수 있는 도구로 볼 수 있다.

(2) 자신이 추구하는 체육과 교육과정 철학에 가장 적합한 교육과정 모형을 선택할 수 있고, 그것을 어떻게 계획, 실행, 평가하는지 방법을 이해하게 될 것이다. 그러한 과정 속에서 교육의 효과성을 극대화하기 위해 각 체육과 교육과정 모형들을 변형할 수 있는 방법들을 배울 수 있을 것이다.(유정애 등)

6. 단위 학교에서 연간지도 계획안을 작성할 때 활용할 수 있는 사례

(1) <표 2-1>처럼 단원마다 한 가지 교육과정 모형을 설계할 수 있고,

(2) 아니면 단원의 목표와 특성에 따라 <표 2-2>처럼 1가지 모형 또는 2가지 이상의 모형을 결합하여 계획할 수 있다.

(3) 끝으로 체육 교사들은 1년 동안 몇 개의 체육과 교육과정 모형을 활용할 것인지 함께 고려해야 한다. 무조건 그 모형의 수가 많다고 교육적으로 바람직한 것은 아니기 때문에 단위 학교의 교육 철학과 교사 자신의 교육관에 따라 적정 수의 모형을 활용하는 것이 좋다.

<표 2-1> 연간 지도계획안에 따른 체육과 교육과정 모형 활용 계획

체육과 교육과정 모형		
1학기	단원 A	개인 의미 추구 모형
	단원 B	발달 단계 모형 + 움직임 분석 모형
	단원 C	OOO 모형(교사 개인이 직접 개발한 교육과정 모형)
2학기	단원 D	스포츠 교육 모형
	단원 E	스포츠 교육 모형 + 움직임 분석 모형
	단원 F	스포츠 교육 모형 + 발달 단계 모형 + 움직임 분석 모형

<표 2-2> 98 이채문 사견임

스포츠교육학 1 · 2	3 교사 수준의 체육과 교육과정 개발 대상과 실제	2015 개정 체육과 교육과정 4. 교수·학습 및 평가의 방향 가. 교수·학습 (2) 교수·학습의 계획
체육과 교육과정 사조/모형	1. 연간 지도 계획서 개발	(가) 교육과정 운영 계획
체육수업 모형	2. 단원 계획서 개발	(나) 교수·학습 운영 계획
체육교수 스타일, 교수 전략	3. 교수학습과정안 개발	(다) 교수·학습 활동 계획

5 체육과 교육과정 가치 정향과 모형의 관계

<표 2-3> 체육교육과정 이론[주잇과 베인(A. Jewett & L. Bain) 강신복 옮김]

구분	체력교육 모형	스포츠교육 모형	발달단계 모형	인간중심 모형	움직임 교육 모형	학문중심	개인의미 모형
가치 정향	내용숙달	내용숙달	자아실현	자아실현	내용숙달 및 학습과정	내용숙달 및 학습과정	생태통합과 학습과정

6 체육 교육과정 모형(체육과 교육과정 총론 유정애, 체육교육탐구 최의창)

구분	체력교육 모형	발달단계 모형	움직임분석 모형	스포츠교육 모형	개인의미추구 모형
가치 정향	내용숙달	자아실현	내용숙달	내용숙달	생태통합
개요	학생의 체력 향상	진보주의 교육철학 발달심리학 (50-60년대) 인간의 성장과 발달 패턴 연구	라반(Laban) 움직임의 기본 개념과 원리 이해 → 다른 움직임과 상황에 적용	Callois, Siedantop 경기의 즐거움 추구 수준별 참여	움직임, 신체활동의 의미와 중요성 강조 (60-70년대) 체육-개인적 목표성취-신체활동-자기주도적학습
목적	① 모든 학생들의 체력 향상 ② 활기찬 라이프 스타일 추구 ③ 종합체력, 웰니스 추구	① 운동기능 숙달 ② 체력 향상 ③ 자신감 및 사회적 기술 습득	① 효율적 움직임의 지식과 기술 습득 ② 움직임의 가치 인식 ③ 자신과 타인의 신체적 능력 존중 ④ 일상에서 움직임 개념의 활용	① 열정적 스포츠인 ② 유능한 스포츠인 ③ 박식한 스포츠인	① 전인적 발달 ② 사회적 책임감 ③ 미래지향적 세계시민의식
개념틀	체력 요소 (건강, 운동)	Project See 모형 책임감 모형	Laban의 4요소	놀이이론과 평생스포츠	목표-과정 교육과정 개념틀(PPCF)
적용	FitnessGram(미) PAPS(한)	Gallahue(1993) : 초등움직임 기술 Hellison(2003) : 중동 개인적 사회적 책임감	라반의 개념틀 Basic Stuff(중등)	AUSSIE SPORT Kiwi Sport	목표-과정 교육과정 개념틀(PPCF) Mullan&Juwett (1977)
교사의 역할	① 활동적 신체활동 프로그램 제시 ② 라이프스타일 관리방법 지도 ③ 운동의 중요성 강조 ④ 체력검사 프로그램 실행	① 통합적 관점 ② 통합에 적합한 환경 조성 ③ 개인에게 적합한 과제 준비 ④ 책임감 있는 행동의 개발	① 개념적 지식의 전달 ② 움직임 습득과 적용을 위한 교육과정 제공 ③ 타 교과와의 연계 ④ 발달단계에 적합한 학습 과제 준비	① 스포츠의 기술, 지식, 태도 지도 ② 발달단계에 적합한 스포츠 활동 제공	① 다양한 범주의 학습 기회 제공 ② 학생 지원 학습 환경 조성 ③ 자기주도적 학습 태도 강조 ④ 사회변화에 대한 긍정적인 태도 함양
비판	① 교육과정 ② 체력에 국한된 내용	① 인지, 정의, 심동의 분리 ② 교육과정	① 움직임의 인지적 활동에 치중 ② 움직임에 편중된 학습내용	① 전통 스포츠 강화, 뉴스포츠, 비경쟁적 스포츠 약화 ② 시즌이 긴 점	① 교사들에게 난해 ② 구체적인 수업 프로그램화 어려움 ③ 구체적 교육과정 적용 어려움

1. 체력 교육 모형(Fitness Education Model) 공청회 05 기출 11 기출

(1) 개요

① '**신체의 교육**(education of the physical)'에 바탕을 두고 있다.

② 체력교육 모형은 '**교과내용 숙달**'이라는 가치정향을 근거로 설계된 교육과정 모형이다.

③ 최근까지 체력 교육 모형은 주로 학생 개개인의 체력 향상에 초점을 두어 왔다.

④ 체력에 대한 개념이 확장되면서, 신체 활동이 건강하고 활기찬 삶에 필수적이고, 이를 위해서는 신체 활동과 건강과의 관련성에 대한 지식, 건강에 도움이 되는 신체 활동 기술, 운동의 중요성에 대한 인식 등이 필요하다는 점을 강조하고 있다.

⑤ 이로 인해 최근 체력 교육 모형은 재평가 받고 있다.

(2) 목적

① 학생의 체력을 향상시키는데 목적을 두고 있다.

② 체력 교육 모형에 근거한 교육과정은 체력 향상을 위한 체력 지식 습득, 체력 활동 기술 발달, 체력 운동의 생활화를 강조한다.

③ 모형에서 추구하는 3가지 구체적인 목적은 다음과 같다.

㉠ 모든 학생들의 체력 수준 향상

㉡ 활기찬 미래의 라이프 스타일을 준비할 수 있는 행동 변화 추구

㉢ 종합 체력(total fitness) 또는 웰니스(wellness)를 강조하는 건강 증진

(3) 개념틀

① 체력 모형의 기본 개념틀은 체력요소라고 볼 수 있다. 많은 체력 프로그램은 체육 교육과정의 내용을 심폐지구력, 신체 조성, 유연성, 근력과 같은 건강관련 체력(health-related fitness)요소의 발달로 한정짓고 있다.

② 체력 교육 프로그램의 범위에는 이러한 체력요소가 운동에 의해 어떤 영향을 받는가에 대한 지식과 체력요소 발달에 도움이 되는 신체 활동이 포함된다.

③ 교육과정 설계자들이 활기찬 라이프 스타일에 관심이 많아지면서, 개념틀은 운동 행동의 변화에 근간이 되는 심리적 요인(운동 참여 요인, 운동 효능감, 자아 동기유발 등)들을 포함하게 되었다.

④ 따라서 개념틀에 운동 행동의 변화를 촉진하는 건강 체력의 생리적 요소와 심리적 요소뿐만 아니라 사회·문화적 요소들도 포함하고 있다.

(4) 교사의 역할

① 활동적인 신체 활동 프로그램을 제시(강도 높은 프로그램 제시)

㉠ 교사는 학생들이 각 건강관련 체력요소 발달을 도모할 수 있는 프로그램을 제공해야 한다.

㉡ 동시에 규칙적인 운동을 통하여 유연성, 근력과 근지구력 등도 함께 발달시켜야 한다.

㉢ 교사는 모든 학생들이 신체 활동에 적극적으로 참여하고 체력을 향상시킬 수 있는 충분한 수업시간이 확보되게 수업내용을 작성한다.

② 건강한 라이프 스타일 관리방법 지도

㉠ 건강한 라이프 스타일 관리를 지도하는 체육 교사는 학생 개개인의 자기 책임감 발달에 필수적인 능력을 소유하고 있어야 한다.

㉡ 즉 학생들이 성인이 되어서 건강한 생활을 유지하는 데 필요한 자기 관리 기술과 의사결정능력을 개발할 수 있도록 교육적 배려와 이해가 필요하다.

㉢ 학생들은 자기 평가, 목표 설정, 개인 운동 프로그램 계획 등의 학습 경험을 제공받아야 한다.

③ 활기찬 라이프 스타일에 필수적인 운동의 중요성을 강조

㉠ 체력 교육 모형의 기본 목적은 학생들이 성인이 된 후에도 활기찬 생활을 영위하는 데 필수적인 운동을 지속적으로 참여하게 하는 것이다.

㉡ 이 목적을 달성하기 위해서는 운동 지식, 수행 기술, 긍정적인 태도로는 불충분하다.

㉢ 학생들의 행동 변화를 도와주고 미래에 필수적인 운동 행동 변화의 효과에 대해 알 수 있도록 지도해야 한다.

㉣ 학생들에게 지속적인 운동의 효과를 알게 하고, 실제적으로 지속적인 운동 참여가 바람직한 결과를 가져올 수 있음을 인식하게 하며, 바람직한 운동 행동을 습득할 수 있는 능력에 대한 확신을 갖게 해야 한다.

④ 체력검사 프로그램 시행(관리)

㉠ 체력교육 모형 프로그램을 사용하는 많은 체육교사들은 적어도 1년에 두 번은 건강관련 체력요소를 측정하기 위해 개발된 표준화된 체력검사 도구를 이용하여 체력검사를 실시해야 한다고 생각한다.

㉡ 체력 검사의 목적은 학생들이 자신의 체력 수준을 파악하여 체력 향상을 위한 목표 설정에 도움을 주는 데 있다.

㉢ 체력 검사 결과는 종종 학생들을 동기 유발할 수 있고, 학부모에게 자녀의 성취도를 통보할 수 있으며 단위 학교 차원에서 프로그램 성과를 판단할 수 있는 지표가 된다.

(5) 모형의 비평

① 최근 체력의 중요성이 재인식되면서 학교 체육에서 체력 요소 발달을 강조하는 경향이 있다.

② 그러나 현재 체력 교육 모형이라고 정확하게 설명할 수 있는 체력 교육 모형이 존재하지 않기 때문에 체력 교육 모형을 체육과 교육과정 모형에 포함시킬 것인가에 대한 논쟁이 많다.

③ 많은 학교에서 체력의 발달을 체육 프로그램의 유일한 목표로 삼고 있는 학교는 드물며, 전통적인 발달교육 프로그램에 흡수 통합되는 경향을 보여 왔다.

④ 현재 체력 교육 모형은 **교육이 아닌 훈련이란 비판을 조금씩 벗어나고 있지만 체력 프로그램의 초점이 체육의 목표 중의 하나인 체력만을 강조함으로써 매우 협소하다는 비판이 꾸준히 제기되고 있다.**

⑤ 체력 교육 프로그램은 교육적인 의미를 갖고 있지만 **철학적 근거 부족으로 많은 체육 교육자들이 체력 교육을 독립적인 교육과정 모형으로 보기 보다는 체육 교육 프로그램의 부분 요소로 인식하고 있는 실정**이다.

22 | 공청회

다음은 인하중학교에 근무하는 세 명의 체육 교사가 체육에 대한 자신의 가치관에 대해 나눈 대화의 일부이다. 각 교사의 가치정향(value orientation)과 이를 적용할 수 있는 교육과정 모형이 적합하게 연결된 것은?

> 김 교사: 나는 학생들에게 교육과정에 제시된 육상, 체조, 구기 등의 활동을 잘 가르쳐서 학생들이 완벽하게 이것을 할 수 있도록 하는 것이 내 임무라고 생각해.
> 윤 교사: 나는 학생들이 여러 가지 활동을 시도해 보도록 하면서 운동기능이나 과제 수행의 방법을 스스로 알 수 있도록 도와주는 역할을 해야 한다고 생각해.
> 박 교사: 나는 체육수업을 통해서 학생들이 성취감을 경험하는 것이 중요하다고 생각해. 그래서 나는 학생들의 흥미, 능력, 수준 등을 고려해서 자신의 흥미와 수준에 알맞은 과제를 연습하도록 수업계획을 작성하지.

	김 교사	윤 교사	박 교사
①	스포츠 교육모형	움직임분석모형	발달 단계모형
②	스포츠 교육모형	발달 단계모형	개인의미모형
③	체력교육모형	움직임분석모형	개인의미모형
④	체력교육모형	발달 단계모형	체력교육모형
⑤	움직임분석모형	개인의미모형	발달 단계모형

[정답] ①

- 김 교사의 가치정향은 교과내용숙달이며 이와 관련된 교육과정모형은 스포츠교육모형과 체력모형, 움직임 분석모형이 있다.
- 윤 교사의 가치정향은 학습과정이며 이와 관련된 교육과정모형은 움직임분석모형이 있다.
- 박 교사의 가치정향은 자아실현이며 이와 관련된 교육과정모형은 발달 단계모형이 있다.

23 | 2005학년도

체육과 교육과정 모형인 발달 단계모형과 체력교육모형의 사조(또는 가치정향)를 3줄 이내로 기술하고, 이 모형들의 공통적인 한계점을 2줄 이내로 설명하시오.

- 사 조: ______________________　　• 한계점: ______________________

[정답]
- 사조: 체력교육모형은 '교과내용 숙달'이라는 가치정향을 기저로 설계된 교육과정 모형이다. 발달 단계모형은 '자아실현 가치정향'에 근거하고 있다. 학습자 개인의 발달을 위한 학습활동과 학습경험의 조직으로 설계되었다.
- 한계점

  답안 1. 모두 독립된 교육과정 모형으로 인정받지 못했다. 발달 단계는 모든 모형이 발달 단계적 특징을 포함하여야 하며, 체력교육모형은 체력이라는 목표의 협소화로 하나의 프로그램으로 인식되고 있다.

  답안 2. 체육철학적 바탕이 체력교육 모형은 '신체의 교육'으로 건강과 체력발달을 위한 수단으로, 발달 단계모형은 '신체를 통한' 교육으로 전인을 위한 수단을 추구하여 모두 체육의 외재적 가치에 치우쳤다.

  답안 3. 발달 단계모형은 전인이라는 목적과는 다르게 인지적 영역과 정의적 영역에 대한 구체적인 지도내용과 방법이 마련되지 못했다. 체력 모형과 마찬가지로 심동적 영역으로 구성되어 있는 공통적인 한계점이 있다.

24 | 2011학년도

다음은 내용 숙달 가치 정향을 가지고 있는 박 교사의 진술문이다. 박 교사가 자신의 가치 정향을 실현하기 위해 선택할 수 있는 교육 과정 모형, 수업 모형, 교수 스타일을 바르게 연결한 것은?

> 저는 요즘 청소년들의 체력이 저하되고 있는 것이 안타깝습니다.
> 체력의 요소와 이를 증진할 수 있는 운동 방법을 정확히 아는 것이 중요한데, 요즘 청소년들은 이를 잘 모르고 있는 것 같습니다. 평소 우리 학생들이 체력 운동을 많이 힘들어하니 올해는 제가 체력 증진 프로그램 모듈을 만들어서 학생들이 스스로 운동할 수 있도록 지도하려고 합니다. 특히, 작년에는 학급 인원이 너무 많아서 학생의 체력 차이를 고려하지 못했는데, 이번에는 이를 해결할 방법을 찾아야겠습니다.

	교육과정 모형	수업 모형	교수 스타일
①	체력교육 모형	개별화지도 모형	포괄형
②	체력교육 모형	책임감지도 모형	포괄형
③	체력교육 모형	개별화지도 모형	자기설계형
④	발달 단계 모형	책임감지도 모형	자기설계형
⑤	발달 단계 모형	직접교수 모형	자검형

[정답] ①

[해설] • 체력요소와 관련이 있는 것은 체력교육 모형이다.
• 프로그램(내용) 모듈을 통해 스스로 학습하는 것은 개별화지도 모형에 해당한다.
• 또한 스스로 자신의 수준을 선택할 수 있는 것은 포괄형 스타일에 해당된다.

※ 모듈
① 교사의 도움 없이 개별적으로 또는 소그룹으로 학습할 수 있도록 필요한 것이 모두 갖추어진 하나의 수업단원.
② 모든 모듈의 목적은 교사의 지속적인 감독 없이 학습을 촉진하는 것이므로 일반적 수업에서 교사가 제공하는 모든 요소들이 인쇄물, 시청각 자료, 컴퓨터 기반 자료, 혹은 이를 통합한 형태로 대신하여 모듈에 포함되어야 한다. 즉, 모듈은 학습자의 주의를 집중시키고, 주제를 소개하고, 새로운 내용을 안내하고, 연습과 피드백, 목표 성취를 확인하기 위한 평가, 그리고 추수 활동으로서 심화 및 보충학습 등을 제공해야 한다.
③ 교과서, 필름 스트립, 비디오, 혹은 컴퓨터 수업과 모듈의 주요 차이는 모듈에는 모든 교수적 관리 절차를 포함하고 있다는 점이다.

2. 발달 단계 모형(The development model) 00 기출 05 기출 07 기출 10 기출

(1) 개요

① **자아실현 가치정향**에 근거하고 있다.

② 근대 초기 교육 철학자들과 20세기 중반의 발달 심리학자들에 의해 이 모형의 기초가 형성되기 시작했고, 체육 교육학 분야에서도 학생의 성장과 발달에 초점을 맞춘 여러 가지 유형의 교육과정 모형이 개발되었다.

③ 이 중 가장 대표적인 것이 Gallahue의 모형(초등)과 Hellison의 모형(중등)이 활용되고 있다.

㉠ Gallahue의 모형(초등)

ⓐ 이 모델은 움직임 기술(movement skills)의 발달을 특별히 강조하고 있다.

ⓑ 인지적 영역과 정의적 영역도 모두 중요하게 취급되며, 기술 단원(이동 기술, 조작 기술 등)과 스포츠 단원(농구, 배구 등)에 함께 흡수되어 가르쳐진다.

ⓒ 이 프로그램은 여러 영역에서 발췌한 지식을 통합하여 다루는 영역으로 나누어져 있고, 영역은 지각 운동적 영역, 창의적 영역, 포크댄스 및 스퀘어댄스 영역, 인지적 학습영역 등으로 구성되어 있다.

㉡ Hellison의 모형(중등)

ⓐ 반성적 사고를 강조한 듀이의 아이디어가 반영되어 있으며(Hellison & Templin), 이 모형은 자아존중, 도덕 교육, 협동 등과 같은 이론으로부터 개념적 토대를 빌리고 있다.

ⓑ 학생으로 하여금 자신의 신체와 생활에 대한 책임감을 느끼게 함으로써 '자기 자신에 대한 책임감과 타인에 대한 책임감'(self and social responsibility)을 가르치고자 한다.

ⓒ 학생들은 타인의 권리, 감정, 요구들에 대해 보다 민감해야 할 사회적 책임감을 가지고 있다는 것을 배우게 된다. 자기 자신과 타인들에게 책임있는 행동을 하며, 자신감과 목적의식을 뚜렷이 느끼도록 학생들을 가르친다.

(2) 목적

① 학생의 총체적·통합적 성격을 강조하며, 따라서 심동적·인지적·정의적 영역의 목표들을 통합하려고 한다.

② 궁극적으로 지향하는 체육교육을 받은 사람은 어떤 판단을 내리고 결정을 결행하는 데 있어서 자신감을 느끼는 사람이다. 이 사람은 운동기능을 숙달하고, 체력이 높으며, 자긍심이 높고, 자신을 잘 이해하고 있는 사람이다. 또한 자신에게 유용한 활동을 잘 할 수 있는 데에 필요한 능력과 기술을 증진시킨다.

③ 타인에게 의존하지 않고 독립적으로 일을 수행할 수 있는 것과 동시에 목적을 성취하기 위해서는 다른 사람들과 함께 일하기 위해 요구되는 사회적 기술들도 제대로 가지고 있다. 이 사람은 자기 자신을 넘어서 다른 사람들을 생각하고 위하는 마음을 가질 수 있다.

(3) 개념틀

① 학생의 총체적 성장과 관련된 교육과정 목표들을 추구하며, 각 단원과 실제 수업은 운동 기능의 발달, 자긍심의 함양, 개인적·사회적 책임감의 발달을 강조한다.

② 학생의 총체적·통합적 성격을 강조하며, 인지적·정의적·심동적 영역의 목표들을 통합하려고 한다.

③ 대표적인 개념틀의 사례로 톰슨과 만이 개발한 교육 목표 분류표를 기초로 하고 있는 Project SEE 모델(Thompson과 Mann)과 Hellison의 책임감 모형이 있다.

④ Project SEE 모델(Thompson과 Mann)

㉠ Thompson의 4가지 목표

ⓐ 능력의 발달: 학생이 갖고 있는 기술, 지식, 성향들을 다른 사람과의 관계나 문제를 해결하는 데 사용하도록 돕는다. 학생들이 자신이 가지고 있는 능력이 올바른 것으로 생각하도록, 그리고 스스로를 여러 가지 문제를 해결할 능력을 가지고 있는 것으로 생각하도록 돕는다.

ⓑ 개성의 발달: 학생들이 스스로 판단하고, 좋아하는 것을 명확히 하고, 스스로 일을 시작하고, 실패를 두려워하지 않고, 문제해결을 위한 독자적인 전략을 마련하고, 지나치게 의존적으로 되지 않으면서 주어지는 도움을 받아들이는 자율적인 사람이 되도록 돕는다.

ⓒ 사회성의 발달: 학생들이 다른 사람과 서로 관계를 맺고 잘 어울려서 외톨이가 되지 않는 능력을 기르도록 돕는다.

ⓓ 통합성의 발달: 생각, 느낌, 기능 등이 모두 통합되도록 하는 사고체계를 발달시켜서 서로 관련이 없어 보이는 여러 가지 경험들을 종합할 수 있도록 돕는다.

ⓛ Thompson과 Mann의 교육목표 분류표

ⓐ 심동적·인지적·정의적 영역 간의 상호작용이 교육과정의 가장 중요한 요인으로 간주된다.

- **심동·정의적 분야: 신념, 가치, 태도, 그리고 운동수행 간의 상호작용**
- **심동·인지적 분야: 지식, 인지적 과정, 그리고 운동수행 간의 상호작용**

ⓑ 4개의 주제 그룹: '자아', '움직임', '움직임과 자아', '움직임과 환경'

⑤ **Hellison의 책임감 모형** [체육과 교육과정 총론(유정애)/체육교육탐구(최의창)]

단계		단계별 행동 특징	체육교육탐구 예시
4단계	배려	타인 존중, 자기 책임감 부여, 자기 주도성뿐만 아니라, 타인과의 협동, 후원, 관심, 돕기 등을 적용할 수 있게 된다.	• 집: 애완동물이나 어린동생을 잘 돌보아주기 • 놀이터: 친구는 물론이고 처음 보는 아이도 함께 놀자고 권유하기 • 교실: 숙제할 때나 공부시간에 친구를 열심히 도와주기 • 체육수업: 잘못하는 친구라도 기꺼이 도와주거나 한 팀으로 운동하기
3단계	자기 책임	타인의 존중과 과제 참여를 보여줄 뿐만 아니라, 교사의 직접적인 지도 없이 학습에 스스로 참여한다. 학생들은 자신의 요구에 따라 체육 교육 프로그램을 스스로 계획하고 실행한다.	• 집: 시키지 않아도 자기방 청소하기 • 놀이터: 놀은 후에 제대로 해놓기 • 교실: 숙제를 내주지 않은 내용도 스스로 찾아서 하기 • 체육수업: 체육시간 이외의 기회를 찾아 새로운 기술을 스스로 배우기
2단계	참여	최소한의 타인 존중과 함께, 교사의 지도 하에 참여 의지, 도전 수용, 기술 연습, 체력 훈련 등을 보여준다.	• 집: 청소와 설거지 도와주기 • 놀이터: 다른 친구들과 잘 어울려 놀기 • 교실: 교사의 설명을 잘듣고 열심히 공부하기 • 체육수업: 불평불만없이 또는 빠지 않고 새로운 시도하기
1단계	통제	수업 활동에 참여하지 않거나 과제완수 또는 향상을 보이지 않는다. 그러나 타인의 학습권과 교사의 교육권을 침해하지 않을 만큼 자기 자신을 통제할 수 있게 된다.	• 집: 화났어도 형에게 대들거나 때리지 않기 • 놀이터: 가만히 서서 다른 친구들이 노는 것 보기 • 교실: 친구하고 말을 해도 되는 때가 언제인가를 알고 기다리기 • 체육수업: 연습을 하지만 항상 그런 것은 아님
0단계	무책임	타인을 전혀 고려하지 않고 자신의 행동에 대한 책임감을 부인한다.	• 집: 형이나 언니 탓하기 • 놀이터: 다른 아이들의 별명 부르기 • 교실: 교사가 설명할 때 친구와 이야기하기 • 체육수업: 용구를 선택할 때 다른 학생들을 밀어젖히기

㉠ 이 개념틀은 교사로 하여금 학생들의 책임감을 증진시켜주고 이기심과 이타심 사이에 발생하는 긴장을 해결하는 데 도움을 줄 수 있다.

㉡ 또한 각 단계별 내용은 한 학생이 누적적으로 성취해 가면서 발전하는 과정적 성격을 띠고 있으며, 또는 학생들이 각각 따로 하나의 목표만 성취할 수 있는 독립적 성격을 가지고 있다.

㉢ 헬리슨은 이 단계별 목표들이 교사와 학생이 서로 무엇을 추구하는지를 공통적으로 이해하도록 하는 역할을 한다고 설명한다.

(4) 교사의 역할

① 교사는 총체적 관점을 가지고 학생을 전인으로 성장시키도록 수업을 준비하고 가르치도록 한다.

㉠ 교사는 교육목표 분류표에서 파악한 인지적·정의적·심동적 영역 간의 총체적 관련성을 이해하고 학생들이 전인으로 성장할 수 있도록 이 통합적 관계성을 수업과 단원 계획 속에 잘 반영시켜야 한다.

㉡ 수업 목표가 어느 한 영역만을 대상으로 하는 것이 아니라 2개 이상의 영역을 동시에 추구해야 한다.

② 교사는 학생의 인지적, 정의적, 심동적 영역의 발달이 최대한도로 촉진되는 학습환경을 조성한다.

㉠ 교사는 학생을 의사결정과정의 주체로 생각하고 학생의 흥미를 저해하는 방해물을 제거해주며, 수업 환경 속에서 각 학생이 최대의 개인적 성장을 얻을 수 있도록 촉진하거나 역할을 한다.

③ 교사는 학생 개개인에게 적합한 학습 과제를 준비한다.

㉠ 교사는 각 학생의 운동 발달 단계나 운동 학습 수준에 알맞은 내용들을 마련하도록 해야 한다.

㉡ 모든 학생들이 나름대로의 성장 발달 속도에 맞춰 성장하기 때문에 교사는 학생들이 스스로 자신의 능력 정도를 파악할 수 있는 환경을 마련해주고 여러 가지의 학습 과제를 제공해줌으로써 이같은 다양성의 문제를 해결할 수 있도록 한다.

㉢ 각 학습 과제는 여러 수준으로 할 수 있도록 하여 학생들이 보다 높은 수준으로 향상되어가도록 노력할 수 있도록 한다.

④ 교사는 학생들이 책임감 있는 행동을 배워가도록 도와준다.

㉠ 발달 단계 모형에서는 인지적 발달과 사회적 발달이 심동적 발달과 동등한 중요성을 갖는다.

㉡ 실제로 현장에서는 이 중 1가지를 특별히 강조하는 경우가 많은데, 발달 단계 교육과정 모형을 사용하는 교사들은 이 3가지 영역의 중요성을 인정하고 있다.

㉢ 따라서 교사들은 학생들이 모형에서 추구하는 목표들에 대해 이해하고, 경험하며 결정을 내리고 반성을 할 수 있도록 돕는다.

㉣ 학생들은 각 단계에서 추구하는 목표들이 자신의 생활을 제대로 살아나가기 위해서 도움을 줄 수 있을 것인지를 스스로 판단한다.

(5) 모형의 비평

① 비교

㉠ 발달 단계 모형은 학생의 인간적 성장에 관련된 문제들을 통합적으로 바라보려는 시도이다.

㉡ '종합 상자형 모형(the multi activity model)'은 현재 우리나라 중등학교 체육 교육과정과 같이 주어진 시간 내에 다양한 스포츠 종목들을 가능한 한 많이 가르치도록 구성한 교육과정이다.

㉢ 발달 단계 모형과 종합 상자형 모형의 비교

발달 단계 모형	종합 상자형 모형
개별 학생을 강조한다.	전체 학생을 강조한다.
학생이 수업에 대한 의사결정권이 있다.	학생이 수업에 대한 의사결정권이 없다.
학생 개개인을 중심으로 과제를 개발한다.	연령 중심으로 과제를 개발한다.
수업 전 학생의 개인차를 고려하여 수업을 준비한다.	수업 후 학생의 개인차를 고려한다.

참고자료 - 종합상자 모형(다활동 모형 혹은 발달 교육 모형):출처 체육교육과정론(박명기, 문호준 공저)

① 종합상자 모형은 다활동(multi-activities) 종목으로 프로그램을 구성하기 때문에 다활동 모형이라고 불린다. 이는 전인적 발달 목표를 달성하기 위해 체조, 게임, 스포츠, 무용, 움직임 등 다활동 종목으로 프로그램을 구성하는 전통적인 발달 교육 모형과 개념이 비슷하다.

② 이러한 프로그램은 학년별로 배워야 할 활동 내용이 많기 때문에 각 내용(종목)당 수업 배당 시간이 2~4주간으로 짧을 수 밖에 없었고, 그로 인해 수업방법 또한 개인차를 고려하지 않는 교사 중심의 직접지도 교수방법을 사용해 왔다.

③ 체육수업의 평가 역시 운동 기능 우선의 원칙하에 운동을 잘하는 것이 평가의 기준이 된다.

④ 따라서 운동 기능이 뛰어난 소수의 학생들 중심으로 수업이 진행되어 왔고, 그것이 조금도 문제시되지 않았다.

⑤ 그 동안 체육 시간에 흔히 발생했던 학생 규율 및 통제 문제 또한 운동기능이 뛰어난 학생들 이외의 모든 학생들이 체육 활동에 충분히 참여하지 못한 데서 그 원인을 찾을 수 있다.

3. 인간중심 모형(Humanistic Physical Education Model) (스포츠교육학총론 김대진)

3-1. 기본 개념

(1) 인간중심 모형은 인간 개개인의 개별특성을 강조하여 체육이 학생 자신의 정체성을 갖고 자아를 실현하는 데 도움을 주어야 한다는 입장을 취한다. 이 모형은 체육이 개인의 전체적 행복에 기여해야 한다는 발달 교육론자들의 주장을 수용하면서도 각 개인의 개별적 특성을 강조한다. 따라서 표준화된 학교 프로그램과 교수 방법으로는 적합지 못한 것으로 간주될 수 있으며, 심동적 영역이나 인지적 영역 못지않게 정의적 영역에 대한 고려도 중시된다.

(2) 인간중심 모형은 헬리슨(Hellison)의 인간중심 교육과정모형(humanistic curriculum)을 기본 철학으로 하고 있다. 헬리슨(Hellison)(1978)은 인간중심 체육교육은 신체활동을 통하여 학습자가 개인의 주체성을 찾도록 도와주어야 하며, 학습자의 자아존중(self-esteem), 자아실현(self-actualization), 자아이해(self-understanding)와 대인 관계의 발달을 체육교수-학습활동의 중심 과제로 삼아야 한다고 주장한다. 그는 인간중심 모형의 기본 가정을 다음과 같이 정의한다.

① 첫째, 인생의 주요 목적은 개인의 잠재력을 실현하고 스스로의 꿈을 달성하며 유능한 인간이 되는 것이다. 건강이란 질병이 없다는 의미가 아니라 고도의 복지 수준을 향유하는 것과 같은 의미를 말한다.

② 둘째, 개인은 독특한 잠재 능력을 가지고 있다. 욕구, 능력, 흥미가 같은 두 사람이란 존재하지 않는다. 따라서 어떤 정해진 틀 속에 맞추어 학생을 교육해서는 안 된다.

③ 셋째, 개인은 사회적 가치를 그대로 모방함으로써 자신의 발달이 저해되지 않도록 기존 문화로부터 탈피할 수 있는 선택권도 부여되어야 한다.

④ 넷째, 인간이 어떻게 느끼는가 하는 것은 그가 무엇을 알고 있느냐 하는 것보다 중요하다. 개인이 자신을 어떻게 느끼고 있느냐 하는 것과 그가 배워야 할 대상에 대해 어떻게 생각하느냐 하는 것에 대해 학습 성취도가 결정된다. 더욱이 자기 자신을 인정하지 않는 사람이 자아실현을 위해 노력한다는 것은 불가능하다.

⑤ 다섯째, 학습의 방법과 가장 의미 있는 학습의 내용을 가장 잘 아는 사람은 학습자 자신이다. 인간의 행동은 개인적 선호나 도덕적 규범에 따라 규정된다(Hellison, 1983). 그러므로 교육은 인간의 도덕적 선택이나 가치에 대한 정의적, 인지적 감지에 초점을 두어 개인의 선호도와 경험을 개발하도록 자아성찰의 기회가 제공되어야 한다.

(3) 인간중심 교육을 추구하는 많은 교육자들이 선(善)이란 타고난 인간의 특성이라고 믿고 있는 데 반하여, 헬리슨(Hellison)은 이러한 가정은 잘못된 것이며 인간의 행동은 개인적 선호나 도덕적 규범에 따라 규정된다고 한다. 따라서 교육은 인간의 도덕적 선택이나 가치에 대한 정의적 및 인지적 감지에 초점을 두어 개인의 선호도와 경험을 개발하도록 자아성찰의 기회가 제공되어야 한다.

(4) 체육프로그램의 목적은

① 학생들의 기회가 제공되어야 한다.

② 공동체 의식을 심어주고

③ 적극적이고 명랑한 정신을 조장토록 하기 위한 것이다.

3-2. 개념틀과 교육과정의 설계

(1) 인간중심 모형의 개념틀은 자아실현에 이르도록 발달단계를 설정하는 것이다. 인간중심 체육 프로그램의 범위는 Hellison이 저술한 「공과 방망이를 초월하여」(Beyond Balls and Bats)에서 그는 자아 개발의 4가지 인지단계를 제시하였는데 뒤에 이것을 **자아개발의 5가지 발달 단계에서 제시된 개념틀**에 토대를 두고 있다.

단계	내 용
모험	• 모험심이 가장 강한 청소년기에로의 진입을 최초로 인식하는 단계 • 무력감을 느끼고 극단적인 방어심리가 팽배해 있으며 외부세계와의 접촉이 부족하여 무조건적인 불신 표명 • 조급한 성장 욕구와 불만감이 쌓여 적대적인 대인행동 유발
참여	• 공식적인 의미에서의 학습은 아니지만 최소한 무엇인가를 배운다는 의미에서 몇 가지 신체활동에 참여하는 단계 • 교사와 다른 학생의 간섭을 받지 않고 자기 조절 성향을 띤 움직임 활동 병행
자기방향설정	• 개인적인 욕구를 충족시키기 위하여 자신이 좋아하는 활동을 발전시켜나가는 단계 • 운동기능과 연습 개념 및 경험을 습득한 뒤 개인별 목표를 정하고 자신의 결정에 대해 책임을 지며 인생의 목표와 과정을 깨닫게 된다. • 동료의 강요를 거부하고 자신의 포부를 지켜 나갈 수 있는 용기를 기른다.
친사회적 행동	• 도덕적 규범에로의 친사회적 행동 성향으로 나가는 단계 • 협동, 집단적 의사결정, 타인돕기, 공감대 형성, 역할완수 등의 자질을 기른다.
통합	일, 놀이, 친사회적 행동, 그리고 건전한 유머감각 등을 개인 내에 통합할 줄 알게 된다.

(2) Hellison은 이 모형에 의거하여 체육 프로그램을 다음과 같이 제시하고 있다.

① 프로그램은 1주일 중 2일은 체력운동으로, 또 2일은 놀이를 곁들인 기술 지도로, 나머지 하루는 새로운 게임 및 협동 활동을 하도록 구성된다.

② 운동 참여는 학생 각자가 선택해서 할 수 있으나 선택 결과에 대해서는 스스로 책임을 져야 한다. 학생들은 토론을 통해 자기 이해력을 높일 수 있으며 어느 정도 자기 통제력을 기르면서 개별 프로그램 활동에 참여할 수 있게 된다.

(3) **교육학 분야에서는 인간중심적이라는 용어가 많이 쓰이고 있지만 체육학 분야에서는 인간중심적 모형이 그다지 널리 사용되고 있지 못하다. 하지만 미국 오레곤 주에서 Hellison이 모형을 가지고 워크숍을 운영한 결과 인간중심 모형의 영향력이 크게 증가한 것을 볼 수 있다.**

(4) **그러나** 인간 중심 모형의 적용상 요구되는 유의사항은

① 전적으로 교사와 학생 사이의 개인적인 관계에만 의존해야 한다는 점이다.

② 인간중심 모형에서의 교사상은 학습활동을 지시하는 것이 아니고 학생들이 스스로 계획한 학습활동을 도와주고 상담해 주는 역할을 한다. 이러한 관점은 다음과 같은 Hellison의 주장에서도 잘 나타나 있다. "체육관에서는 학생들이 신체와 체육활동과의 관계를 자연스럽게 탐색할 수 있어야 하며 교사들은 학생들과 자유롭게 상호작용하면서 그들을 보살필 수 있는 편안한 장소가 되어야만 한다."

(5) 전통적 체육프로그램에 익숙한 교사들은 이러한 새로운 교사의 역할과 함께 교사가 지녀야 할 개별화된 새로운 교수전략을 습득하는데 어려움을 느끼게 될 지도 모른다. 또한 장학사들은 학생들에게 주어진 폭넓은 선택권과 개별화된 프로그램에 대하여 다소 저항감을 가질 수도 있을 것이다.

3-3. 평가

(1) 비판

① 인간중심 체육교육과정에 대한 비판은 자아실현의 개념이 명료하지 못하고, 그 결과 체육프로그램이 목표를 정확하게 정의 내리지 못한다는 것이다(Siedentop, 1986).

② 또한 개인적, 사회적 발달의 결과에 대한 증거가 부족하다는 점이다(Lawson&Placek, 1981).

(2) 긍정적 공헌

이 모형이 학습자를 고려하여 인간관계기법과 인간화 교수법에 관하여 긍정적인 공헌을 했다는 점이다.

3-4. (전통적인) 발달 교육 모형과 (Hellison의) 책임감 발달 모형의 비교 (체육과 교육과정론, 박명기, 문호준 공저)

현재 체육교과교육학에서 두 모형의 개념, 특성, 프로그램 구성, 교사의 역할 등과 관련하여 적지 않은 혼란이 발생하고 있는 듯하여, 아래와 같이 간략히 정리한다.

(1) 두 모형의 특성과 명칭

① 발달 교육 모형(developmental education model)은 전통적으로 전 세계적으로 가장 널리 받아들여지고 있는 체육교육과정 모형으로서, 다활동 모형(multi-activity model) 혹은 종합 상자 모형과 개념적으로 비슷하다.

② 책임감 발달 모형은 미국 시카고 도심 빈민가의 문제학생과 비행 청소년들을 대상으로 자기 정체성 발견, 개인적·사회적 책임감 개발, 자아 실현을 촉진하기 위해 Hellison이 개발하였다. 이 모형은 사회성 발달 모형, 개인적·사회적 책임감 모형, 인간중심 체육 모형(humanistic physical education model) 등으로도 불리며, 개념적으로 거의 같다.

(2) 두 모형의 공통점

① 학생의 발달 단계에 초점을 둔다.

② 교과내용의 숙달이 아니라 학생의 전인적 발달 혹은 자아 실현을 목표로 한다.

③ 똑같이 심동적, 인지적, 정의적 영역의 균형있는 발달을 강조한다.

(3) 두 모형의 차이점

① 두 모형이 표면적으로는 똑같이 심동적, 인지적, 정의적 영역의 균형있는 발달을 강조하면서도, 학교 현장에서는 전통적인 발달 교육 모형이 심동적 영역의 발달에 치우치는 경향이 있음에 비해, Hellison의 책임감 발달 모형은 정의적 영역의 발달을 특히 강조한다.

② 발달 교육 모형은 발달 단계의 기준을 인지적, 정의적, 심동적 영역에서 학생의 연령별 공통 발달 특성에 두는데 비해, 책임감 모형은 개별 학생의 정의적 발달 단계에 둔다.

③ 발달 교육 모형에 근거한 대부분의 프로그램들은 전인적 발달 목표를 달성한다는 취지에서 체조, 게임, 스포츠, 무용, 움직임 등의 다활동 종목으로 프로그램을 구성하고 있으며, 학생들이 배워야 할 활동 내용이 많기 때문에 개인차를 고려하지 않는 교사 중심의 직접지도 교수전략을 사용해 왔다. 그러나 최근에는 발달 정도의 개인차를 강조하고 활동보다 발달단계별 주제를 중시하는 체육 프로그램이 많이 개발되고 있다.

④ 반면에, 책임감 모형은 학생과의 상담을 토대로 개별 학생의 정의적 발달에 초점을 두고 심동적, 인지적 발달을 촉진하는 활동을 선택하며 주로 학생 중심의 개별화 교수전략을 사용한다.

25 | 2000학년도

제7차 교육과정은 '사회적으로 바람직한 태도의 육성'을 총괄목표의 하나로 추구하고 있다. '사회성 개발모형(또는 사회적 책임감 모형, The social responsibility model)'은 학생의 사회적 품성과 자질을 5단계에 걸쳐 함양시키는 것을 주된 목적으로 한다. 단계 0에서 단계 4까지 이르는 5단계의 특징을 각각 기술하시오.

[정답] • 0단계의 특징은 무책임이다. 즉, 타인을 전혀 고려하지 않고 자신의 행동에 대한 책임감을 부인한다.
• 1단계의 특징은 자제(통제)이다. 즉, 수업 활동에 참여하지 않거나 과제완수 또는 향상을 보이지 않는다. 그러나 타인의 학습권과 교사의 교육권을 침해하지 않을 만큼 자기 자신을 통제할 수 있게 된다.
• 2단계의 특징은 참여이다. 즉, 최소한의 타인 존중과 함께, 교사의 지도하에 참여 의지, 도전 수용, 기술 연습, 체력 훈련 등을 보여준다.
• 3단계의 특징은 자기책임감 부여이다. 즉, 타인의 존중과 과제 참여를 보여줄 뿐만 아니라, 교사의 직접적인 지도 없이 학습에 스스로 참여한다. 학생들은 자신의 요구에 따라 체육 교육 프로그램을 스스로 계획하고 실행한다.
• 4단계의 특징은 타인에 대한 고려이다. 즉, 타인 존중, 자기 책임감 부여, 자기 주도성 뿐만 아니라, 타인과의 협동, 후원, 관심, 돕기 등을 적용할 수 있게 된다.

26 | 2007학년도

다음은 김 교사가 작성한 오래 달리기의 단원 목표이다.

- 학생들은 오래 달리기를 하며 자기 몸의 소중함을 이해한다.
- 학생들은 자신의 능력을 고려하여 오래 달리기의 기록 단축에 도전하는 목표를 수립한다.
- 학생들은 자신이 수립한 목표를 달성함으로써 긍정적인 자아 개념과 자신감을 기른다.

김 교사의 단원 목표에 반영된 체육 교육과정 사조(또는 가치 정향)와 이 사조가 가장 중시하는 교육과정의 원천, 그리고 이 사조의 영향을 받은 체육 교육과정 모형의 명칭을 쓰시오.

- 사　　조 : ______________
- 원　　천 : ______________
- 모형의 명칭 : ______________

[정답] 자아실현 중심사조, 학생, 발달단계모형

27 | 2010학년도

다음은 윤 교사가 작성한 수업 반성 일지이다. ㉠, ㉡에 해당하는 윤 교사의 수업 관리 행동과 상범이의 행동(㉢)에 해당하는 헬리슨(Hellison)의 책임감 발달 단계로 적절한 것은?

○월 ○일
그동안 나는 상범이에게 벌을 주기도 하고 점수나 체육 기구 이용권 같은 상을 주기도 했지만, 특별하게 달라지지는 않았다. 결국 나는 상이나 벌 보다는 상범이 스스로 자기를 돌아보게 하는 것이 중요하다는 것을 깨달았고 상범이와 지속적으로 대화를 나누면서 농구할 때의 자기 행동을 돌아보고 반성할 수 있도록 하였다. 물론 쉽지는 않았지만 상범이는 ㉢ <u>내가 일일이 시키지 않아도 스스로 알아서 줄을 서면서 농구 연습을 열심히 하는 모습을 보여주었다.</u>

[정답] 2단계이다.

4. 움직임 분석 모형(The movement analysis model) 03 기출 06 기출 07+ 기출 08 기출 11 기출 12 기출 22 기출

(1) 개요

① 교과 내용숙달 가치정향을 바탕으로 설계한 것으로 움직임의 지식 체계에 뿌리를 두고 있다.

② 이 모형은 여러 단원과 학년을 거쳐 나타나는 움직임의 구조에 관련된 개념 습득에 초점을 둔다.

③ 즉 학생들이 어떤 하나의 기본 개념을 이해하게 되면, 이 기본 개념을 여러 단원에 적용하고 확장시킬 수 있다는 가정이다.

④ 학생들이 이 개념을 배우는 이유는 여러 종류의 스포츠와 신체 활동에 지속적으로 나타나므로, 학생들이 기본 개념을 배우게 되면 주변 환경 요인에 따라 그것을 변형하고 적용할 수 있기 때문이다.

⑤ 이 과정을 통하여 학생들은 신체 활동에 대한 폭넓은 이해를 가질 수 있게 되고, 다양한 상황에서 문제를 해결하는데 필요한 지적 응용력을 갖출 수 있게 한다.

개념중심 체육수업의 일례

본 수업의 목표는 배구를 이용하여 '공의 회전과 비행경로'에 관련된 역학적 원리들을 배우는 것에 있다. 본 수업은 이 주제에 관해 공부하는 일련의 수업들 가운데 첫째 시간이다. 다음의 형태로 학생들은 실제 '탐구실험'을 할 수 있다.

실험 1. 배구공을 아래 지시에 따라서 네트 위로 회전을 가하여 서브하려고 해 볼 것.
언더헤드나 오버헤드 서브 어떤 방법을 사용해도 무방.

① 공에 회전을 전혀 주지 않고 네트 위로 수직으로 서브해 볼 것. 이것을 위해서는 공의 어떤 부분을 쳐야 되는가?
② 오른쪽 방향으로 공에 회전을 주면서 네트 위로 공을 넘기려고 해 볼 것. 이것을 위해서는 공의 어떤 부분을 쳐야 되는가? 공이 날아가는 노선과 모습을 기술해 볼 것
③ 왼쪽 방향으로 공에 회전을 주면서 네트 위로 공을 넘기려고 해 볼 것. 이것을 위해서는 공의 어떤 부분을 쳐야 되는가? 공이 날아가는 노선과 모습을 기술해 볼 것.
④ '백스핀' 회전을 주면서 네트 위로 공을 넘기려고 해 볼 것. 이것을 위해서는 공의 어떤 부분을 쳐야 되는가?
⑤ '톱스핀' 회전을 주면서 네트 위로 공을 넘기려고 해 볼 것. 이것을 위해서는 공의 어떤 부분을 쳐야 되는가?
⑥ 공에 회전을 일으키기 위해서는 힘을 어느 부위에 적용시켜야 하는지에 관하여 어떤 '법칙'이나 '결론'을 내려 볼 것.
⑦ 지금 행한 실험들을 자신이 경험해 본 구기경기에 한 번 적용해 볼 것. 자신이 원하는 효과를 얻기 위해서 공에 어떻게 힘을 적용시켰는지를 오늘 행한 활동들과 관련시켜 유사점과 상이점을 적어볼 것.

담당교사는 공의 비행을 다루는 문제들이 어떤 학생들에게는 쉽지가 않다는 사실을 명심하고 있어야 한다. 만약 이런 학생들이 공을 정확히 치지 못하거나 필요한 만큼의 강도로 공을 치지 못한다면, 공은 필요한 만큼의 속도나 회전을 만들지 못할 것이다. 만약 이 문제가 발생하면, 정확히 기술을 행하는 학생을 한 명 찾아서 그 학생으로 하여금 모든 학생들 앞에서 시범을 보이게 한다. 시범 후, 왜 공의 회전으로 발생한 공기의 흐름이 공의 비행방향을 곡선이 되게 하였는지를 설명하고, 또 공의 비행노선에 영향을 미치는 다른 요인(즉, 속도와 공의 무게)들로 설명한다.

(2) 목적

① 움직임 분석 모형의 목적은 움직임 과정에 초점을 두고, 학생들이 다양한 움직임을 능숙하게 수행할 수 있는 능력을 개발하는데 있다.

② 즉 이 모형이 추구하는 목적은 학생들이 움직임의 지식을 이해하고 움직임을 효율적으로 수행할 수 있는 능력을 갖추는데 있다.

③ 이 모형에서 '체육 교육을 받은 사람의 특징' 4가지

㉠ 효율적인 인간 움직임에 대한 지식과 기술을 배운 사람이다.

㉡ 움직임의 가치를 인식하고 있는 사람이다.

㉢ 자신과 타인의 신체적 능력을 이해하고 존중하는 사람이다.

㉣ 일상생활에서 의사결정을 하고 문제를 해결할 때 움직임 개념을 사용하는 사람이다.

(3) 개념틀 22 기출

① 움직임 분석 모형의 개념틀은 지식의 구조와 문제해결을 위한 지식의 활용에 근거하고 있다.

② 이 모형은 초·중등학교에서 모두 활용되고 있는데 초등학교에서는 주로 라반(Rudolph Laban)의 개념틀이 활용되며 중등학교 체육에서는 과학적 원리들을 중심내용으로 하는 학문중심적 접근방식이나 「체육의 기초개념」(Basic stuff) 등과 같은 것들이 활용되고 있다.

③ 라반의 개념틀은 다음 4가지 질문을 바탕으로 이루어지고 있다.

ⓐ '내 몸은 어떤 동작을 하고 있는가?'

ⓑ '내 몸은 어느 방향으로 가고 있는가?'

ⓒ '내 몸은 그 동작을 어떻게 행하고 있는가?'

ⓓ '내 몸이 움직이면서 어떤 관계들이 생겨나는가?'

④ 즉 라반은 신체, 공간, 노력, 관계의 4가지 요소를 중심으로 지식의 구조가 형성된다고 보았다.

⑤ 라반은 〈표 2-5〉와 같이 '주제'를 만들어서 움직임 개념들 사이의 본질적인 관련성에 대해 학생들이 생각할 수 있도록 하였다.

⑥ 초등학교 수준에서 움직임 교육 접근은 교육 게임, 교육 무용, 교육 체조의 3개 영역으로 나누어 단원을 구성하고, 움직임 개념과 움직임 주제들을 이와 관련해서 개발한다.

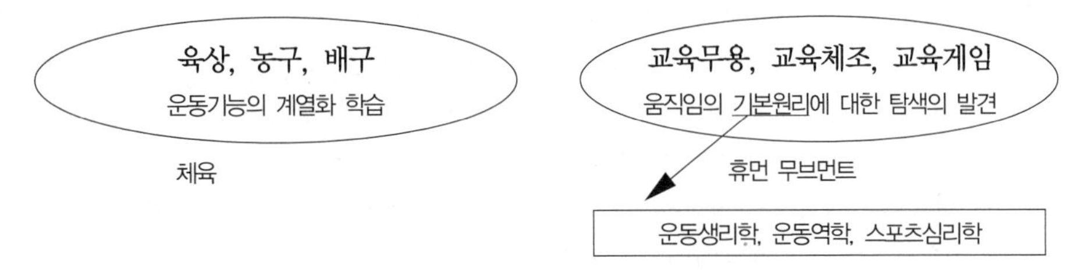

[그림 2-1] 휴먼 무브먼트의 교육내용

〈표 2-4〉 라반의 움직임 개념틀

요소	차원		
신체	(내 몸이 무엇을 하고 있는가)	신체부위의 동작 신체의 활동 신체의 모양	행위동작
노력	(내 몸이 어떻게 움직이고 있는가)	중량/ 공간/ 흐름	시간
공간	(내 몸이 어디로 움직이는가)	방향 수준 움직이는 길 움직이는 면 확장되는 공간	구역
관계	(어떠한 관계가 벌어지는가)	개인 및 그룹 기구 및 용구 기타	신체 부위

〈표 2-5〉 움직임교육의 내용조직 및 개발을 위한 움직임 주제

주제	교육무용	교육게임	교육체조
1	'신체'의 기초적 이해	초급수준 신체 통제의 기초적 이해	'신체'의 기초적 이해
2	'중량'과 '시간'의 기초적 이해	'공간'의 기초적 이해	'공간'의 기초적 이해
3	'공간'의 기초적 이해	'노력'의 기초적 이해	'시간'의 기초적 이해
4	'움직임'의 기초적 이해	'무브먼트 흐름'의 이해	'신체부위간 관계'의 기초적 이해
5	'관계'의 기초적 이해	'관계'의 기초적 이해	'중량'의 기초적 이해
6	신체의 도구적 사고	중급수준 신체 통제의 이해	'무브먼트 흐름과 지속'의 이해
7	'노력' 요소의 기초 활동	'리듬'의 기초적 이해	'여타사물과의 관계'의 이해

(4) 움직임의 표현 요소 4가지: 움직임 표현의 모양과 느낌, 의미가 달라지도록 영향을 끼치는 것 07+ 기출

① 신체: 신체는 무엇을 하는가에 대한 인식을 말한다.

㉠ 개념이해: 신체는 선천적으로 많은 동작을 할 수 있다.

신체 부분으로 머리, 손, 팔, 다리 등을 움직일 수 있고, 신체로 곡선, 직선, 각진 형태, 꼬인 형태를 만들 수도 있으며, 체중의 지지체로서 균형과 불균형한 상태를 만들 수도 있다.

신체를 이용하여 이동, 비이동, 조작 운동과 같은 신체 활동을 할 수 있다.

글이나 그림, 음악으로 자신의 생각이나 느낌을 표현하듯이 팔, 다리, 엉덩이 등 신체의 여러 부위를 움직여 다양한 주제' 표현을 할 수 있다.

ⓐ 도구로서 – 부분과 전체에 대하여 알아보자.

- 신체의 한 부분만 움직여 보자.
- 신체 전체를 움직여 보자.
- 한 부분만 움직일 때와 전체를 움직일 때 느낌이 어떻게 다른지 이야기해보자.

ⓑ 신체부위 동작 12 논술 – 대칭과 비대칭에 대하여 알아보자.

- 신체의 가운데에 선이 있다고 상상하고 좌우가 대칭이 되도록 움직여 보자.
- 좌우가 서로 다르게, 비대칭이 되도록 움직여 보자.

• 좌우가 대칭일 때와 비대칭일 때, 연상되는 것이 무엇인지 이야기해 보자.
• 대칭인 움직임과 비대칭 움직임의 느낌이 어떻게 다른지 이야기해 보자.

ⓒ 신체활동 08 기출 – 이동 움직임과 비이동 움직임 알아보기

• 이동 움직임(연상되는 것) – 걷기(길), 달리기(치타), 미끄러지기(스케이트 선수), 기기(거북), 구르기(바퀴)등
• 비이동 움직임(연상되는 것) – 비틀기(오징어 구이), 흔들기(시계추), 돌기(세탁기), 굽히기(계단), 젖히기(활) 등

ⓓ 신체의 모양 12 논술 – 신체로 표현한 낱말 알아보기

• 손이나 다리를 이용하여 한글 자음, 모음, 숫자, 알파벳 모양을 만들어 보자.
• 사진이나 자연 모습을 보고 몸으로 표현해 보자.
• 같은 모양을 혼자 또는 여럿이 창의적으로 꾸민다.

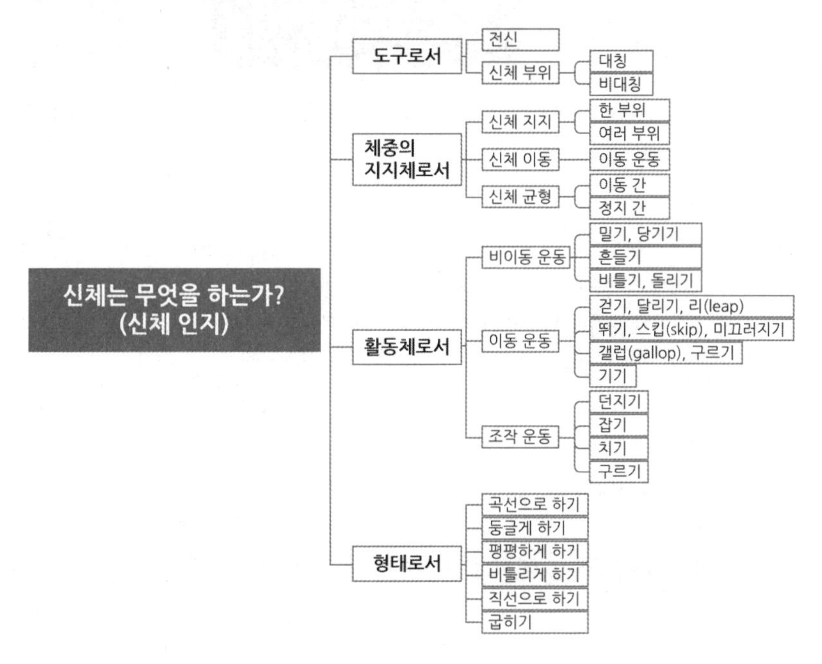

② 공간: 내 몸이 어디로 움직이는가를 말한다.

㉠ 개념이해: 공간에는 개인 공간과 일반 공간이 있으며, 앞, 뒤, 좌, 우 등의 방향, 높낮이, 움직이는 길의 형태 등에 따라 다양하게 움직일 수 있다.
움직임의 높이나 방향을 다르게 하거나 이동하는 길을 다양하게 변화시키면서 다양한 주제 표현을 할 수 있다.

ⓐ 방향 08 기출

• 같은 움직임을 앞, 옆, 뒤 방향으로 해 보고 움직임이 주는 느낌 또는 연상되는 낱말을 말해 보자.
  ◦ 앞 – 미래, 공격, 도전, 돌진, 힘차다, 자신감 등
  ◦ 옆 – 변화, 외면, 샛길로 빠지다, 결정을 못하다, 불안 등
  ◦ 뒤 – 과거, 도망, 움직임, 무관심, 이별 등

ⓑ 높이(수준) 08 기출

- 높고 낮은 움직임을 해 본 후 움직임이 주는 느낌 또는 연상되는 낱말을 말해 보자.
  - 높게 - 희망, 발전, 열정, 들뜸, 승리, 기도 등
  - 낮게 - 겸손, 안정감, 복종, 평화로움, 안전 등

ⓒ 길(경로)

- 직선과 곡선의 경로로 움직여 보고 움직임이 주는 느낌 또는 연상되는 낱말을 말해보자.
  - 직선 - 고속 국도, 자신감, 빠르다, 바쁨, 도시 등
  - 곡선 - 오솔길, 부드러움, 여유, 즐기다, 시골 등

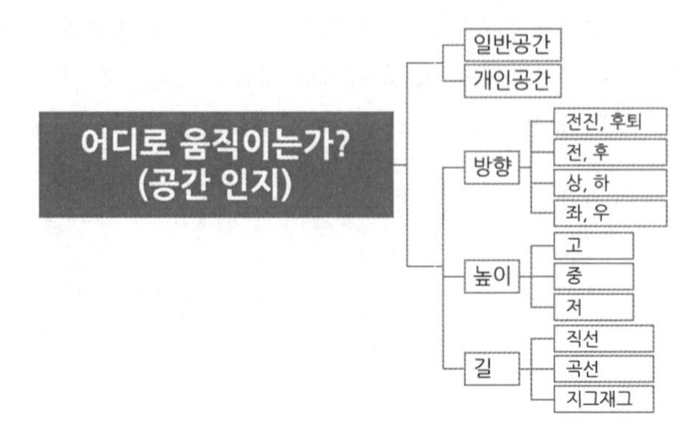

③ 힘(노력): 어떻게 움직이는가에 대한 인식을 말한다.

㉠ 개념이해: 깃털이나 수증기는 가볍고, 바위나 곰은 무거운 것처럼 움직임도 무게, 시간, 공간, 흐름 등에 따라 여러 가지 주제표현을 할 수 있다.
힘에는 무겁거나 가벼운 움직임, 빠르거나 느린 움직임, 갑작스럽거나 지속적인 움직임 등이 있다.

ⓐ 무게

- 강한 움직임의 표현 예 곰, 사냥하는 호랑이, 폭풍우, 화산 분출, 우주선 발사, 무거운 물체의 이동 등
- 약한 움직임의 표현 예 나비, 산들바람, 이슬비, 아기의 움직임, 우울함, 바람에 날리는 꽃잎, 나뭇잎 배 등

ⓑ 시간

- 느린(완) 움직임의 표현 예 달팽이, 거북, 고속 촬영 장면, 강의 하류, 교통 체증, 꽃이 핌, 우주 유영 등
- 빠른(급) 움직임의 표현 예 혜성, 치타의 사냥, 우주선, 자전거 타고 달리기, 100m 달리기, 급류, 경주 등

ⓒ 공간 08 기출

- 직선
- 곡선

ⓓ 흐름 08 기출 12 논술

- 갑작스러움 움직임의 표현 예 급정거, 자전거 사고, 번개, 팝콘, 강의 상류, 무궁화 꽃이 피었습니다, 장애물 경주 등
- 자연스러운 움직임의 표현 예 시냇물의 흐름, 정상적인 교통 흐름, 태양과 행성의 운동, 비행기의 비행, 날아가는 새, 헤엄치는 돌고래 등

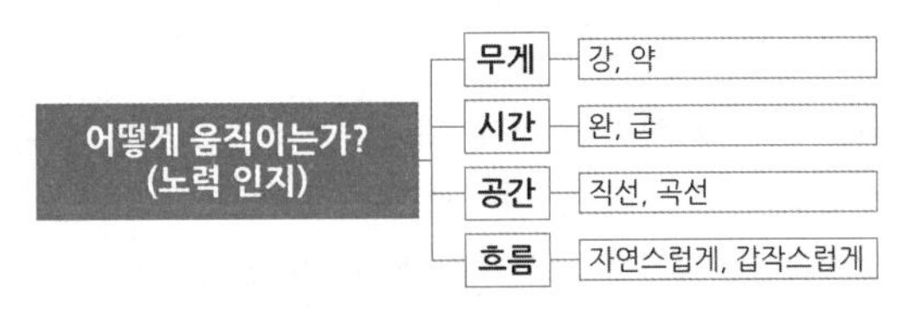

④ 관계: 어떤 관계가 있는가에 대한 인식을 말한다.

㉠ 개념이해: 관계는 둘 또는 더 많은 사람들이나 일들과의 연결이며 신체의 부분과 또 다른 것과의 관계, 집단과의 관계 다른 소재 또는 소도구와의 관계 등에 따라 다양하게 움직일 수 있다.
여러 사람들이 어울려 한 가지 주제를 표현하거나 우산, 고무줄, 훌라후프 등의 물체를 가지고 여러 가지 주제 표현을 할 수 있다.

ⓐ 물체와의 관계(기구 및 용구) 08 기출

- 물체를 직접적으로 이용하는 움직임 - 줄을 잡고 돌리거나 몸에 휘감기, 스카프를 들고 흔들기, 상자 위에 올라서거나 앉기, 공 던지고 받기, 모자로 신체의 여러 부위 가리기 등
- 물체를 간접적으로 이용하는 움직임 - 줄을 매놓고 위로 넘어가기, 스카프 걸어 놓고 아래로 지나가기, 상자를 점프해서 넘기, 구르는 공 따라가기, 우산을 펴 놓고 뒤에 숨기, 모자를 높이 걸어 놓고 점프하기 등

ⓑ 사람과의 관계(개인 및 그룹) 08 기출 12 논술

어떤 움직임을 혼자 해보고, 여럿이 함께 해보자. 느낌이 어떻게 다른지 발표해보자.

- 인원수 - 1명, 2명 … 15명, 점점 늘어나기, 점점 줄어들기, 세로로 서서 움직이기, 가로로 서서 움직이기
- 움직임 간의 관계
  - 협조적인 관계 - 같은 움직임 동시에 하기, 앞사람이 움직인 방법대로 차례대로 따라하기
  - 경쟁적인 관계 - 서로 반대 느낌의 움직임 동시에 하기, 앞사람이 움직인 방법과 반대 느낌으로 차례대로 움직이기

ⓒ 다른 신체 부분과의 관계

서로 다른 신체 부분을 어떻게 움직일 것인지 생각해 움직여 보자.

- 서로 비슷한 신체 부위 맞대기 - 손바닥끼리 대기, 발바닥끼리 대기, 무릎끼리 대기 등
- 서로 비슷한 신체 부위 멀리 하기 - 양손을 멀리 멀어지게 하기, 양발을 서로 멀리 두기, 양 무릎 서로 멀리 두기 등
- 서로 다른 신체 부위 대기 - 손과 발 대기, 팔꿈치와 무릎 대기, 손바닥을 볼에 대기, 손바닥을 머리 위에 얹기 등

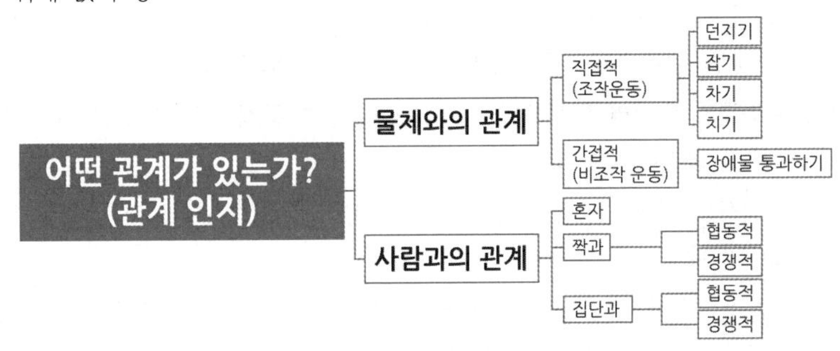

(5) 교사의 역할

① 교사는 움직임의 구조와 과학적 원리에 대해 잘 알고 있어야 한다.

㉠ 교사는 본인 스스로가 움직임을 분석할 수 있어야 하며, 학생들로 하여금 체육학적 개념과 원리를 사용하여 움직임을 분석할 수 있도록 가르쳐야 한다.

㉡ 따라서 교사는 학생들이 배우고 있는 운동 기능의 가장 중요한 요소가 무엇인지를 깨닫도록 하며, 학생들이 각자의 운동 수행이 어떠했는지를 스스로 분석할 수 있도록 도와준다.

② 교사는 학생들이 움직임 개념을 다양한 상황에 적용할 수 있는 능력을 기르도록 교육과정을 구성해야 한다.

㉠ 이를 위해 스포츠, 무용, 게임 활동에 움직임 개념과 과학적 원리들을 포함시킨다.

㉡ 각 단원을 가르치면서 교사는 동작의 수행을 도와주는 주요 개념들에 대하여 강조하고, 각 활동을 수행할 때 가장 중요한 개념들을 지적해 주어야 한다.

㉢ 그것은 학생들이 많은 경우에 있어서 어떤 개념에 대해 이해를 못하면 효과적으로 운동을 수행할 수 없기 때문이다.

③ 교사는 학생들이 배운 내용을 다른 교과영역에도 연결시켜 이해할 수 있도록 도와야 한다.

㉠ 교사는 운동관련 학습문제를 다른 교과영역으로 연계하고 확장시키는 것에 초점을 맞춘다.

㉡ 예를 들어, 중학교 1학년 체육수업에서 공의 반사와 방향에 관련된 개념을 가르치려 한다면 과학시간에 연결시켜서 공회전과 방향의 어떤 형태를 태양계 내 행성들의 자전과 공전운동과 비교한다. 체육교사와 과학교사는 서로 사전에 협력하여 동일한 용어와 표현을 사용하도록 한다. 과학교사는 태양계와 관련하여 개념들을 설명하고 학생들에게 공전과 자전의 다른 예들을 들어 질문한다. 체육교사는 여러 체육 종목들에서 공에 주는 회전이 그 방향과 회전에 어떤 영향을 미치는가를 설명한다.

④ 교사는 학생들이 현재 가지고 있는 신체적, 지적, 정서적 발달 단계에 적합한 형태로 개념적 지식과 활용과제를 제시해야 한다.

㉠ 이 모형을 활용하는 교사들은 학생들이 성인과는 다른 발달 수준에 있음을 알기 때문에 여러 가지 수준의 학습 과제를 제시해서 학생들이 자신의 수준에 맞는 연습을 할 수 있도록 한다.

㉡ 학생들은 자신의 수준이 어느 정도인지를 스스로 분석하여 자신에게 가장 적합한 단계를 찾아낼 수 있도록 한다.

㉢ 그러나 교사는 학생이 다음 단계에 도전할 수 있도록 해야 하는데, 학습 과제는 단순한 것으로부터 복잡한 것으로 단계적으로 순서있게 구성되어야 한다.

(6) 모형의 비평

① 해박하고 능숙한 수행자(knowledgable and skillful movers)를 지향하면서 학생들이 움직임 구조에 대해 배우고 이 배움으로 인해 운동기능의 향상도 도모한다.

② 체육 수업뿐만 아니라 일상생활에서 움직임 관련 문제들을 해결하는 데 이 움직임 지식을 활용할 수 있는 능력을 함양하게 된다.

③ 이 모형에서는 개념 활용을 매우 강조하는데, 그것은 개념이 교과 내용 간에 자연스러운 연계를 가능하게 해주기 때문이다.

④ 체육과 교육과정이 '개념'을 기초로 하여 개발되면 한 단원에 속한 주요 개념들이 다음의 단원에서 배우는 새로운 내용을 개발하는 토대를 제공해 준다.

⑤ 단원은 한 학년 내에서 수평적으로 구성될 수 있으며, 여러 학년에 걸쳐 수직적으로 구성될 수도 있다.

⑥ 이 모형은 초등학교부터 고등학교까지 12년간 지속되는 체육 프로그램을 구성하는데 활용될 수 있다.

⑦ 이 특징은 개념중심의 다른 교육과정 모형(예 체력 교육 모형)과 유사하나 각 내용 간의 연계에 대한 언급 없이 배구, 야구, 소프트볼 등을 가르치는 종합 상자형 모형(multi-activity model)과는 매우 다르다.

(7) 단점(비판)

① 움직임 분석 모형이 움직임을 지나치게 인지적 활동으로 만들 가능성이 있다. 현재 일반적으로 체육 수업 시간에 운동 기능과 개념적 지식을 동시에 배울 수 있는 시간이 충분하지 않다고 지적하면서, 학생의 수업 시간은 운동 활동을 하는 것에 할애되어야 한다고 보는 시각이다.

② 초등학교 체육과 교육과정에서 너무 편협하게 움직임에만 초점을 맞추고 있다. 이들은 체력 증진이 모든 학교급에서 중심이 되는 목표이기 때문에 체력 증진을 추구하지 않는 프로그램은 부적절하다고 인식한다. 따라서 이 모형을 활용하여 왔던 초등학교 프로그램들 중에는 이 비판을 수용하여 교육 게임, 교육 체조 및 교육 게임과 함께 심폐 지구력, 근력 등의 체력 요소들을 포함시켜 가르치고 있는 곳도 생겨나고 있다.

(8) 종합 상자형 모형과의 비교

① 체육교육을 위한 기본 지식으로 체육학의 지식체계를 강조한다.

② 학생들은 자신의 공부에 대한 책임을 스스로 지도록 격려 받으며, 체육 수업시간에 배운 개념적 지식들을 일상생활에 적용하도록 북돋움을 받는다.

③ 체육수업을 다른 교과영역과 연결시키는 것은 학생들로 하여금 학교교과들 간에 공통적으로 가르쳐지는 개념들 간에 연계를 찾도록 도와준다.

④ 교육과정이 개념을 기초로 하여 개발되면, 한 단원에 속한 중요 개념들이 다음의 단원들에서 배우는 새로운 내용을 개발하는 토대를 제공해 준다.

⑤ 이 모형은 매우 독특한 성격을 띠고는 있지만, 개념을 강조하는 다른 교육과정 접근법들과 유사한 성격을 많이 갖고 있다.

⑥ 체력모형에서처럼 이 모형은 체육학적 기초 개념들을 바탕으로 하고 있고, 여러 단원과 학년에 걸치도록 내용을 구성할 수 있다.

⑦ 종합 상자형 모형에서는 각 내용들 간의 연계에 대한 언급없이 배구, 야구, 소프트볼 등을 가르치는데, 개념이 강조되는 모형에서는 각 종목들 간의 연계성이 중요한 내용이 된다.

28 | 2003학년도

체육 교육과정모형 중 움직임분석모형(움직임교육모형)과 체력교육모형(체력모형)의 공통적인 가치정향(사조)을 쓰고, 교육목표영역에 기초하여 각 모형의 단점을 비교하시오.

① 가치정향(1점): ______________________

② 각 모형의 단점(2점): ______________________

[정답] ① 공통적으로 내용숙달 가치정향에 근거한다.

② 교육목표의 세 영역 중 움직임 분석모형은 정의적 영역, 체력교육 모형은 인지적 영역과 정의적 영역이 결여되어 있어 전인을 달성하지 못한다.

29 | 2006학년도

다음은 김 교사와 박 교사가 각각 실행하고 있는 체육 교육과정 사조(가치 정향)를 나타낸다.

구 분	체육 교육과정 사조(가치 정향)
김 교사	• 나는 학생들에게 운동역학, 운동생리학의 이론을 학년별 수준에 맞게 가르친다. • 나는 학생들에게 운동 기술이나 체력 운동의 효율적인 수행을 강조한다.
박 교사	• 나는 학생들에게 동료 학생의 움직임을 관찰하고 피드백을 제공하도록 가르친다. • 나는 학생들에게 자신의 잘못된 동작을 스스로 수정할 수 있는 방법을 가르친다.

김 교사와 박 교사가 실행하고 있는 체육 교육과정 사조(가치 정향)를 쓰고, 두 교사의 사조를 모두 반영하는 체육 교육과정 모형의 명칭과 교사의 역할을 2가지만 쓰시오.

- 김 교사의 교육과정 사조: ______________________
- 박 교사의 교육과정 사조: ______________________
- 체육 교육과정 모형의 명칭과 교사의 역할: ______________________

[정답] • 김 교사의 교육과정 사조: 내용숙달 중심사조

• 박 교사의 교육과정 사조: 학습과정 중심사조

• 체육 교육과정 모형의 명칭: 움직임 분석모형

• 교사의 역할: 개념적 지식을 전달, 지식활용을 돕는 과제를 개발, 타교과 영역과 연계, 발달단계에 적절한 학습과제 준비가 있다.

30 | 2007학년도 미임용자

라반(Laban)은 움직임 분석(movement analysis) 수업모형의 토대를 제공했다. 그의 '인간 움직임 분석 개념틀'을 구성하는 4가지 요소를 쓰시오.

① ____________ ② ____________ ③ ____________ ④ ____________

[정답] ① 신체, ② 노력, ③ 공간, ④ 관계

31 | 2008학년도

최 교사는 라반(Laban)의 개념틀을 활용하여 다음과 같이 농구 단원을 설계하고자 한다.

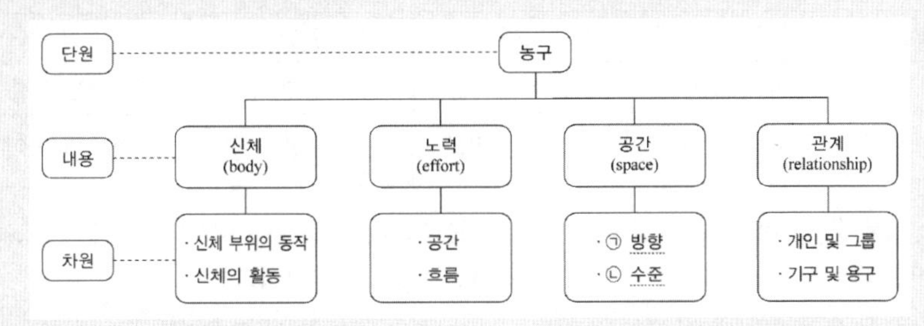

최 교사가 이 단원에서 활용하고자 하는 체육 교육과정의 모형 및 가치 정향을 각각 쓰고, 농구의 드리블을 소재로 ㉠ 방향(direction)과 ㉡ 수준(level) 차원의 개념이 적용된 학습 목표를 각각 1가지씩 쓰시오.

[정답] • 체육 교육과정의 모형은 움직임 분석모형(움직임 교육 모형)이다.
• 체육 교육과정의 가치 정향은 교과내용숙달 중심사조, 학습과정 중심사조이다.
• ㉠ 방향 차원의 목표: 앞, 뒤, 좌, 우 방향의 드리블을 이해하고 경기상황에서 적용할 수 있다.
• ㉡ 수준 차원의 목표: 높은 자세 드리블로 페인팅을 한 후 낮은 자세의 드리블을 통해 레이업 슛을 연결할 수 있다.

3. 다음은 표현 활동의 구체적인 지도 방안과 관련된 중학교 체육교사의 대화 내용이다.

〈생 략〉

신 교사: 자료를 찾아보다가 어떤 교육과정 모형을 발견했는데, 그 모형의 개념틀이 동작을 분석적으로 이해하고 응용하도록 하는 데 도움이 되더라고요. 거기에서 수업 아이디어를 얻었죠. 그 개념틀의 요소와 차원들을 활용해서 학생들에게 시범적으로 줄넘기 동작을 몇 가지 변형해 보여 주었더니, 학생들이 쉽게 줄넘기 동작의 변형 방법을 배우던데요.

유 교사: 아! 그래요? 그런데 개념틀이 꽤 복잡해 보이는데, 학생들이 어려워하지 않던가요?

신 교사: 물론 어려워하더군요. 그래서 개념틀의 세부적인 차원들을 모두 적용하지 못하고 원래의 개념틀을 약간 수정해서 제가 보여 드리는 〈표 1〉처럼 학생들이 이해하기 쉽게 재구성해서 적용했습니다.

〈표 1〉 신 교사가 활용한 개념틀(줄넘기 동작 창안의 근거)

요소	신체	노력	공간	관계
차원	신체의 모양	흐름	방향	개인 및 그룹

유 교사: 훌륭하시네요! 정말 많은 도움이 되었어요. 저도 당장 그 모형을 찾아보고 적용해 봐야 겠습니다.

신 교사가 줄넘기 표현 활동 수업에 적용했던 모형의 명칭을 쓰고, 〈표 1〉에 제시되어 있는 각 '요소'별로 1가지씩 줄넘기 동작을 창안하되, 각 동작이 '차원'과 어떻게 관련이 있는지 설명하시오.

[정답] • 신 교사는 움직임 분석모형(움직임 교육 모형)을 적용하고 있다.
• 여러 가지 동물이 점프하는 모습을 흉내 내어 줄을 넘도록 한다. '신체의 모양' 차원에서 동물의 모습을 신체로 흉내 내도록 한 것이다.
• 규칙적인 리듬의 음악소리에 맞춰 자연스럽게 넘다가 음악소리가 끝나면 갑작스럽게 멈추도록 한다. '흐름' 차원에서 자연스럽거나 갑작스러운 변화와 관련시킨다.
• 한 줄에 10명씩 줄지어 서서 앞사람이 줄넘기하는 동작을 차례대로 따라하는 동작을 하거나 짝을 지어서 서로 반대되는 느낌의 동작을 한다. '개인 및 그룹' 차원에서 그룹이 협조적인 동작을 하거나 짝과 경쟁적인 동작을 하도록 한 것이다.
• 앞으로 3보 전진하며 줄넘기 동작을 한다. '방향' 차원에서 움직임의 높이나 방향을 다르게 하도록 한 것이다.

33 | 2022학년도

6. 다음은 두 교사의 대화 내용이다. 〈작성 방법〉에 따라 순서대로 서술하시오. [4점]

> [2021년 9월 ㅇㅇ일 대화내용]
>
> 김 교사: 코로나19로 인해 학생들의 신체 활동 참여 시간이 눈에 띄게 줄어든 것 같아요. 그동안 저는 수행 지식의 습득에 집중해 수업을 진행했는데, '무엇'에 해당하는 것만으로는 적용 능력을 키울 수 없는 것 같아요. ㉠'무엇'뿐만 아니라 '어떻게'와 관련된 능력도 함께 길러줘야 할 것 같아요. 그리고 수업에서는 학생들이 다양한 상황에서 문제를 탐색하고 합리적으로 해결해 볼 수 있는 기회를 제공하고 싶어요.
>
> 정 교사: 코로나19로 인간의 이동이 제한되면서 자연 환경이 더 좋아졌다는 기사들을 보며, 인간도 세계의 한 구성원이라는 것을 느꼈어요. 이러한 내용을 수업과 연결해 보면, ㉡교과·사회·학습자의 요구를 조화롭게 반영해, 교과 내용의 지식 체계, 학습자의 요구와 흥미, 사회적 요구를 균형 있게 고려하는 수업을 개발할 필요가 있어요. 또한, 수업에서 배운 지식이 미래에도 관련되도록 가르치려고 해요.
>
> 김 교사: 저의 가치 정향은 어떤 체육 교육과정 개발 모형과 연결할 수 있을까요?
>
> 정 교사: 움직임 분석 모형이 가능할 것 같아요. 움직임 분석 모형은 라반(R. Laban)의 움직임 개념틀에 따라 '내몸이 무엇을 하고 있는가?', '내몸이 어떻게 움직이고 있는가?', ㉢'내몸이 어디로 움직이는가?', '어떠한 관계가 벌어지는가?'의 4가지 질문을 바탕으로 삼고 있어요.

〈작성 방법〉

- 밑줄 친 ㉠, ㉡에 해당하는 가치 정향의 명칭을 주잇과 베인 (A. Jewett & L. Bain)의 주장에 근거하여 순서대로 쓸 것.
- 밑줄 친 ㉢에 해당하는 움직임 요소를 쓸 것.

[정답] ㉠ 학습과정(중심사조) [1점] ㉡ 생태통합(또는 생태학적 통합 중심 사조) [1점] ㉢ 공간 [1점]

5. 학문중심 모형(중등)(스포츠교육학 총론, 김대진) 98 기출

5-1. 기본 개념

(1) 학문중심 모형은 로슨(Lawson)과 플라첵(Placek), (1981)이 저술한 「중등학교 체육: 교육과정의 대안」(Physical Education in the Secondary Schools: Curriculum Alternatives)에 예시되어 있다. 그들은 체육교육의 교과내용을 **"체육의 학문적 토대로부터의 운동수행 지식과 스포츠, 운동, 무용, 게임 등에 있어서의 경험과 수행기술을 하나로 결합하는 것"**이라고 정의한다.

(2) Lawson과 Placek은 체육교육을 받은 사람이란 운동수행의 방법과 운동수행의 의미를 아는 사람이면서 자율적인 운동학습 능력을 습득한 사람이라고 주장한다. 이처럼 자기주도적 학습 또는 **문제해결방법을 강조**하는 측면에서 그들은 자신들의 모형을 일종의 과정중심 교육과정 모형이라고 부르기도 한다. 이러한 과정중심 교육과정 모형에서 학습은 즐겁고도 내재적인 가치를 지닌 것뿐만 아니라, 학생들이 과거의 경험을 토대로 새로운 인식과 개념을 형성할 수 있도록 해준다. 그러므로 학문중심 모형은 이와 같은 학습목표의 입장에서 교과내용의 기본구조에서 학생중심 학습법을 채택하도록 권장한다.

(3) 개념틀

① 중등학교 수준에서는 광범위한 내용으로 다루어질 수 있다.

② '체육의 기초 개념'(basic stuff) 시리즈는 체육 수업을 설계하는데 있어 운동 역학, 운동 학습, 인문학, 사회 심리학 등의 과학적 원리 등을 활용하도록 한다.

③ 개념틀의 두 번째 관심 사항은 움직임 관련 문제 또는 과제를 해결하는 데 있어 이론적 지식의 적용이다.

5-2. 개념틀과 교육과정의 설계

(1) 학문중심 교육과정 개념틀은 문제해결 과정의 요소와 교과내용의 구조에 대한 설명체계라 할 수 있다. Lawson과 Placek은 학문중심 모형의 내용 구조를 구체적으로 설명하고 있지는 못하지만, 주제별 교수단원으로 아래와 같은 프로그램을 구성하고 있다.

◇ 운동과 체력 ◇ 영양, 운동 및 심폐기관의 질병 ◇ 생체역학 ◇ 놀이, 게임 및 스포츠
◇ 심신의 통일과 미학 ◇ 운동학습

(2) 학생들은 이러한 학습 주제의 문제를 해결하는 과정에서 기존의 지식을 활용하고 새로운 지식을 습득하며 이들 지식을 자신의 운동수행에 적용할 수 있게 된다.

5-3. 평가

(1) 학문중심 모형을 적용하기 위해서는 교사가 운동수행기능을 완벽하게 수달해야 하고 운동의 과학적 기초에 통달하여야 하며, 그러한 과학적 지식을 학생들에게 적절히 가르칠 수 있는 능력을 갖추어야 한다. 또한 문제해결 방법을 실시하는 과정이나 실험실에서는 교사와 학생 양자의 역할 및 행동의 변화가 요구된다.

(2) 비평가들은 이 모형에 대해 움직임교육 모형에서와 동일한 문제점을 지적한다. 특히 실험 처치를 포함하는 개념 단원을 도입함으로써 스포츠 활동과 놀이의 중요성을 외면하고 **체육을 관념화하게 된다는 비판**이 있다(Siedentop, 1986).

(3) 그러나 이 모형의 옹호자들은 운동지식과 운동수행기능은 프로그램을 통해 통합시킬 수 있다고 주장한다.

34 | 1998학년도

수업은 상황에 따라 특정 교육 과정 모형에 바탕을 두고 이루어진다. 체육 수업에서 '학문 중심 교육 과정 모형(kinesiological studies model)'에 의해 설계·운영될 때 그 모형의 기본 개념과 장·단점을 간단히 진술하시오.

(1) 학문 중심 교육 과정 모형의 개념 ______

(2) 본 모형의 장·단점 (각 하나씩) ______

[정답] (1) 체육교육의 교과내용을 "체육의 학문적 토대로부터의 운동수행 지식과 스포츠, 운동, 무용, 게임 등에 있어서의 경험과 수행기술을 하나로 결합하는 것"이라고 정의하며 자기주도적 학습 또는 문제해결방법을 강조하는 측면에서 로슨과 플라첵은 자신들의 모형을 일종의 과정중심 교육과정 모형이라고 하였다.

(2) 장점: 학생들의 문제해결방법을 배울 수 있다.
단점: 스포츠 활동과 놀이의 중요성을 외면하고 체육을 관념화하게 된다는 비판이 있다(Siedentop, 1986).

6. 스포츠 교육 모형(The sport education model) 99 기출 공청회 11 기출

(1) 개요

① 교과 내용 숙달 사조를 기반으로 지식의 구조(body of knowledge)에 의해 설계된 모형이다.

② 학교 현장의 체육 수업이 스포츠 기능 습득중심으로 운영되어 학생들이 실제 경기를 통한 즐거움의 기회를 갖고 있지 못하고, 흥미를 느끼지 못한 채 수업에 참여하고 있다는 비판에서 시작되었다.

③ 또한 간혹 체육 수업에서 경기가 이루어지더라도 학생들의 수준을 무시한 채 성인 위주의 규칙으로 진행되는 경기는 모든 학생들이 경기에 참여할 수 없게 되는 결과를 낳고 있다.

④ 이와 같은 한계를 보완하고자 스포츠 교육 모형이 소개되었고, 지금은 전 세계에서 가장 많이 활용되고 있는 교육과정 모형 중의 하나가 되었다.

(2) 목적

① 학생을 가장 완벽한 의미에서의 '스포츠인'으로 만드는 것을 목적으로 한다. 이를 위하여 학생이 운동기능이 뛰어나고, 운동에 관해서 많은 것을 알며, 운동에 대한 사랑과 열정을 지닌 스포츠인으로 성장하도록 돕는다.

㉠ 유능한(운동기능이 뛰어난) 스포츠인(a competent sportsperson): 스포츠 경기를 만족스럽게 수행할 만큼의 충분한 운동 능력을 갖추고 있으며, 특정 경기 상황에서 어떤 전술이 적절한지를 이해하고 실제로 발휘할 수 있으며 경기 운영에 관해서 많은 것을 알고 있는 사람이다.

㉡ 박식한(운동에 관해 많이 알고 있는) 스포츠인(a literate sportsperson): 스포츠의 전통, 의례, 규칙 등을 이해하고 그것들의 가치를 중요하게 여기며, 바람직한 스포츠 행동과 그렇지 않은 스포츠 행동을 구별할 줄 아는 사람이다. 박식한 스포츠인은 스포츠팬이건 또는 관람자이건 운동 능력을 갖춤과 동시에 분별력 있는 소비자이기도 하다.

㉢ 열정적인(운동에 대한 사랑과 열정을 지닌) 스포츠인(a enthusiastic sportsperson): 스포츠 문화가 보존되고 보다 발전할 수 있도록 스포츠에 참여하고 실천하는 사람이다. 열정적인 스포츠인은 스포츠문화의 한 구성원으로써 지역 사회, 국내·외 등의 경기에 직접 참여하며 뿐만 아니라 발전할 수 있도록 많은 노력을 기울인다.

② 스포츠 교육 목적을 추구하기 위하여 활용되는 6가지 특징 99 기출

스포츠시즌 (seasons)	스포츠 교육 모형의 실행 단위는 시즌으로, 일반적인 단원보다 긴 것이 특징이다. 이 시즌 동안 연습과 경기가 이루어지며, 시즌의 마지막 장식은 결승전으로 끝난다. 일반적으로 보통 학기당 1~2시즌 운영이 가능하다. 시즌의 길이는 내용, 학교 환경, 교사와 학생의 경험에 따라 조정될 수 있다. 학기제인 우리나라는 14~20차시의 시즌 운영이 적당하다.
팀 소속 (affiliation)	모든 학생은 시즌 동안 팀에 모둠원이 된다. 시즌에 걸쳐 동료 관계를 끝까지 유지하면서 팀원과 협력하며 토의를 통해 문제를 해결한다. 또한 다른 사람을 이해하는 대인 관계 능력뿐만 아니라 작은 사회를 경험하여 그 안에 자신의 정체성을 확립하고 능동적인 학습자로 활동하게 된다.
공식 경기 (formal competition)	스포츠 시즌은 연습 경기를 포함하여 시즌 동안 각 팀이 어떤 상대와 시합하게 될 것인가를 미리 알고 준비할 수 있도록 공식 경기 대진표에 따라 운영된다. 경기 방식은 라운드 로빈 토너먼트, 리그전 등 다양하게 이루어질 수 있다. 경기 대진표는 각 팀이 준비할 수 있도록 시즌이 시작되면서 결정된다. 연습 경기는 사전에 실제 경기를 준비한다는 차원에서 의미가 있다. 팀별로 시합이 이루어지고 있는 중간 중간에 시합이 없는 팀들은 연습 경기를 실시하여 다음 상대팀을 공략한 전술과 전략을 준비하게 된다.
결승 행사 (culminating event)	스포츠 시즌에서 최고의 기량을 갖춘 개인 또는 팀을 가리는 일은 스포츠의 본질이라고 볼 수 있다. 그렇기 때문에 미국의 NCAA 농구 결승전, 슈퍼볼, 월드 시리즈 등은 국가적 행사로 인식되고 있다. 스포츠 교육 모형에서도 규모는 작을 수 있지만 결승전 행사는 해당 학급 또는 전체 학교의 흥미진진한 관심을 받기에 충분하다. 결승 행사는 각 팀과 선수들에게 시즌이 끝날 때까지 최선을 다해 임무를 수행할 수 있는 동기 유발이 된다. 결승전 행사의 형식은 다양하며, 모든 학생들과 팀의 성공을 축하하면서 축제의 장으로 모두가 함께 즐길 수 있는 계기를 마련할 수 있다.
기록 보존 (keeping records)	모든 교사의 안내와 지원 아래 활동에서 수행한 다양한 기록(배팅 타율, 득점수, 도루, 어시스트 비율, 아웃, 시간, 거리 등)을 작성하고 유지한다. 이 기록은 개인 및 팀의 장단점 파악, 교수학습의 역할별 반성과 수행 평가 자료로 활용될 수 있다. 뿐만 아니라, 운동기능의 숙달 정도, 전략의 이해와 활용, 체력의 향상 등과 관련된 피드백을 교사와 학생에게 제공해주며 실제 스포츠 대회 문화를 경험하게 해 준다.
축제화 (festivity)	스포츠의 축제적 특성은 올림픽 경기나 월드컵 등을 통하여 볼 수 있다. 이 축제적 특성은 참여자에게 더욱 큰 의미를 부여하고 중요한 사회적 요소를 경험한다는 의미를 지닌다. 이런 의미에서 이 모형은 모든 학생이 동등하게 참여하여 시즌의 마지막 행사를 축하하며, 시즌을 통해 성취한 다양한 역할과 책임을 공유하는 축제 행사로 만든다. 축제의 장은 스포츠에 대한 깊이 있는 안목 형성은 물론 청소년 문화의 이해와 함께 시즌의 반성 기회도 제공한다.

(3) 개념틀

① 스포츠 교육 모형의 개념틀은 체육 교육에서의 스포츠 지식 요소로 구성된다. 학생들이 이해할 수 있도록 '스포츠에 관한 지식'(knowledge about sport)이 선정되고 조직된다.

② 따라서 이 모형은 지식 기반에 초점을 둔다는 점에서 내용 숙달 접근 방법과 일치한다. 즉 스포츠 교육 모형에서의 지식 구조는 스포츠에 대한 전통적인 이해를 의미한다.

③ 구체적으로 언급하면 학생들은 스포츠 기능을 습득하고, 규칙과 의례 등을 포함한 공식 스포츠의 구조를 이해할 수 있는 능력을 개발하는데 초점을 둔다.

④ 이 모형의 개념틀은 전통적인 체육 교육의 개념틀과 차이가 있는데 그것은 학습의 성취감을 달성하기 위해 지식이 단순화되고 변형될 수 있다는 점이 크게 다르다.

⑤ Siedentop 등이 제시한 모형으로 놀이 이론에 바탕을 두고 있다. 평생 스포츠(Sport for all) 개념을 강조하기 때문에 교육과정 개발자로 하여금 다양한 기능수준과 체력수준에 걸친 학생들 개개인에 적합한 단원과 수업 계획을 준비하고 실행하게 된다.

⑥ 스포츠 교육 프로그램은 학생의 심리적·신체적·인지적 수준에 발달 단계적으로 알맞은 프로그램을 마련한다.

㉠ 신체적 측면

ⓐ **각 종목을 잘하는 데 필요한 알맞은 수준의 체력을 증진시키는 것을 포함한다.**

ⓑ **학생은 토너먼트에 참가하기 위해 필요한 체력과 기능을 습득한다.**

ⓒ **규칙과 용기구는 학생들의 능력에 맞추어 변형시킨다.**

㉡ 인지적 측면

ⓐ **스포츠 대회를 계획하고 운영하는 능력의 향상을 포함한다.**

ⓑ **팀 결정, 대진표 및 시합계획 짜기, 기록 작성 등과 같은 활동을 포함한다.**

ⓒ **시합전략과 연습전략을 분석하고 마련하는 능력을 개발한다.**

ⓓ **학생들이 점차 나아짐에 따라, 지도력 배양을 위한 기술을 개발한다.**

ⓔ **심판 보기, 코치하기, 점수 매기기 등과 같이 스포츠 경기대회를 하기 위한 활동을 수행하도록 배운다.**

㉢ 심리사회적 측면

ⓐ **경기기능과 전술을 향상시키기 위해서 경쟁을 활용한다.**

ⓑ **각 종목에서 중요시하는 의례행사들이 무엇인가를 배운다.**

ⓒ **학생들이 팀워크와 페어플레이에 관한 올바른 판단을 강조한다.**

ⓓ **축제활동의 한 가지로 시합을 올바른 방식으로 하는 것을 배운다**

⑦ 스포츠 교육 모형에서 내용의 범위와 계열성을 고려할 때 단계적인 기술 발달 수준의 확정에 중점을 두어야 한다.

⑧ 각 스포츠 종목은 변형되어 새로운 형태로 조직될 수 있는데, 이전에 배운 스포츠 기술이 새로 배우는 스포츠 기술과 연계성을 맺을 수 있도록 계열성 있게 조직되어야 한다.

⑨ 완성된 형태의 게임을 배우기 이전에 학생의 발달 단계에 맞게 변형된 간이 게임이 활용된다.

⑩ 이전에 간이 게임을 배운 경험이 있는 학생들은 좀 더 복잡한 형태의 게임이나 완성된 형태의 게임을 시작할 수 있다.

⑪ 즉, 단순 과제에서 복잡한 과제들로 진도가 나아감에 따라 계열성 있는 학습 진도를 준비하는 것도 스포츠 교육 모형의 핵심적 특징이라고 볼 수 있다.

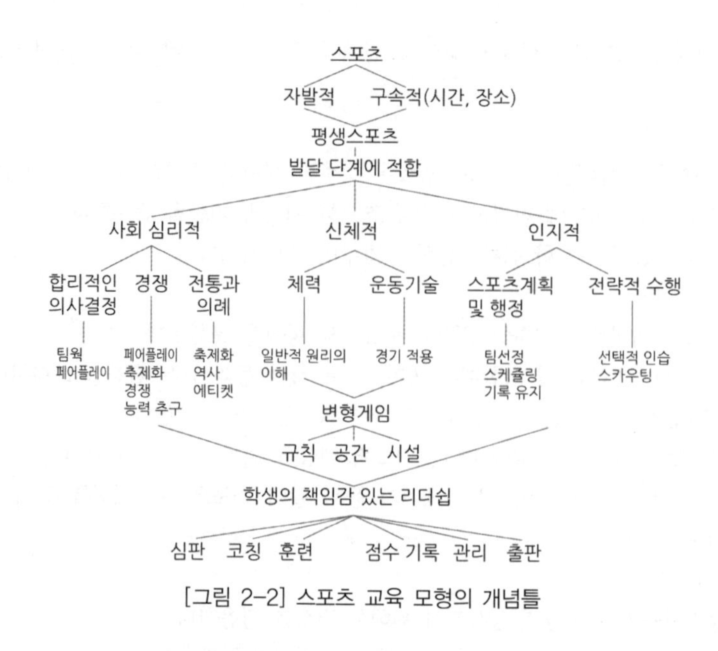

[그림 2-2] 스포츠 교육 모형의 개념틀

〈표 2-6〉 스포츠 교육의 시즌별 일정(Siedentop 등, 2004)

시즌	단체 스포츠	개인 스포츠
가을	미식 축구, 크로스컨트리	테니스, 양궁, 탁구
초겨울	배구, 축구	펜싱, 볼링, 배드민턴, 라켓볼
늦은 겨울	농구, 수영	펜싱, 볼링, 라켓볼, 사격
봄	야구, 소프트볼, 육상	배드민턴, 골프, 양궁

(4) 교사의 역할

① **스포츠 기술, 지식, 태도를 지도한다.**

㉠ 교사의 제일차적 책임은 학생들에게 스포츠에 관련된 기초 지식과 기능을 가르쳐야 하며, 운동기술과 전술을 어떻게 행하는 것인가에 대한 실기, 규칙, 매너 등에 대한 이해가 포함된다.

㉡ 교사는 학생들이 각 스포츠 종목을 배울 때 각종 의식 절차나 매너에 대해 배우거나 따라야 할 기회를 마련해야 한다. 동시에 학생들이 다른 팀의 학생들과 잘 어울려 지내고 연습 시 학생들이 연습을 제대로 할 수 있는 환경을 제공해야 한다.

② **발달 단계적으로 적합한 스포츠 활동을 제공한다.**

㉠ 학생들이 이 모형에서 추구하는 스포츠인이 되기 위해서는 반드시 필요한 기능이나 방법의 핵심 요소를 주의하여 배우도록 격려해야 한다.

㉡ 특히 교사는 학생들의 신체적·인지적·정의적 능력이 충분히 반영되도록 각 종목을 변형하고 수정하여야 한다.

㉢ 즉, 모든 학생들이 모두 성취감과 즐거움을 느낄 수 있도록 다양한 방식으로 스포츠 활동을 변형해야 한다.

35 | 1999학년도

체육 교육과정 모형 중 스포츠 교육모형은 스포츠가 인류문화의 핵심적인 한 부분이라는 점을 강조함으로써 체육의 가치를 정당화하고 있으며, 이 모형은 운동기능이 뛰어나고, 운동에 대한 사랑과 열정을 지닌 스포츠인으로 성장할 수 있도록 구성되어 있다.

1-1. 스포츠 교육모형의 6가지 특성을 열거하시오.

1-2. 스포츠 교육모형에서 제시하고 있는 교사의 역할을 열거하시오.

[정답] 1-1. 스포츠 시즌, 팀 소속, 공식 경기, 결승행사, 기록작성, 축제화
1-2. 스포츠에 관련된 기능 · 지식 · 태도의 지도, 발달단계적으로 적합한 활동의 제공

7. 개인 의미 추구 모형(The personal meaning model) 02 기출 06 기출 09 기출 11 기출 23 기출

(1) 개요

① 인간 각자의 개성을 근거로 한 자아실현 및 환경, 세계적 관심사 등에 가치를 갖는 통합적 가치정향인 **생태통합 중심 사조의 기저로 설계**되었다.

② 1960년대 초반 제안된 대부분의 체육 교육과정을 위한 개념틀은 움직임의 구성요소, 과학적 개념 또는 체력의 원리 등에 대한 분석을 토대로 만들어졌다.

③ 1966년 미국 체육교육 분과에서는 하나의 개념틀을 개발하여 통합적으로 사용하기로 하였고, 이것이 1977년 출판되어 체육 교육과정을 개발하기 위한 '개인의미 추구 모형'의 토대를 마련해 주었다.

④ 개인 의미 추구 모형의 이론적 토대는 주잇과 뮬란(Jewett & Mullan)이 체계화한 **개념틀 '목표-과정중심 교육과정 개념틀(Purpose-Process Curricurum Framework; PPCF)에 의해 잘 설명된다.**

(2) 목적

① 전인 발달, 사회적 책임감, 미래지향적 세계 시민의식을 목표로 한다. 개인의 전인적 발달을 추구하며 자기 주변의 타인과 지역주민을 위한 사회적 책임의식, 그리고 이보다 한 걸음 더 나아가 세계 시민의식을 갖도록 돕는다.

㉠ 전인 발달

ⓐ 개인 의미 추구 모형에서 추구하는 체육과 교육과정의 목표는 모든 사람이 신체 활동에 참가함으로써 '의미와 중요성'을 찾아야 한다는 것이다.

ⓑ '의미의 추구'는 신체 활동에 내재된 기쁨, 즐거움, 그리고 만족감 등의 감정을 찾거나, 신체 활동을 통하여 외재적 목적을 성취하는 것을 말하기도 한다.

ⓒ 학생들이 신체 활동에 의미있게 참여하도록 돕기 위해서는 학생을 '전인'(whole person)으로 취급하며 그에 따른 학습 활동을 마련해야 한다.

ⓓ 개인 의미 추구 모형에서 의도하는 개인 발달의 중요한 점은 자기 주도성과 자기 관리 기술의 발달이다.

ⓔ 학생은 타인들과 효과적으로 대인 관계를 맺기 위해 스스로를 조절할 수 있는 행동을 개발할 필요가 있다.

ⓕ 학생은 새롭고 도전적인 움직임 활동으로 자신의 학습을 유도하기 위해서는 움직임 과정 기술을 배울 필요가 있다.

㉡ 사회적 책임감

ⓐ 이 모형에서 추구하는 또 다른 목표는 사회적 책임감으로 학생을 전인으로 성장시키기 위해서는 사회성 기술을 배워 타인과 함께 잘 지내는 능력을 개발하도록 안내할 필요가 있다는 것이다.

ⓑ 하지만 사회적 책임감 개발 목표는 다른 내용도 포함한다.

ⓒ 학생은 특정한 사회 환경 속에서 점점 성숙하고 자라기 때문에 특정 사회 환경에 대한 이해를 높여야 하며, 사회적 환경을 개선하는 데 적극적으로 참여하는 방법을 배워야 한다.

㉢ 미래지향적 세계 시민 의식

ⓐ 우리 각자가 추구해야 하는 목표는 사람들끼리 서로 의존하며 서로 교류하는 세계사회 속에서 잘 살고, 이 세계 사회에 효과적으로 공헌하는 능력을 갖추어야 한다.

ⓑ 체육 교육은 다른 문화를 경험하고 국제 사회에 대한 이해를 넓히는데 있어서 스포츠 및 기타 움직임 활동이 어떤 역할을 할 수 있는가를 결정하는데 중요한 책임을 맡고 있다.

ⓒ 세계 평화를 성취하고 유지하는 데에도 중요한 역할을 할 수 있다. 현재로서는 이 같은 목적을 달성하기 위해 전진하는데 필요한 방법 지식이 제한되어 있지만, 미래지향적인 사회를 건설하고 미래를 창조하기 위한 능력을 개발하기 위한 방법들을 찾을 수 있도록 긍정적 태도를 함양해야 한다.

(3) 개념틀 23 기출

개인 의미 추구 모형의 개념틀은 신체 활동에 참여함으로써 얻을 수 있는 개인적 의미의 본질을 제시하고 있는 개념으로 연결되어 있다. 개인 의미 추구 모형의 개념틀은 '움직임 목표 개념 체계'와 '움직임 과정 범주 체계'로 구성되어 있다.

① 움직임 목표 영역

㉠ 개인의 목적을 달성하는데 있어 인간 움직임이 어떻게 가능한가를 논리적으로 분석하여 도출한 것으로서, 개인적 발달, 환경 극복, 사회적 상호작용이라는 3가지 교육목표로 이루어진다.

㉡ PPCF의 '목표 개념 체계' 영역에는 23개의 체육 목표가 제시되어 있고, 이들은 다시 생리적 효율성, 심리 건강, 공간 지각, 물체 조작, 의사 교환, 집단 간 상호작용, 그리고 문화적 참여인 7개 범주로 구분되어 있다.

㉢ 개인 의미 추구 모형에서 내용 구조는 '목표 차원'과 '과정 차원'으로부터 출발한다. 이 모형을 활용한 수업은 목표 영역 중에서 선정한 몇 개의 목표 개념을 중심으로 조직된다. 이것은 주제중심 단원 구성(예 유산소성 체력, 모험 스포츠, 문화적 다양성 등) 방식이나, 특정 목표(예 물체 투사, 팀워크, 움직임 감상 등)를 중심으로 스포츠나 무용 활동을 가르치는 방식으로 행해진다. 각 단원에 적합한 내용 선정은 PPCF 개념틀의 하위 요소를 분석함으로써 이루어진다.

② 과정영역

㉠ PPCF를 토대로 개발된 교육과정은 또한 학습 과정을 강조함으로써 개인적 의미를 추구한다. 프로그램 내용은 학생들에게 움직이는 방법을 학습하는 과정과, 학습하기 위해 움직이는 과정으로 안내할 수 있도록 계획된다.

㉡ PPCF의 과정 영역은 지각하기, 유형화하기, 적용하기, 세련화하기, 다양화하기, 즉흥화하기, 창작하기 등 사람이 운동을 배우는 과정과 방식을 기술하고 있다. 이 과정 요소들은 그 자체가 바로 학생들이 배워야 하는 내용들이다. 학생들은 이 과정들을 각각 경험해야 하는 것은 물론이고 목표를 성취하기 위해서 이 과정들을 어떻게 활용해야 하는지를 이해해야 한다. 이 과정 요소들은 학습 활동을 계획하고 계열화하는데도 기초가 된다. 교사는 목표를 선택하거나 학생의 수행을 평가하는 기준으로서 이 요소들을 사용할 수 있다.

〈표 2-7〉 움직임 목표 개념 체계

교육목표	주요개념 (7개 범주)	23가지 체육목표 또는 세부목표(개념요소)
1. **개인적 발달**: 23 기출 나는 자신의 잠재력을 실현하기 위해 움직인다.	생리적 효율성: 나는 신체 기능을 유지하고 개발시키기 위해 움직인다.	• 심폐 지구력 효율성: 나는 순환계 및 호흡계 기능을 발달시키고 유지하기 위해 움직인다. • 근신경 효율성: 나는 운동 능력을 발달시키고 유지하기 위해 움직인다. • 역학적 효율성: 나는 동작의 범위와 효율성을 발달시키고 유지하기 위해 움직인다.
	심리적 건강(안정성): 나는 자신의 완전한 통합을 위해 움직인다.	• 감정의 정화: 나는 긴장과 좌절을 해소하기 위해 움직인다. • 자기이해: 나는 자신에 대한 지식을 얻기 위해 움직인다. • 자아인식: 나는 자기 이미지와 자기 효능감을 높이기 위해 움직인다. • 도전: 나는 나의 용기와 대담성을 시험하기 위해 움직인다. • 움직임의 즐거움: 나는 움직임의 즐거움을 내부 또는 외부로부터 얻기 위해 움직인다.
2. **환경 극복**: 나는 자신의 주위 환경에 적응하고 통제하기 위해 움직인다.	공간 지각: 23 기출 나는 3차원 공간에서 자유롭게 이동하기 위해 움직인다.	• 인지: 나는 공간에서 신체에 대한 인식과 위치를 명확히 하기 위해 움직인다. • 이동: 나는 자신을 다양한 방식으로 이동하기 위해 움직인다. • 관계(관련성): 나는 주변 환경에서 물체 및 타인과 관련하여 신체 위치를 조정하기 위해 움직인다.
	물체조작: 나는 물체에 자극을 주거나 물체의 힘을 흡수하기 위해 움직인다.	• 중량조절(중앙 처리): 나는 중량을 받치거나 저항하거나 이동시키기 위해 움직인다. • 물체 수용: 나는 물체의 힘을 감소시키거나 저지함으로써 날아오는 다양한 물체를 수용하기 위해 움직인다. • 물체투사: 나는 물체에 힘과 방향을 주어 던지기 위해 움직인다.
3. **사회적 상호작용**: 나는 타인과 관련을 맺기 위해 움직인다.	의사소통: 나는 타인과 함께 감정이나 사상을 공유하기 위해 움직인다.	• 표현: 나는 타인에게 자신의 감정과 사상을 전달하기 위해 움직인다. • 모방(의태[4]): 나는 자신에게 유리한 전략적 상황을 만들기 위해 움직인다. • 명료화: 나는 타인과의 의사소통의 의미를 더욱 명료화하기 위해 움직인다.
	집단 간 상호작용: 나는 타인과 조화를 이루며 살아가기 위해 움직인다.	• 팀워크(협동심): 나는 집단의 공동 목표를 추구하는 데 협력하기 위해 움직인다. • 경쟁: 나는 타인과 경쟁하는데 있어 능력을 검증하기 위해 움직인다. • 리더십(지도성): 나는 공동 목표를 달성하기 위해 집단 구성원에게 동기 부여하거나 영향력을 행사하기 위해 움직인다.
	문화적 참여: 나는 사회의 중요한 부분을 구성하는 움직임 활동에 참가하기 위해 움직인다.	• 참여: 나는 사회의 움직임 활동에 참여할 수 있는 능력을 발달시키기 위해 움직인다. • 움직임의 감상: 나는 스포츠 및 움직임에 대한 지식을 갖추고 감상하며 표현하기 위해 움직인다. • 다문화 이해: 나는 문화적 다양성을 이해하고 존중하며 감상하기 위해 움직인다.

4) 의태(mimicry, 擬態): 동물이 몸을 보호하거나 쉽게 사냥하기 위해서, 주위의 물체나 다른 동물과 매우 비슷한 모양을 하고 있는 일을 말한다.

〈표 2-8〉 움직임 과정범주 체계

구분	개념의 정의	예시
기본움직임	효율적이고 특색 있는 운동양상의 개발을 촉진시키는 움직임 작용 또는 움직임 과정이다. 학습자가 자각하는 전형적인 움직임 탐구 작용이다.	
1. 지각화 /인지화	• 신체부위와의 관계를 인지하고 운동 중의 자아를 인지하는 과정이다. 이러한 인지는 몸의 위치와 운동행동으로 나타날 수 있다. • 즉, 인지는 몸의 균형과 팔 다리의 움직임을 운동자가 느끼는 감각적인 것일 수도 있다. • 또한 인지는 확인, 인식, 혹은 구별 등을 통해서 제시할 수 있다.	• 수영장에서 학생들은 수중에서 신체와 움직임에 영향을 주는 물의 효과에 대해 알 수 있다. • 테니스 공을 튀기고 받는 동안 학생들은 공의 크기와 그 공이 갖고 있는 독특성을 알 수 있다. • 학생들은 양팔을 펴고 소프트볼을 배팅할 때와 몸 가까이에서 배팅할 때의 차이를 설명할 수 있다.
2. 유형화	• 움직임 유형 또는 기능을 습득하기 위하여 연속적이고 조화로운 방법으로 신체부위를 조절하고 이용하는 과정이다. • 유형화의 과정은 이전에 경험한 움직임을 회상하거나 수행하는 것에 의존하고 있다.	• 학생들은 포핸드 스트록으로 테니스공을 칠 수 있다. • 학생들은 골대의 오른쪽에서 한 손으로 레이업 슛을 할 수 있다. • 학생들은 테니스 코트에서 규칙에 맞는 서비스를 할 수 있다.
응용움직임	숙달된 움직임을 조직, 세련, 실행화시키는 과정으로 특별한 움직임 과제를 수행하기위한 지각 운동 능력(Perceptual motor abilities)의 조직 활용이다.	
1. 적용화 /수정화	• 외부에서 부과한 과제를 수행하기 위하여 유형화된 움직임을 수정하는 과정이다. • 적응화 과정에는 주어진 조건에 적절하도록 특정한 움직임을 수정하는 과정이 수반된다.	• 학생은 무릎높이, 허리높이, 가슴높이로 오는 테니스공을 포핸드 드라이브로 칠 수 있다. • 학생은 여러 공차기 방법 중에서 인스텝킥을 할 수 있다. • 학생은 평균대 위를 걸으면서 막대를 넘을 수 있다.
2. 세련화 /숙련화	• 시간과 공간관계를 완전히 숙달함으로써, 운동유형 또는 운동기능의 수행을 유연하고 효율적으로 조절하는 과정이다. • 이 과정은 복잡한 조건에서 운동수행의 정확성을 달성하고 수행을 익숙하게 하는데 중점을 둔다.	• 학생은 팔과 다리를 이용하여 높이 점프할 수 있다. • 학생은 미식축구 할 때 공중에 떠 있는 공의 회전을 증가시키기 위해 발끝을 펴고 다리를 뻗어 공을 찰 수 있다. • 학생은 투수가 던진 소프트 공을 쳐서 운동장의 오른쪽, 왼쪽, 중앙방향으로 보낼 수 있다.
창조움직임	학습자가 개인적 목표 달성 움직임을 창조하는 과정을 포함하는 운동수행으로 발견, 통합, 추상, 이상화, 정서적 구상화 구성 등을 포함한다.	
1. 다양화 /변형화	• 개인적으로 독특한 운동수행 방법을 선택하여 구조화하는 과정이다. 이 선택은 특정 운동수행의 다양성에 의해 제한된다. • 즉, 선택은 운동수행이 돌발적인 상황에서 이루어질 때 나올 수 있고, 운동하는 사람이 주어진 운동수행을 전혀 예견하지 못할 때도 나타난다.	• 학생은 양손을 사용해서 두 방향으로 배구공을 보낼 수 있다. • 학생은 서로 다른 세 가지 방법으로 농구공을 짝에게 보낼 수 있다. • 학생은 그립을 다르게 하여 두 가지 형태의 테니스 서브를 할 수 있다.
2. 즉흥화 /응용화	• 개인적으로 새로운 운동이나 움직임 결합을 즉흥적으로 창조하려는 과정이다. • 이 과정은 수행자의 의식적인 계획이 항상 요구되는 것은 아니기 때문에 외부적으로 구조화된 상황에서도 동기유발 될 수 있다.	• 학생은 농구코트의 사이드라인을 밟기 전에 공을 코트 안으로 던질 수 있다. • 학생은 4:2 속공을 즉흥적으로 구상할 수 있다. • 학생은 평균대에서 균형을 잃을 경우 안전하게 내려올 수 있다.
3. 구성화 /창작화	• 학습한 움직임을 개인의 독특한 운동설계와 결합하거나 수행자에게 새로운 움직임 유형을 창조하는 과정이다. • 수행자는 움직임 상황을 개인적으로 해석하여 움직임을 새롭게 창조할 수 있다.	• 학생은 구르기와 균형 잡기를 이용하여 평균대 운동을 계획할 수 있다. • 학생은 던지기, 받기, 달리기 등의 기능을 이용하여 게임을 구성할 수 있다. • 학생은 픽(pick)과 스크린(screens)의 전술을 이용하여 공격적인 농구를 계획할 수 있다.

(4) 교사의 역할

① 다양한 범주에 걸친 학습기회를 제공한다.

㉠ 교사는 학생들이 의미를 발견할 수 있도록 하는 잠재적 출처들을 분석하고 파악해 내는 기술을 개발해야 한다.

㉡ 활동내용은 학생에게 적합한 내용으로 선정되어야 하며, 각 학생들과 전체 학급 모두에 적합하도록 계열적으로 조직되어야 한다.

② 적극적으로 학생을 지원하는 학습 환경을 조성한다.

㉠ 교사는 개인적 의미를 추구하는 각각의 학생에 대하여 지지하고 지원하는 기술을 가지고 있어야 한다. 이러한 기술에는 고도의 관찰 기술, 청취 기술과 수업 활동에서의 학생의 반응을 이해하는 기술, 자아존중감을 높일 수 있는 긍정적인 피드백의 제공 기술, 목표 성취를 위한 대안 활동에 관한 조언 등과 같은 다양한 내용이 포함된다.

㉡ 학생들에게 부정적인 영향을 미칠 요인들을 인식하고 이 문제를 최소화할 수 있는 계획을 사전에 수립해야 한다.

③ 자기 관리 기술 및 자기 주도적인 태도 발달을 강조한다.

㉠ 교사는 학생들이 학습하는 방법을 학습하도록 돕는 역할을 하며, 스스로에게 책임감을 다하는 태도를 개발시켜야 한다.

㉡ 교사는 학생으로 하여금 새로운 신체 활동에 도전하고, 움직임 학습 과정을 개인적인 기술 습득 문제를 해결하는데 적용할 수 있도록 가르쳐야 한다.

㉢ 또한 학생의 발전 정도에 대해 반성적으로 바라보고 문제 해결 과정에서 필요한 비판적 사고자와 독립적인 문제 해결자가 되는 것을 가르쳐야 하며, 협동학습 기술을 습득하도록 도와야 한다.

㉣ 특히 교사는 자신의 임무를 분명히 이해할 필요가 있으며, 학생들이 '전인으로 성장'하기 위해서는 학습 활동에 참여해야 함을 주지시켜야 한다.

㉤ 학생의 전인으로서의 성장은 자기 관리 기술, 자기주도적 태도, 자기 강화 발달을 필요로 한다.

④ 사회 변화에 대한 긍정적 태도 함양을 격려한다. 교사는 미래지향적이고 사회 변화에 개인이 공헌할 수 있다는 가능성을 믿고, 학생이 적극적이고 능력을 갖춘 사회의 일원이 될 수 있도록 교육해야 한다.

36 | 2002학년도

개인의미 교육과정 모형(personal meaning model)의 가치 정향(value orientation)을 제시하고, 개념틀의 명칭과 그 특징을 설명하시오.

① 가치정향: ____________ ② 개념틀의 명칭: ____________ ③ 개념틀의 특징: ____________

[정답] ① 가치 정향: 생태학적 통합 가치 정향(=생태통합 중심)
② 개념틀의 명칭: 목표-과정 중심 교육과정 개념틀(PPCF)
③ 개념틀의 특징: 활동참가 목표영역(목표영역)과 움직임과정 범주체계 영역(내용영역)의 2가지 주요구성 영역으로 되어 있다. 신체 활동에 참여함으로써 얻을 수 있는 개인적 의미의 본질을 제시하고 있는 개념으로 연결되어 있다.

37 | 2006학년도

다음은 배드민턴 단원에 적용한 개인의미추구 모형의 7가지 '움직임 과정' 영역을 순서에 관계없이 배열한 것이다.

- 하이 클리어와 드리븐 클리어를 구사하기 위해 정형화된 움직임을 수정할 수 있다.
- 하이 클리어, 헤어핀, 드롭을 상황에 따라 다양하게 구사할 수 있다.
- 경기 상황에서 사전 계획 없이 적합한 기술을 즉각적으로 수행할 수 있다.
- ㉮ 배드민턴 경기 상황을 스스로 해석하여 창조적으로 움직임을 수행할 수 있다.
- 시간과 공간을 고려하여 클리어와 드롭을 효율적으로 조절할 수 있다.
- 클리어를 조화롭고 연속적으로 하기 위해 신체 동작을 배열할 수 있다.
- ㉯ 배드민턴 그립의 종류와 신체 동작의 관련성을 알고 있다.

㉮와 ㉯에 해당하는 '움직임 과정' 영역의 명칭을 쓰고, 그 개념을 각각 2줄 이내로 설명하시오.

- ㉮의 명칭과 개념: ____________
- ㉯의 명칭과 개념: ____________

[정답] • ㉮의 명칭과 개념: 구성화이다. 학습한 움직임을 독특한 개인적인 운동계획과 결합시키거나 전혀 새로운 운동유형을 고안하는 것이다.
• ㉯의 명칭과 개념: 인지화(지각화)이다. 전체 신체의 관련성과 자신의 움직임을 자각(운동수행 중 자아나 과제)하는 것이다.

38 | 2009학년도

9. 개인의미추구 모형(personal meaning model)에 기초한 움직임 과정 영역의 구성요소인 유형화(patterning), 다양화(varying), 즉흥화(improving)를 〈보기〉와 바르게 연결한 것은?

〈보 기〉

ㄱ. 움직임 기술을 성취하기 위해 신체 부위를 연속적이면서 조화로운 방식으로 사용하고 배열하는 것이다.
ㄴ. 움직이는 동안 신체 관련성과 자아를 인지하는 것이다.
ㄷ. 부과된 과제의 요구에 부응하기 위해 유형화된 움직임을 변형하는 것이다.
ㄹ. 개별적으로 운동 방식을 독특한 방식으로 고안하고 구성하는 것이다.
ㅁ. 공간적-시간적 관련성을 숙달함으로써 움직임 유형이나 기술을 효과적으로 수행할 수 있는 조절 능력을 획득하는 것이다.
ㅂ. 개별적으로 새로운 운동을 즉석에서 창안하거나 고안하는 것이다.

	유형화	다양화	즉흥화
①	ㄱ	ㄷ	ㄹ
②	ㄱ	ㄹ	ㅂ
③	ㄴ	ㄷ	ㅁ
④	ㄴ	ㅂ	ㄹ
⑤	ㄷ	ㄹ	ㅁ

[정답] ②

ㄱ: 유형화 ㄴ: 지각화(인지화) ㄷ: 적용화 ㄹ: 다양화 ㅁ: 세련화 ㅂ: 즉흥화

39 | 2011학년도

6. 다음 (가)~(다)의 학습 활동은 체육교육과정 모형에 따라 조직한 것이다. 각 학습 활동을 지도하기 위해 필요한 교사의 역할을 〈보기〉에서 바르게 고른 것은?

(가) 여자 월드컵 축구 경기 동영상을 보면서 선수들이 킥을 할 때 변화되는 발과 무릎의 위치를 분석한다.
(나) 선수, 주장, 심판, 기록원 등의 다양한 역할을 경험하면서 시즌별 스포츠 경기에 참여한다.
(다) 친구들과 '코로브시카' 등과 같은 외국의 민속무용을 '강강술래'와 같은 우리나라의 민속무용과 비교하며, 문화적 다양성을 이해하고 존중한다.

〈보 기〉

ㄱ. 교사는 사회 변화에 개인의 참여가 필요하다는 신념이 있어야 하며, 자기 관리 기술 및 자기 주도적인 태도 발달을 강조해야 한다.
ㄴ. 교사는 움직임의 구조와 과학적 원리에 대해 잘 알고 있어야 하며, 학생들에게 움직임의 개념을 다양한 상황에 활용할 수 있는 능력을 길러주어야 한다.
ㄷ. 교사는 스포츠와 관련된 지식과 기능뿐만 아니라 경기전술, 규칙, 매너 등을 배울 수 있는 환경을 제공하고, 다양한 방식으로 스포츠를 변형해야 한다.

	(가)	(나)	(다)
①	ㄱ	ㄴ	ㄷ
②	ㄱ	ㄷ	ㄴ
③	ㄴ	ㄱ	ㄷ
④	ㄴ	ㄷ	ㄱ
⑤	ㄷ	ㄴ	ㄱ

[정답] ④

- (가)는 동영상을 보며 동작을 분석하는 것은 움직임 분석모형에 해당되며 내용숙달 중심 가치정향과 학습과정 중심 가치정향과 관련 있다. 따라서 ㄴ과 관련이 있다. 교사 역할은 개념적 지식의 전달, 지식 활용을 돕는 과제의 개발, 타 교과영역과의 연계, 발달단계에 적합한 학습과제의 준비가 있다.
- (나)는 다양한 선수 역할을 경험하며 시즌별 스포츠경기에 참여하는 것은 스포츠 교육모형에 해당되며 내용숙달 중심 가치정향과 관련있다. 따라서 ㄷ과 관련이 있다. 교사 역할은 스포츠 기능·지식·태도의 지도, 발달 단계적으로 적합한 활동의 제공이 있다.
- (다)는 문화적 다양성을 고려하고 있다. 개인 의미 추구 모형은 원천으로서 사회문화적 목표를 고려하는 생태통합중심 사조의 기저로 설계되었다. 또한, 움직임 목표 영역으로서 문화적 참여를 고려하고 있다. 따라서 ㄱ과 관련이 있다. 교사 역할은 다양한 범주에 걸친 학습기회의 제공, 지지하는 분위기를 띤 학습 환경의 조성, 자주적이고 자발적인 태도의 개발, 사회 변화에 대한 긍정적 태도의 함양이 있다.

5. 다음의 (가)는 개인 의미 추구 모형의 개념틀인 '목표-과정 개념틀 (Purpose-Process Curriculum Framework; PPCF)'의 목표 개념체계에 관한 그림이고, (나)는 PPCF의 움직임 과정 범주 체계에 따른 테니스 활동 내용이다. 〈작성 방법〉에 따라 순서대로 서술하시오. [4점]

(가) PPCF의 목표 개념 체계

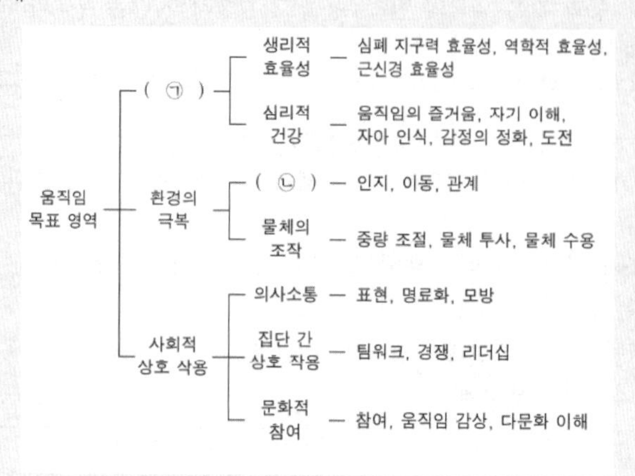

(나) PPCF의 움직임 과정 범주 체계에 따른 테니스 활동 내용

움직임 과정 범주		활동 내용
기본 움직임	지각화 (perceiving)	㉣ 테니스 동작을 수행하기 위해 연속적이며 조화로운 방식으로 신체 부위를 사용하고 배열할 수 있다.
	유형화 (patterning)	㉤ 시간과 공간을 고려하여 테니스 동작을 유연하고 효과적으로 수행할 수 있는 조절 능력을 획득할 수 있다.
응용 움직임	적용화 (adapting)	㉥ 테니스 동작의 종류와 신체 동작의 관련성을 알 수 있다.
	세련화 (refining)	㉦ 상황에 따라 유형화된 테니스 동작을 변형하거나 수정할 수 있다.
(㉢) 움직임	다양화 (varying)	개인적으로 독특한 운동 방식을 다양하게 고안하고 구성할 수 있다.
	즉흥화 (improvising)	경기나 실전 연습 상황에서 새로운 테니스의 동작이나 전략을 즉흥적으로 창안할 수 있다.
	구성화 (composing)	경기 상황을 스스로 해석하여 창의적인 테니스 동작이나 전략을 개발하여 수행할 수 있다.

〈작성 방법〉

ㅇ 괄호 안의 ㉠, ㉡에 해당하는 용어를 순서대로 쓸 것.
ㅇ 괄호 안의 ㉢에 해당하는 용어를 쓸 것.
ㅇ ㉣~㉦을 PPCF의 움직임 과정 범주와 활동 내용이 일치하도록 재배치하여 순서대로 서술할 것.

[정답] • ㉠ 개인적 발달[1점] ㉡ 공간지각(공간적 정향)[1점]
• ㉢ 창조[1점]
• ㉥, ㉣, ㉦, ㉤ (지각화 ㉥, 유형화 ㉣, 적용화 ㉦, 세련화 ㉤)[1점]

제 3 장 체육과 교육과정의 변천

(📖 이규일, 류민정, 스포츠교육학)

1 중등학교 체육교과교육 변천

- 우리나라 체육과 교육과정은 총 11번의 변화가 있었다. 각 시대적 요구 및 환경에 따라 교육과정은 변화하였다.
- 체육과 교육과정의 변화 과정을 공부해야 하는 이유는 체육과 교육과정에 대한 폭넓은 지식을 제공함으로써 앞으로 있을 시대적 변화에 맞춰 발전적인 미래 교육과정에 대해 생각해 볼 수 있기 때문이다.

1. 교수요목기(1946~1954) 19 기출

(1) 일본의 식민지에서 벗어나 우리나라의 주권이 회복되고 우리나라의 교육이 전체주의적인 식민지 교육에서 민주주의적인 자주 교육으로 전환되었다. 이때 만들어진 교육과정을 '교수요목기'라고 한다. 당시 여러 가지 사회적 및 교육적 상황이 어려운 시기였으므로, 체계적인 교육과정의 모습을 갖추지 못했다.

(2) 이 시기에는 두 차례의 교수요목 제정이 있었다. 체육과의 경우, 첫 번째는 1945년 조선체조연맹이 주관하여 미군정 과도기에서 제정한 체육과 교수요목이며, 두 번째는 정부 수립 후 1948년 교수요목기에 제정된 교수요목이다. 이 시기의 체육은 초등학교에서 고등학교까지 필수 교과였으며, 일제강점시대에 '체조'로 불리던 것이 초등학교에서는 '보건', 중학교에서는 '체육 · 보건', 고등학교에서는 '체육'으로 바뀌게 되었다.

〈표 3-1〉 체육과 교육과정의 변천 과정 및 특징(교육인적자원부, 2007, 유정애 외)

구분	적용기간	주요 특징
교수요목기	1946~1954	식민지 교육에서 민주주의 자유 교육으로의 전환기
1차 개정	1955~1963	우리나라가 만든 최초의 체계적인 교육과정
2차 개정	1963~1973	체육과의 명칭이 초 · 중등 모두 '체육'으로 통일
3차 개정	1973~1981	초등학교에 '놀이' 대신 '운동' 개념 도입
4차 개정	1981~1987	움직임 교육과정의 영향으로 '기본 운동' 개념 도입
5차 개정	1987~1992	교육 내용을 심동 · 인지 · 정의 영역으로 나누어 제시
6차 개정	1992~1997	구성 체제에서 '성격' 항목이 새롭게 추가
7차 개정	1997~2007	교육 내용이 '필수'와 '선택'으로 나누어 제시
2007년 개정	2007~2013	'신체 활동 가치'의 개념이 새롭게 도입
2009년 개정	2013~2015	창의 · 인성 강조와 학년군제 도입
2015년 개정	2016~	역량교육 강조와 안전교육 강화

2. 제1차 체육과 교육과정(1955~1963): 교과중심교육과정

(1) 체육과 목표는 교육과정이 개정될 때마다 교육과정 일반 목표에 따라 변화되어 왔다.

(2) 제1차 체육과 교육과정 목표는 신체적 · 사회적 · 지적 · 정서적인 발달에 다양하게 공헌하고자 하는 내용을 목표로 설정하였다.

(3) 제1차 체육과 교육과정의 내용은 초등학교에서는 체조놀이, 놀이, 리듬놀이, 위생으로, 중 · 고등학교에서는 맨손체조, 스포츠, 무용, 위생, 체육 이론으로 분류되어 제시되고 있다. 즉, 초 · 중 · 고등학교 모두 유사한 내용체계를 가지고 있으면서 초등학교는 놀이 형태로, 중 · 고등학교에서는 스포츠 활동의 형태로 학습 내용을 선정, 구성한 것을 알 수 있다.

3. 제2차 체육과 교육과정(1963~1973): 경험중심교육과정 09 기출

(1) 미군정 시대부터 국민의 보건 · 위생을 강조하여 사용되어 온 '보건' 및 '체육'의 명칭은 이때부터 '체육'으로 통일되어 사용되었고, 생활 중심 교육과정에 따라 체육 교과에서도 학생의 생활과 체육을 연관시켜 지도하고, 학생 경험을 중시하는 기본 방향을 추구하게 되었다. 제2차 체육과 교육과정의 구성 체제는 제1차 체육과 교육과정에서 분류한 구성 체계를 수정하여 일반 목표, 학년 목표로 구분하였고, '체육과 목표', '지도 내용', '지도상의 유의점' 등으로 구성되었다.

(2) 제2차 체육과 교육과정의 목표는 생활 중심 교육과정이 도입되면서 놀이 및 여가 생활을 통하여 체육을 학습할 수 있도록 목표를 설정한 것이 특징이다. 제2차 체육과 교육과정의 내용은 제1차 교육과정기에 비하여 구성 체계나 내용이 크게 달라지지는 않았으나, 1차 때의 '위생'이 '보건 · 위생'으로 변화되었으며, 생활 중심 교육과정의 영향을 받아 중 · 고등학교에서 레크레이션이 내용에 추가된 것이 특징이다.

4. 제3차 체육과 교육과정(1973~1981): 학문중심교육과정

(1) 제3차 체육과 교육과정의 구성 체계는 제2차 때의 '지도 내용'이 '내용'으로 명칭이 바뀌었을 뿐 체육과 구성 체계상의 큰 변화는 없다. 제3차 체육과 교육과정의 목표는 학문 중심 교육과정에 따라 체계적으로 구성된 신체 활동을 구체적이며 계획적으로 실행하고, 체력 향상 및 건강 증진을 위한 과학적 지도가 될 수 있도록 교육과정 목표를 설정하였다.

(2) 또한 강한 의지력, 준법성, 미적 표현력, 정서의 순화 등과 같은 체육의 정의적인 측면이 목표에 포함되었으며, 체육을 통한 긍정적인 태도의 함양을 중요하게 여겼다. 초등학교의 구성 체계는 각종 영역별 구성에 '운동'이라는 용어를 사용함으로써 교육과정 내용 체계의 진술 방법면에서 제1, 2차 교육과정에서 제시된 '놀이'의 형태를 벗어나고 있다.

(3) 그러나 제3차 체육 교육과정의 가장 큰 특징은 순환 운동(초 · 중 · 고)과 질서 운동(초 · 중)이 체육 과정 내용으로 새롭게 한 부분을 차지하고 있다는 점이다. 그래서 학기 초만 되면 '차렷', '열중 쉬어'와 같은 질서 운동을 학생들에게 지도하는 것이 아주 중요한 과제였다. 이는 제3차 교육과정기의 국가적 시대 상황을 반영하고 있다고 볼 수 있다.

5. 제4차 체육과 교육과정(1981~1987): 인간중심교육과정

(1) 제4차 체육과 교육과정의 구성 체계는 '교과 목표', '학년 목표 및 내용', '지도 및 평가상의 유의점'으로 구성되었다. 제4차 체육 교육과정에서 처음으로 움직임 교육과정이 도입되어 건강 증진과 체력 향상 및 운동 능력 향상을 위한 기본 운동 기능을 신장하는 데 역점을 두었다.

(2) 또한 운동 시 규칙 준수와 협력, 예의를 갖추는 등의 정의적 목표를 다른 어느 교육과정기보다 중요하게 제시하고 있다. 제4차 체육과 교육과정의 내용은 제3차 체육과 교육과정에 비해 큰 변화를 보이지 않았으나, 고등학교의 경우 다양한 운동 경험이 이루어질 수 있도록 활동의 폭을 넓히며, 평생 동안 즐겨 실천할 수 있는 스포츠의 기본 기능과 소양을 지니도록 '평생 스포츠 및 야외 활동'이 처음으로 교육과정 내용에 포함되었다.

6. 제5차 체육과 교육과정(1987~1992): 복합적 성격의 교육과정 09 기출

(1) 제5차 체육과 교육과정의 구성 체계는 제4차 체육과 교육과정과 마찬가지로 '교과목표', '학년 목표 및 내용', '지도 및 평가상의 유의점'으로 구성되었다. 제5차 체육과 교육과정은 제4차 체육과 교육과정의 기본 구조를 유지하면서 학문성과 전문성을 제고하는 조치가 반영되었다. 따라서 체육과 목표도 제4차 교육과정의 기본 골격 아래 다양한 신체 활동을 통하여 체력과 기본 운동 능력을 기르고, 운동과 건강에 필요한 기초 지식을 습득하고 적용하며, 바람직한 사회적 태도를 가지게 하는데 역점을 두었다.

(2) 제5차 체육과 교육과정의 내용은 기존 교육과정 구성과는 달리 심동적 · 인지적 · 정의적 영역으로 구성하였고, 중 · 고등학교의 심동적 영역에 '체력 운동'을 신설한 것이 특징이다. 이는 과거와 달리 정의적 영역의 교육 내용을 공식적으로 내용 체계상에 유입한 것으로 매우 혁신적인 아이디어라고 볼 수 있다. 그러나 실제로 이 정의적 영역과 인지적 영역의 내용이 심동적 영역과 분리된 채 제시되고 있어, 통합의 의미를 온전히 살리지 못하고 있다. 즉, 제4차의 이론과 보건은 인지적 영역으로, 나머지 운동은 심동적 영역으로 묶여지고 있다. 정의적 영역은 새로운 영역으로 유입됨을 알 수 있다.

7. 제6차 체육과 교육과정(1992~1997): 복합적 성격의 교육과정

(1) 제6차 교육과정기의 문서 체계는 체육과의 '성격'이 새롭게 추가됨으로써 체육과의 정의, 특성, 방향 등을 담은 내용이 진술되었다. 따라서 문서 체계는 성격, 목표, 내용, 방법, 평가 5가지 항목으로 구성하고 있다.

(2) 제6차 체육과 교육과정의 목표는 움직임이라는 내재적 가치에서 출발하여 각 개인의 건강이라는 외재적 가치를 절충할 수 있도록 체육 목표에서 건강 체력과 게임을 중시하였다. 제6차 체육과 교육과정의 내용은 학생들의 기초 체력 저하에 따른 문제점을 해결하기 위해 초등학교에 '체력 운동' 영역을 신설하였고, 중· 고등학교에서도 체력 육성을 강조하였나. 내용 체계 표에서 제5차 체육과 교육과정의 심동적, 인지적, 정의적 영역은 제6차의 대영역에서 사라졌으나, 각 운동의 영역별 하위 내용으로 내용 체계에서 제시되고 있어, 제5차 체육과 교육과정의 한계를 극복하고 있다.

(3) 제6차 체육과 교육과정에서는 평가에 대한 관심이 높아지면서 평가항이 독립되어 신설되었다. 특히 제6차 교육과정의 평가항에는 운동 기능 평가의 종목 수와 비율이 제시되고 있고, 지식 평가, 태도 평가에 대한 평가 영역별 지침이 함께 제시되고 있다.

8. 제7차 체육과 교육과정(1997~2007): 수요자 중심 교육과정/학생 중심 교육과정

(1) 국민 공통 기본 교육과정(초1~고1)

제7차 체육과 교육과정에서 구성 체계는 제6차 체육과 교육과정과 거의 유사하다. 하지만 제7차 체육과 교육과정에서는 초1~고1까지 해당하는 국민 공통 기본 교육과정과 고2~고3까지 해당하는 선택 중심 교육과정으로 구성하여 기존의 교육과정과는 다른 양상을 나타내었다.

국민 공통 기본 교육과정에서는 최소한 반드시 학습해야 할 '필수 내용'을 선정하고, 그 외의 내용은 지역별, 학교별, 교사별, 학생별 특성에 따라 '선택 내용'으로 가르치고 배울 수 있도록 하였다.

(2) 선택 중심 교육과정(고2~고3)

선택 중심 교육과정(고2~고3)에서는 선택적으로 학생들이 자신이 좋아하고 흥미 있는 스포츠 활동에 전적으로 참여할 수 있도록 구성되어 있다. 평가는 최소 평가 종목 수와 비율을 정하여 균형 있고, 내실 있는 체육과 교육과정을 운영할 수 있도록 하였다. 하지만 중3의 경우 체육 시수가 3시간에서 2시간으로 감축되고, 고2-3학년에서 체육이 선택 과목으로 지정되어 학교에서 체육 수업이 상당 부분 사라졌다.

9. 2007 체육과 교육과정: 신체활동 가치 중심 교육과정

(1) 공통 교육과정

① 2007 체육과 교육과정에서 공통 교육과정은 성격, 목표, 내용, 교수학습 방법, 평가 5가지로 구성되었다.

② 가장 큰 변화는 신체 활동 가치 중심으로 체육과 교육 과정의 철학이 전환된 것이다. 기존의 '스포츠 중심의 기능 교육'을 강조하는 철학에서 '신체 활동의 기능과 가치 교육'의 강조로 바뀌었다.

㉠ 따라서 성격에서 신체 활동 가치관을 정립하여 체육이 앞으로 지향해야 할 방향을 제시하였다. 국가수준 체육과 교육과정 목표를 학습 영역별(인지적, 심동적, 정의적 영역)에서 벗어나 통합적이고 포괄성 있는 체육과 목표 영역으로 제시하였다.

㉡ 내용 영역을 5가지 내용(건강 활동, 도전 활동, 경쟁 활동, 표현 활동, 여가 활동)으로 일원화하여 신체 활동 수를 줄여 적정화하였다. 그 결과 계열성이 강조되었고 심동적, 인지적, 정의적 영역의 내용이 통합되었다. 또한 지역별 특성을 고려하여 학년별 신체 활동의 선택이 자유로워졌다.

㉢ 교수학습 방법에는 개인차를 고려한 수준별 수업, 통합적 교수학습 활동, 창의적인 교수학습 방법의 선정과 활용이 강조되었다.

㉣ 마지막으로 평가에서는 평가 종목의 수와 비율이 삭제되어 평가의 자율성이 확대되었다.

(2) 선택 중심 교육과정

① 선택 중심 교육과정에서 성격은 선택 과목의 성격으로 재정립되었다.

② 기존 7차 교육과정에서 공통 중심 교육과정과 선택 중심 교육과정의 목표가 차이가 없어 선택 중심 교육과정의 차별성이 없었다. 선택 과목별 목표가 각 과목의 성격에 부합하는 목표로 설정되었다.

③ 내용에서는 7차 교육과정과는 달리 내용 영역을 운동 범주가 아닌 내용 주제로 재개념화하고 이를 내용 영역을 지도하기 위해 활용되는 신체 활동은 제7차 때와 마찬가지로 수업 차원에서 선택할 수 있도록 하였다. 또한 교육 내용을 줄여 적정화를 도모하였고, 국민 공통 기본 교육과정의 '체육' 교육 내용 차별화를 도모하면서 연계성 강화를 추구하고 있다.

④ 교수학습 방법은 개선 방향으로 개별성, 통합성, 적합성을 강조하고 있다.

⑤ 제7차에 있던 평가의 비율을 삭제함으로써 평가의 자율성을 강조하고, 평가의 다양성을 보장함으로써 책무성을 강조하고 있다.

10. 2009 체육과 교육과정: 창의·인성 중심 교육과정

(1) 공통 교육과정(초1~중3)

① 2009 체육과 교육과정의 가장 큰 변화는 구성 체제의 변화이다. 기존에 '성격' 항목이 '목표' 항목에 통합되어 삭제되었다. 따라서 목표, 내용, 교수학습 방법, 평가항으로 구성되었다.

② 내용은 학생들이 성취해야 할 목표를 학년군별, 영역별, 내용별 성취 기준으로 나누어 제시되었다. 이는 해당 학년군 동안 학생이 학습하게 되는 체육 교육의 내용 학습을 통해 어떤 성취를 하게 되는지에 대해 명료하게 밝히도록 하였다.

③ 이때 교육과정의 가장 큰 특징은 목표, 내용, 교수학습 방법 등에 적극적으로 창의, 인성 요소를 반영하는 것이다.

④ 학년군제 운영에 따라 학교급별 체육 수업의 운영 방안이 제시되었고 교수학습 방법과 평가항에서 보다 상세하고 구체적으로 설명하였다.

(2) 선택 교육과정(고1~고3)

① 2009 체육과 교육과정에서는 기존의 고1 공통 교육과정을 선택 교육과정으로 바꾸어 고등학교 전 학년이 선택 교육과정이 되었다.

② 체육과 내용의 경우 일반 고등학생이 글로벌 인재로 성장하는 데 필요한 건강 및 자기 관리 능력을 함양하고 스포츠를 통한 리더십과 문화적 소양을 계발하는 데 중점을 두도록 재구조화 되었다.

③ 동시에 체육 계열로 진로를 희망하는 학생들에게는 보다 체계적인 전문 기초 교육을 통해 체육 인재로 성장하는 데 도움을 줄 수 있는 기회를 확대하여 구성하였다.

11. 2015 체육과 교육과정: 문이과 통합 / 역량 중심 교육과정

(1) 2015 체육과 교육과정의 가장 큰 변화는 역량 교육과정의 개념이 도입된 것이다. 따라서 체육과 역량은 총론에서 제시된 일반역량과 유기적 관계를 맺고 있다.

(2) 체육과의 역량은 신체 활동을 체험하고 그 가치를 내면화하는 과정을 통해 습득되는 지식, 기능, 태도를 포괄하는 총체적 능력이며, 신체 움직임을 바탕으로 형성되는 건강관리 능력, 신체 수련 능력, 경기 수행 능력, 신체 표현 능력으로 구성하였다.

(3) 이러한 역량을 기를 수 있도록 체육과 내용은 건강, 도전, 경쟁, 표현, 인진 영역으로 구성하였다. 교육과정의 구성체제는 기존에 삭제되었던 성격 항이 재도입되어 성격, 목표, 내용, 교수 · 학습방법, 평가로 이루어지며 목표 항이 개선되었다. 이 중에서 내용은 기존의 여가활동이 삭제되고 건강, 도전, 경쟁, 표현 활동의 4가지 신체 활동 가치를 중심으로 구성하였다.

41 | 1999학년도

교육부는 현행 제6차 교육과정을 개정하여 2000년부터 적용될 제7차 교육과정을 확정·고시하였다.

1-1. 제6차 중학교 체육과 교육과정에서 제시하고 있는 운동기능의 계열성을 설명하시오.

1-2. 제7차 체육과 교육과정의 개정방향을 학습량과 관련하여 설명하시오.

[정답] 1-1.

① 운동기능은 스포츠 교육모형과 발달모형을 적용하여, 단순 과제로부터 복잡한 과제로의 점진적인 계열성을 유지하였다.

② 심동적 영역은 운동기능을 조작적으로 정의한 기초기능(중1), 복합기능(중2), 경기기능(중3)으로 분류하였다.

1-2.

① 국가수준 교육과정의 기본 원칙으로 '필수 내용'을 선정하였다.

② 지역별 · 학교별 · 교사별 · 학생별 요구와 특성에 따라 개정하였다.

42 | 2001학년도

제7차 교육과정 중 체육과 교육과정의 내용은 초등학교 3학년부터 고등학교 3학년까지 체계적으로 구성되어 있다. 이 가운데 중학교 1학년부터 고등학교 1학년까지의 내용체계는 육상, 체조를 포함하여 모두 여덟 가지의 내용영역으로 구성되어 있다. 육상, 체조, 이외의 여섯 가지 내용 영역을 열거하시오.

[정답] • 수영 • 개인 및 단체 운동 • 무용 • 체력운동 • 이론 • 보건

43 | 2002학년도

중학교 체육교사인 신 교사는 성, 능력, 흥미, 장애 등과 같은 학생들의 개인차를 고려하는 7차 체육교육과정의 기본 방향을 수업 현장에 도입하고자 한다. 신 교사가 개인차를 고려한 수업 방법을 적용하고자 할 때 학습 목표, 학습 활동, 수업 시설 및 용기구, 학생 조직 측면에서의 방법을 간략하게 설명하시오.

① 학습 목표(1점): ______________________

② 학습 활동(1점): ______________________

③ 수업 시설 및 용기구(1점): ______________________

④ 학생 조직(1점): ______________________

[정답] ① 학습목표: 학생들의 능력, 흥미에 따라 학습목표를 다양하게 제시한다.
② 학습활동: 학생들의 능력, 흥미에 맞게 개별화 수업 방식을 적용한다.
③ 수업시설 및 용기구: 학생들의 능력, 흥미에 맞게 시설 및 용기구를 크기, 높이, 공간 등을 변형하여 수준에 맞게 제시한다.
④ 학생조직: 학생들의 능력, 흥미에 따른 수준별 그룹으로 분류한다.

44 | 2003학년도

제7차 교육과정에서 고등학교 2, 3학년에만 해당하는 특징을 제시하고, 체육과의 일반 선택 과목을 쓰시오.

① 특징(1점): ______________________

② 일반 선택 과목(1점): ______________________

[정답] ① 특징: '선택중심교육과정'으로 운영된다. 일반선택이나 심화선택으로 학생이 선택할 수 있으며, 경기를 즐길 수 있는 체육과 건강능력을 향상하여 평생스포츠의 기틀을 다지게 하는 과정이다.
② 일반 선택 과목: 체육과 건강

45 | 2005학년도

제7차 체육과 교육과정에서는 국민공통기본교육기간 동안 '학습량의 적정화 또는 최적화'를 도모하기 위해 새로운 내용 체계를 도입하고 있다. 이 내용 체계의 주요 특징을 2줄 이내로 기술하시오.

____

[정답] 내용영역의 선정은 분화(differentiation)보다는 통합(integration)의 관점에서 기초했다. 내용구성은 학습수준이나 범위가 계열성을 고려하여 필수내용과 선택내용으로 계획했다.

46 | 2005학년도

다음 교수·학습과정안의 일부를 보고 물음에 답하시오.

단계	과제	교수·학습 활동		시간
전개	모둠별 허들 연습	모둠 A		25분
		모둠 B	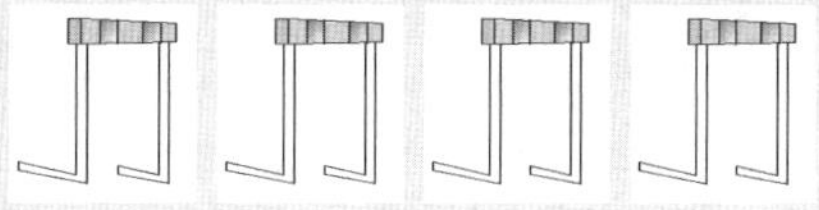	
		모둠 C		

위의 교수·학습과정안은 박 교사가 모스턴(Mosston)의 티칭 스타일(teaching style)을 활용하여 작성한 것이다. 이 수업에서 각 모둠의 첫 번째 허들에서 마지막 허들까지의 전체 거리는 동일하다. 박 교사가 활용한 티칭 스타일의 명칭을 제시하고, 이 티칭 스타일과 제7차 교육과정의 편성·운영의 공통점을 3줄 이내로 설명하시오.

- 티칭 스타일의 명칭: ______________
- 공통점: ______________

[정답]
- 티칭 스타일의 명칭: 포함식(포괄형) 스타일
- 공통점: 모스턴의 포함식 스타일은 난이도의 개념을 스타일에 적용한 것으로 수준별 학습이 가능하다. 7차 교육과정의 체육교과는 수준별 교육과정 대신 수준별 수업을 적용하도록 권고 되고 있다. 따라서 2가지의 공통점은 학생의 능력을 포함한 개인차를 고려한 수준별 수업을 통해 개별화된 수업이 가능하는 점이다.

47 | 2005학년도

박 교사가 활용한 티칭 스타일은 제7차 체육과 교육과정에서 강조하는 실제학습시간(academic learning time : ALT)을 증가시킬 수 있는 장점을 가지고 있다. 실제학습시간의 개념을 2줄 이내로 기술하고, 박 교사가 도입한 티칭 스타일이 실제학습시간을 증가시킬 수 있는 이유를 2줄 이내로 설명하시오.

- 개념: ____________________
- 이유: ____________________

[정답] • 개념: 실제학습시간은 학생들의 학업성취도를 예측할 수 있는 직접적인 과정 변인으로, 학생들이 70%이상의 성공을 경험하면서 학습활동에 참여한 시간의 양을 의미한다.
• 이유: 포함식(포괄형) 스타일을 활용하는 체육수업에서는 다양한 수준을 가진 여러 가지 학습활동이 제공된다. 따라서 기능 수준에 관계없이 모든 학생들이 성공적인 학습기회를 가질 수 있어 실제학습시간이 높게 나타난다.

48 | 2006학년도

제7차 체육과 교육과정에서는 교수·학습 활동 시에 '대기 시간'과 '수업 운영 시간'을 줄이도록 권장하고 있다. 이러한 시간들을 줄임으로써 증가되는 2가지 시간(㉮ 와 ㉯)을 쓰고, ㉮와 ㉯의 관계를 2줄 이내로 설명하시오.

- 2가지 시간: ㉮ ________________ ㉯ ________________
- ㉮와 ㉯의 관계: ________________

[정답] • 2가지 시간: ㉮ 실제학습시간 ㉯ 과제 참여시간
• ㉮와 ㉯의 관계: 대기시간과 수업운영 시간을 줄여서 과제 참여시간을 최대한 확보하여 실제 학습시간이 증가되도록 한다. 과제참여 시간 중 성공률(70%)을 경험하면서 학습활동에 활용한 시간이 실제학습 시간이다.

49 | 2006학년도

제7차 체육과 교육과정 내용 체계는 다음과 같이 학년이 올라갈수록 교육 내용이 분화되는 특징을 가지고 있다.

구분	초등학교 3~4학년	초등학교 5~6학년	중학교 1학년-고등학교 1학년 (7~10학년)
영역	• 체조활동 • 게임활동 • 표현활동 • 보건	• 체조활동 • 육상활동 • 게임활동 • 표현활동 • 체력활동 • 보건	• 체조 • 육상 • 수영 • 개인 및 단체 운동 • 무용 • 체력운동 • 이론 • 보건

위의 내용 체계를 조직했는데 적용된 교육과정 유형을 쓰고, 이 유형의 장점과 단점을 각각 1가지만 쓰시오.

1) 교육과정 유형: ____________ 2) 장점: ____________ 3) 단점: ____________

[정답] 1) 교육과정 유형: 학문중심 교육과정, 나선형 교육과정
2) 장점: 높은 학습의 전이의 가능, 학문의 기본적인 원리지도 가능, 탐구능력 향상, 활용능력의 향상
3) 단점: 학년 수준에 맞게 해석되지 않으면 이해불능 상태가 되기 쉽다. 각 교과의 기본구조를 강조해 교과 간 통합이 어렵다. 정의적 영역의 내용이 결여될 수 있다. 또한 단절된 교과목의 수가 증가될 수 있는 가능성이 있고, 그들 교과 간 서로의 통합성이 상실되기 쉽다. 개인의 요구와 흥미 및 사회의 요구가 무시되기 쉽다.

50 | 2007학년도 미임용자

다음은『제7차 체육과 교육과정』중 '체육과의 성격'에 관한 진술의 일부이다. 아래 괄호에 알맞은 단어를 쓰고, 예시된 체육의 가치 중에서 ①의 가치에 해당하는 문장의 기호를 1개 쓰시오.

〈체육과의 성격〉

체육은 즐거움, ……이라는 (①) 가치와 건강 및 체력의 유지 증진, ……이라는 (②) 가치를 동시에 추구함으로써 인간의 '삶의 질'을 향상시키는 데에 공헌하는 교과이다.

〈체육의 가치〉

㉠ 학생들은 체육 수업에서 이루어지는 운동 경기를 통하여 협동심을 기른다.
㉡ 적절한 체육 활동 참여는 신체의 조절 기능을 발달시킨다.
㉢ 체육 수업은 학생들이 체육 문화에 입문하는 기회가 된다.

• ① _____가치, ② _____가치
• ①의 가치를 구체적으로 표현한 문장 기호: ____________

[정답] • ① 내재적 가치 • ② 외재적 가치 • ㉢

51 | 2007학년도

2001학년도부터 중학교 1학년에 적용하게 되는 제7차 교육과정 중 체육과 교육과정과 관련하여 다음 물음에 답하시오.

제7차 교육과정 중 체육교육 과정에서 추구하고 있는 체육과의 '성격'을 기술하시오.

[정답] 내재적 가치(움직임 욕구의 실현, 체육문화의 계승발전)와 외재적 가치(체력·건강유지·증진, 정서 순화, 사회성 함양)를 동시에 추구, 체육교과는 체육활동을 통하여 체·지·덕의 조화로운 통합을 이룬 전인 교육의 실현을 도모한다는 특징을 가지고 있다.

52 | 2007학년도

〈표 1〉은 제7차 체육과 교육과정의 내용 체계이고, 〈표 2〉는 〈표 1〉을 바탕으로 A중학교에서 작성한 체육과 교육과정 계획서이다.

〈표 1〉 제7차 체육과 교육과정 내용 체계

8학년	
영역	지도 내용
체조	뜀틀 운동 또는 평균대 운동 외 선택
육상	이어달리기, 높이뛰기 외 선택
수영	배영 외 선택
개인 및 단체 운동	농구, 배드민턴, 씨름 외 선택
무용	한국의 민속 무용 외 선택
보건	소비자 보건
체력 운동	근력 및 근 지구력 운동, 심폐 지구력 운동, 유연성 운동 등의 개념 이해와 적용
이론	체육의 발달

〈표 2〉 체육과 교육과정 계획서

8학년 지도 내용	
1학기	2학기
• 농구 • 뜀틀 운동 • 높이뛰기 • ㉮인라인스케이트 • 배영 • 체육의 발달	• 이어달리기 • 강강술래 • 체력 운동 • 배드민턴 • 씨름 • 소비자 보건

〈표 1〉처럼 필수 내용과 선택 내용의 체제를 도입한 취지를 2가지만 쓰고, 〈표 2〉의 '㉮인라인스케이트'처럼 단위 학교에서 선택 내용을 선정할 수 있는 협의 기구를 '제7차 체육과 교육과정' 문서에 근거하여 쓰시오.

• 취 지: ① ________ • 취 지: ② ________ • 협의 기구: ________

[정답] • 취지: ① 학습내용의 적정화 ② 내용선정의 학교현장의 자율성 부여
• 협의 기구: 체육교과협의회(학년협의회)

53 | 2008학년도

다음은 제7차 고등학교 교육과정에 개설된 체육과 선택 과목이다.

일반 선택 과목	심화 선택 과목
체육과 건강	(㉠), (㉡)

제7차 교육과정에서 선택중심 교육과정이 도입된 배경(또는 이유)을 2줄 이내로 설명하시오. 그리고 ㉠과 ㉡에 해당하는 심화 선택 과목의 명칭을 쓰고, 이 선택 과목들을 단위 학교에서 운영할 경우 활용해야 할 국가 교육과정의 명칭을 쓰시오.

- 배경(또는 이유): ______________________
- ㉠의 명칭: ____________
- ㉡의 명칭: ____________
- 국가 교육과정의 명칭: ____________

[정답]
- 배경(또는 이유): 세계화 · 다양화를 지향하는 시대적 요구에 부응하고 학생들이 자신의 적성, 개성, 진로에 따른 교육과정을 제공하는 취지에서 도입되었다.
- ㉠의 명칭: 체육이론
- ㉡의 명칭: 체육실기
- 국가 교육과정의 명칭: 체육계열 전문교과 교육과정

다음은 ㅇㅇ중학교의 체육 교과 협의회에서 혼성 학급 운영에 대하여 나눈 대화이다.

> 강 교사: 박 선생님! 진단 평가를 해봤는데 혼성 학급의 모둠 편성은 어떻게 하는 것이 좋을까요?
> 박 교사: 제7차 체육과 교육과정을 보면 남녀 학생들이 적극적으로 함께 수업에 참여하도록 나와 있지 않습니까? 그러니까 당연히 남녀 학생들을 섞어 모둠을 편성하는 것이 좋을 것 같아요.
> 최 교사: 그래도 진단 평가 결과를 활용해서 학급의 특성을 고려한 다음에 모둠을 편성하는 것이 좋지 않을까요?
> 강 교사: 네, 조언 고맙습니다. 진단 평가 결과를 토대로 모둠 편성 방식을 계획해 보겠습니다.

혼성 학급 운영에서 모둠 편성에 대한 박 교사의 한계점을 제7차 체육과 교육과정에 근거하여 2줄 이내로 설명하시오. 그리고 〈표 1〉의 진단 평가 결과를 토대로 강 교사의 모둠 편성 방식의 문제점을 쓰고, 최 교사의 모둠 편성 방식의 특징을 강 교사의 방식과 비교(단, 모둠의 개수는 비교하지 말 것)하여 2줄 이내로 설명하시오.

〈표 1〉 진단 평가 결과

학생	성별	기능	흥미	학생	성별	기능	흥미
A	남	높음	높음	E	남	낮음	낮음
B	여	높음	낮음	F	여	낮음	높음
C	여	높음	높음	G	여	낮음	낮음
D	남	높음	낮음	H	남	낮음	높음

<보기 1> 강 교사의 모둠 편성 방식

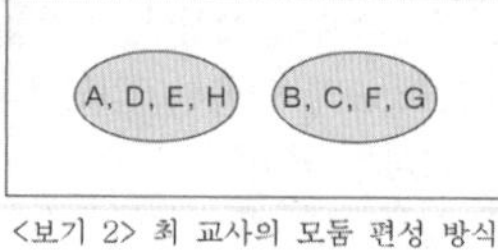

<보기 2> 최 교사의 모둠 편성 방식

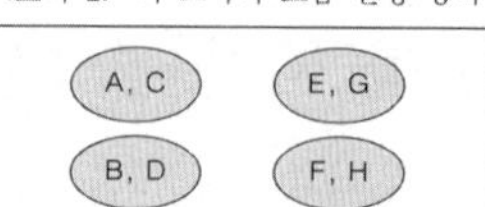

- 박 교사의 한계점: ______
- 강 교사의 모둠 편성 방식의 문제점: ______
- 최 교사의 모둠 편성 방식의 특징(단, 모둠의 개수는 비교하지 말 것): ______

[정답] • 박 교사의 한계점: 기능, 흥미를 고려하여 모둠을 편성하지 않고 남녀학생들을 섞어서 모둠을 편성했다.
• 강 교사의 모둠 편성 방식의 문제점: 진단평가에서 성별의 차이만 고려하여 모둠을 편성했다.
• 최 교사의 모둠 편성 방식의 특징: 진단평가를 고려하여 기능과 흥미가 동질적인 집단으로 남녀 혼성 모둠을 편성하여 혼성학급운영을 효율적으로 할 수 있다.

55 | 2008학년도

다음은 박 교사가 작성한 축구 수업의 교수·학습 과정안이다.

9차시	
학습 목표	1. 축구 경기의 방법과 규칙을 이해할 수 있다. 2. 축구 경기에 필요한 다양한 경기 기능을 익히고, 간이 경기에 활용할 수 있다. 3. 축구 경기를 감상하는 태도를 기를 수 있다.
교수·학습 활동	
도입	학습 목표와 내용 제시
전개	① 경기 방법과 규칙 설명 ② 모둠별 경기 기능 연습 ③ 모둠별 간이 경기 실시
정리	학습 내용 정리 및 차시 예고
수업 반성 (느낀 점)	오늘은 내가 설정한 인지적 영역과 심동적 영역의 학습 목표가 제대로 달성되어 기분이 좋았다. 그런데 ㉠ <u>경기 감상 태도와 같은 정의적 영역의 학습 목표는 제대로 달성되지 못한 것 같다.</u> 또한, ㉡ <u>간이 게임 중에는 생각지도 않게 일부 학생들이 속임수를 이용한 반칙, 심판에 대한 항의와 같은 비신사적인 행동을 많이 해서</u> 걱정스러웠다.

박 교사가 ㉠과 같이 생각하게 된 원인을 위의 교수·학습 과정안에서 찾아 쓰고, 그 원인을 바탕으로 제7차 체육과 교육과정이 내포하고 있는 한계점을 2줄 이내로 설명하시오. 그리고 ㉡의 결과와 관계있는 교육과정의 명칭을 쓰고, 그 개념을 2줄 이내로 설명하시오.

- ㉠과 같이 생각하게 된 원인: ______________________________
- 제7차 체육과 교육과정의 한계점: ______________________________

[정답]
- ㉠과 같이 생각하게 된 원인: 학습목표의 3. 축구 경기 감상 태도가 제시되어 있으나 전개부분에는 배제되어 있다.
- 제7차 체육과 교육과정의 한계점: 제7차 체육과 교육과정 역시 정의적 영역의 목표는 제시하고 있으나 이를 성취하기 위한 내용은 제시하지 않고 있다.

56 | 2009학년도

〈보기〉에 제시된 우리나라 체육과 교육과정의 특징을 변천 순서대로 바르게 배열한 것은?

〈보 기〉

ㄱ. 체육과 내용 영역이 세분화되었고, 초등학교와 중학교에 순환운동과 질서운동이 새로운 영역으로 도입되었다.
ㄴ. 보건 및 체육의 명칭이 체육으로 통일되었고, 중·고등학교에 레크리에이션 영역이 추가되었다.
ㄷ. 체육과 내용을 심동적 영역, 인지적 영역, 정의적 영역으로 구분하여 설정하였다.
ㄹ. 체육과 명칭을 초등학교에서는 보건, 중·고등학교에서는 체육으로 하였다.

① ㄱ-ㄷ-ㄴ-ㄹ ② ㄷ-ㄱ-ㄹ-ㄴ ③ ㄷ-ㄴ-ㄹ-ㄱ ④ ㄹ-ㄴ-ㄱ-ㄷ ⑤ ㄹ-ㄴ-ㄷ-ㄱ

[정답] ④
[해설] ㄱ-3차 교육과정, ㄴ-2차 교육과정, ㄷ-5차 교육과정, ㄹ-1차 교육과정

57 | 2011학년도

다음은 중등학교 체육과 교육과정의 변천과 관련된 대화이다. (가)~(다)에 들어갈 적절한 단어로 옳은 것은?

김 교사: 제가 학교에 발령 받아 체육 수업을 할 때는 (가) 시기로 10월 유신이 있었고, 국민정신 교육을 강화하라고 했지요. 그래서 학기 초만 되면 체육과 교육과정에 제시된 질서 운동을 학생에게 지도하는 것이 아주 중요한 과제였어요.
최 교사: 그런 시절이 있었군요. 제가 존경하는 중학교 체육선생님은 저희에게 처음으로 (나) 을/를 가르쳐 주셨어요. 그때가 제5차 교육과정 시기였어요.
윤 교사: 저는 (다) 시기에 교직 생활을 시작했습니다. 그때는 교육 내용의 최적화와 축소라는 취지 하에 '필수'와 '선택'의 개념이 체육과 교육과정 내용에 도입되었습니다. 그래서 중학교 2학년 체조 영역에서 반드시 뜀틀 운동을 필수로 가르쳐야 했습니다.

	(가)	(나)	(다)
①	학문중심 교육과정	순환 운동	제4차 교육과정
②	학문중심 교육과정	체력 운동	제7차 교육과정
③	경험중심 교육과정	체력 운동	제6차 교육과정
④	경험중심 교육과정	평생 스포츠	제6차 교육과정
⑤	교과중심 교육과정	평생 스포츠	제7차 교육과정

[정답] ②
- (가) 학문중심 교육과정: 제3차 교육과정으로서 1968년 선포된 국민교육헌장의 이념과 1960년대 미국 교육계를 주도한 학문중심 교육과정 이론에 바탕을 두고 이루어졌다. 초·중·고등학교에서 순환운동과, 초등학교와 중학교의 질서운동이 새로운 영역으로 유입되고 있으며 이는 당시 우리나라의 시대적 상황을 반영하고 있는 것으로 이해할 수 있다.
- (나) 체력운동: 제5차 교육과정의 심동적 영역의 하위 영역으로서 처음 등장하게 되었다.
- (다) 제7차 체육과 교육과정: 교과 내용의 최적화 및 축소라는 취지하에 '필수내용'과 '선택 내용'의 개념이 체육과 교육과정 내용에 도입되었다.

58 | 2018학년도

1. 다음의 (가)는 시기별 고등학교 체육 교과 편성의 주요 변화를 나타낸 자료이고, (나)는 시기별 체육과 교육과정의 특징에 대한 교사와 교육 실습생과의 대화이다. 〈작성 방법〉에 따라 순서대로 서술하시오. [4점]

(가)

시기	교육과정의 특징
(A)	• 고등학교 선택 교육과정에서는 교과 영역이 기초, 탐구, 체육·예술, 생활교양으로 구분되었다. 체육은 체육·예술 교과 영역에 속하고, 운동과 건강생활, 스포츠 문화, 스포츠 과학 과목이 개발되었다.
(B)	• 10학년은 국민 공통 교육과정의 일환으로 체육 과목이 편성되었고, 11~12학년은 선택교육과정으로 운동과 건강생활, 스포츠 문화, 스포츠 과학 과목이 개발되었다.
(C)	• 고등학교 과목은 공통과목과 선택과목으로 이원화되고, 체육은 선택과목에 편성되었다. 체육, 운동과 건강, 스포츠 생활, ㉠ 체육 탐구 과목이 개발되었다.

(나)

교 사: 체육과 교육과정은 (A), (B), (C) 시기별로 어떤 특징을 가지고 있나요?

김○○: (A) 시기에는 '신체 활동 선택 예시'에서 '신체 활동 활용 예시'로 바뀌었습니다. 또한 이 시기에는 학년군별, 영역별, 내용별로 성취기준이 제시되었습니다.

이○○: (B) 시기는 체육과 교육과정 내용 영역을 건강 활동, 도전 활동, 경쟁 활동, 표현 활동, 여가 활동으로 구성하였습니다. 또한 이 시기에는 인지적 영역, 심동적영역, 정의적 영역의 내용이 통합되어 제시되었습니다.

박○○: (C) 시기의 성취기준은 내용 체계의 핵심 개념과 학년별 내용 요소가 융합한 형태로 진술되었습니다.

〈작성 방법〉

- (가)의 (A), (B), (C)를 시기순(과거 → 현재)으로 배열하고, 밑줄 친 ㉠의 내용 영역을 기술할 것.
- (나)의 시기별 체육과 교육과정의 특징에 대한 밑줄 친 응답 중에서 잘못된 1가지를 찾아 바르게 수정하여 기술할 것.

[정답] • (가) (B), (A), (C) (1점) (B) 2007, (A) 2009, (C) 2015
㉠ 체육의 본질, 체육과 과학, 체육과 진로 (1점)
• (나) (C)의 밑줄(1점) 내용체계의 학년별 내용요소와 기능이 융합한 형태 (1점)

3. (가)는 개화기 학교 체육의 특징에 관한 내용이고, (나)는 체육 교과의 명칭 변화에 관한 내용이다. 괄호 안의 ㉠, ㉡에 해당하는 내용을 순서대로 쓰시오. [2점]

(가) 개화기 학교 체육의 특징

학교 체육은 (㉠)(이)라는 명칭으로 소학교 및 중학교의 정식 교과로 채택되었다. 구체적 내용은 다음과 같다.

- 소학교: 소학교규칙대강이 발표되고, 소학교령 제10조에 "(㉠)은/는 신체의 성장을 균제건강(均齊健康)하게 하며, 정신을 쾌활강의(快活剛毅)하게 하고, 겸하여 규율을 지키고 협동의 습관을 기르는 것을 요지로 함."이라고 규정하였다.
- 중학교: 중학교 관제에 따라 4년 과정인 심상과와 3년 과정인 고등과의 교과로 (㉠)이/가 편성되었다.

(나) 체육 교과의 명칭 변화

…(중략)…

미군정기와 교수요목기에 체육 교과의 명칭에 변화가 생겼다. 초등학교에서는 (㉡), 중학교에서는 체육·(㉡), 고등학교에서는 체육으로 변경되었다. 이후 제1차 교육과정 시기에 초등학교 체육 교과의 명칭은 (㉡), 중·고등학교는 체육으로 변경되었다. 제2차 교육과정 시기에 이르러서야 초·중·고등학교에서 오늘날과 같은 '체육'이라는 통일된 명칭이 사용되었다.

[정답] ㉠ 체조 [1점] ㉡ 보건 [1점]

제 4 장 체육과 교육과정의 개발 수준과 개발 과정

1 체육과 교육과정 개발의 개념과 대상

1. 체육과 교육과정 개발

(1) 교육과정 개발: 종합적인 개념으로써 교육과정 계획에서부터 시행, 그리고 평가에 이르는 모든 관련 활동을 포함하는 용어이다.

① 교육과정 개발의 의미는 교육과정 개선의 의미와 거의 동일하게 사용된다. 그러나 엄밀히 따진다면, 교육과정 개선은 교육과정 개발의 결과로 나타나는 현상이라고 볼 수 있다.

② 교육과정 계획: 이는 교육과정 개발 전문가가 의사결정을 하고 가르치는 사람이나 배우는 사람이 실천에 옮길 계획을 수립하는 교육과정 개발의 예비적 단계의 활동을 말한다.

③ 교육과정 시행: 교육과정 계획을 실천에 옮기는 행동이라고 한다.

④ 교육과정 평가: 교육과정 계획에서 시행으로 이어지는 일련의 교육과정 개발 행동은 교육과정 평가로 다시 이어진다. 즉 교육과정 평가는 교육과정 개발의 마지막 절차라고 할 수 있다. 또는 종종 교육과정 개정이란 말을 쓰고 있는데, 이는 교육과정에 어떤 변화를 가져 오는 과정(過程)을 의미한다.

2 체육과 교육과정의 개발 원리 및 기준

1. 개발 원리

(1) 교육과정 개발은 교육을 둘러싸고 있는 시대와 사회의 변화를 이끌고 반영하며, 또 그 시대와 사회 변화의 산물로써 나타나는 필수불가결한 절차이다.

(2) 교육과정 개발은 그 일에 참여하는 많은 사람들 간의 협동적인 의사결정 과정이다.

(3) 교육과정 개발은 교육에 필요한 모든 가용 자원을 총괄적으로 활용하여 계획하고, 실시하며 평가하는 체계적이고 종합적인 과정이다.

(4) 교육과정 개발은 결코 끝이 없는 부단히 계속되는 점진적 개혁과정이다.

(5) 교육과정 개발은 그 일에 참여하는 사람은 물론 교육에 관계하는 모든 사람들의 개발을 통해서 이루어진다.

2. 개발 기준

교육과정의 기본 요소로 목표, 내용, 교수학습 방법 및 평가가 있다. 이 기본 요소를 배열하는 일을 교육과정 설계라고 한다. 가능한 한 교육과정 설계의 영역을 파악하고 실제성의 내적 일관성을 추구하는 것이 중요하다.

(1) 내용의 범위(또는 스코프scope)

① 교육과정을 개발할 때 내용의 폭과 깊이를 결정하는 것으로, 각 교과에서 다루어야 할 내용의 영역과 범위를 결정하는 것이다. 즉 스코프는 학습 범위 또는 학습 영역의 포함 관계를 설명하는 것으로, 즉 어디에서 어느 범위까지를 포함시켜야 할지를 결정하는 일이다.

② 따라서 교육과정을 의도된 학습 성과로 볼 경우 의도된 학습 성과를 각 학년 수준에 따라 열거함으로써 시퀀스(sequence)를 제공하게 되고, 주제나 특정 차원에 따라 의도된 성과를 묶음으로써 교육과정의 스코프를 제공하게 된다.

(2) 통합성(integration)

① 통합성은 교육과정의 내용을 수평적으로 관련시키는 것으로 조직 요소의 횡적 상호관련성을 의미한다. 이러한 내용의 조직은 학생들로 하여금 사물을 종합적으로 보게 하고 학습 내용과 행동을 통합시키도록 하는 것이다.

② 통합은 여러 가지 내용의 과제나 주제가 유기적·횡적 관계를 갖게 하는 것이다. 학생의 요구에 맞는 학습 경험과 활동들이 내적 관계를 갖도록 해야 한다.

(3) 계열성(sequence)

① 계열성은 학습 계열 또는 학습 계통을 의미하며, 교육과정 내용이 제시되는 순서로서 수직적 조직의 차원에 해당된다. 즉 시간의 경과에 따른 내용의 수준별 조직을 뜻한다. 특히 계열성은 타일러(Tyler)에 따르면 학습 경험의 효과적인 조직 준거의 하나로, 학습 경험이 단계적으로 깊어지고 넓어져서 경험의 계속적 축적이 이루어지는 경우를 의미한다.

② 학습 경험의 확대 및 심화를 의미한다. 계열의 문제에서는 내용과 경험의 계열이 교과의 논리성에 근거하는가 혹은 학습자의 지식 습득 과정에 근거하는가 하는 문제가 결정되어야 한다. 이 문제는 역사적으로 매우 논쟁적인 문제이다. 일반적으로 잘 알려진 계열성의 원리로는 ㉠ 단순에서 복잡으로, ㉡ 필수적 내용의 학습, ㉢ 전체에서 부분으로, ㉣ 연대순에 따른 학습 등이 있다.

(4) 계속성(continuity)

① 계속성은 교육 내용이나 경험을 수직적으로 조직하는 요소를 지속적으로 반복하여 제시하는 것이다. 이때 반복되는 것은 동일한 요소이며 동일 요소가 동일 수준에서 반복될 수도 있고, 수준이 상향되면서 지속적으로 반복될 수도 있다.

② 이런 점에서 계속성은 조직 요소의 반복을 통합 종적인 계열을 이루는 것이라고 볼 수 있다.

(5) 연계성(articulation)

① 연계성은 교육과정의 여러 측면들 간의 상호 관계를 의미한다. 관계가 종적일 수도 있고 횡적일 수도 있다. 이런 점에서 연계성은 상관의 의미를 지닌다.

㉠ 종적(수직적) 차원의 연계성: 계속성의 문제와 동일하다. 계열의 측면에서 학습, 주제, 과정의 관계가 포함되어 있다.

㉡ 횡적(수평적) 차원의 연계성: 동시에 다루어지는 요인 간 또는 요인들의 결합이라고 볼 수 있다.

(6) 균형성(balance)

① 균형성은 교육과정의 각 부분이 적절하게 다루어져서 전체적 균형의 유지를 의미한다.

② 즉 각 측면에 대한 지나친 강조와 무관심으로 인해 왜곡된 문제가 발생하지 않도록 교육과정 요소들 간에 적절한 비중을 보장하는 문제이다.

3 체육과 내용의 조직 원리: 교육과정 구성요소 중 체육과 내용관련

(1) 수평적 조직(같은 시간대에 교육 내용들을 배치하는 것을 의미): 범위와 통합성

① 범위(scope): 교육과정의 특정 시점에서 학생들이 배우게 될 내용의 폭과 깊이를 가리킨다. 즉 스코프는 어떤 시점에서 학생들이 배워야 할 내용이 무엇이고, 그것들을 얼마나 깊이 있게 배워야 하는가를 결정한다.

② 통합성(integration): 교육 내용들의 관련성을 바탕으로 교육 내용들을 하나의 단원으로 묶는 것을 말한다. 또는 효율적인 수업을 위해 관련 있는 내용들을 동시에 혹은 비슷한 시간대에 배열하는 것을 의미한다(김대현·김석우, 1996).

(2) 수직적 조직(시간의 연속성을 토대로 교육 내용을 배치): 계열성과 연계성

① 계열성(sequence)

교육 내용을 배우는 순서를 말한다. 계열성은 학습자가 어떤 내용을 먼저 배우고 어떤 내용을 나중에 배우는가를 결정하는 것이다.

교육 내용을 계열화하는데 자주 사용되는 방법 중 체육과와 관련 있는 방법 5가지	
① 단순한 내용에서 복잡한 내용으로 순서를 결정	기초적인 내용이 보다 복잡한 내용의 앞에 오도록 순서를 정하는 것을 말한다.
② 전체에서 부분으로 내용의 순서를 결정	전체에 대한 이해가 부분들을 이해하는데 필수적일 때 사용된다. 전체에서 부분으로의 설계는 학습자에게 배울 내용의 개요를 먼저 소개하고 학습자가 이 개요를 학습한 후에 전체의 더 작은 부분인 구체적인 정보를 배우게 된다.
③ 논리적 선행 요건으로 내용의 순서를 결정	어떤 내용을 학습하기 위해서 반드시 배워야 할 내용이 있을 때 사용한다.
④ 추상성 수준으로 내용의 순서를 결정	학습자가 친숙한 교육 내용으로부터 시작하여 점차 낮선 교육 내용으로 안내되도록 배치한다.
⑤ 학생들의 발달 단계를 고려하여 내용의 순서를 결정	학생들의 인지적, 정서적, 신체적 발달 단계를 고려하여 내용의 순서를 결정한다.

② 연계성(articulation)

교육과정의 여러 측면들 간 상호 관계를 의미한다. 관계는 종적일 수도 있고 횡적일 수도 있다.

종적 차원의 연계성을 수직적 연계성(vertical articulation)이라고 할 수 있는데, 이는 계속성의 문제와 동일하다고 볼 수 있다. 즉 수직적 연계성은 이전에 배운 내용과 앞으로 배울 내용의 관계에 초점을 둔 것으로, 특정한 학습의 종결점이 다음 학습의 출발점과 잘 맞물리도록 교육 내용을 조직하는 것을 말한다. 특히 수직적 연계성은 학교급 간의 교육 내용을 연결하고, 학년이나 단원의 교육내용을 연결하는데도 중요하다(강현석 등 1996).

4 교육과정 개발 체제와 수준

1. 개발 체제

	중앙집권형	지방분권형
장점	1. 새로운 교육 혁신의 아이디어나 국가 교육 목표의 실현을 쉽사리 전국화 할 수 있다. 2. 체계적이고 국가적인 노력에 의해 질 높은 교육과정을 설계할 수 있다. 3. 새 교육과정 적용 단계에 효과적 교사 교육을 시행할 수 있다.	1. 지역, 학교, 학생의 특성을 고려한 다양하고 탄력적인 교육과정 개발이 될 수 있다. 2. 지역 단위 교육청, 학교, 교사들이 교육과정 개발 참여로 교육 전문성을 높일 수 있다. 3. 학생에게 그들의 필요에 따라 선택적인 교육과정을 제공할 수 있다.
단점	1. 학교와 교사는 수업에 있어서 수동적으로 되기 쉽고 지식 정보의 매개체로 전락하기 쉽다. 2. 교사가 교육과정 문제로부터 소외되어 자신의 전문성 향상을 위해 교육과정과 수업에 대하여 깊이 사고하지 않는 경향이 생긴다. 3. 지역, 학교, 학생의 특수성에 부응할 수 있는 다양한 교육과정이 어렵다.	1. 전국적으로 합의할 수 있는 교육의 목표와 내용을 가지기 어렵다. 2. 제작의 용이성 때문에 질적으로 수준이 낮은 교육과정이 되기 쉽다. 3. 지역중심, 학교중심, 교사중심이 지나쳐 새로운 교육 혁신이 전파되지 못할 염려가 있다.
절충적 교육과정 개발 체제(최근 중앙집권과 지방분권 결함 극복 위해) ① 절충적 개발 체제에서 국가는 교육과정 기준에 대한 지침을 발표하고, 이 지침의 준수 여부를 판단하기 위해 최소한의 평가 활동을 수행한다. 지역과 학교는 지역이나 학교의 특수성에 따라 국가 수준에서 발표된 교육과정을 재개발, 운영, 평가하는 활동을 수행한다. ② 즉 제3의 교육과정 개발 체제는 국가의 권한을 최소한으로 축소하여 교육과정의 획일화와 경직화를 막고 지역과 개별 학교의 특수성, 자율성, 그리고 책임성을 강조한다.		

2. 개발 수준

- 교육과정 개발은 총론과 각론 모두 여러 가지 수준에서 이루어져 왔다. 교육과정 개발은 가장 광범위한 수준에서 적용되는 국가 수준의 교육과정 문서에서부터 특정 지역의 단위학교와 교사에 적용되는 문서에 이르기까지 다양하고 광범위한 수준에서 이루어진다. 일단 개발 수준이 결정되면 각 수준별 개발 단계에서 개발 활동이 이루어진다. 먼저 교육과정 개발을 위해서 참여 기관과 인사가 선정되고, 선정된 참여 기관과 인사들은 교육 프로그램에 담겨질 주요 항목들을 결정한다.

〈표 4-1〉 교육과정 개발의 수준과 특징

교육과정 개발 수준	개발 주체	교육과정 유형	교육과정 성격
국가 교육과정	교육 인적자원부	**국가 교육과정**	공통적, 보편적, 기본적, 대강적 기준
시·도 교육과정	시·도 교육청	**교육과정 편성·운영 지침**	시·도의 특성, 실태, 요구를 고려한 지침
지역 교육과정	지역 교육청	**실천중심 장학 자료**	지역의 특성, 실태, 요구를 고려한 지침
학교 교육과정	단위 학교	**학교 교육과정 (또는 학교교육 계획)**	학교 실정, 학생 실태를 고려한 구체적 교육과정
학급(또는 교사)	교사	**학급 교육과정 또는 교수학습과정안**	학급 실정, 학생의 실태와 요구를 고려한 구체적 교육과정

5 체육과 교육과정 개발 과정 및 절차

1. 개발 참여자와 참여 방식

• 교육과정 개발 활동은 다양한 집단의 교육 관련자들에 의해 이루어진다. 교육과정 활동을 개발, 운영, 평가로 크게 구분할 때, 이러한 각 활동에 참여하는 사람들과 참여 방식은 각기 다르다.

〈표 4-2〉 체육과 교육과정 개발 수준에 따른 참여자

개발 수준	개발 참여자
국가 교육과정	교사, 교육 인적자원부 관계자 및 교육전문직, 교과 교육 및 교육과정 전문가, 학교 행정가, 학부모, 학생 등
지역 교육과정	교사, 장학 담당자, 교육과정 전문가, 교과교육 전문가, 학교 행정가, 학부모, 학생 등
학교 교육과정	교사, 학교 행정가, 학부모, 학생, 외부 교육 전문가 등
학급(또는 교사) 교육과정	교사, 학생 등

(1) 교사: 교사는 실제 현장에서 교육과정을 운영하는 사람이다. 교사는 학습자와 학습 환경을 가장 정확하게 알 수 있는 위치에 있으므로, 교육과정에 의한 주요 문제들에 대하여 대단히 실제적인 의견을 낼 수 있다. 그들은 주어진 교육과정을 창조적으로 재구성하는 역할을 한다. 즉 그들은 학교 교육과정을 개발하고 운영하며 평가하는데 참여한다. 그들 중에서 교육과정에 대한 현장 전문성을 가진 일부 소수의 교사들은 국가 수준 체육과 교육과정 개발 또는 시도 및 지역 교육청의 교육과정 편성·운영 개발에 주도적으로 참여한다. 그렇지 않은 교사들은 설문 및 면담 조사, 협의회·공청회, 인터넷들을 활용하여 현장의 의견을 제시함으로써 참여하게 된다. 따라서 대부분의 교사들은 근무 학교의 교육과정 개발이나 수업 계획 작성에 참여한다.

2. 개발 절차 및 방법

(1) 국가 수준 교육과정

① 우리나라 국가 교육과정 개발은 교육 인적자원부 장관의 고유 권한으로서 현재 교육 인적자원부 학교교육 정책실 교육과정 정책과의 연구관 또는 연구사들이 국가, 사회적 요구를 고려하여 기본 계획을 수립하고 편찬하고 있다.

② 교육 인적자원부는 교육과정 지침을 개발한다. 교육 인적자원부는 독자적으로 교육과정을 개발하기 보다는 기본 계획을 연구 기관 또는 대학에 위촉하여 전반적인 학교 교육의 방향, 학교급별 교육 목표, 편제 등을 연구·개발토록 하고 있다. 연구 개발 과정 중에 교육 인적자원부는 여러 차례의 심의회와 공청회를 개최하며 교육과정 시안을 심의하고 조정하며 확정·고시하는 역할을 한다.

(2) 지역 수준 교육과정

① 시·도 및 지역 교육청 수준에서 이루어지는 교육과정 개발은 국가 교육과정 기준과 학교 교육과정을 연결시켜주는 역할이다. 먼저 「시·도 교육과정 편성·운영지침」에는 해당 지역의 특수성이나 실태, 필요한 요구 등이 교과, 재량 활동, 특별 활동에 반영되어야 하며, 이러한 학교 교육과정을 지원하기 위한 계획이 구체적으로 제시되어야 한다.

② 지역 교육청 수준의 실천중심 장학 자료의 개발 절차는 「시·도 교육과정 편성·운영 지침」의 개발 절차와 유사하고 단계별 활동도 이에 준하여 진행된다.

(3) 학교 수준 교육과정

① 학교 교육과정은 국가 수준이나 지역 수준에 의거하여 지역의 특성과 학교의 실정, 학생의 실태에 맞게 편성한 단위 학교의 구체적인 교육과정을 말한다.

② 단위 학교에서 상위 수준의 교육과정(시·도 교육청, 지역 교육청)을 참고로 하여 학교의 특성에 부합하는 특색있는 교육과정을 편성·운영해야 하기 때문에 '학교 교육 계획서' 형태로 제시하며, 그 안에는 '학교 교육과정의 편성, 운영, 평가' 3개 부문을 포함하고 있다.

③ 학교 교육과정에는 교과별, 학년별, 학급별 교육과정이 상세하게 제시되어 있다.

(4) 교실 수준 교육과정(교사 수준 교육과정: 박명기 저 체육교육과정 이론)

① 교실 수준 교육과정은 국가 수준에서 제시한 교육과정을 학년, 학급의 실정에 맞게 개발하는 것으로, 교사는 교과의 학년 목표를 학생들의 능력 수준이나 학교 실정에 맞게 조정하는 역할을 하게 된다. 또한 교사는 교육 내용을 추가, 보완, 축소, 통합하여 조정하거나, 교육 내용의 순서를 계절이나 행사 등을 고려하여 조정하게 된다.

② 개발하는 절차는 학년 협의회 또는 교과 협의회가 공동으로 개발할 수도 있고, 교사 개인이 상위 수준의 교육과정을 해석하여 개별적으로 개발하여 활용하는 경우도 있다.

제 5 장 교사 수준의 체육과 교육과정 개발

1 '체육과 교육과정 개발자'로서의 교사 역할 13 기출

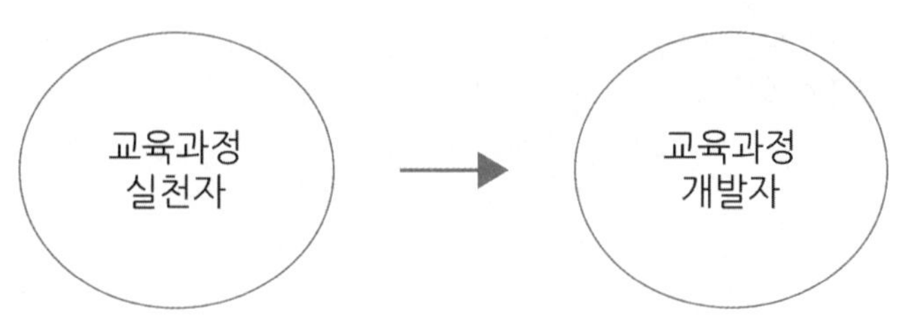

[그림 5-1] 체육 교사의 역할 변화

'교육과정 실천자'	교육과정 개발자
과거에는 교과 전문가 집단을 중심으로 국가에서 개발된 교육과정을 그대로 수용하여 잘 실천에 옮기는 수동적인 모습을 기대해 왔다.	제7차 교육과정에 이르러 단위 학교의 교육과정 운영의 자율성 권한이 크게 부여되면서 각 학교에서는 자체적으로 교육과정을 개발하기 시작했고, 동시에 각 교과 교사의 교육과정 개발에 대한 책무성과 전문성이 크게 요구되고 있다. 일반적으로 교과 협의회를 통해 연간지도계획서의 내용을 논의하고, 단원 계획안이나 교수·학습과정안 등 교육과정 관련 문서를 실제로 작성하고 실천에 옮긴다. 이 과정에서 각 교사는 학교의 상황과 학습자의 요구를 직접적으로 반영할 수 있는 강점을 발휘할 수 있다. 폭넓게 해석한다면 이와 같은 교사의 일을 '교육과정 개발'이라고 말할 수 있다.

2 교사 수준의 체육과 교육과정 개발 절차 00 기출 11 기출

- 교사 수준의 체육과 교육과정 개발은 체육 교과 협의회 또는 학년 협의회에 따라 그 모습이 다양하게 나타날 수 있다. 어떤 학교에서는 체육과(또는 학년) 교육과정을 교과 협의회에서 혹은 동 학년 교사가 공동 개발하여 그대로 사용한다.
- 다음은 교사 수준의 체육과 교육과정 개발 절차를 보여주고 있다. 이 절차는 이상적인 개발 절차를 보여주고 있다. 따라서 실제로 **교사 수준에서 체육과 교육과정을 개발할 때 하나의 예시 수준으로 해석하고 해당 학교의 여러 가지 상황에 기초하여 이 절차를 수정, 보완해 나가는 지속적인 노력이 필요하다.**

〈표 5-1〉 교사 수준의 체육과 교육과정 개발 절차

(가) 국가 수준 체육과 교육 과정 및 해설서 살펴보기		(나) 지역 수준 체육과 교육과정 살펴보기		(다) 단위 학교 교육과정 살펴보기		(라) 단위학교의 교육환경과 실태 조사하기		(마) 체육과(또는 학년) 교육 계획 수립하기		(바) 체육과 교육과정 개발하기
• 성격 • 목표 • 내용 • 교수학습 방법 • 평가	▶	• 초등학교와 중학교는 시도 및 지역 교육청 실천 장학중심 자료 분석 • 고등학교는 시도 교육청 편성 운영지침 분석	▶	• 전년도 학교 교육 계획서 분석 • 타 학교 학교 교육 계획서 분석	▶	• 학교 교육 철학 및 경영 목표 분석 • 학생 실태 및 요구 분석 • 체육 교육 환경 조사 등	▶	• 단위 학교의 체육과 교육 철학 분석 • 학년별 지도 중점 분석 • 동학년 교사 또는 체육 교사 배경 조사	▶	• 연간지도계획서 작성 • 단원 계획안 작성 • 교수학습과정안 및 기타 수업 자료 개발 등

〈표 5-2〉 교육과정 개발의 수준과 특징

교육과정 개발 수준	개발 주체	교육과정 유형	교육과정 성격
국가 교육과정	교육 인적자원부	국가 교육과정	공통적, 보편적, 기본적, 대강적 기준
시·도 교육과정	시·도 교육청	교육과정 편성·운영 지침	시·도의 특성, 실태, 요구를 고려한 지침
지역 교육과정	지역 교육청	실천중심 장학 자료	지역의 특성, 실태, 요구를 고려한 지침
학교 교육과정	단위 학교	학교 교육과정 (또는 학교교육 계획)	학교 실정, 학생 실태를 고려한 구체적 교육과정
학급(또는 교사)	교사	학급 교육과정 또는 교수학습과정안	학급 실정, 학생의 실태와 요구를 고려한 구체적 교육과정

3 교사 수준의 체육과 교육과정 개발 대상과 실제

(1) 제6차 교육과정에서부터 '교육과정 결정권의 분권화'가 강조되고 단위 학교 재량권이 크게 확대되면서 교육과정 개발은 실행과 더욱 밀접한 관계를 가지게 되었다. 이러한 추세는 앞으로도 지속될 예정이다. 이는 교육 현장에 있는 교사로 하여금 '교육과정'과 '수업'을 별개의 것이 아닌, 동일한 연결선 상에 있는 것으로 인식하게 하고, 뿐만 아니라 수업의 설계가 교육과정 개발의 마무리 단계로 연결됨으로써 자신의 역할을 교육과정 개발자로서 바라보는 시각이 필요함을 강조하는 것이다.

교사 수준의 체육과 교육과정 개발 대상과 실제	2015 개정 체육과 교육과정 4. 교수·학습 및 평가의 방향 가. 교수·학습 (2) 교수·학습의 계획
1. 연간 지도 계획서 개발	(가) 교육과정 운영 계획
2. 단원 계획서 개발	(나) 교수·학습 운영 계획
3. 교수학습과정안 개발	(다) 교수·학습 활동 계획

1. 연간 지도 계획서 개발 13 기출 (2015개정 교육과정을 이해하는 것이 중요)

〈표 5-3〉 ○○중학교 체육과 연간 지도 계획서 개발 절차

단계	내용
1단계	○○중학교 체육과 교육과정 철학 정립
2단계	○○년도 체육과 교육과정 목적 진술(국가수준의 체육과 교육과정을 바탕으로 지역수준 교육과정의 방향을 참고하여 단위 학교에서 추구하는 체육과의 목적을 진술)
3단계	○○년도 체육과 학년별 목표 진술(국가수준의 체육과 교육과정을 기준으로 삼고 지역수준 교육과정의 내용을 참고하여 학교에서 추구하는 체육과의 목표와 학년별 체육과 목표를 진술)
4단계	연간 수업 시수 계산: 실제 수업 시수 (국가수준의 체육과 교육과정에서 제시한 학년군 3년간의 기준 수업 시수를 기준으로 삼되 학교 여건을 고려하여 실현 가능한 연간 수업시수를 결정)
5단계	체육과 대영역 내용의 교육 비중 결정 (단위 학교 체육과 교육과정을 바탕으로 대영역간 수업시수 비중을 결정)
6단계	체육 교육 환경 조사 및 활용성 판단 (체육시설, 용기구 등을 파악 조사하여 효율적이고 안전하게 교육환경을 조성)
7단계	체육과 대영역별 신체 활동 선정 (종류와 수 협의) * **신체활동**은 교육과정의 목적에 근거하여 선택하되, 학교의 교육 여건을 고려하여 다른 영역의 신체활동 예시나 새로운 신체활동을 선택할 수 있다. 단, 단위 학교의 교과 협의회를 통해 결정한다.
8단계	연간 지도 계획서 작성(학교행사, 교육일정 등 고려)

(1) 6단계: 체육 교육 환경 조사 및 활용성 판단

① 6단계는 체육 교육과정 운영을 위한 교육 환경을 조사하고 그 활용성을 판단하는 일이다. 실제로 단위 학교에서 구비하고 있는 체육 시설, 용기구, 교구, 기자재 등을 파악하고, 실제로 수업에서 활용 가능한 교육 환경을 조사할 필요가 있다. 어느 학교에서는 체육관이 구비되어 있지만 농구부의 운동 연습으로 1년 내내 활용하지 못하는 경우가 있다.

② 또한 어느 학교에서는 높이뛰기 매트 2개가 있는 것으로 되어 있지만, 매트 1개는 여러 가지 원인으로 매트의 기능을 할 수 없는 경우도 있다. 이처럼 단위 학교에서 현재 구비하고 있지만 활용하지 못하는 경우도 있으므로 이를 배제하여 체육과 교육과정을 계획해야 한다.

③ 반면에 현재 시설 및 용기구가 구비되어 있지 못하지만 예산 편성으로 인해 앞으로 구비할 계획이 있는 경우에는 이를 고려하여 체육과 교육과정 계획서를 개발해야 한다. 특히 예산 문제에서는 장기적으로 계획성 있는 예산을 편성하여 충분한 체육 교육 환경을 확보할 수 있도록 노력을 기울여야 한다.

④ 한편 단위 학교가 있는 지역 사회의 체육 시설을 조사하여 체육과 교육과정을 운영하는데 활용할 수 있다면 이를 적극적으로 고려하여 계획을 수립하는 것이 바람직하다.

〈체육 교육 현황 예시〉

□ 교사현황

구분	교사	성별	나이	담임학년	전공
총 4명	김○○	남	53	1, 3	하키
	이○○	남	53	2, 3	육상
	박○○	여	48	1, 2, 3	무용
	김○○	남	28	1, 2	럭비

* 동일하게 각 영역을 지도하나 교사의 활동 내용에 따른 전문성이 차이가 남.

□ 학생

구분	반 편성	체육에 대한 선호도		사회체육 경험도	경제적 능력
1학년	단성	남	여	낮음	낮음
		높음	낮음		

* 남, 여 성별에 대한 체육 선호도가 상이함
* 학교 체육을 제외한 체육 활동 수준이 낮음
* 성별에 관계없이 선호할 수 있는 종목(크로스컨츄리, 배드민턴, 골프)선정

□ 시설

현황	내용
운동장	축구장, 농구내 12개, 씨름상, 철봉 8개
체육관	레슬링 부 매트, 배드민턴 코트, 웨이트장
이용가능시설	근린공원(수영장, 무용실, 축구장, 등산로)

* 우천 시 수업 가능

(2) 7단계: 체육과 대영역별 신체 활동 선정

① 7단계에서는 5단계와 6단계의 결과를 토대로 지도 가능한 신체 활동의 종류와 수를 결정한다. 제7차 체육과 교육과정에서는 학년별 필수 활동이 지정되어 있었기 때문에, 이를 준수하는 방향으로 결정하면 된다.

② 그러나 새 체육과 교육과정에서는 학년별 필수 활동이 없고 그 대신 가능한 신체 활동의 선택 예시를 제공하고 있다. 따라서 각 대영역을 필수로 지도하는데 가장 적합한 신체 활동의 종류와 수를 결정해야 한다.

③ 이 결정도 5단계의 대영역별 교육 비중을 결정하는 것과 마찬가지로 학교의 특성(남학교, 여학교, 공학), 지역적 특성(예 산, 바다 등이 인접한 학교), 체육 교사 배경(실기 지도 능력 등), 학생의 교육적 요구와 흥미, 학교 체육 시설 등을 종합적으로 고려하여 결정해야 한다.

④ 주의할 점은 학생들에게 다양한 신체 활동을 지도하려는 교육적 의도에서 신체 활동의 수를 늘리기 보다는, 운동기능 이외의 다양한 교육 내용 요소를 필수적으로 지도함으로써 종합적 운동 능력을 함양하는데 초점을 두고 있으므로 적정한 수의 신체 활동을 선정하는 것이 바람직하다.

〈표 5-4〉 연간 체육과 대영역별 신체 활동 선정 예시

대영역	중영역	소영역	신체 활동의 선정	종목수
건강 활동(10시간)	체력 관리	건강과 체력 관리	건강달리기(10H)	1개
	보건과 안전	건강 생활과 환경안전		
도전 활동(15시간)	기록도전	기록도전	자유형(15H)	1개
경쟁 활동(35시간)	영역형 경쟁	영역형 경쟁	축구(20H), 넷볼(15H)	2개
표현 활동(15시간)	창작표현	심미 표현과 창작	꾸미기 체조(15H)	1개
여가 활동(10시간)	여가와 문화	청소년 여가문화	인라인 스케이팅(10H)	1개
실제 수업 시간: 총 85시간				6개

(3) 8단계: 연간 지도 계획서 작성

① 8단계는 실제로 연간 지도 계획서를 작성하는 단계이다. 이 단계에서는 학교 행사, 교육일정, 기후 등을 고려하여 선정된 신체 활동을 적절히 조직하는 일이 요구된다. 다음은 연간 지도 계획서의 사례이다.

〈표 5-5〉 연간 지도 계획서 사례

<table>
<tr><th colspan="2">1학기</th><th colspan="2">2학기</th></tr>
<tr><td>3월</td><td>건강 활동: 건강 달리기(10시간)</td><td>8월</td><td rowspan="2">표현 활동: 꾸미기 체조(15시간)</td></tr>
<tr><td>4월</td><td rowspan="2">경쟁 활동: 축구(20시간)</td><td>9월</td></tr>
<tr><td>5월</td><td>10월</td><td>여가 활동: 인라인 스케이팅(10시간)</td></tr>
<tr><td>6월</td><td rowspan="2">도전 활동: 자유형(15시간</td><td>11월</td><td rowspan="2">경쟁 활동: 넷볼(15시간)</td></tr>
<tr><td>7월</td><td>12월/2월</td></tr>
<tr><td colspan="2">총 45시간</td><td colspan="2">총 40시간</td></tr>
</table>

다음은 박 교사의 수업 개선에 대한 견해이다.

(가) 박 교사는 '2009 개정 교육과정에 따른 체육과 교육과정'의 개정 취지와 방향에 공감하고, 의미 있는 교육과정의 실천을 위해 노력하는 체육 교사이다. 그는 교육과정과 관련하여 교사가 실천자이자 개발자로서의 역할을 수행해야 한다고 생각한다.

(나) 박 교사는 학교 단위의 교육과정 수립 과정에서 개발자의 역할을 수행하고자 한다. 그는 자신의 수업을 안내할 연간 지도 계획서를 체계적으로 작성하고자, '2009 개정 교육과정에 따른 체육과 교육과정'을 분석하여 개발자의 역할을 수행하였다.

(다) 박 교사는 교수·학습의 계획 단계에서도 개발자의 역할을 수행하고자 한다. '2009 개정 교육과정에 따른 체육과 교육과정'에서는 교수·학습의 방향으로 수준별 수업을 강조하고 있다. 박 교사는 이러한 교육과정 의도를 반영하여 구체적인 수업 구상을 하면서 개발자의 역할을 수행하고자 한다. 이에 박 교사는 ㉠'다양한 과제 수준에 따른 수준별 수업'과 ㉡'다양한 목표 수준에 따른 수준별 수업'의 방법을 적용하였다.

(가)에 제시된 교육과정 실천자와 개발자에 대한 의미와 역할을 설명하고, (나)의 연간 지도 계획서 작성 시 교육과정 개발자로서 박 교사의 구체적인 역할을 목표 설정, 내용 선정, 수업 시수 배정, 학습 환경 조성의 측면에서 각각 진술하시오. 또한, (다)에 제시된 수준별 수업에서 '수준'의 의미를 설명하고, 농구 슛 기능 지도 상황에서 ㉠과 ㉡에 대하여 사례를 들어 비교하시오.

[정답]
- '교육과정 실천자'는 국가 수준의 체육과 교육과정 문서의 내용을 이해하고 전달할 수 있는 능력, 즉, 효율적 수업을 지향하는 교육과정의 올바른 사용자 및 전달자를 의미한다.
- '교육과정 개발자'는 현재 적용되고 있는 국가수준의 체육과 교육과정의 특성과 방향을 정확히 이해한 후, 이를 기초로 자신의 교육적 필요성에 의해 현장에 적합한 맞춤형 체육과 교육과정을 직접 개발하는 것이다.
- 교사의 교육과정 실천자이자 개발자의 역할은 교육과정의 이론적인 지식을 현장에 적합하도록 재구성하여 실천할 수 있도록 연계성을 높이도록 하는 것이다.
- '목표 설정'은 체육교과 협의회에 참여하여 2009 개정 체육과 교육과정 문서에서 제시하고 있는 중등학교 5개의 영역별 목표를 기초로 해당 지도학년 수준에 맞게 재구성해야 한다.
- '내용 선정'은 체육교과 협의회에 참여하여 선정한 목표에 근거하여 영역을 선정하고 필수적으로 지도해야 할 내용요소 및 성취기준에 적합한 신체활동을 선택하도록 한다.
- '수업 시수 배정'은 해당 학년의 수업시수를 확인하고 학교 행사 등 실제 수업이 가능하지 않은 일수를 고려하여 연간 총 실제 수업 시수를 산정한다. 그 후 영역별로 지역적 특성, 학교 특성, 체육교사배경, 학생의 교육적 요구와 흥미, 학교 체육 시설 등을 종합적으로 고려하여 영역별 시수 배정 비중을 결정한다.
- '학습 환경 조성'은 학생의 과제참여 기회를 높이고 학습 활동의 질적 향상을 위해 필요한 시설과 용기구를 다양하게 제시하고, 여러 가지 교육매체와 정보화 자료를 활용하여 학습 환경의 제약을 극복하도록 한다. 시설 미비 등의 이유로 교내에서 수업하기 어려운 신체활동은 지역 사회 체육시설 또는 주변 환경을 적극 활용하여 실시하도록 한다.

61 | 2009학년도

12. 다음 중 최 교사의 물음에 적절한 답변을 <보기>에서 고른 것은?

> 최 교사: 박 선생님! 농구 수업을 설계하려고 하는데 체육과 교육과정 해설서에 제시된 예시들이 여학생들에게는 적합하지 않아서 고민입니다.
> 박 교사: 저도 비슷한 경험이 있습니다. 그런데 요즘은 학교 실정에 맞게 교사 수준의 교육과정을 개발하는 역할이 더 강조되고 있으니, 체육교사는 국가 수준 교육과정의 내용과 동일하게 운영하지 않아도 됩니다.
> 김 교사: 맞습니다. 제7차 교육과정에서도 편성과 운영에 대한 현장의 자율성을 강조하고 있어요. 최 선생님이 교사 수준의 교육과정을 직접 개발해 보세요.
> 최 교사: 그러면 제가 무엇을 할 수 있나요?

<보 기>

ㄱ. 체육과 교육과정 해설서의 예시대로 수업을 한번 해 보는 것이 좋겠습니다.
ㄴ. 학생들이 농구 드리블을 스스로 학습할 수 있도록 농구 과제활동지를 제작해 보세요.
ㄷ. 수업참여도를 높일 수 있도록 농구 대신 넷볼을 선택하여 단원 지도 계획을 수립해 보세요.
ㄹ. 지역 교육청의 편성·운영 지침에 제시된 체육과 교육과정 운영 방안을 따라해 보세요.
ㅁ. 우선 학생들의 농구 드리블과 패스 기능에 대한 선수학습 정도를 파악하기 위해 학생 설문조사를 실시해 보세요.

① ㄱ, ㄴ, ㄹ ② ㄱ, ㄴ, ㅁ ③ ㄴ, ㄷ, ㄹ
④ ㄴ, ㄷ, ㅁ ⑤ ㄷ, ㄹ, ㅁ

[정답] ④ ㄴ, ㄷ, ㅁ

[해설] ㄱ, ㄹ. 은 국가와 지역 수준에서 제시한 가이드라인이다. 반드시 따라야 하는 것은 중앙집권형 개발체제라 할 수 있으며 6차 교육과정 이후부터 지방 분권형 개발 체제형이 적용되어 학교 현장의 적합성을 높일 수 있도록 교사 수준에서 교육과정을 개발할 수 있게 하였다.

62 | 2011학년도

1. ○○중학교에 근무하는 박 교사가 2학년 체육과 교육과정을 개발하고자 한다. 박 교사가 분석 또는 개발해야 할 문서를 교육과정의 상위수준부터 하위 수준까지 바르게 배열한 것은?

ㄱ. 실천중심 장학자료 및 편성·운영 지침	ㄴ. 2007년 개정 체육과 교육과정
ㄷ. 단원 계획안	ㄹ. ○○중학교 교육 계획서
ㅁ. 교수·학습 과정안	

① ㄱ → ㄴ → ㄷ → ㄹ → ㅁ
② ㄱ → ㄹ → ㄴ → ㄷ → ㅁ
③ ㄱ → ㄹ → ㄴ → ㅁ → ㄷ
④ ㄴ → ㄱ → ㄹ → ㄷ → ㅁ
⑤ ㄴ → ㄹ → ㄱ → ㅁ → ㄷ

[정답] ④ ㄴ → ㄱ → ㄹ → ㄷ → ㅁ

8. 다음 (가)는 중등 체육과 1급 정교사 자격연수에서 '체육교사의 수업 전문성'이라는 주제로 이루어진 강의 자료이고, (나)는 강사와 연수생 사이에 진행된 대화의 일부이다. (가)와 (나)를 참고하여 체육 교사의 수업 전문성 발달 과정을 〈작성 방법〉에 따라 논술하시오. [10점]

(가)

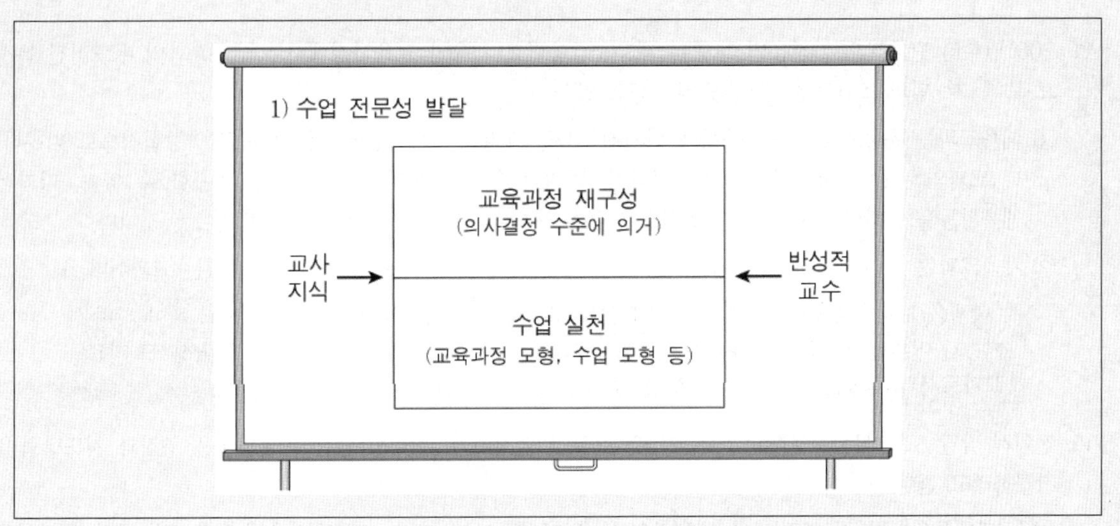

(나)

… (상략) …

김 교사: 저는 무엇보다 새로운 교육과정을 적용하는 게 어려워요. ㉠ <u>국가 수준의 교육과정을 단순히 따라하는 게 아니라 교육과정을 재구성하여 저만의 체육 수업을 계획하여 실천하고 싶어요.</u> 선생님은 교육과정을 어떻게 구성하시나요?

박 교사: 저 또한 교육과정을 학교나 학생의 입장에서 재구성하여 적용하려고 노력합니다. 이 과정에서 가장 중요한 출발점은 체육교사가 수업을 통해 학생들에게 무엇을 어떻게 가르칠 것인지 결정하는 것이라고 생각합니다. 선생님은 어떻게 생각하세요?

〈작성 방법〉

- 밑줄 친 ㉠의 교육과정 명칭을 의사결정 수준에 따른 교육과정 분류에 근거하여 쓰고, 이 수준에서 개발할 교육과정문서 2가지를 제시할 것.

[정답] 교사 수준 교육과정, 연간지도 계획서, 단원 계획서(또는 교수학습과정안)

제 6 장 체육 교육과정의 통합적 접근

1 서언

(1) 2001년부터 단계적으로 적용되고 있는 제7차 중등학교 체육과 교육과정에서는 체육교과의 두드러진 특징으로 체·지·덕의 조화로운 '통합'을 강조하고 있다.

① 체육교과는 운동기능, 운동 종목에 담겨진 태도, 그리고 그에 관한 이론적 지식을 종합적으로 다룬다. 타 교과와는 달리 학생의 신체적, 정의적, 인지적 측면의 발달을 균형적으로 추구할 수 있다. 따라서 체육활동을 통하여 체·지·덕의 조화로운 통합을 이룬 전인교육의 실현을 도모한다는 것이다.

② 체육교과는 여러 학교교과 중에서 체·지·덕의 통합을 가장 온전하게 구현하고 있는 교과이다.

> 학생을 보다 온전한 인간으로 만들기 위해서는 체·지·덕을 균형적으로 갖추도록 해야 하며, 기능과 이론과 태도의 세 가지 측면을 모두 다루는 체육교과는 이 점에서 어느 교과보다도 학교 교과로서의 역할을 제대로 감당할 수 있다.

(2) 전인적 발달 도모라는 중등학교 체육교과의 목표를 실현하기 위하여 '통합적 교과내용 조직과 지도방법'을 강구하려고 한다.

① '교과내용의 통합적 조직'이란 체육과의 내용영역인 이론, 기능, 태도 가운데 9개 또는 3가지 영역을 통합하여 수업내용을 구성하는 것을 말한다.

② '통합적 지도방법'이란 통합적으로 조직된 내용을 분리하지 않은 채 학생들에게 전달하는 것을 말한다.

③ 구체적으로 다음의 두 가지 연구목적을 추구한다.

㉠ 중등학교 체육 교육내용의 통합적 조직 원리를 파악하고 예시를 개발한다.

㉡ 조직된 내용을 효과적으로 전달하는 통합적 수업지도 원리를 개발한다.

2 체육 교과 통합의 이론적 배경

1. 통합의 정의와 모형

(1) 통합적 체육의 특징

① '통합적'이라는 말은 체육교과 내에서의 통합(교과 내 통합)과 체육교과와 타 교과 간의 통합(교과 간 통합)을 의미할 수 있다. 그리하여 '통합적 체육'은 다음과 같은 특징을 지니고 있는 것으로 정의한다.

㉠ 체육학 세부 학문분야의 개념이 함께 가르쳐지는 경우

㉡ 운동기능과 함께 비판적 사고능력을 향상시키려고 하는 경우

㉢ 운동 능력과 함께 정의적 영역의 특성들을 함양시키려고 하는 경우 다시 말해서, 통합적 체육이란 학생들에게 단지 운동기능, 스포츠 또는 체력 운동만을 따로따로 가르치지 않고 그 이상을 가르치려는 의도적이고 계획적인 노력인 것이다.

3 체육과 교육과정의 통합적 접근 방법(현재 절판된 내용요약) 03 기출 06 기출 07 기출

교과 내 통합 전략		예시
(1) 심동적 측면(운동기능)과 인지적 측면의 통합	운동기능과 학문적 개념의 통합	**개념중심 모형 또는 학문중심 모형**
	운동기능과 지적 기능의 통합	**이해중심 게임수업 모형**
(2) 심동적(운동기능)과 정의적 영역의 통합		**사회적 책임감 모형**
(3) 심동적, 인지적, 정의적 영역의 전 측면의 통합		스포츠 교육 모형

〈표 6-1〉 체육과 교육과정의 통합적 접근 이론서 비교

		교과 내			교과 간					학습자들 간	
체육과 교육과정 총론 (유정애)	Fogarty 10가지	분절 모형	연관모형	동심원 모형	계열 모형	공유 모형	거미줄 모형	실로 꿴 모형	통합 모형	몰입 모형	네트워크 모형
체육교육과정론 (박명기, 문호준)		분절 모형	분절모형 (접속형)	동심원 (둥지형)	계열 모형	공유 모형	거미줄 모형 (웹형)	실로 꿴 모형	통합모형 (통합형)	몰입 모형 (몰입형)	네트워크 모형
체육교육탐구 (최의창)	콘(cone) 3가지		접속형			공유형			동업형		
체육교수이론 (박정준)	콘(cone)		접속형 통합			공유형 통합	웹 통합	엮음 통합 (오류 의심)	파트너십 협동형		
체육교육탐구 (최의창)	Fogarty 교과 내 3가지		접속형, 공유형, 혼합형								
	Mohnsen 운동기능과 이론적 개념 3가지		혼합형, 할당형, 분리형								

64 | 2005학년도

체육과 교육과정의 통합적 접근 방법을 2가지 제시하고, 각 방법의 구체적인 전략 2가지를 각각 1줄 이내로 설명하시오.

- 방법 1: ____________ 전략 1: ____________ 전략 2: ____________
- 방법 2: ____________ 전략 1: ____________ 전략 2: ____________

[정답] • 방법 1: 교과 내 통합, 전략 1: 심동적 영역(운동기능)과 인지적 영역(학문적 개념, 지적 기능)의 통합
전략 2: 심동적 영역(운동기능)과 정의적 영역의 통합
• 방법 2: 교과 간 통합, 전략 1: 다른 교과목의 내용을 체육교과에 통합, 전략 2: 다른 교과목에 체육교과를 통합

65 | 2006학년도

다음은 김 교사가 계획한 교수·학습 활동의 일부이다.

3차시 교수·학습 활동	5차시 교수·학습 활동
• 농구 자유투 성공률과 공의 회전 및 슛 각도의 관계 조사 발표 및 토의 • 자유투 성공률과 공의 회전 및 슛 각도의 관계 탐색을 위한 자유투 연습 • 자유투 성공률에 영향을 미치는 다른 요인 설명 • 자유투 거리를 달리하여 개별 연습	• 농구 경기에서 페어플레이 사례 조사 발표 및 토의 • 페어플레이 의미 설명 • 모둠별 간이 경기 실시 • 모둠별 간이 경기를 통해 페어플레이 실천 강조 • 모둠별 경기 결과 발표 및 토의 • '오늘의 페어플레이 학생' 선정 및 시상

김 교사가 3차시와 5차시에서 활용한 체육 교육과정의 통합 전략을 각각 1줄로 쓰시오.

• 3차시 통합 전략: ______________ • 5차시 통합 전략: ______________

[정답] • 3차시 통합 전략: 심동적 영역(운동기능)과 인지적 영역(학문적 개념)의 통합
• 5차시 통합 전략: 심동적 영역(운동기능)과 정의적 영역의 통합

66 | 2007학년도

다음은 최 교사의 수업 일지 중 일부이다.

> ㉮ ○월 ○일
>
> 오늘 배드민턴 수업에서는 서브 순서와 공격·수비 위치를 가르친 후 조별 복식 경기에 직접 참여하면서 경기 규칙과 전술을 익히도록 하였다. 또 경기 시작 전후에는 서로 인사하고, 경기 중에는 상대 선수를 존중하며 심판의 판정에 따르도록 강조하였다. 하지만 일부 학생들은 승리에 집착하면서 그러지 못하는 경우가 종종 있었다.
>
> ………〈중략〉………
>
> ㉯ ○월 ○일
>
> 요즘 나는 기존에 내가 했던 방식과는 다른 수업 모형으로 축구를 가르친다. 오늘은 경기 중에 패스와 슛 기회를 많이 얻을 수 있는 움직임에 대해 설명해 주고 직접 경기에 참여하도록 하였다. 그러자 많은 학생들은 공간 개념을 이해하게 되면서 패스한 공을 받을 수 있는 공간으로 재빨리 이동하는 모습을 보여 주었다.
>
> ………〈중략〉………

㉮와 ㉯의 수업 일지에 나타난 체육 교육과정의 통합 전략을 각각 쓰시오.

• ㉮의 통합 전략: ______________ • ㉯의 통합 전략: ______________

[정답] • ㉮의 통합 전략: 심동적 영역과 인지적 영역과 정의적 영역의 통합
• ㉯의 통합 전략: 심동적 영역과 인지적 영역의 통합

1. 콘(Cone) 등의 교과 간 통합방식 공청회 11 기출

통합방식	개념	교사
접속형(단순)	2개 교과의 내용을 연결하여 가르침	1인
공유형	2개 또는 그 이상의 교과영역에서 유사한 개념이나 기능을 교사들이 협동적으로 가르침	2인 및 이상
동업형(복잡)	2개 또는 그 이상의 교과 내용 가운데 공통적인 내용을 균등하게 가르침	팀티칭

(1) **교과 간 통합의 방식**: 콘 등(cone, Werner, cone & woods, 1998: siedentop & tannehill, 2000)은 Fogarty의 열 가지 통합방식 중 체육교과의 경우 접속형, 공유형, 동업형의 세 가지 방식이 가장 효과적으로 활용될 수 있다고 보았다.

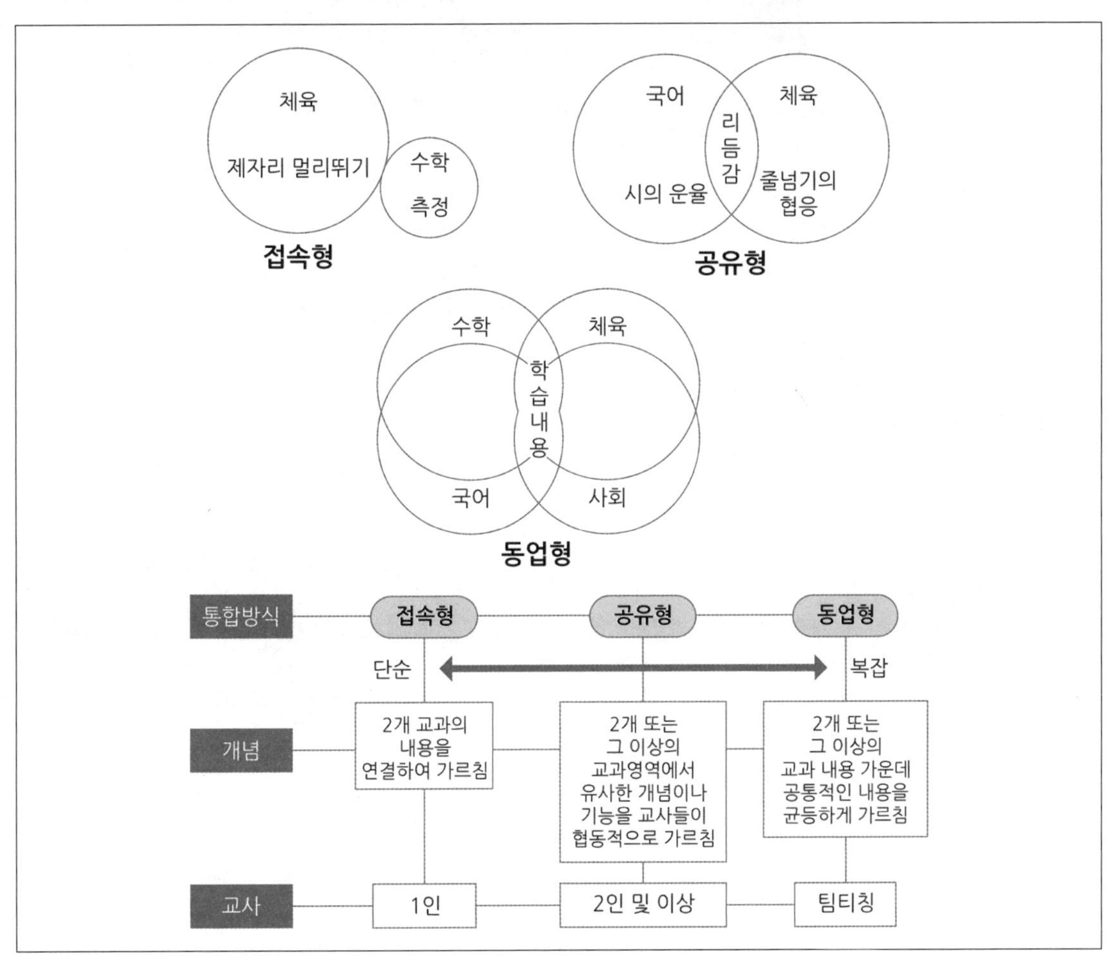

67 | 공청회

다음 그림은 체육교과와 과학교과의 교육과정을 통합한 경험에 대한 대화이다.

교사들의 대화에서 언급한 통합 모형의 방식과 설명이 바르게 연결된 것은?

① 계열형-교과 간의 개별영역을 동시에 사용하는 모형이다.
② 접속형-새로운 개념과 주제를 소개할 때 사용하는 모형이다.
③ 동업형-2개의 교과에서 공통적인 내용을 균등하게 사용하는 모형이다.
④ 공유형-2개의 교과에서 중복된 내용을 연관 지을 때 사용하는 모형이다.
⑤ 네트워크형-교과에 제시된 새로운 정보를 다양한 방식으로 탐구할 때 사용하는 모형이다.

[정답] ④

[해설] 공유형 통합

두 개의 교과에서 다루고 있는 중복되는 내용을 선정하여 공유하는 통합의 방식이다.

• 네트워크 모형(networked model)

① 개념: 네트워크 모형은 몰입 모형의 확장 모형으로서, 학습자는 전문가의 안목을 가지고 모든 학습을 여과시키고 관련영역에서 전문가들의 외적인 네트워크로 연결시켜주는 재거인 연관을 만들어 낸다.
② 장점: 학습자 스스로 새롭게 생성되는 경로를 따라가고 탐색을 주도한다. 다양한 접근이 가능한 이 모형은 학습자의 관심분야를 계속적인 탐구를 통해 다른 분야로 확대하도록 돕는다.
③ 단점: 다양한 분야에 대해 관심을 가지고 정말 좋아서 그 일을 하는 사람에게 해당된다. 그러나 학습자의 초기 관심 분야가 확대되면서 학습자의 초점이 좁아질 수가 있다.

68 | 2011학년도

13. 다음은 유 교사의 높이뛰기 수업에 대한 관찰 기록지의 일부이다. ㉠~㉤에 대한 설명으로 옳은 것은?

높이뛰기 수업 관찰 기록지
수업 교사: 유○○ 관찰 교사: 김○○ 날 짜: 10월 20일 시 간: 3교시
[관찰 내용] • 높이뛰기 과제를 제시하기 위해 ㉠ 높이뛰기 동작에 대하여 시범을 보인 후 관련된 운동역학적 지식을 활용하여 설명함. • ㉡ "동렬아, 높이뛰기를 잘하는 사람과 못하는 사람은 어떠한 차이가 있을까?"라고 학생에게 질문함 • 운동기능 수준에 따라 A, B C 모둠을 편성한 후 학생들에게 연습하도록 지시함. • 순회하면서 ㉢ "정우야, 공중동작 시 배를 내밀고 목을 당겨 활처럼 만들어야지."라는 말로 개별 피드백을 제공함. • ㉣ "병찬아, 연습을 해야 늘지. 쉬고 있으면 어떡하니! 빨리 너희 조로 가서 연습해. 알았지?"라고 하면서 그늘에서 쉬고 있는 학생을 조치함. • ㉤ 병찬이가 그늘에서 나오고, 문태가 다시 그늘로 이동하려고 하자 멀리서 손을 흔들어 제지함.

① ㉠의 통합 전략은 포가티(R. Fogarty)의 '교과 간 통합'에 해당된다.
② ㉡의 질문은 '회상 질문(recall question)'에 해당한다.
③ ㉢의 피드백은 '가치적-일반적 피드백'에 해당된다.
④ ㉣의 교수 행동은 '운영 행동'에 해당한다.
⑤ ㉤의 교수 행동은 '접근 통제(proximity control)'에 해당한다.

[정답] ④

[해설] ㉠ 교과 내 통합 / ㉡ 확산형 질문 / ㉢ 교정적 피드백 / ㉤ 신호간섭

4 통합적 체육수업 교과 조직과 지도 방안(참고, 체육교육탐구. 절판된 내용)

1. 통합적 성격을 띤 기존의 체육 교육과정 모형 활용 예시

① 이해중심 게임수업 모형(게임의 인지적 측면과 기능적 측면의 통합)

㉠ 이해중심 게임수업 모형은 "게임중심 게임수업" 또는 "전술중심 게임수업"이라는 명칭으로도 불리는 지도방식으로, 단위 운동기술보다는 전술과 실제 게임을 보다 강조함으로써 학생들로 하여금 배우는 스포츠 종목의 특성을 보다 잘 체험하고, 따라서 잘 이해하는 것을 목적으로 한다.

㉡ 게임의 인지적 측면과 기능적 측면의 통합을 도모하고 있다.

② 스포츠 교육 모형(인지적, 정의적, 심동적 영역의 전 측면의 통합)

㉠ 스포츠 교육 모형도 학생들이 각 스포츠 종목에 대한 실제적 경험을 보다 많이 하며 이해를 깊게 하려는 목적을 가지고 있다.

㉡ 학생들은 서로 선수, 심판, 코치, 기록원 등의 정해진 역할들을 배정받는다.

③ 개념중심 모형(인지적 측면과 심동적 측면의 통합)

㉠ 개념 중심 모형은 운동기능과 함께 체육학 연구를 통하여 얻어진 다양한 이론적 개념들을 가르치는 방법이다.

㉡ 운동생리학, 생체역학, 스포츠 철학, 스포츠 사회학, 스포츠 심리학 등에서 사용되는 전문지식들을 학생들에게 운동기능의 연습과 함께 전달하여 체육에 대한 학생들의 이해를 넓힘으로써 인지적 측면과 심동적 측면의 통합적 발달을 도모한다.

④ 사회적 책임감 모형(정의적 측면과 심동적 측면의 통합)

㉠ 목적: 사회적 책임감 모형은 학생들의 사회적 자질(협동심, 책임감, 자제심, 이타심 등)을 체육활동을 통하여 함양시켜주는 것을 목적으로 한다.

㉡ 자기조절 능력의 증진과 책임 있는 행동의 발달을 통하여 사회성을 함양함으로써 종국적으로 자아실현을 이루려고 한다.

69 | 2010학년도

5. 다음은 김 교사와 송 교사가 체육 수업의 통합 방식에 대해 나눈 대화이다. ㉠~㉤에 대한 설명으로 옳지 않은 것은?

> 김 교사: 이번 핸드볼 활동에서는 경기 기능에 과학적 원리를 적용하고 사회적 자질을 가르치고 싶습니다.
> 송 교사: 기존의 체육교육과정 모형이나 수업 모형의 통합 방식을 참고하면 좋을 것 같습니다. ㉠ 운동과 관련된 개념과 원리를 발견하고 실천하는 능력을 가르치는 방식이 있습니다. 예를 들어 ㉡ 체육 교사가 핸드볼 슛을 가르칠 때 회전능률의 개념을 함께 가르치는 방법이죠. 또한 ㉢ 경기와 관련된 전술을 기능과 함께 가르치는 방식도 있습니다.
> 김 교사: 사회적 자질은 어떤 방법으로 가르칠 수 있죠?
> 송 교사: ㉣ 리그전을 운영하면서 핸드볼의 기술과 지식, 열정을 함께 가르치는 방식이나 ㉤ 핸드볼 경기 후 그룹 토의를 하며 경기에서 느낀 점을 발표하고 책임감을 갖도록 하는 방식을 활용할 수 있겠죠.

① ㉠은 운동기능과 학문적 개념을 통합하는 방식으로, 개념중심 모형에서 활용할 수 있다.
② ㉡은 운동기능과 과학적 원리를 통합하는 공유형 통합의 방식으로, 움직임 교육모형에서 활용할 수 있다.
③ ㉢은 운동기능과 지적 기능을 통합하는 방식으로, 이해중심 게임수업모형에서 활용할 수 있다.
④ ㉣은 신체 활동의 심동적, 정의적, 인지적 측면을 통합하는 방식으로, 스포츠 교육모형에서 활용할 수 있다.
⑤ ㉤은 운동기능과 정의적 영역을 통합하는 방식으로, 책임감 모형에서 활용할 수 있다.

[정답] ②
[해설] 접속형 통합으로 체육교사가 개인적으로 통합하며 학문중심모형에서 활용할 수 있다.

5 통합 교육과정의 설계 모형(Fogarty의 10가지 유형)

(1) 교육과정 학자들에 의한 통합 교육과정의 설계 모형이 다양하게 소개되고 있다. 이 중에서 가장 최근에 통합 교육과정의 설계 모형을 망라한 것이 **Fogarty의 10가지 유형**이다. 그는 교육과정 통합 유형을 3가지(크게 단일 교과 내의 유형, 여러 교과 간의 연계를 통한 유형, 학습자 내부 및 학습자 간의 연계를 통한 유형)로 구분하고 있다. 이 10가지 통합 설계 모형은 구조적 통합의 접근에서 경험적 통합의 접근으로 가면서 통합의 정도가 심화되는 분류이다.

- **단일 교과 내의 통합 방법**에는 분절 모형, 연관 모형, 동심원 모형이 있다.
- **교과 간의 통합 방법**으로는 계열 모형, 공유 모형, 거미줄 모형, 실로 꿴 모형, 통합 모형이 있다.
- **학습자들 간의 통합**에는 몰입 모형, 네트워크 모형이 있다.

(2) 이 중에서 실로 꿴 모형, 통합 모형, 몰입 모형, 네트워크 모형은 교사와 학생 모두에게 통합 수준이 높아 실제로 활용되기 어려우므로 이 부분에서는 제시하지 않기로 한다.

1. 단일 교과 내 통합 방법

(1) 분절 모형(fragmented model)

① 이 모형은 교육과정의 통합 정도가 낮은 유형으로, 전통적인 교과에 기반을 두는 통합 설계 모형이다.
② **장점**: 개별 교과에 대한 명확한 지식과 견해들을 제공하고, 지식의 계열성을 높게 유지할 수 있다.
③ **단점**: 각 교과들의 내용을 서로 관련짓고 유사한 개념들을 통합하는 일을 학습자가 스스로 해야 한다.

(2) 연관 모형(connected model) 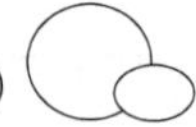

① 이 모형은 개별 교과들이 여전히 분리되어 있지만, 각 교과 영역 안에서 주제, 개념, 기능 등을 그와 관련된 다른 주제, 개념, 기능들에 연결하는 형태를 취한다.

　예 체육과에서 높이뛰기를 가르칠 때 수학의 측정 또는 과학의 무게 중심 등과 관련시키는 예가 해당된다.

② **장점**: 학습자가 한 측면만 공부할 뿐만 아니라 머릿속에 큰 그림을 그릴 수 있게 되며, 핵심 개념이 학습자 속에 내면화되면서 오랫동안 발전해 나갈 수 있다.

③ **단점**: 교과 내용의 통합 정도가 특정 교과들 사이에서만 이루어지므로 다양한 교과들이 서로 관련되어 있지 못하며 그에 따라 폭 넓은 통합의 경험을 하지 못한다.

(3) 동심원 모형(nested model) 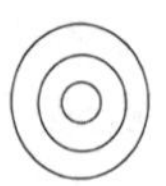

① 이 모형은 각 교과 영역 안에서 교사가 사회적 기능, 사고 기능, 특정한 내용에 관한 기능 등의 여러 개의 기능들을 동시에 학습할 때 활용되는 모형이다. 즉 학습 내용에 사고 기능과 협동 기능을 동시에 다루고자 하는 교사들에게 가장 적합한 모형이다.

　예 체육과의 경우, 인지적 기능(지식), 심동적 기능(기술), 정의적 기능(태도)이 함께 지도되는 사례에 해당된다. 농구 단원을 지도할 때 전술 이해(인지적 기능), 공격 전술 수행과 습득(심동적 기능), 팀워크(정의적 기능)를 동시에 달성하는 경우가 해당된다.

② **장점**: 학생들의 학습이 풍부해지고 강화된다.

③ **단점**: 교사들의 주의 깊은 교육 계획이 없으면 학생들은 많은 학습 내용 중 무엇이 중요한지 정확하게 파악하지 못할 가능성이 있다.

2. 여러 교과 간 통합 방법

(1) 계열 모형(sequenced model)

① 이 모형에서는 여러 교과에서 비슷한 단원을 다룰 때 여러 교과에서 다루는 주제의 순서를 재배열함으로써 비슷한 단원들을 이어서 혹은 병렬적으로 가르친다.

　예 체육 시간에 손기정 선수의 생애를 다룬 소설을 다루는 시기에, 사회(국사)에서는 일제 시대의 사회문화 현상을 가르치는 경우가 해당된다.

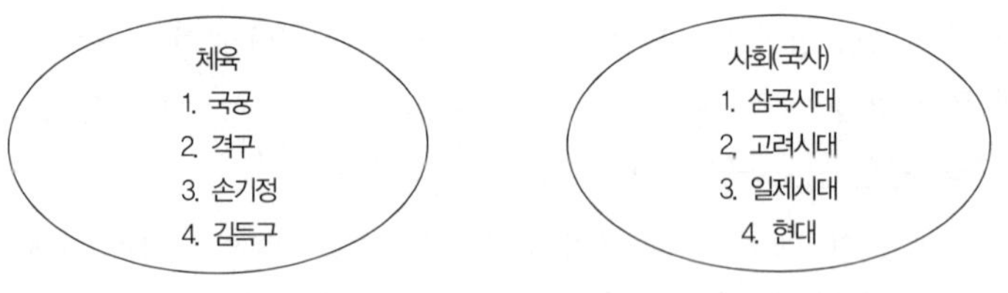

② **장점**: 계열 모형은 여러 교과의 내용을 자연스럽게 관련지어 가르칠 수 있다. 이 경우 학생들은 여러 교과의 내용을 자연스럽게 학습하면서 그 결과로 하나의 주제를 여러 관점에서 이해할 수 있게 되며 학습 전이가 쉽게 이루어질 수 있다.

③ **단점**: 타 교과 교사와 협력해야 하므로 교사 혼자서 자기 마음대로 순서를 정하지 못하는 측면이 있다. 관련된 교과 영역을 담당하는 여러 교사와 계속 협력하는 과정에서 여러 어려움이 따른다.

(2) 공유 모형(shared model) 19 기출

① 한 가지 유사한 기능이나 개념을 통하여 2개 이상의 교과 영역 내용을 통합하는 방법이다. 내용을 조직하는 기준 요소로 여러 교과에 걸쳐 중복되는 개념이나 아이디어를 활용한다. 각 교과목에서 일반적으로 가르쳐 온 핵심 지식이나 기능, 태도에 초점을 맞추어 단원 계획을 작성한다.

㉠ 기술·가정과 체육 과목은 영양, 비만, 운동의 중요성 등의 공통 개념을 가지고 '건강한 생활' 단원을 구성할 수 있다.

② 이 방법은 단순히 다른 교과에서 가르치는 것을 단순히 연결시키는 것보다 훨씬 복잡하다. 또한 교과 간을 연결하는 개념을 찾는 방식에서 주제 중심 접근과는 근본적으로 다르다.

③ 공유 모형은 교과 간에 공유하는 요소로부터 공통 개념을 찾는 것이고, 주제중심 교육과정은 각 교과의 밖에서 선정한 주제를 가지고 여러 학문을 연결하는 것이다.

④ 따라서 이 모형에서는 교사들 사이에서 어떤 공유된 개념을 가르칠 것인가? 또한 언제 가르칠 것인가?에 대한 합의가 이루어져야 한다.

⑤ **장점**: 광역화된 교과(사회나 과학)를 완전히 통합하는 모형의 전 단계로 이용할 수 있다.

⑥ **단점**: 교사들 간의 유연성과 타협이 필요하며, 두 교과가 공유하고 있는 실제 내용뿐만 아니라 개념, 기능, 태도까지 탐구해야 하는 부담이 발생한다.

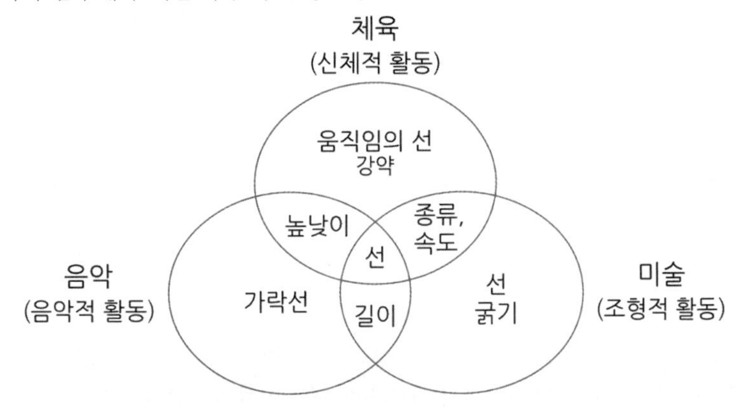

[그림 6-1] 공유 모형에 따른 2학년 통합 수업 예시

(3) 거미줄 모형(웹 통합교육과정, webbed model)

① 이 모형은 주제를 중심으로 교과를 통합하는 접근 방식이다. 즉 거미줄 모형은 다양한 학습 내용들이 하나의 주제를 중심으로 재구성됨으로써 전체를 볼 수 있는 광범위한 안목을 제공하는 모형이다.

② 이 모형에서는 교과 내용을 다양한 주제로부터 개념, 소주제, 아이디어 등을 추출하여 구성한다.

㉠ 여러 교과를 가르치는 교사들이 구성된 팀이 '국제 이해'라는 주제를 선정하였다면, 국어과에서는 다른 나라의 학생들과의 펜팔 교류를 위해 편지쓰기를 하고, 사회과에서는 정치 시간에 국제 정치 동향에 대해 공부하며, 음악과에서는 세계 여러 나라의 음악을 감상하며, 체육 시간에는 외국의 민속 스포츠를 배우는 시간을 가질 수 있다.

③ 이 모형에서 주제를 선정할 때는 교사들이 모여서 대화를 통해 다양한 아이디어를 제시해야 한다.

④ 통합 주제는 좋은 렌즈와 같아야 한다. 즉 좋은 렌즈는 광범위하게 적용되고 여러 영역에 걸쳐 관련성을 가지며 근본적인 패턴을 밝혀 주고 유사성과 차이점을 드러낼 수 있다.

⑤ **장점**: 학생들에게 많은 학습 흥미를 불러일으킬 수 있고 경험이 풍부한 교사는 물론이고 경험이 적은 교사도 쉽게 활용할 수 있다. 학생들은 여러 가지 다양한 활동과 아이디어들이 어떻게 관련되는지 쉽게 알 수 있으며, 기존의 내용을 새로운 시각에서 바라볼 수 있는 안목을 가질 수 있다.

⑥ **단점**: 이 모형에서는 주제 선정과 관련된 어려움이 존재한다. 선정된 주제가 피상적이거나 인위적이어서 의미 없는 학습 단원을 만들 수도 있기 때문에, 교과의 고유한 논리적이고 필수적 계열과 영역을 손상시키지 않도록 한다.

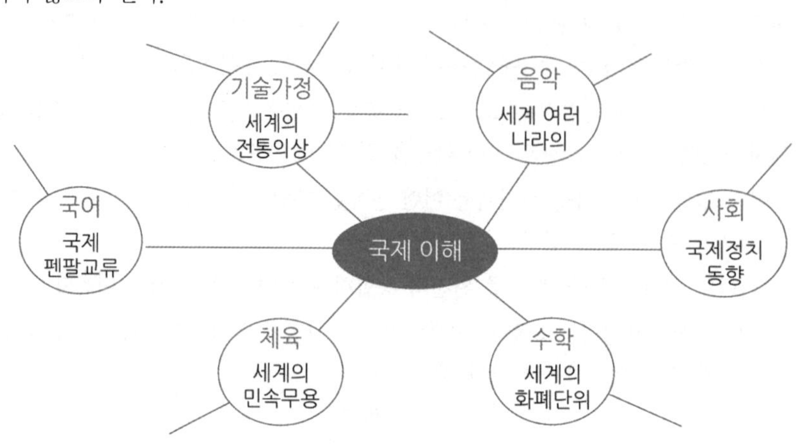

[그림 6-2] 거미줄 모형의 예시

70 | 2019학년도

1. 다음은 박 교사의 체육 수업 상황을 기술한 것이다. 〈작성 방법〉에 따라 순서대로 서술하시오. [4점]

〈상황 2〉
박 교사는 과학교사와 관성의 법칙에 대한 개념을 지도하기로 사전 합의하였고, 체육 시간에 학생들이 이 내용을 배웠는지 확인한다. 그 후 수업 내용을 상기시키며, 배턴 터치 구간에서 관성의 법칙을 어떻게 적용해야 하는지 설명하고 시범을 보인다.

〈작성 방법〉

ㅇ 포가티(R. Forgaty)의 통합 방식에 근거하여, 〈상황 2〉에 적용한 통합 방식의 명칭과 개념을 기술할 것.

[정답] 공유 모형, 한 가지 유사한 기능이나 개념을 통하여 2개 이상의 교과 영역 내용을 통합하는 방법이다.

제 7 장 교수·학습단원의 개발

1 교수·학습 단원의 개발 이유

(1) 교사들이 교수·학습 단원을 개발하는 데 많은 시간을 소비하며 관심을 집중하는 이유가 있다.

① 첫째, 수업 내와 수업 간 학습 내용을 점진적으로 발전시키는 데 도움이 되기 때문이다.

② 둘째, 수업을 계획에 따라 학업 중심적으로 운영하는 데 도움이 되기 때문이다.

③ 셋째, 수업에 대한 불안감을 없애고 학생들을 자신 있게 가르치는 데 도움이 되기 때문이다.

④ 넷째, 지역 정책을 교육내용으로 반영하여 구현하는 데 도움이 되기 때문이다.

(2) 그렇다고 모든 교사들이 이와 같은 4가지 이유 때문에 교수·학습단원을 개발하는 것은 아니며, 같은 정도로 영향을 미치는 것도 아니다. 때로는 비상상황을 대비하는 교장의 요구로 수업계획서를 작성하는 경우도 있다.

(3) 교사가 학생들에게 어떤 학습 결과를 기대하느냐 하는 것은 단원 계획에 있어서 매우 중요하다. 왜냐하면 교사가 의도하거나 기대하는 학습 결과가 바로 단원 계획의 토대가 되기 때문이다. 따라서 단원을 계획할 때에는 학생들의 현재 수준과 주어진 시간에 무엇을 달성할 수 있을지 깊이 고민하며 학습 결과를 결정해야 한다.

2 내용분석(=과제분석) [체육교수이론 시덴탑(siedentop)과 중복내용]

(1) 어떤 단원을 설계하든지 체육교사가 가장 먼저 해야 하는 일은 학생들이 무엇을 성취하길 바라는지 결정하는 일이다. 그런데, 우리는 가끔 어디를 향해 가고 있는지도 모르고 가르치거나, 가르친 내용과 일치되지 않은 평가를 하곤 한다.

(2) 내용 분석(content analysis)(과제 분석)은 신체적 목표, 전술적 목표, 사회적 목표, 인지적 목표 등 모든 수업 목표를 달성할 수 있는 학업 과제를 개발하는 과정이라고 할 수 있다. 내용 분석을 시작으로 신체적 목표, 전술적 목표, 사회적 목표, 인지적 목표 등과 같은 하위 목표가 결정되면 각각의 목표를 또 다시 내용 분석하여 세부 목표를 제시하고, 그에 따른 학습과제나 학습 경험을 계획한다. 〈필수체크 7-1〉은 스포츠 교육모형을 중심으로 육상 수업이 추구하는 목표를 하위 목표와 세부 목표로 세분하여 보여주고 있다.

✔ 필수체크 **7-1. 스포츠교육모형중심 육상수업의 내용분석**

- **목표:** 상대 팀 학생의 차단을 피해 자기공간을 확보한 자기편 학생에게 체스트 패스를 성공적으로 수행할 수 있다.
- **사정:** 2:2 간이 게임에서 상대 팀 학생에게 볼을 차단당하지 않고 연속해서 10번의 패스를 주고받을 수 있다.

이 시점에서 나(교사)는 자신(교사 자신)에게 과제 분석에 관한 다음과 같은 질문을 한다.: "각각의 학생은 목표로 제시한 이 과제를 성취하기 위해 무엇을 해야 하는가?" 이 질문에 대한 답을 구하는 내용 분석으로 다음과 같은 하위 목표와 세부목표를 개발하였다.

신체적 목표	전술적 목표	사회적 목표	인지적 목표
기능 수행능력	다양한 이동 시의적절한 패스	팀플레이 협력적 진행 페어플레이	규칙의 이해 운동 에티켓 정신 스포츠 의식

단원 계획은 신체적 목표, 전술적 목표, 사회적 목표, 인지적 목표 등과 같은 단원의 여러 가지 하위 목표를 확인함으로써 시작된다. 일단 중요한 하위 목표가 개발되면 각 하위 목표의 세부목표를 개발한 다음 과제분석 질문으로 구체적인 학습 과제를 개발한다.

📖 교육학

사정(assessment)은 수행능력을 향상시킬 목적으로 검사나 조사를 통해 정보를 수집하고 이를 수치화, 지표화 하는 것을 의미하며, 평가(evaluation)는 타당하고 신뢰할 수 있는 근거를 기준으로 수행가치에 대해서 판단을 내리는 것을 의미한다. 사정으로 얻은 정보는 결국 평가의 일부분이 된다. 그러나 두 개념을 구분 짓는 중요한 차이는 사정의 일차적 목적은 누군가의 수행 능력을 측정하여 그것을 향상시키는 것을 중요하게 생각한다는 것이다.

📖 일반적 의미

사정(査定): 조사(調査)하거나 심사(審査)하여 결정(決定)함.

(3) 내용분석(=과제 분석)은 대개 두 가지 방법으로 하게 된다. 즉, 교수·학습 단위 또는 단원은 가르칠 내용을 절차적으로 또는 위계적으로 분석하여 개발한다.

1. 절차적 분석(procedural analysis)(=과정적 과제분석)

가르칠 내용을 의미 있는 수행 단위로 결합한 일련의 경험으로 분류한다.

㉠ 볼링, 체조의 손 짚고 뛰어넘기, 육상의 멀리 뛰기 등은 절차적 분석 방법을 사용하기에 적합한 기능들이다. 멀리 뛰기와 농구의 속공 플레이를 절차적 분석 방법을 사용하여 분석한 예가 아래에 제시되어 있다.

목표: 적절한 도움닫기, 발구르기, 착지로 멀리뛰기

도움닫기 ⇨ 발 구르기 ⇨ 공중자세 ⇨ 착지

※ 멀리 뛰기의 절차적 분석(=과정적 과제분석)

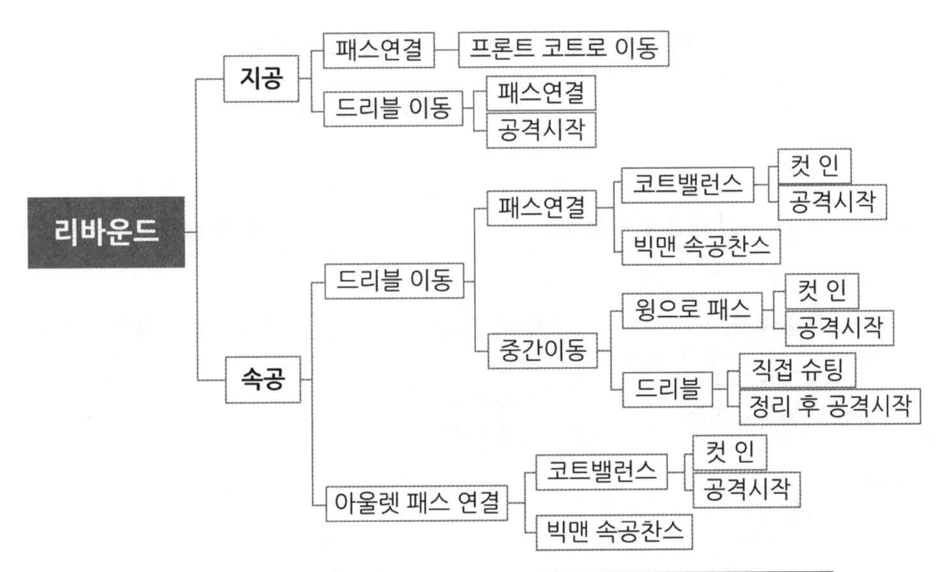

[그림 7-1] 리바운드 볼의 속공 전환 가능성: 절차적 분석(=과정적 과제분석)

(1) 절차적 분석이 적합한 기능은 연결 동작의 각 요소, 즉 도움닫기, 발 구르기, 공중 자세, 착지 등을 독립적으로 연습한 다음 전체적으로 연결한다. 연결 동작의 각 요소를 나누어서 연습하면 각 동작을 쉽게 배울 수 있기 때문이다.

(2) 절차적 분석이 적합한 기능은 대개 각 동작을 전체적으로 연결하는 과정이 학습지도의 핵심 과정이 된다. 멀리 뛰기와 같은 기능은 결국 각 동작을 전체적으로 연결시켜 부드럽게 수행하는 것이 가장 중요한 목표이기 때문이다. 그와 같은 기능은 어느 한 동작이 무너지면 수행 전반이 영향을 받게 되는 특징이 있다.

(3) 절차적 분석은 요점을 확인하거나 전체 동작의 연결 요소를 확인하거나, 부드러운 연결에 필요한 핵심 요소를 찾아내는데 적합한 분석 방법이다. 멀리 뛰기는 짧고 단순한 동작으로 연결되어 있지만, 농구의 속공과 같은 전략은 매우 복잡한 연쇄 기능으로 연결되어 있다.

2. 위계적 분석(hierarchical analysis)

도착점 기능을 수행하기 위해 학습해야 할 모든 하위 기능을 기술한다.

(1) 보통 두 가지 이상의 기능이 서로 연결되어 있을 때 위계적 분석을 한다. 위계적 분석은 각 동작을 독립적으로 학습하는 절차적 분석과 달리 한 가지 기능을 학습한 다음 다른 기능을 학습한다.

(2) 위계적 분석 또한 도착점 목표의 분석에서부터 시작된다. 즉, 학습 목표를 설정한 다음 "이 과제를 완수하기 위해 학생은 무엇을 해야 하는가"라는 질문을 반복하면서 출발점 기능부터 도착점 기능까지 확인한다. 위계적 분석의 예를 [그림 7-2]에 제시하였다.

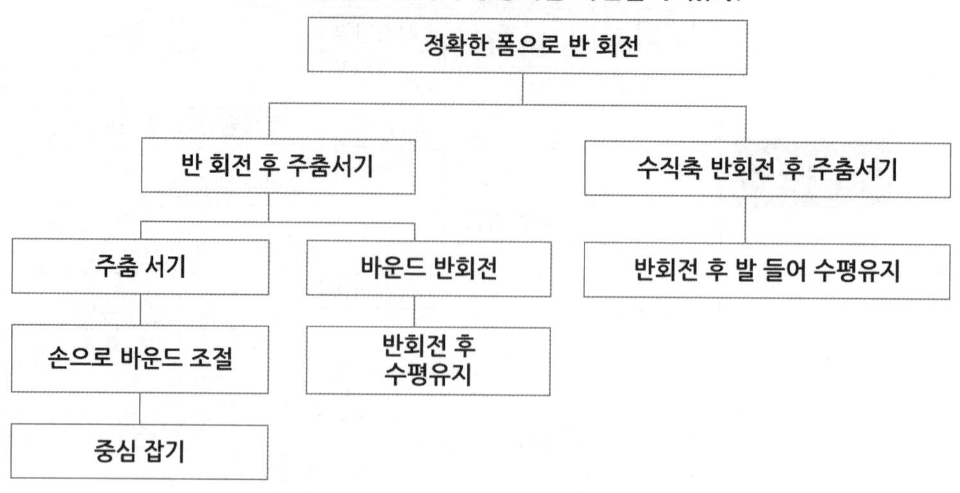

[그림 7-2] 위계적 분석

(3) 위계적 분석은 상위 수준의 기능을 성취하는데 필요한 기능을 찾아내는 과정이라고 할 수 있다. 위계적 분석은 분석 경험이 쌓이면 몇 개의 하위 기능으로 분할하여 가르치는 것이 효과적인지 알게 된다. 위계적 분석에서는 하나의 하위 기능에서 다른 하위 기능으로 발달하는 단계의 폭을 잘 정하는 것이 매우 중요하다. 발달 단계의 폭이 너무 크면 실패의 경험으로 학습에 대한 관심과 열정이 떨어질 수 있으며, 발달 단계의 폭이 너무 작으면 지루함을 느끼게 된다. 따라서 발달 단계는 그 폭이 의욕적으로 도전할 수 있을 정도로 크고, 자주 성공을 경험할 수 있을 정도로 작은 것이 좋다.

(4) 사회적 목표와 인지적 목표는 대개 절차적 분석보다 위계적 분석이 더 적합하다. 간이게임에서 파울이나 반칙을 서로 다투지 않고 선언하는 것을 가르치는 것이 목표라면 교사가 어떤 학습 과제를 제시해야 학생들이 설정한 목표를 달성할 수 있을지 자문하며 교육과정을 설계하면 된다.

(5) 이와 같은 목표는 학생들이 파울과 반칙을 알아야하며, 파울이나 반칙을 하면 어떤 결과가 주어진다는 것도 알아야하므로 인지적 요소를 포함한다. 또한 학생들이 서로 다투지 않고 파울이나 반칙을 선언할 수 있어야 하므로 사회적 요소도 포함하고 있다. 교사는 아마도 학생들이 파울이나 반칙을 갈등이나 논쟁 없이 선언할 수 있게 되길 바랄 것이다. 그러한 목표를 달성하기 위해서는 간이게임과 같은 실제 게임보다 덜 엄격한 상황에서 파울과 반칙을 선언하는 연습을 할 필요가 있다.

(6) 전술적 과제 또한 위와 같이 분석할 수 있다. 게임수행 능력을 향상시키는 것이 목표라면 교사는 전술적 과제를 연습할 수 있는 게임 구조를 단계적으로 개발해야한다. 즉, '득점하기', '방어하기', '게임 재개하기'와 같은 하위 목표를 해결하는데 필요한 전술적 과제를 찾는 게임 구조를 개발해야 게임수행 능력의 향상이라는 목표를 효과적으로 달성할 수 있다. 각 전술적 과제는 게임을 성공적으로 수행하는데 필요한 공 다루기 기능과 공 다루기 외의 움직임을 필요로 한다. 〈표 7-1〉은 축구의 게임 구조를 전술과제와 움직임/기능과 관련시켜 분석한 예이다.

〈표 7-1〉 축구의 전술 과제, 움직임, 기능

전술과제	움직임	기능
득점		
볼 유지	볼 소유학생의 지원	패스: 길거나 짧게
		컨트롤: 발, 다리, 가슴
골 공략	표적 학생의 이용	슛, 공격 보호, 터닝
공격 공간 확보	크로스오버 플레이	첫 번째 패스: 1:2
	오버랩핑 런	크로스오버 플레이
		오버랩핑 런
공격 공간 활용	적절한 쇄도, 공격지원	1:1 드리블, 가로지르기, 해딩 공격지원
득점 차단		
지역방어	마크, 압박, 전환 방해, 지연, 커버	볼차단
골 차단	골 차단 위치 선정	골 수비: 볼 리시버, 슛 차단
		볼분배
볼 확보		태클: 차단, 슬라이드
플레이 재개		
드로인: 공격과 방어		
코너킥: 공격과 방어		
프리킥: 공격과 방어		

(7) 어떤 전술적 과제를 선택할 것인지는 학습의 준비 정도, 전술적 이해 수준, 기능 수준 등에 의해 결정된다. 교사는 자신에게 "전술적으로 얼마나 복잡한 게임을 계획하지?"와 같은 질문을 하면서 전술적 과제를 개발해야 한다. 교사는 이러한 질문을 반복하면서 학생들의 기대와 욕구를 충족시키는 전술과제를 개발하기 위해 노력해야 한다.

(8) 학습 목표를 설정하고 그것의 달성에 필요한 과제 분석을 마치면 단원 내용의 대부분이 결정되었다고 할 수 있다.

마. 학교 교육의 질적 수준을 국가와 시·도 교육청, 학교 수준에서 관리하고 개선하기 위해 기반으로 삼아야 할 교육과정의 기준과 내용을 제시한다.

Ⅰ. 교육과정 구성의 방향

이 장에서는 국가 교육과정의 개정 배경과 중점을 설명하고, 이 교육과정으로 교육을 받는 사람이 갖출 것으로 기대하는 모습과 중점적으로 기르고자 하는 핵심역량 및 교육 목표를 제시한다.

- '교육과정 구성의 중점'에서는 교육과정 개정의 주요 배경과 이에 따른 개정 중점을 제시한다.
- '추구하는 인간상'은 초·중등 교육을 통해 학생들이 갖출 것으로 기대하는 특성을 나타낸 것으로, 교육의 본질과 방향을 제시하는 기능을 한다.
- '핵심역량'은 추구하는 인간상을 구현하기 위해 학교 교육의 전 과정을 통해 중점적으로 기르고자 하는 능력이다.
- '학교급별 교육 목표'는 추구하는 인간상과 핵심역량을 바탕으로 초·중·고등학교별로 달성하기를 기대하는 교육 목표이다.

Ⅱ. 학교 교육과정 설계와 운영

이 장에서는 초·중등교육법에 근거한 국가 교육과정에 따라 학교 교육과정을 설계하고 운영할 때 지향해야 할 방향과 고려해야 할 일반적인 원칙을 제시한다.

- '설계의 원칙'에서는 학교 교육과정을 설계하고 운영할 때 반영해야 할 주요 원칙들과 유의사항 및 절차 등을 안내한다.
- '교수·학습'에서는 학습의 일반적 원리에 근거하여 수업을 설계하고 운영할 때 고려해야 할 주요 원칙들을 제시한다.
- '평가'에서는 학교 교육과정 설계·운영의 맥락에서 평가가 학습자의 성장을 지원하는 데 고려해야 할 원칙과 유의사항을 제시한다.
- '모든 학생을 위한 교육기회의 제공'에서는 다양한 특성을 가진 학습자들이 차별을 받지 않고 적합한 교육기회를 갖게 하는 데 필요한 지원 과제를 안내한다.

Ⅲ. 학교급별 교육과정 편성·운영의 기준

이 장에서는 학교 교육과정을 편성하고 운영할 때 고려해야 할 주요 기준들을 학교급별로 제시한다.

- '기본 사항'에서는 모든 학교급에 해당하는 학교 교육과정 편성·운영의 일반적인 기준을 제시한다.
- 초·중·고 학교급별 기준에서는 '편제와 시간(학점) 배당 기준'과 '교육과정 편성·운영 기준'을 제시한다.
- 특수한 학교에 대한 기준에서는 초·중등학교에 준하는 학교, 기타 특수한 학교와 초·중등교육법 별도 규정에 의하여 설립된 학교, 초·중등교육법 시행령에 따라 교육과정 운영의 특례를 받는 학교 등에 대한 교육과정 편성·운영 기준을 제시한다.

1. 기본 사항

가. 초등학교 1학년부터 중학교 3학년까지의 공통 교육과정과 고등학교 1학년부터 3학년까지의 학점 기반 선택 중심 교육과정으로 편성·운영한다.

나. 학교는 학교 교육과정 편성·운영 계획을 바탕으로 학년(군)별 교육과정 및 교과(군)별 교육과정을 편성할 수 있다.

다. 학년 간 상호 연계와 협력을 통해 학교 교육과정을 유연하게 편성·운영할 수 있도록 학년군을 설정한다.

라. 공통 교육과정의 교과는 교육 목적상의 근접성, 학문 탐구 대상 또는 방법상의 인접성, 생활양식에서의 연관성 등을 고려하여 교과(군)로 재분류한다.

마. 고등학교 교과는 보통 교과와 전문 교과로 구분하며, 학생들의 기초소양 함양과 기본 학력을 보장하기 위하여 보통 교과에 공통 과목을 개설하여 모든 학생이 이수하도록 한다.

바. 교과와 창의적 체험활동의 내용 배열은 반드시 따라야 할 학습 순서를 의미하는 것은 아니며, 학생의 관심과 요구, 학교의 실정과 교사의 필요, 계절 및 지역의 특성 등에 따라 각 교과목의 학년군별 목표 달성을 위해 지도 내용의 순서와 비중, 교과 내 또는 교과 간 연계 지도 방법 등을 조정하여 운영할 수 있다.

사. 학업 부담을 적정화하고 의미 있는 학습 활동이 이루어질 수 있도록 학기당 이수 교과목 수를 조정하여 집중이수를 실시할 수 있다.

아. 학교는 학교급 간 전환기의 학생들이 상급 학교의 생활 및 학습을 준비하는 데 필요한 교육을 지원하기 위해 진로연계교육을 운영할 수 있다.

자. 범교과 학습 주제는 교과와 창의적 체험활동 등 교육 활동 전반에 걸쳐 통합적으로 다루도록 하고, 지역 사회 및 가정과 연계하여 지도한다.

> 안전·건강 교육, 인성 교육, 진로 교육, 민주시민 교육, 인권 교육, 다문화 교육, 통일 교육, 독도 교육, 경제·금융 교육, 환경·지속가능발전 교육

차. 학교는 가정과 학교, 사회에서의 위험 상황을 알고 대처할 수 있도록 체험 중심의 안전교육을 관련 교과와 창의적 체험활동과 연계하여 운영한다.

카. 학교는 필요에 따라 계기 교육을 실시할 수 있으며, 이 경우 계기 교육 지침에 따른다.

타. 학교는 필요에 따라 원격수업을 실시할 수 있으며, 이 경우 원격수업 운영 기준은 관련 법령과 지침에 따른다.

파. 시·도 교육청과 학교는 필요에 따라 이 교육과정에 제시되어 있는 과목 외에 새로운 과목을 개설할 수 있다. 이 경우 시·도 교육감이 정하는 지침에 따라 사전에 필요한 절차를 거쳐야 한다.

하. 특수교육 대상 학생에 대해서는 이 교육과정 해당 학년군의 편제와 시간(학점 배당)을 따르되, 학생의 교육적 요구를 고려하여 특수교육 교육과정의 교과(군) 내용과 연계하거나 대체하여 수업을 설계·운영할 수 있다.

2. 초등학교(생략)

3. 중학교

가. 편제와 시간 배당 기준

1) 편제

가) 중학교 교육과정은 교과(군)와 창의적 체험활동으로 편성한다.

나) 교과(군)는 국어, 사회(역사 포함)/도덕, 수학, 과학/기술·가정/정보, 체육, 예술(음악/미술), 영어, 선택으로 한다.

다) 선택 교과는 한문, 환경, 생활 외국어(생활 독일어, 생활 프랑스어, 생활 스페인어, 생활 중국어, 생활 일본어, 생활 러시아어, 생활 아랍어, 생활 베트남어), 보건, 진로와 직업 등의 과목으로 한다.

라) 창의적 체험활동은 자율·자치 활동, 동아리 활동, 진로 활동으로 한다.

2) 시간 배당 기준

① 1시간 수업은 45분을 원칙으로 하되, 기후 및 계절, 학생의 발달 정도, 학습 내용의 성격, 학교 실정 등을 고려하여 탄력적으로 편성·운영할 수 있다.
② 교과(군)별 및 창의적 체험활동 시간 배당은 연간 34주를 기준으로 3년간의 기준 수업 시수.
③ 총 수업 시간 수는 3년간의 최소 수업 시수.
④ 정보는 정보 수업 시수와 학교자율시간 등을 활용하여 68시간 이상 편성·운영.

구 분		1~3학년
교과(군)	국어	442
	사회(역사 포함)/도덕	510
	수학	374
	과학/기술·가정/정보	680
	체육	**272**
	예술(음악/미술)	272
	영어	340
	선택	170
	소계	3,060
창의적 체험활동		306
총 수업 시간 수		3,366

나. 교육과정 편성·운영 기준

1) 학교는 교과(군)와 창의적 체험활동의 수업 시수를 학년별, 학기별로 자율적으로 편성할 수 있다.

가) 학교는 학생이 3년간 이수해야 할 교과목을 학년별, 학기별로 편성하여 학생과 학부모에게 안내한다.

나) 학교는 학교의 특성, 학생·교사·학부모의 요구 및 필요에 따라 자율적으로 교과(군)별 및 창의적 체험활동의 20% 범위 내에서 시수를 증감하여 편성·운영할 수 있다. **단, 체육, 예술(음악/미술) 교과는 기준 수업 시수를 감축하여 편성·운영할 수 없다.**

다) 학교는 학생의 학업 부담을 적정화하고 의미 있는 학습 활동이 이루어질 수 있도록 학기당 이수 교과목 수를 8개 이내로 편성한다. **단, 체육, 예술(음악/미술) 교과 및 선택 과목과 학교자율시간에 편성한 과목은 이수 교과목 수 제한에서 제외하여 편성할 수 있다.**

라) 학교는 선택 과목을 개설할 경우, 2개 이상의 과목을 동시에 개설하여 학생의 선택권을 보장한다. 학교는 필요한 경우 새로운 선택 과목을 개설할 수 있으며, 이 경우 시·도 교육감이 정하는 지침에 따라 사전에 필요한 절차를 거쳐야 한다.

마) 학교는 창의적 체험활동의 영역을 학생들의 발달 수준, 학교의 여건 등을 고려하여 자율적으로 편성·운영한다.

2) 학교는 모든 학생의 학습 기회를 보장할 수 있도록 학교 교육과정을 편성·운영한다.

가) 전입 학생이 특정 교과목을 이수하지 못할 경우, 시·도 교육청과 학교에서는 학습 결손이 발생하지 않도록 보충 학습 과정 등을 제공한다.

나) 교과목 개설이 어려운 소규모 학교, 농산어촌학교 등에서는 학습 결손이 발생하지 않도록 온라인 활용 및 지역 내 교육자원 공유·협력을 활성화한다. 이 경우 시·도 교육감이 정하는 지침에 따른다.

3) 학교는 지역과 연계하거나 다양하고 특색 있는 교육과정 운영을 위해 **학교자율시간**을 편성·운영한다.

가) 학교자율시간을 활용하여 이 교육과정에 제시되어 있는 교과목 외에 새로운 선택 과목을 개설할 수 있다.

나) 학교자율시간에 개설되는 과목의 내용은 지역과 학교의 여건 및 학생의 필요에 따라 학교가 결정하되, 학생의 선택권을 고려하여 다양한 과목을 개설·운영한다.

다) 학교자율시간은 학교 여건에 따라 연간 34주를 기준으로 한 교과별 및 창의적 체험활동 수업 시간의 학기별 1주의 수업 시간을 확보하여 운영한다.

4) 학교는 학생들이 자신의 적성과 미래에 대해 탐색하고 학습의 즐거움을 경험할 수 있도록 자유학기와 진로연계교육을 편성·운영한다.

가) 중학교 과정 중 **한 학기**는 자유학기로 운영하되, 해당 학기의 교과 및 창의적 체험활동을 자유학기 취지에 부합하도록 편성·운영한다.

체육과 교육과정 총론 내용(2015개정 대비)

편성 영역과 운영 시간을 (2015개정)기존 4개 영역(주제선택, 진로탐색, 예술체육, 동아리활동)에서 연간 170시간 운영을 하도록 되어 있었다. (2022개정)이제는 자유학기가 2개 영역(주제선택과 진로탐색)에서 운영 102시간으로 변경되었다. 향후에는 1학년에서 1개 학기를 시도별로 자율적으로 선택하여 운영할 수 있도록 변화되었다.
진로연계 교육에서 고등학교 진학학기 전 중학교 3학년 2학기를 중심으로 고등학교 교육과정(학점제, 선택 과목 등)의 이해, 희망 진로 구체화 등 중학교 단계에서 필요한 학업과 진로 설계를 동시에 준비시킬 수 있도록 하였다.

(1) 자유학기에는 지역 및 학교 여건을 고려하여 자율적으로 학생 참여 중심의 **주제선택 활동과 진로 탐색 활동**을 운영한다.

(2) 자유학기에는 토의·토론 학습, 프로젝트 학습 등 학생 참여형 수업을 강화하고, 학습의 과정을 중시하는 다양한 평가 방법을 활용하되, 일제식 지필 평가는 지양한다.

나) 학교는 상급 학교(학년)로 진학하기 전 학기나 학년의 일부 시간을 활용하여 학교급 간 연계 및 진로 교육을 강화하는 진로연계교육을 편성·운영한다.

(1) 학교는 고등학교 생활 및 학습 준비, 진로 탐색, 진학 준비 등을 위해 교과와 창의적 체험활동 시간을 활용하여 진로연계교육을 자율적으로 운영한다.

(2) 학교는 진로연계교육의 중점을 학생의 역량 함양 및 자기주도적 학습 능력 향상에 중점을 두고 교과별 내용 및 학습 방법 등의 학교급 간 연계를 통해 학생의 학습과 성장을 지원한다.

(3) 학교는 진로연계교육을 창의적 체험활동의 진로 활동 및 자유학기의 활동과 연계하여 운영한다.

5) 학교는 **학생들이 삶 속에서 스포츠 문화를 지속적으로 향유**하여 **건전한 심신 발달과 정서 함양이 이루어질 수 있도록 학교스포츠클럽 활동을 편성·운영**한다.

가) 학교스포츠클럽 활동은 **창의적 체험활동의 동아리 활동으로 편성**하고 **학년별 연간 34시간** 운영하며, **매 학기** 편성하도록 한다.

나) 학교스포츠클럽 활동의 종목과 내용은 학생들의 희망을 반영하여 학교가 결정하되, 다양한 종목을 개설하여 학생들의 선택권이 보장되도록 한다.

체육과 교육과정 총론 내용(2015개정 대비)

비교과인 창의적 체험활동의 학교스포츠클럽활동으로, 연간 의무 편성 시간이 축소되었다. 기존에는 3년간 총 136시간으로 연간 34~68시간 운영, 향후 3년간 102시간으로 연간 34시간으로 축소, 중학교 3학년의 경우 기존의 학교스포츠 클럽활동 연간 34시간을 학교장 재량으로 정규 체육수업시간으로 변경할 수 있었던 부분 삭제.

4. 고등학교

가. 편제와 시간 배당 기준

1) 편제

가) 고등학교 교육과정은 교과(군)와 창의적 체험활동으로 편성한다.

나) 교과는 보통 교과와 전문 교과로 한다.

(1) 보통 교과

(가) 보통 교과의 교과(군)는 국어, 수학, 영어, 사회(역사/도덕 포함), 과학, 체육, 예술, 기술·가정/정보/제2외국어/한문/교양으로 한다.

(나) 보통 교과는 공통 과목과 선택 과목으로 구분한다. 선택 과목은 일반 선택 과목, 진로 선택 과목, 융합 선택 과목으로 구분한다.

(2) 전문 교과

(가) 전문 교과의 교과(군)는 국가직무능력표준 등을 고려하여 경영·금융, 보건·복지, 문화·예술·디자인·방송 과목 등으로 한다.

(나) 전문 교과의 과목은 전문 공통 과목, 전공 일반 과목, 전공 실무 과목으로 구분한다.

(다) 창의적 체험활동은 자율·자치 활동, 동아리 활동, 진로 활동으로 한다.

2) 학점 배당 기준

가) **일반 고등학교와 특수 목적 고등학교(산업수요 맞춤형 고등학교 제외)**

교과(군)	공통 과목	필수 이수 학점	자율 이수 학점
체육		**10**	학생의 적성과 진로를 고려하여 편성
예술		10	
소계		84	90
창의적 체험활동		18(288시간)	
총 이수 학점		192	

① 1학점은 50분을 기준으로 하여 **16회**를 이수하는 수업량이다.

② 1시간의 수업은 50분을 원칙으로 하되, 기후 및 계절, 학생의 발달 정도, 학습 내용의 성격, 학교 실정 등을 고려하여 탄력적으로 편성·운영할 수 있다.

③ 공통 과목의 기본 학점은 4학점이며, 1학점 범위 내에서 감하여 편성·운영할 수 있다. 단, 한국사1, 2의 기본 학점은 3학점이며 감하여 편성·운영할 수 없다.

④ 과학탐구실험1, 2의 기본 학점은 1학점이며 증감 없이 편성·운영하는 것을 원칙으로 한다. 단, 과학, **체육**, 예술 계열 고등학교의 경우 **학교 실정에 따라 탄력적으로 운영**할 수 있다.

⑤ 필수 이수 학점 수는 해당 교과(군)의 최소 이수 학점이다. 특수 목적 고등학교의 경우 예술 교과(군)는 5학점 이상, 기술·가정/정보/제2외국어/한문/교양 교과(군)는 12학점 이상 이수하도록 한다.

⑥ 국어, 수학, 영어 교과의 이수 학점 총합은 81학점을 초과하지 않도록 하며, 교과 이수 학점이 174학점을 초과하는 경우에는 초과 이수 학점의 50%를 넘지 않도록 한다.

⑦ 창의적 체험활동의 학점 수는 최소 이수 학점이며 ( ) 안의 숫자는 이수 학점을 시간 수로 환산한 것이다.

⑧ 총 이수 학점 수는 고등학교 졸업을 위해 3년간 이수해야 할 최소 이수 학점을 의미한다.

나) **특성화 고등학교와 산업수요 맞춤형 고등학교**

① 1학점은 50분을 기준으로 하여 **16회**를 이수하는 수업량이다.

② 1시간의 수업은 50분을 원칙으로 하되, 기후 및 계절, 학생의 발달 정도, 학습 내용의 성격 등과 학교 실정 등을 고려하여 탄력적으로 편성·운영할 수 있다.

③ 공통 과목의 기본 학점은 4학점이며, 1학점 범위 내에서 감하여 편성·운영할 수 있다. 단, 한국사1, 2의 기본 학점은 3학점이며 감하여 편성·운영할 수 없다.

<table>
<tr><th></th><th>교과(군)</th><th>공통 과목</th><th>필수 이수 학점</th><th>자율 이수 학점</th></tr>
<tr><td rowspan="3">보통 교과</td><td>체육</td><td></td><td>8</td><td rowspan="2">학생의 적성과 진로를 고려하여 편성</td></tr>
<tr><td>예술</td><td></td><td>6</td></tr>
<tr><td colspan="2">소계</td><td>64</td><td rowspan="2">30</td></tr>
<tr><td>전문 교과</td><td colspan="2">17개 교과(군)</td><td>80</td></tr>
<tr><td colspan="3">창의적 체험활동</td><td colspan="2">18(288시간)</td></tr>
<tr><td colspan="3">총 이수 학점</td><td colspan="2">192</td></tr>
</table>

④ 필수 이수 학점 수는 해당 교과(군)의 최소 이수 학점이다.

⑤ 자연현장 실습 등 체험 위주의 교육을 전문적으로 실시하는 특성화 고등학교의 전문 교과 필수 이수 학점은 시·도 교육감이 정한다.

⑥ 창의적 체험활동의 학점 수는 최소 이수 학점이며 ( ) 안의 숫자는 이수 학점을 시간 수로 환산한 것이다.

⑦ 총 이수 학점 수는 고등학교 졸업을 위해 3년간 이수해야 할 최소 이수 학점을 의미한다.

3) 보통 교과

교과(군)	공통 과목	선택 과목		
		일반 선택	진로 선택	융합 선택
체육		체육1, 체육2	운동과 건강, 스포츠 문화* 스포츠 과학*	스포츠 생활1, 스포츠 생활2

① 선택 과목의 기본 학점은 4학점이다. **단, 체육, 예술, 교양 교과(군)의 기본 학점은 3학점**이다.

② 선택 과목은 **1학점 범위 내에서 증감**하여 편성·운영할 수 있다.

③ * 표시한 과목**의 기본 학점은 2학점이며, 1학점 범위 내에서 감하여 편성·운영**할 수 있다.

④ **체육 교과는 매 학기 이수하도록 한다. 단, 특성화 고등학교와 산업수요 맞춤형 고등학교의 경우, 현장 실습이 있는 학년에는 탄력적으로 운영할 수 있다.**

체육과 교육과정 총론(교육부 2022d, 12쪽)

교과(군)	공통 과목	선택 과목			학점
		일반 선택	진로 선택	융합 선택	
	기초소양 및 기본학력 함양, 학문의 기본이해 내용 과목	교과별 학문 영역 내의 주요 학습 내용이해 및 탐구를 위한 과목	교과별 심화 학습 및 진로 관련 과목	교과 내·교과 간 주제 융합과목, 실생활 체험 및 응용을 위한 과목	기본학점 ±
체육		체육1, 체육2	운동과 건강,	스포츠 생활1, 스포츠 생활2	(3±1) 2~4 기본 학점은 3학점이며 1학점 범위 내에서 증감하여 편성·운영할 수 있다.
			스포츠 문화* 스포츠 과학*		1~2 기본 학점은 2학점이며 1학점 범위 내에서 감하여 편성·운영할 수 있다.

계열	교과(군)	선택 과목				
		진로 선택				융합 선택
체육 계열	체육	스포츠 개론	육상	체조	수상 스포츠	스포츠 교육
		기초 체육 전공 실기	심화 체육 전공 실기	고급 체육 전공 실기	스포츠 경기 체력	스포츠 생리의학
		스포츠 경기 기술	스포츠 경기 분석			스포츠 행정 및 경영

① **특수 목적 고등학교 선택 과목**은 과학, **체육**, 예술 계열에 관한 과목으로 한다.

② 특수 목적 고등학교 선택 과목의 기본 학점 및 증감 범위는 시·도 교육감이 정한다.

- 전문 교과의 과목 기본 학점 및 증감 범위는 시·도 교육감이 정한다.

나. 교육과정 편성·운영 기준

1) 공통 사항

가) 고등학교 교육과정의 총 이수 학점은 192학점이며 교과(군) 174학점, 창의적 체험활동 18학점 (288시간)으로 편성한다.

나) 학교는 학생이 3년간 이수할 수 있는 과목을 학기별로 편성하여 학생과 학부모에게 안내한다.

다) 학교는 학생이 자신의 진로에 적합한 과목을 이수할 수 있도록 진로·학업 설계 지도와 연계하여 선택 과목에 대한 정보를 적극적으로 안내한다.

라) 과목의 이수 시기와 학점은 학교에서 자율적으로 편성·운영하되, 다음의 각호를 따른다.

(1) 학생이 학기 단위로 과목을 이수할 수 있도록 편성·운영한다.

(2) 공통 과목은 해당 교과(군)의 선택 과목 이수 전에 편성·운영하는 것을 원칙으로 한다.

(3) 학생의 발달 수준 등을 고려하여 공통수학1, 2와 공통영어1, 2를 기본수학1, 2와 기본영어1, 2로 대체하여 이수하도록 편성·운영할 수 있다. 이와 관련된 구체적인 사항은 시·도 교육감이 정하는 지침에 따른다.

(4) 선택 과목 중에서 위계성을 갖는 과목의 경우, 계열적 학습이 가능하도록 편성한다. 단, 학교의 실정 및 학생의 요구, 과목의 성격에 따라 탄력적으로 편성·운영할 수 있다.

마) 학교는 학생의 학업 부담을 완화하고 깊이 있는 학습이 이루어질 수 있도록 학기당 이수하는 학점을 적정하게 편성한다.

바) 학교는 학생의 필요와 학업 부담을 고려하여 교과(군) 총 이수 학점을 초과 이수하는 학점이 적정화되도록 하며, 특수 목적 고등학교는 특수 목적 고등학교 선택 과목에 한하여, 특성화 고등학교 및 산업수요 맞춤형 고등학교는 전문 교과의 과목에 한하여 초과 이수할 수 있다.

사) 학교는 일정 규모 이상의 학생이 이 교육과정에 제시된 선택 과목의 개설을 요청할 경우 해당 과목을 개설해야 한다. 이와 관련된 구체적인 사항은 시·도 교육감이 정하는 지침에 따른다.

아) 학교는 다양한 방식으로 학생의 선택 과목 이수 기회를 확대하기 위해 노력하되, 다음의 각호를 따른다.

(1) 학교에서 개설하지 않은 선택 과목 이수를 희망하는 학생이 있을 경우 그 과목을 개설한 다른 학교에서의 이수를 인정한다. 이와 관련된 구체적인 사항은 시·도 교육감이 정하는 지침에 따른다.

(2) 학교는 필요에 따라 이 교육과정에 제시되어 있는 과목 외에 새로운 과목을 개설할 수 있다. 이 경우 시·도 교육감이 정하는 지침에 따라 사전에 필요한 절차를 거쳐야 한다.

(3) 학교는 학생의 필요에 따라 지역사회 기관에서 이루어진 학교 밖 교육을 과목 또는 창의적 체험활동으로 이수를 인정한다. 이와 관련된 구체적인 사항은 시·도 교육감이 정하는 지침에 따른다.

(4) 학교는 필요에 따라 대학 과목 선이수제의 과목을 개설할 수 있고, 국제적으로 공인된 교육과정이나 과목을 개설할 수 있다. 이와 관련된 구체적인 사항은 시·도 교육감이 정하는 지침에 따른다.

자) 학교는 창의적 체험활동의 영역을 학생의 발달 수준, 학교의 여건 등을 고려하여 자율적으로 편성·운영하고, 학생의 진로 및 적성과 연계하여 다양한 활동이 이루어질 수 있도록 한다.

차) 학교는 학생이 교과 및 창의적 체험활동의 이수 기준을 충족한 경우 학점 취득을 인정한다. 이수 기준은 출석률과 학업성취율을 반영하여 설정하며, 이와 관련된 구체적인 사항은 교육부 장관이 정하는 지침에 따른다.

카) 학교는 과목별 최소 성취수준을 보장하기 위해 학교의 여건 등을 고려하여 다양한 방식으로 예방·보충 지도를 실시한다.

타) 학교는 학교급 전환 시기에 학교급 간 연계 및 진로 교육을 강화하는 진로연계교육을 편성·운영한다.

(1) 학교는 학생의 진로·학업 설계 지도를 위해 교과와 창의적 체험활동 시간을 활용하여 진로연계교육을 자율적으로 운영한다.

(2) 졸업을 앞둔 시기에 교과와 창의적 체험활동 시간을 활용하여 대학 생활에 대한 이해, 대학 선이수 과목, 사회생활 안내와 적응 활동 등을 운영한다.

파) 학교는 특수교육 대상 학생을 위해 필요시 특수교육 전문 교과의 과목을 개설할 수 있다. 이 경우 진로 선택 과목 또는 융합 선택 과목으로 편성한다.

2) 일반 고등학교

가) 교과(군) 174학점 중 필수 이수 학점은 84학점으로 한다. 단, 필요한 경우 학교는 학생의 진로 및 발달 수준 등을 고려하여 필수 이수 학점 수를 학생별로 다르게 정할 수 있으며, 이와 관련된 구체적인 사항은 시·도 교육감이 정하는 지침에 따른다.

나) 학교는 교육과정을 보통 교과 중심으로 편성하되, 필요에 따라 전문 교과의 과목을 개설할 수 있다. 이 경우 진로 선택 과목으로 편성한다.

다) 학교가 제2외국어 과목을 개설할 경우, 2개 이상의 과목을 동시에 개설하도록 노력해야 한다.

라) 학교가 필요에 따라 이 교육과정에 제시되어 있는 과목 외에 새로운 과목을 개설할 경우 진로 선택 과목 또는 융합 선택 과목으로 편성한다.

마) 학교는 교육과정을 특성화하기 위해 특정 교과를 중심으로 중점학교를 운영할 수 있다. 이 경우 자율 이수 학점의 30% 이상을 해당 교과(군)의 과목으로 편성하도록 권장하며, 이와 관련된 구체적인 사항은 시·도 교육감이 정하는 지침에 따른다.

바) 학교는 직업교육 관련 학과를 설치·운영하거나 직업 위탁 과정을 운영할 수 있다. 이 경우 특성화 고등학교와 산업수요 맞춤형 고등학교의 학점 배당 기준을 적용할 수 있으며, 이와 관련된 구체적인 사항은 시·도 교육감이 정하는 지침에 따른다.

3) 특수 목적 고등학교(산업수요 맞춤형 고등학교 제외)

가) 교과(군) 174학점 중 필수 이수 학점은 75학점으로 하고, 자율 이수 학점 중 68학점 이상을 특수 목적 고등학교 전공 관련 선택 과목으로 편성한다.

나) 이 교육과정에 제시되지 않은 계열의 교육과정은 유사 계열의 교육과정에 준한다. 부득이 새로운 계열을 설치하고 그에 따른 교육과정을 편성할 경우에는 시·도 교육감이 정하는 지침에 따라 사전에 필요한 절차를 거쳐야 한다.

다) 학교는 필요에 따라 전문 교과의 과목을 개설할 수 있다. 이 경우 진로 선택 과목으로 편성한다.

라) 학교가 필요에 따라 이 교육과정에 제시되어 있는 과목 외에 새로운 과목을 개설할 경우 진로 선택 과목 또는 융합 선택 과목으로 편성한다.

4) 특성화 고등학교와 산업수요 맞춤형 고등학교

가) 학교는 산업수요와 직업의 변화를 고려하여 학과를 개설하고, 학과별 인력 양성 유형, 학생의 취업 역량과 경력 개발 등을 고려하여 학생이 직업기초능력 및 직무능력을 함양할 수 있도록 교육과정을 편성·운영한다.

(1) 교과(군)의 총 이수 학점 174학점 중 보통 교과의 필수 이수 학점은 64학점, 전문 교과의 필수 이수 학점은 80학점으로 한다. 단, 필요한 경우 학교는 학생의 진로 및 발달 수준 등을 고려하여 필수 이수 학점을 학생별로 다르게 정할 수 있으며, 이와 관련된 구체적인 사항은 시·도 교육감이 정하는 지침에 따른다.

(2) 학교는 두 개 이상의 교과(군)의 과목을 선택하여 전문 교과를 편성·운영할 수 있다.

(3) 학교는 모든 교과(군)에서 요구되는 전문 공통 과목을 학교 여건과 학생 요구를 반영하여 편성·운영할 수 있다.

(4) 전공 실무 과목은 국가직무능력표준의 성취기준에 적합하게 교수·학습이 이루어지도록 하며, 내용 영역인 능력단위 기준으로 평가한다.

나) 학교는 학과를 운영할 때 필요한 경우 세부 전공, 부전공 또는 자격 취득 과정을 개설할 수 있다. 이와 관련된 구체적인 사항은 시·도 교육감이 정하는 지침에 따른다.

다) 전문 교과의 기초가 되는 과목을 선택하여 이수할 경우, 이와 관련되는 보통 교과의 선택 과목 이수로 간주할 수 있다.

라) 내용이 유사하거나 관련되는 보통 교과의 선택 과목과 전문 교과의 과목을 교체하여 편성·운영할 수 있다. 이 경우 시·도 교육감이 정하는 지침에 따라 사전에 필요한 절차를 거쳐야 한다.

마) 학교는 산업계의 수요 등을 고려하여 전문 교과의 교과 내용에 주제나 내용 요소를 추가하여 구성할 수 있다. 단, 전공 실무 과목의 경우에는 국가직무능력표준에 기반을 두어야 하며, 학교 및 학생의 필요에 따라 내용 영역(능력단위) 중 일부를 선택하여 운영할 수 있다.

바) 다양한 직업적 체험과 현장 적응력 제고 등을 위해 학교에서 배운 지식과 기술을 경험하고 적용하는 현장 실습을 교육과정에 포함하여 운영한다.

(1) 현장 실습은 교육과정과 관련된 직무를 경험할 수 있도록 운영한다. 특히, 산업체를 기반으로 실시하는 현장 실습은 학생이 참여 여부를 선택하도록 하되, 학교와 산업계가 현장 실습 프로그램을 공동으로 개발하고 현장 실습의 과정과 결과를 평가하도록 한다.

(2) 현장 실습은 지역사회 기관들과 연계하여 다양한 형태로 운영할 수 있으며, 이와 관련된 구체적인 사항은 시·도 교육감이 정하는 지침에 따른다.

사) 학교는 실습 관련 과목을 지도할 경우 사전에 수업 내용과 관련된 산업안전보건 등에 대한 교육을 실시해야 하고, 안전 장구 착용 등 안전 조치를 취한다.

아) 창의적 체험활동은 학생의 진로 및 경력 개발, 인성 계발, 취업 역량 제고 등을 목적으로 프로그램을 운영할 수 있다.

자) 이 교육과정에 제시되지 않은 교과(군)의 교육과정은 유사한 교과(군)의 교육과정에 준한다. 부득이 새로운 교과(군)의 설치 및 그에 따른 교육과정을 편성·운영하고자 할 경우에는 시·도 교육감이 정하는 지침에 따라 사전에 필요한 절차를 거쳐야 한다.

차) 학교가 필요에 따라 이 교육과정에 제시되어 있는 과목 외에 새로운 전공 실무 과목을 개설하여 운영할 경우 국가직무능력표준에 기반을 두어야 하며, 이 경우 시·도 교육감이 정하는 지침에 따라 사전에 필요한 절차를 거쳐야 한다.

카) 산업수요 맞춤형 고등학교는 산업계의 수요와 직접 연계된 맞춤형 교육과정 운영이 가능하도록 교육과정 편성·운영의 자율권을 부여하고, 이와 관련된 구체적인 사항은 시·도 교육감이 정하는 지침에 따른다.

2 학교 교육과정 지원

이 장에서는 학교 교육과정의 충실한 설계와 운영을 위해 국가와 시·도 교육청 수준에서 이루어져야 하는 행·재정적 지원 사항들을 유형별로 제시한다.

- '교육과정의 질 관리'에서는 학교 교육과정의 질 관리와 개선을 위한 지원 사항을 제시한다.
- '학습자 맞춤교육 강화'에서는 다양한 특성을 가진 학습자들의 학습을 지원하는 데 필요한 사항을 제시한다.
- '학교의 교육 환경 조성'에서는 변화하는 교육 환경에 대응하여 학생들의 역량과 소양을 함양하는 데 필요한 지원 사항을 제시한다.

1. 교육과정 질 관리

가. 국가 수준의 지원

1) 이 교육과정의 질 관리를 위하여 주기적으로 학업 성취도 평가, 교육과정 편성·운영에 관한 평가, 학교와 교육 기관 평가를 실시하고 그 결과를 교육과정 개선에 활용한다.

가) 교과별, 학년(군)별 학업 성취도 평가를 실시하고, 평가 결과는 학생의 학습 지원, 학력의 질 관리, 교육과정의 적절성 확보 및 개선 등에 활용한다.

나) 학교의 교육과정 편성·운영과 교육청의 교육과정 지원 상황을 파악하기 위하여 학교와 교육청에 대한 평가를 주기적으로 실시한다.

다) 교육과정에 대하여 조사, 분석 및 점검을 실시하고 그 결과를 교육과정 개선에 반영한다.

2) 교육과정 편성·운영과 지원 체제의 적절성 및 실효성을 평가하기 위한 연구를 수행한다.

나. 교육청 수준의 지원

1) 지역의 특수성, 교육의 실태, 학생·교원·주민의 요구와 필요 등을 반영하여 교육청 단위의 교육 중점을 설정하고, 학교 교육과정 개발을 위한 시·도 교육청 수준 교육과정 편성·운영 지침을 마련하여 안내한다.

2) 시·도의 특성과 교육적 요구를 구현하기 위하여 시·도 교육청 교육과정 위원회를 조직하여 운영한다.

가) 이 위원회는 교육과정 편성·운영에 관한 조사 연구와 자문 기능을 담당한다.

나) 이 위원회에는 교원, 교육 행정가, 교육학 전문가, 교과 교육 전문가, 학부모, 지역사회 인사, 산업체 전문가 등이 참여할 수 있다.

3) 학교 교육과정의 질 관리를 위해 각급 학교의 교육과정 편성·운영 실태를 정기적으로 파악하고, 교육과정 운영 지원 실태를 점검하여 효과적인 교육과정 운영과 개선에 필요한 지원을 한다.

가) 학교 교육과정 편성·운영 체제의 적절성 및 실효성을 높이기 위하여 학업 성취도 평가, 학교 교육과정 평가 등을 실시하고 그 결과를 교육과정 개선에 활용한다.

나) 교육청 수준의 학교 교육과정 지원에 대한 자체 평가와 교육과정 운영 지원 실태에 대한 점검을 실시하고 개선 방안을 마련한다.

2. 학습자 맞춤교육 강화

가. 국가 수준의 지원

1) 학교에서 학생의 성장과 성공적인 학습을 지원하는 평가가 원활히 이루어질 수 있도록 다양한 방안을 개발하여 학교에 제공한다.

가) 학교가 교과 교육과정의 목표에 부합되는 평가를 실시할 수 있도록 교과별로 성취기준에 따른 평가기준을 개발·보급한다.

나) 교과목별 평가 활동에 활용할 수 있는 다양한 평가 방법, 절차, 도구 등을 개발하여 학교에 제공한다.

2) 특성화 고등학교와 산업수요 맞춤형 고등학교가 기준 학과별 국가직무능력표준이나 직무분석 결과에 기초하여 학교의 특성 및 학과별 인력 양성 유형을 고려하여 교육과정을 편성·운영할 수 있도록 지원한다.

3) 학습 부진 학생, 느린 학습자, 다문화 가정 학생 등 다양한 특성을 가진 학생을 위해 필요한 지원 방안을 마련한다.

4) 특수교육 대상 학생에 대한 정당한 편의 제공을 위해 필요한 교수·학습 자료, 교육 평가 방법 및 도구 등의 제반 사항을 지원한다.

나. 교육청 수준의 지원

1) 지역 및 학교, 학생의 다양한 특성을 반영하여 학교 교육과정이 운영될 수 있도록 지원한다.

가) 학교가 이 교육과정에 제시되어 있는 과목 외에 새로운 교과목을 개설·운영할 수 있도록 관련 지침을 마련한다.

나) 통합운영학교 관련 규정 및 지침을 정비하고, 통합운영학교에 맞는 교육과정 운영이 이루어질 수 있도록 지원한다.

다) 학교 밖 교육이 지역 및 학교의 여건, 학생의 희망을 고려하여 운영될 수 있도록 우수한 학교 밖 교육 자원을 발굴·공유하고, 질 관리에 힘쓴다.

라) 개별 학교의 희망과 여건을 반영하여 필요한 경우 공동으로 교육과정을 운영할 수 있도록 지원한다.

마) 지역사회와 학교의 여건에 따라 초등학교 저학년 학생을 학교에서 돌볼 수 있는 기능을 강화하고, 이에 대해 행·재정적 지원을 한다.

바) 학교가 학생과 학부모의 요구에 따라 방과 후 또는 방학 중 활동을 운영할 수 있도록 행·재정적 지원을 한다.

2) 학생의 진로 및 발달적 특성을 고려하여 자신의 진로를 스스로 설계해 갈 수 있도록 다양한 방안을 마련하여 지원한다.

가) 학교급과 학생의 발달적 특성에 맞는 진로 활동 및 학교급 간 연계 교육을 강화하는 데 필요한 지원을 한다.

나) 학교급 전환 시기 진로연계교육을 위한 자료를 개발·보급하고, 각 학교급 교육과정에 대한 교사의 이해 증진 및 학교급 간 협력 관계 구축을 위한 지원을 확대한다.

다) 중학교 자유학기 운영을 지원하기 위해 각종 자료의 개발·보급, 교원의 연수, 지역사회와의 연계가 포함된 자유학기 지원 계획을 수립하여 추진한다.

라) 고등학교 교육과정이 학점을 기반으로 내실 있게 운영될 수 있도록 각종 자료의 개발·보급, 교원의 연수, 학교 컨설팅, 최소 성취수준 보장, 지역사회와의 연계 등 지원 계획을 수립하여 추진한다.

마) 인문학적 소양 및 통합적 읽기 능력 함양을 위해 독서 활동을 활성화하도록 다양한 지원을 한다.

3) 학습자의 다양성을 존중하고 학습 소외 및 교육 격차를 방지할 수 있도록 맞춤형 교육을 지원한다.

가) 지역 간, 학교 간 교육 격차를 완화할 수 있도록 농산어촌학교, 소규모학교에 대한 지원 체제를 마련한다.

나) 모든 학생이 학습에서 소외되지 않도록 교육공동체가 함께 협력하여 학생 개개인의 필요와 요구에 맞는 맞춤형 교육 활동을 계획하고 실행할 수 있도록 지원한다.

다) 전·입학, 귀국 등에 따라 공통 교육과정의 교과와 고등학교 공통 과목을 이수하지 못한 학생들이 해당 과목을 이수할 수 있도록 다양한 기회를 마련해 주고, 학생들이 공공성을 갖춘 지역사회 기관을 통해 이수한 과정을 인정해 주는 방안을 마련한다.

라) 귀국자 및 다문화 가정 학생을 포함하는 다양한 배경의 학생들이 그들의 교육 경험의 특성과 배경에 의해 이 교육과정을 이수하는 데 어려움이 없도록 지원한다.

마) 특정 분야에서 탁월한 재능을 보이는 학생, 학습 부진 학생, 특수교육 대상 학생들을 위한 교육 기회를 마련하고 지원한다.

바) 통합교육 실행 및 개선을 위해 교사 간 협력 지원, 초·중학교 교육과정과 특수교육 교육과정을 연계할 수 있는 자료 개발 및 보급, 관련 연수나 컨설팅 등을 제공한다.

3. 학교의 교육 환경 조성

가. 국가 수준의 지원

1) 교육과정 자율화·분권화를 바탕으로 교육 주체들이 각각의 역할과 책임을 충실하게 수행할 수 있는 협조 체제를 구축하고 지원한다.

2) 시·도 교육청의 교육과정 지원 활동과 단위 학교의 교육과정 편성·운영 활동이 상호 유기적으로 이루어질 수 있도록 행·재정적 지원을 한다.

3) 이 교육과정이 교육 현장에 정착될 수 있도록 교육청 수준의 교원 연수와 전국 단위의 교과 연구회 활동을 적극적으로 지원한다.

4) 디지털 교육 환경 변화에 부합하는 미래형 교수·학습 방법과 평가체제 구축을 위해 교원의 에듀테크 활용 역량 함양을 지원한다.

5) 학교 교육과정이 원활히 운영될 수 있도록 학교 시설 및 교원 수급 계획을 마련하여 제시한다.

나. 교육청 수준의 지원

1) 학교가 이 교육과정에 근거하여 학교 교육과정을 편성·운영할 수 있도록 다음의 사항을 지원한다.

가) 학교 교육과정 편성·운영을 위해서 교육 시설, 설비, 자료 등을 정비하고 확충하는 데 필요한 행·재정적 지원을 한다.

나) 복식 학급 운영 등 소규모 학교의 정상적인 교육과정 운영을 지원하기 위해 교원의 배치, 학생의 교육받을 기회 확충 등에 필요한 행·재정적 지원을 한다.

다) 수준별 수업을 효율적으로 운영하도록 지원하며, 기초학력 향상과 학습 결손 보충이 가능하도록 보충 수업을 운영하는 데 필요한 행·재정적 지원을 한다.

라) 학교 교육활동 전반에 걸쳐 종합적인 안전교육 계획을 수립하고 사고 예방을 위한 행·재정적 지원을 한다.

마) 고등학교에서 학생의 과목 선택권을 보장할 수 있도록 교원 수급, 시설 확보, 유연한 학습 공간 조성, 프로그램 개발 등 필요한 행·재정적 지원을 한다.

바) 특성화 고등학교와 산업수요 맞춤형 고등학교가 산업체와 협력하여 특성화된 교육과정과 실습 과목을 편성·운영하는 경우, 학생의 현장 실습과 전문교과 실습이 안전하고 내실 있게 운영될 수 있도록 행·재정적 지원을 한다.

2) 학교가 새 학년도 시작에 앞서 교육과정 편성·운영에 관한 계획을 수립할 수 있도록 교육과정 편성·운영 자료를 개발·보급하고, 교원의 전보를 적기에 시행한다.

3) 교과와 창의적 체험활동 등에 필요한 교과용 도서의 개발, 인정, 보급을 위해 노력한다.

4) 학교가 지역사회의 관계 기관과 적극적으로 연계·협력해서 교과, 창의적 체험활동, 학교스포츠클럽활동, 자유학기 등을 내실 있게 운영할 수 있도록 지원하며, 관내 학교가 활용할 수 있는 우수한 지역 자원을 발굴하여 안내한다.

5) 학교 교육과정의 효과적 운영을 위하여 학생의 배정, 교원의 수급 및 순회, 학교 간 시설과 설비의 공동 활용, 자료의 공동 개발과 활용에 관하여 학교 간 및 시·도 교육(지원)청 간의 협조 체제를 구축한다.

6) 단위 학교의 교육과정 편성·운영 및 교수·학습, 평가를 지원할 수 있도록 교원 연수, 교육과정 컨설팅, 연구학교 운영 및 연구회 활동 지원 등에 대한 계획을 수립하여 시행한다.

가) 교원의 학교 교육과정 편성·운영 능력과 교과 및 창의적 체험활동에 대한 교수·학습, 평가 역량을 제고하기 위하여 교원에 대한 연수 계획을 수립하여 시행한다.

나) 학교 교육과정의 효율적인 편성·운영을 지원하기 위해 교육과정 컨설팅 지원단 등 지원 기구를 운영하며 교육과정 편성·운영을 위한 각종 자료를 개발하여 보급한다.

다) 학교 교육과정 편성·운영의 개선과 수업 개선을 위해 연구학교를 운영하고 연구 교사제 및 교과별 연구회 활동 등을 적극적으로 지원한다.

7) 온오프라인 연계를 통한 효과적인 교수·학습과 평가가 이루어질 수 있도록 하며, 지능정보기술을 활용한 맞춤형 수업과 평가가 가능하도록 지원한다.

가) 원격수업을 효과적으로 지원하기 위해 학교의 원격수업 기반 구축, 교원의 원격수업 역량 강화 등에 필요한 행·재정적 지원을 한다.

나) 수업 설계·운영과 평가에서 다양한 디지털 플랫폼과 기술 및 도구를 효율적으로 활용할 수 있도록 시설·설비와 기자재 확충을 지원한다.

제 2 장 초·중등학교 교육과정 총론

교육부 고시 제2015-74호

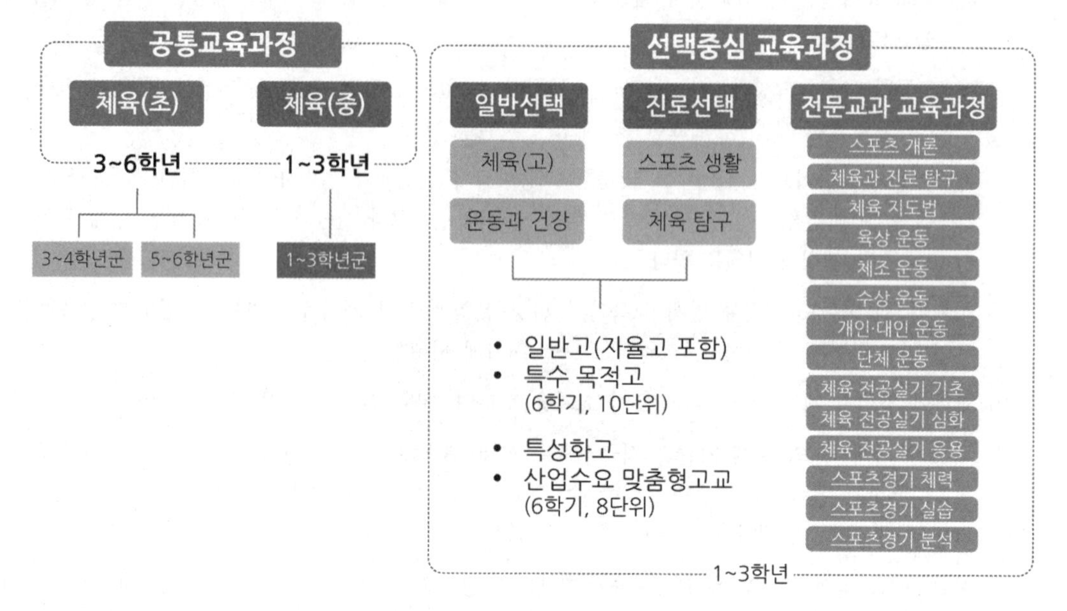

[그림 2-1] 학교급별 체육과 교육과정의 과목 구조

교육부 고시 제2015-74호

초·중등교육법 제23조 제2항에 의거하여 초·중등학교 교육과정을 다음과 같이 고시합니다.

2015년 9월 23일

부총리 겸 교육부 장관

부 칙

1. 이 교육과정은 학교 급별, 학년별로 다음과 같이 시행합니다.

   라. 2020년 3월 1일: 중학교 3학년, 고등학교 3학년

2. 중학교 자유학기 편성·운영 관련 규정은 2016년 3월 1일부터 적용합니다.

Ⅰ. 교육과정 구성의 방향(생략)

Ⅱ. 학교 급별 교육과정 편성·운영의 기준

1. 기본 사항

가. 초등학교 1학년부터 중학교 3학년까지의 공통 교육과정과 고등학교 1학년부터 3학년까지의 선택 중심 교육과정으로 편성·운영한다.

나. 학년 간 상호 연계와 협력을 통해 학교 교육과정을 유연하게 편성·운영할 수 있도록 학년군을 설정한다.

다. 공통 교육과정의 교과는 교육 목적상의 근접성, 학문 탐구 대상 또는 방법상의 인접성, 생활양식에서의 연관성 등을 고려하여 교과군으로 재분류한다.

라. 선택 중심 교육과정에서는 학생들의 기초 영역 학습을 강화하고 진로 및 적성에 맞는 학습이 가능하도록 4개의 교과 영역으로 구분하고 교과(군)별 필수 이수 단위를 제시한다. 특성화 고등학교와 산업수요 맞춤형 고등학교는 보통 교과의 4개 교과 영역과 전문 교과로 구분하고 필수 이수 단위를 제시한다.

마. 고등학교 교과는 보통 교과와 전문 교과로 구분하며, 학생들의 기초 소양 함양과 기본 학력을 보장하기 위하여 보통 교과에 공통 과목을 개설하여 모든 학생이 이수하도록 한다.

바. 학습 부담을 적정화하고 의미 있는 학습 활동이 이루어질 수 있도록 학기당 이수 교과목 수를 조정하여 집중이수를 실시할 수 있다.

사. 창의적 체험활동은 학생의 소질과 잠재력을 계발하고 공동체 의식을 기르는 데에 중점을 둔다.

아. 범교과 학습 주제는 교과와 창의적 체험활동 등 교육 활동 전반에 걸쳐 통합적으로 다루도록 하고, 지역사회 및 가정과 연계하여 지도한다.

> 안전·건강 교육, 인성 교육, 진로 교육, 민주 시민 교육, 인권 교육, 다문화 교육, 통일 교육, 독도 교육, 경제·금융 교육, 환경·지속가능발전 교육

자. 학교는 필요에 따라 계기 교육을 실시할 수 있으며, 이 경우 계기 교육 지침에 따른다.

2. 초등학교(생략)

3. 중학교 20 기출

가. 편제와 시간 배당 기준

1) 편제

가) 중학교 교육과정은 교과(군)와 창의적 체험활동으로 편성한다.

나) 교과(군)는 국어, 사회(역사 포함)/도덕, 수학, 과학/기술·가정/정보, 체육, 예술(음악/미술), 영어, 선택으로 한다.

다) 선택 교과는 한문, 환경, 생활 외국어(독일어, 프랑스어, 스페인어, 중국어, 일본어, 러시아어, 아랍어, 베트남어), 보건, 진로와 직업 등의 과목으로 한다.

라) 창의적 체험활동은 자율 활동, 동아리 활동, 봉사 활동, 진로 활동으로 한다.

2) 시간 배당 기준

구 분		1~3학년
교과(군)	국어	442
	사회(역사 포함)/도덕	510
	수학	374
	과학/기술·가정/정보	680
	체육	272
	예술(음악/미술)	272
	영어	340
	선택	170
	소계	3,060
창의적 체험활동		306
총 수업 시간 수		3,366

① 이 표에서 1시간 수업은 45분을 원칙으로 하되, 기후 및 계절, 학생의 발달 정도, 학습 내용의 성격, 학교 실정 등을 고려하여 탄력적으로 편성·운영할 수 있다.
② 학년군 및 교과(군)별 시간 배당은 연간 34주를 기준으로 한 3년간의 기준 수업 시수를 나타낸 것이다.
③ 총 수업 시간 수는 3년간의 최소 수업 시수를 나타낸 것이다.
④ 정보 과목은 34시간을 기준으로 편성·운영한다.

나. 교육과정 편성·운영 기준

1) 학교는 3년간 이수해야 할 교과목을 학년별, 학기별로 편성하여 학생과 학부모에게 안내한다.

2) 교과(군)의 이수 시기와 그에 따른 수업 시수는 학교가 자율적으로 결정할 수 있다.

3) 학교는 학교의 특성, 학생·교사·학부모의 요구 및 필요에 따라 자율적으로 교과(군)별 20% 범위 내에서 시수를 증감하여 편성·운영할 수 있다. 단, 체육, 예술(음악/미술) 교과는 기준 수업 시수를 감축하여 편성·운영할 수 없다.

4) 학교는 학습 부담을 적정화하고 의미 있는 학습 활동이 이루어질 수 있도록 학기당 이수 교과목 수를 8개 이내로 편성한다. 단, 체육, 예술(음악/미술) 교과는 이수 교과목 수 제한에서 제외하여 편성할 수 있다.

5) 전입 학생이 특정 교과목을 이수하지 못할 경우, 교육청과 학교에서는 보충 학습 과정 등을 통해 학습 결손이 발생하지 않도록 한다.

6) 학교가 선택 과목을 개설할 경우, 2개 이상의 과목을 개설함으로써 학생의 선택권이 보장되도록 한다.

7) 학교는 필요한 경우 새로운 선택 과목을 개설할 수 있다. 이 경우 시·도 교육청이 정하는 지침에 따라 사전에 필요한 절차를 거쳐야 한다.

8) 학교는 창의적 체험활동의 영역을 학생들의 발달 수준, 학교의 여건 등을 고려하여 자율적으로 편성·운영한다. 창의적 체험활동은 학교스포츠클럽 활동 및 자유학기에 이루어지는 다양한 활동들과 연계하여 운영할 수 있다.

9) 학교는 학생들이 자신의 적성과 미래에 대해 탐색하고, 학습의 즐거움을 경험하여 스스로 공부하는 자기주도적 학습 능력과 태도를 기를 수 있도록 자유학기를 운영한다.

가) 중학교 과정 중 한 학기는 자유학기로 운영한다.

나) 자유학기에는 해당 학기의 교과 및 창의적 체험활동을 자유학기의 취지에 부합하도록 편성·운영한다.

다) 자유학기에는 지역사회와 연계하여 진로 탐색 활동, 주제 선택 활동, 동아리 활동, 예술·체육 활동 등 다양한 체험 중심의 자유학기 활동을 운영한다.

라) 자유학기에는 협동 학습, 토의·토론 학습, 프로젝트 학습 등 **학생 참여형** 수업을 강화한다.

마) 자유학기에는 중간·기말고사 등 일제식 지필평가는 실시하지 않으며, 학생의 학습과 성장을 지원하는 **과정** 중심의 평가를 실시한다. **20 기출**

바) 자유학기에는 학교 내외의 다양한 자원을 활용하여 진로 탐색 및 설계를 지원한다.

사) 학교는 자유학기의 운영 취지가 타 학기·학년에도 연계될 수 있도록 노력한다.

10) 학교는 학생들의 심신을 건강하게 발달시키고 정서를 함양하기 위해 '학교스포츠클럽 활동'을 편성·운영한다. **20 기출**

가) 학교스포츠클럽 활동은 창의적 체험활동의 동아리 활동으로 편성한다.

나) 학교스포츠클럽 활동은 학년별 연간 34~68시간(총 136시간) 운영하며, 매 학기 편성하도록 한다. 학교 여건에 따라 연간 68시간 운영하는 학년에서는 34시간 범위 내에서 학교스포츠클럽 활동을 **체육**으로 대체할 수 있다.

다) 학교스포츠클럽 활동의 시간은 교과(군)별 시수의 20% 범위 내에서 감축하거나, **창의적 체험활동** 시수를 순증하여 확보한다. 다만, 여건이 어려운 학교의 경우 68시간 범위 내에서 기존 **창의적 체험활동** 시간을 활용하여 확보할 수 있다.

라) 학교스포츠클럽 활동의 종목과 내용은 학생들의 희망을 반영하여 학교가 정하되, 다양한 종목을 개설함으로써 학생들의 **선택권**이 보장되도록 한다.

4. 고등학교

가. 편제와 단위 배당 기준

1) 편제

가) 고등학교 교육과정은 교과(군)와 창의적 체험활동으로 편성한다.

나) 교과는 보통 교과와 전문 교과로 한다.

(1) 보통 교과

㉮ 보통 교과의 영역은 기초, 탐구, 체육·예술, 생활·교양으로 구성하며, 교과(군)는 국어, 수학, 영어, 한국사, 사회(역사/도덕 포함), 과학, **체육**, 예술, 기술·가정/제2외국어/한문/교양으로 한다.

㉯ 보통 교과는 공통 과목과 선택 과목으로 구분한다. 공통 과목은 국어, 수학, 영어, 한국사, 통합사회, 통합과학(과학탐구실험 포함)으로 하며, 선택 과목은 일반 선택 과목과 진로 선택 과목으로 구분한다.

(2) 전문 교과

㉮ 전문 교과는 전문 교과Ⅰ과 전문 교과Ⅱ로 구분한다.

㉯ 전문 교과Ⅰ은 과학, **체육**, 예술, 외국어, 국제 계열에 관한 과목으로 한다.

다) 창의적 체험활동은 자율 활동, 동아리 활동, 봉사 활동, 진로 활동으로 한다.

2) 단위 배당 기준

가) 일반 고등학교(자율 고등학교 포함)와 특수 목적 고등학교(산업수요 맞춤형 고등학교 제외)

<table>
<tr><th></th><th>교과 영역</th><th>교과(군)</th><th>공통 과목(단위)</th><th>필수 이수 단위</th><th>자율 편성 단위</th></tr>
<tr><td rowspan="4">교과(군)</td><td rowspan="2">체육·예술</td><td>체육</td><td></td><td>10</td><td rowspan="3">학생의 적성과 진로를 고려하여 편성</td></tr>
<tr><td>예술</td><td></td><td>10</td></tr>
<tr><td>생활·교양</td><td>기술·가정/
제2외국어/
한문/교양</td><td></td><td>16</td></tr>
<tr><td colspan="3">소계</td><td>94</td><td>86</td></tr>
<tr><td colspan="4">창의적 체험활동</td><td colspan="2">24(408시간)</td></tr>
<tr><td colspan="4">총 이수 단위</td><td colspan="2">204</td></tr>
</table>

① 1단위는 50분을 기준으로 하여 17회를 이수하는 수업량이다.

② 1시간의 수업은 50분을 원칙으로 하되, 기후 및 계절, 학생의 발달 정도, 학습 내용의 성격, 학교 실정 등을 고려하여 탄력적으로 편성·운영할 수 있다.

③ 공통 과목은 2단위 범위 내에서 감하여 편성·운영할 수 있다. 단, 한국사는 6단위 이상 이수하되 2개 학기 이상 편성하도록 한다.

④ 과학탐구실험은 이수 단위 증감 없이 편성·운영하는 것을 원칙으로 하되, 과학 계열, 체육 계열, 예술 계열 고등학교의 경우 학교 실정에 따라 탄력적으로 운영할 수 있다.

⑤ 필수 이수 단위의 단위 수는 해당 교과(군)의 '최소 이수 단위'로 공통 과목 단위 수를 포함한다. 특수 목적 고등학교와 자율형 사립 고등학교의 경우 예술 교과(군)는 5단위 이상, 생활·교양 영역은 12단위 이상 이수할 것을 권장한다.

⑥ 기초 교과 영역 이수 단위 총합은 교과 총 이수 단위의 50%를 초과하지 않도록 한다.

⑦ 창의적 체험활동의 단위는 최소 이수 단위이며 ( ) 안의 숫자는 이수 단위를 이수 시간 수로 환산한 것이다.

⑧ 총 이수 단위 수는 고등학교 3년간 이수해야 할 '최소 이수 단위'를 의미한다.

나) 특성화 고등학교와 산업수요 맞춤형 고등학교 17 기출

<table>
<tr><th colspan="2"></th><th>교과 영역</th><th>교과(군)</th><th>공통 과목(단위)</th><th>필수 이수 단위</th><th>자율 편성 단위</th></tr>
<tr><td rowspan="5">교과
(군)</td><td rowspan="4">보통
교과</td><td rowspan="2">체육·예술</td><td>체육</td><td></td><td>8</td><td rowspan="3">학생의
적성·진로와
산업계 수요를
고려하여 편성</td></tr>
<tr><td>예술</td><td></td><td>6</td></tr>
<tr><td>생활·교양</td><td>기술·가정/
제2외국어/
한문/교양</td><td></td><td>10</td></tr>
<tr><td colspan="3">소계</td><td>66</td><td rowspan="2">28</td></tr>
<tr><td>전문
교과 II</td><td colspan="3">17개 교과(군) 등</td><td>86</td></tr>
<tr><td colspan="5">창의적 체험활동</td><td colspan="2">24(408시간)</td></tr>
<tr><td colspan="5">총 이수 단위</td><td colspan="2">204</td></tr>
</table>

① 1단위는 50분을 기준으로 하여 17회를 이수하는 수업량이다.
② 1시간의 수업은 50분을 원칙으로 하되, 기후 및 계절, 학생의 발달 정도, 학습 내용의 성격 등과 학교 실정 등을 고려하여 탄력적으로 편성·운영할 수 있다.
③ 공통 과목은 2단위 범위 내에서 감하여 편성·운영할 수 있다. 단, 한국사는 6단위 이상 이수하되 2개 학기 이상 편성하도록 한다.
④ 필수 이수 단위의 단위 수는 해당 교과(군)의 '최소 이수 단위'를 의미한다.
⑤ 창의적 체험활동의 단위는 최소 이수 단위이며 ( ) 안의 숫자는 이수 단위를 이수 시간 수로 환산한 것이다.
⑥ 총 이수 단위 수는 고등학교 3년간 이수해야 할 '최소 이수 단위'를 의미한다.

3) 보통 교과 23 기출

<table>
<tr><th rowspan="2">교과
영역</th><th rowspan="2">교과(군)</th><th rowspan="2">공통 과목</th><th colspan="2">선택 과목</th></tr>
<tr><th>일반 선택</th><th>진로 선택</th></tr>
<tr><td rowspan="2">체육
·
예술</td><td>체육</td><td></td><td>체육, 운동과 건강</td><td>스포츠 생활, 체육 탐구</td></tr>
<tr><td>예술</td><td></td><td>음악, 미술, 연극</td><td>음악 연주, 음악 감상과 비평
미술 창작, 미술 감상과 비평</td></tr>
</table>

① 선택 과목의 기본 단위 수는 **5단위**이다.
② 교양 교과목을 제외한 일반 선택 과목은 2단위 범위 내에서 증감하여 편성·운영할 수 있다.
③ 교양 교과목과 진로 선택 과목은 3단위 범위 내에서 증감하여 편성·운영할 수 있다.
④ 체육 교과는 **매 학기** 편성하도록 한다. 단, 특성화 고등학교와 산업수요 맞춤형 고등학교의 경우, 현장 실습이 있는 학년에는 탄력적으로 운영할 수 있다.

4) 전문 교과

가) 전문 교과 I

교과(군)	과목			
체육 계열	스포츠 개론	체육과 진로 탐구	체육 지도법	육상 운동
	체조 운동	수상 운동	개인·대인 운동	단체 운동
	체육 전공 실기 기초	체육 전공 실기 심화	체육 전공 실기 응용	
	스포츠 경기 체력	스포츠 경기 실습	스포츠 경기 분석	

① 전문 교과 I 과목의 이수 단위는 시·도 교육감이 정한다.

② 국제 계열 고등학교에서 이수하는 외국어 과목은 외국어 계열 과목에서 선택하여 이수한다.

나) 전문 교과 II (체육 없음)

① 전문 교과 II 과목의 이수 단위는 시·도 교육감이 정한다.

② 전문 공통 과목, 기초 과목, 실무 과목은 모든 교과(군)에서 선택할 수 있다.

나. 교육과정 편성·운영 기준

1) 공통 사항

가) 고등학교 교육과정의 총 이수 단위는 204단위이며 교과(군) 180단위, 창의적 체험활동 24단위(408시간)로 나누어 편성한다.

나) 학교는 3년간 이수해야 할 과목을 학년별, 학기별로 편성하여 학생과 학부모에게 안내하도록 한다.

다) 학교는 학습 부담을 적정화하고 의미 있는 학습 활동이 이루어질 수 있도록 학기당 이수 과목 수를 8개 이내로 편성한다. 단, 과학탐구실험, 체육·예술·교양 교과목, 진로 선택 과목, 실기·실습 과목은 이수 과목 수 제한에서 제외하여 편성·운영할 수 있다.

라) 과목의 이수 시기와 단위는 학교에서 자율적으로 편성·운영할 수 있다. 단, 공통 과목은 해당 교과(군)의 선택 과목 이수 전에 편성·운영하는 것을 원칙으로 한다.

마) 선택 과목 중에서 위계성을 갖는 과목의 경우, 계열적 학습이 가능하도록 편성한다. 단, 학교의 실정 및 학생의 요구, 과목의 성격에 따라 탄력적으로 편성·운영할 수 있다.

바) 학교는 일정 규모 이상의 학생이 이 교육과정에 제시된 선택 과목의 개설을 요청할 경우 해당 과목을 개설해야 한다. 이 경우 시·도 교육청이 정하는 지침에 따른다.

사) 학교에서 개설하지 않은 선택 과목 이수를 희망하는 학생이 있을 경우 그 과목을 개설한 다른 학교에서의 이수를 인정한다.

아) 학교는 필요에 따라 이 교육과정에 제시되어 있는 과목 외에 새로운 과목을 개설할 수 있다. 이 경우 시·도 교육청이 정하는 지침에 따라 사전에 필요한 절차를 거쳐야 한다.

자) 학교 및 학생의 필요에 따라 지역사회의 학습장에서 이루어진 학습을 이수 과목으로 인정할 수 있다. 이 경우 시·도 교육청이 정하는 지침에 따른다.

차) 학교는 필요에 따라 대학과목 선이수제의 과목을 개설할 수 있고, 국제적으로 공인된 교육과정이나 과목을 개설할 수 있다. 이 경우 시·도 교육청이 정하는 지침에 따른다.

카) 학교는 필요에 따라 교과의 총 이수 단위를 증배 운영할 수 있다. 단, 특수 목적 고등학교와 특성화 고등학교는 전문 교과의 과목에 한하여 증배 운영할 수 있다.

타) 학교는 창의적 체험활동의 영역을 학생들의 발달 수준, 학교의 여건 등을 고려하여 자율적으로 편성·운영하고, 학생의 진로와 연계하여 다양한 활동이 이루어질 수 있도록 한다.

파) 학교는 학생이 자신의 진로에 적합한 과목을 체계적으로 이수할 수 있도록 진로지도와 연계하여 선택 과목 이수에 대한 정보를 적극적으로 안내한다.

2) 일반 고등학교(자율 고등학교 포함)

가) 교과(군)의 총 이수 단위 180단위 중 필수 이수 단위는 94단위 이상으로 한다.

나) 학교는 교육과정을 보통 교과 중심으로 편성하되, 필요에 따라 전문 교과의 과목을 개설할 수 있다.

다) 학교는 학생이 이수하기를 희망하는 일반 선택 과목을 개설하도록 노력해야 하며, 모든 학생이 보통 교과의 진로 선택 과목에서 3개 과목 이상을 이수할 수 있도록 한다.

라) 학교가 제2외국어 과목을 개설할 경우, 2개 이상의 과목을 동시에 개설하도록 노력해야 한다.

마) 특정 교과를 중심으로 중점 학교를 운영할 수 있으며, 이 경우 자율 편성 단위의 50% 이상을 해당 교과목으로 편성할 수 있다.

바) 체육, 음악, 미술 등의 과정을 개설하는 학교의 경우, 필요에 따라 지역 내 중점 학교 및 지역사회 학습장 등을 활용할 수 있다.

사) 학교는 직업에 관한 과정을 운영할 수 있으며, 이 경우 시·도 교육청이 정하는 지침에 따른다.

3) 특수 목적 고등학교(산업수요 맞춤형 고등학교 제외)

가) 특수 목적 고등학교는 교과(군)의 총 이수 단위 180단위 중 보통 교과는 85단위 이상 편성하며, 전공 관련 전문 교과 I 을 72단위 이상 편성한다.

나) 보통 교과의 선택 과목은 이와 내용이 유사하거나 관련되는 전문 교과 I 의 과목으로 대체하여 편성·운영할 수 있다.

다) 외국어 계열 고등학교에서는 전문 교과 I 의 총 이수 단위의 60% 이상을 전공 외국어로 하고, 전공 외국어를 포함한 2개 외국어로 전문 교과 I 의 과목을 편성해야 한다.

라) 국제 계열 고등학교는 전문 교과 I 의 국제 계열 과목과 외국어 계열 과목을 72단위 이상 이수하되, 국제 계열 과목을 50% 이상 편성한다.

마) 이 교육과정에 명시되지 않은 계열의 교육과정은 유사 계열의 교육과정에 준한다. 부득이 새로운 계열의 설치 및 그에 따른 교육과정을 편성할 경우와 학교의 실정에 따라 새로운 과목을 편성하여 운영하고자 할 경우에는 시·도 교육청이 정하는 지침에 따라 사전에 필요한 절차를 거쳐야 한다.

4) 특성화 고등학교와 산업수요 맞춤형 고등학교

가) 학교는 산업수요와 직업의 변화를 고려하여 학과를 개설하고, 학과별 인력 양성 유형, 학생의 취업 역량과 경력 개발 등을 고려하여 교육과정을 편성· 운영한다.

① 학교는 교과(군)의 총 이수 단위 180단위 중 보통 교과를 66단위 이상, 전문 교과Ⅱ를 86단위 이상 편성한다.

② 학교는 두 개 이상의 교과(군)의 과목을 선택하여 전문 교과Ⅱ를 편성· 운영할 수 있다.

③ 실무 과목을 편성할 경우, 해당 과목의 내용 영역(능력단위)을 기준으로 학년별, 학기별 운영 계획을 수립해야 한다.

④ 실무 과목은 국가직무능력표준의 성취기준에 적합하게 교수·학습이 이루어지도록 한다.

나) 학과는 필요한 경우 세부 전공 또는 자격 취득 과정을 개설할 수 있으며, 세부 전공 또는 자격 취득 과정별로 전문 교과를 편성할 수 있다.

다) 전문 교과Ⅱ의 기초가 되는 과목을 선택하여 이수할 경우, 이를 관련되는 보통 교과의 선택 과목 이수로 간주할 수 있다.

라) 내용이 유사하거나 관련되는 보통 교과의 선택 과목과 전문 교과Ⅰ의 과목을 전문 교과Ⅱ의 과목으로 교체하여 편성·운영할 수 있다.

마) 보통 교과의 진로 선택 과목 중 실용 국어, 실용 수학, 실용 영어는 해당 교과(군)의 공통 과목 이수 전에 편성·운영할 수 있다.

71 | 2011학년도

5. 2009 개정 교육과정에 따른 체육 교과의 변화 내용에 해당하는 것만을 〈보기〉에서 모두 고른 것은?

〈보 기〉

ㄱ. 중학교 체육은 8개 교과(군) 중의 하나로 제시되었다.
ㄴ. 중학교 체육의 시간 배당 기준은 1~3학년을 통합하여 제시되었다.
ㄷ. 고등학교 체육과 선택 과목의 운영은 전체 학년으로 확대 되었다.
ㄹ. 고등학교 체육은 교양·생활 교과 영역으로 편성되었다.

① ㄱ, ㄷ ② ㄱ, ㄹ ③ ㄴ, ㄹ
④ ㄱ, ㄴ, ㄷ ⑤ ㄴ, ㄷ, ㄹ

[정답] ④ ㄱ, ㄴ, ㄷ

[해설] ㄹ. 고등학교 체육은 체육·예술 교과 영역으로 편성되었다. 교양·생활 영역으로는 기술·가정, 제2외국어, 한문, 교양이 있다.

72 | 2014학년도

1. 다음은 OO중학교 체육과 교육과정에 대한 컨설팅 장학 협의회의 대화 내용이다. 2009 개정 교육과정 총론(교육과학기술부 고시 제 2012-31호) 및 2009 개정 교육과정에 따른 체육과 교육과정에 근거하여 괄호 안의 ㉠, ㉡, ㉢에 해당하는 내용을 차례대로 쓰시오. [2점]

> 교무부장: 지금부터 본교 교육과정에 대한 컨설팅 장학을 진행하겠습니다. 검토 결과에 대해 위원님들의 의견을 주시기 바랍니다.
>
> 컨설팅 위원 A: 2012학년도, 2013학년도 OO중학교 교육과정 편성을 비교해 보면, 입학년도에 따라 3년간 체육 수업시수가 2012학년도 총 238시간, 2013학년도 총 272시간으로 편성되어 있는데, 이렇게 편성하게 된 배경을 설명해 주시기 바랍니다.
>
> 교무부장: 2012학년도 신입생의 경우 체육 교사 수급이 원활하지 않아 개정 교육과정에 제시한 (㉠)% 이내에서 본교 자율로 감축하여 편성하였습니다. 2013학년도 신입생의 경우 2009 개정 교육과정 총론에 의거하여 체육 교과는 (㉡)을/를 감축하여 편성할 수 없기 때문에 총 272시간으로 편성하였습니다.
>
> 컨설팅 위원 B: 2014학년도 신입생의 체육과 교육과정 편성에 대한 내용을 말씀해 주세요.
>
> 체육교육부장: 체육 교과 협의회를 통해 2009 개정 교육과정에 따른 체육과 교육과정의 교수·학습 계획에 근거하여 중학교 3개 학년을 묶어 (㉢) 단위로 지도 계획을 수립하였습니다. 또한 3개 학년에 걸쳐서 중영역 15개 내용을 편성하였습니다.

[정답] ㉠ 20, ㉡ 기준 수업 시수, ㉢ 학년군

3. 다음은 2009 개정 교육과정 총론(교육과학기술부 고시 제 2012-31호)에 의거하여 '학교스포츠클럽 활동'을 편성·운영하기 위해 개최한 OO중학교의 체육 교과 협의회 회의록이다. 괄호 안의 ㉠, ㉡, ㉢에 해당하는 내용을 차례대로 쓰시오. (단, 교육과정에 명시된 용어로 기술함.) [2점]

<table>
<tr><td colspan="4">〈○○ 중학교 체육 교과 협의회 회의록〉</td></tr>
<tr><td>일 시</td><td>2013 년 ○○월 ○○일(○요일)</td><td>장 소</td><td>체육교과협의실</td></tr>
<tr><td>참석 교사</td><td colspan="3">김○○, 이○○, 박○○, 조○○, 권○○</td></tr>
<tr><td>안 건</td><td colspan="3">'창의적 체험활동'의 '학교스포츠클럽 활동' 편성 및 운영에 대한 의견 수렴</td></tr>
<tr><td>협의 내용</td><td colspan="3"></td></tr>
<tr><td colspan="4">O '학교스포츠클럽 활동' 편성·운영 방침
- '창의적 체험활동'의 4가지 영역 중 (㉠)(으)로 매 학기 편성하여 운영함.
- 학생 수요 조사 결과를 반영하여 학교 시설에서 운영 가능한 종목과 내용을 선정함.
- 종목과 내용은 학생들의 (㉡)이/가 보장되도록 다양한 종목을 개설함.
- 개설한 '학교스포츠클럽 활동' 종목의 내용, 시간 및 장소를 공지하고 학생 희망 종목을 반영하여 체육 활동을 조직함

O '학교스포츠클럽 활동' 시간 확보
- (㉢)하여 '학교스포츠클럽 활동'시수를 확보함.
※ 기존 교과 시간 부족으로 교과 시간을 감축할 수 없음.
※ 창의적 체험 활동 68시간에서도 시수를 사용할 수 없음.

O '학교스포츠클럽 활동' 학년별 시간 편성
- 3개 학년 동안 총 136시간을 운영해야 함.
- 학년별 시간 편성
• 1학년 주당 1시간 • 2학년 주당 1시간 • 3학년 주당 2시간</td></tr>
<tr><td colspan="4">O 기타 사항
교사들의 다양한 의견을 수렴하여 '학교스포츠클럽 활동'을 효율적으로 편성 및 운영하는 데 합의함.</td></tr>
</table>

[정답] ㉠ 동아리 활동, ㉡ 선택권, ㉢ 창의적 체험활동 시수를 순증

74 | 2015학년도

1. 다음은 중학교와 고등학교에서 체육 과목을 담당하는 김 교사와 이교사의 대화 내용이다. 괄호 안의 ㉠, ㉡, ㉢에 해당하는 내용을 순서대로 쓰시오. [2점]

> 김 교사: 선생님! 내년부터 신규 체육 교사들이 현장에 많이 배치된다고 하네요.
> 이 교사: 저도 이야기를 들었습니다.
> 김 교사: 저희 학교도 신규 체육 교사가 필요합니다. 그래서 교육과정 협의회를 통해서 내년도 체육 교과 시수를 조정하였거든요.
> 이 교사: 2009 개정 교육과정 총론(교육부 제 2013-7호)에 중학교 '학교스포츠클럽 활동'은 매 학기 편성하도록 되어 있죠?
> 김 교사: 네. 학교 여건에 따라 연간 68시간 운영하는 학년에서는 (㉠) 시간 범위 내에서 '학교스포츠클럽 활동'을 체육으로 대체할 수 있게 되어 있습니다.
> 이 교사: 잘됐습니다. 저희 학교도 2009 개정 교육과정 총론(교육부 제 2013-7호)을 근거로 고등학교 체육 교과를 3년간 총 10단위 이상 이수하게 조정하였고 매 학기 편성하도록 하였습니다.
> 김 교사: 그러면 운동과 건강 생활, 스포츠 문화, 스포츠 과학과 같은 과목은 편성을 어떻게 할 수 있죠?
> 이 교사: 일반과목의 기본 단위 수는 5단위이며, 각 과목별로 (㉡) 단위 범위 내에서 (㉢) 하여 운영할 수 있습니다.

[정답] ㉠ 34, ㉡ 3, ㉢ 증감

9. 다음은 ㅇㅇ고등학교(특성화 고등학교) 체육과 교육과정 편성·운영표의 일부이다. 2009 개정 교육과정에 따른 체육과 교육과정과 2015 개정 교육과정에 따른 체육과 교육과정에 근거하여 (가), (나)에서 잘못 편성된 4가지를 찾아 그 이유를 각각 서술하시오(단, 이유에는 '편제와 단위 배당 기준'의 내용을 포함할 것). [4점]

(가) 2017학년도 신입생 체육과 교육과정 편성·운영표

학년(연도)	1학년(2017)		2학년(2018)		3학년(2019)	
학기	1학기	2학기	1학기	2학기	1학기	2학기
과목명	운동과 건강생활	운동과 건강생활	스포츠 문화	스포츠 문화	체육탐구	체육탐구
이수단위	2	1	2	1	1	1

(나) 2018학년도 신입생 체육과 교육과정 편성·운영표

학년(연도)	1학년(2018)		2학년(2019)		3학년(2020)	
학기	1학기	2학기	1학기	2학기	1학기	2학기
과목명	체육	체육	운동과 건강	운동과 건강	스포츠 과학	-
이수단위	2	1	2	1	1	0

[정답] (가) • 3학년은 체육탐구가 아니라 스포츠과학이다.
• 2015교육과정 적용 시기는 고3은 2020년이다.
• 이수단위는 총 합하면 8단위가 나오는데 10단위 이상으로 구성하여야 한다.

(나) • 3학년 1학기는 스포츠과학이 아니라 스포츠 생활 또는 체육탐구가 들어가야 한다.
• 2015교육과정 고3적용 2020년 이수단위는 7단위가 아니라 8단위 이상이 되어야 한다.

76 | 2020학년도

4. 다음은 2019학년도 ○○중학교 최 교사의 학교스포츠클럽 활동 반성 일지이다. 〈작성 방법〉에 따라 순서대로 서술하시오. [4점]

> **학교스포츠클럽 활동 반성일지**
>
> 일시: 2019년 ○월 ○일 화요일
>
> 오늘 교육과정 운영위원회에 참석했는데, 2020년도에 입학하는 학생들은 3년간 136시간의 학교스포츠클럽 활동을 이수하는 것으로 결정되었다.
> - 교과(군) 시수를 감축하여 68시간 확보
> - (㉠) 시수를 34시간 순증하여 확보
> - 기존 (㉠) 시간에서 34시간을 배정

〈작성 방법〉

○ 괄호 안의 ㉠에 해당하는 명칭을 2015 개정 교육과정 총론에 근거하여 쓸 것.

[정답] ㉠은 창의적 체험활동이다. (1점)

77 | 2020학년도

5. 다음은 2019학년도 ㅇㅇ중학교에서 작성한 체육 교과 협의회 회의록이다. 〈작성 방법〉에 따라 순서대로 서술하시오. [4점]

체육 교과 협의회 회의록

일시	2019년 ㅇㅇ월 ㅇㅇ일 16:00~	장소	체육 교과 협의실
참석 교사	김ㅇㅇ, 이ㅇㅇ, 박ㅇㅇ, 정ㅇㅇ, 송ㅇㅇ		
안건	자유학기제 지원을 위한 체육교사들의 의견 수렴		
협의 내용	ㅇ 수업 활동 영역 지원 - 진로 탐색 활동, 주제 선택 활동, 동아리 활동, 예술·체육 활동 중 체육 교과에서 지원 가능한 영역을 선택함. ㅇ 수업 설계 - 블록타임제를 고려하여 체육교사와 외부강사의 팀티칭이 요구됨. - 중간·기말고사 등 일제식 평가를 실시하지 않고 (㉠) 중심의 평가를 실시함. ㅇ 수업에서 실시할 신체활동 선정 - 소프트 발리볼을 선택함.		

〈작성 방법〉

ㅇ 괄호 안의 ㉠에 해당하는 용어를 2015 개정 교육과정 총론에 근거하여 쓸 것.

[정답] ㉠은 과정이다. (1점)

78 | 2023학년도

1. 다음의 (가)는 일반 고등학교 A와 일반 고등학교 B 각각이 2015 개정 교육과정 총론(교육부 고시 제2022-2호)에 따라 개발한 2023학년도 입학생 교육과정 편제표 중 체육 교과에 해당하는 부분이고, (나)는 이에 대해 학교체육 컨설턴트들이 나눈 대화 내용이다. 괄호 안의 ㉠, ㉡에 해당하는 내용을 순서대로 쓰시오. [2점]

(가) 두 일반 고등학교의 교육과정 편제표

[A고등학교 2023학년도 입학생 교육과정 편제표]

교과 영역	교과	과목		기준 학점	운영 학점	학점 수						총이수 학점	필수 이수 학점
						1학년		2학년		3학년			
		과목유형	세부 과목명			1학기	2학기	1학기	2학기	1학기	2학기		
체육·예술	체육	일반선택	체육	5	4	2	2					10	10
		일반선택	운동과 건강	5	6			3	3				

[B고등학교 2023학년도 입학생 교육과정 편제표]

교과 영역	교과	과목		기준 학점	운영 학점	학점 수						총이수 학점	필수 이수 학점
						1학년		2학년		3학년			
		과목유형	세부 과목명			1학기	2학기	1학기	2학기	1학기	2학기		
체육·예술	체육	일반선택	체육	5	6	2	2					10	10
		일반선택	운동과 건강	5	2			1	1				
		진로선택	스포츠 생활	5	2					1	1		

(나) 컨설턴트들의 대화

김 컨설턴트: 두 학교의 교육과정 편제표를 확인해 보니 A고등학교의 3학년과 B고등학교의 2학년이 2015 개정 교육과정의 학점 배당 기준을 충실하게 반영하지 않은 것 같군요.

이 컨설턴트: 그렇습니다. A고등학교의 경우 체육 교과는 학점을 (㉠)마다 편성하게 되어 있는데 그렇지 않아요. B고등학교의 경우 일반 선택 과목인 '운동과 건강'은 (㉡)학점 범위 내에서 증감하여 편성·운영할 수 있는데 이를 지키지 않고 있습니다.

[정답] ㉠ 매 학기 (1점), ㉡ 2 (1점)

내가 꿈을 이루면 나는 누군가의 꿈이 된다.
오늘은 최선! 내일은 최고!

PART 4
2015개정 체육과 교육과정

제 1 장 공통 교육과정

• 체육과 교육과정은 아래의 문서를 기준으로 작성되었으며, 목차의 의미에 대한 해설을 참고하여 교육활동에 활용하시기 바랍니다.

1. 성격
   - 교과가 갖는 고유한 특성에 대한 개괄적인 소개
   - 교과교육의 필요성 및 역할(본질, 의의 등), 교과 역량 제시

2. 목표
   - 교과 교육과정이 지향해야 할 방향과 학생이 달성해야 할 학습의 도달점
   - 교과의 총괄목표, 세부목표, 학교급 및 학년군별 목표 등을 진술

3. 내용 체계 및 성취기준

   가. 내용 체계
   - 내용 체계 – 영역, 핵심개념, 일반화된 지식, 내용요소, 기능으로 구성
     - 영역 : 교과의 성격을 가장 잘 나타내주는 최상위의 교과 내용 범주
     - 핵심개념 : 교과의 기초 개념이나 원리
     - 일반화된 지식 : 학생들이 해당 영역에서 알아야 할 보편적인 지식
     - 내용요소 : 학년(군)에서 배워야 할 필수학습내용
     - 기능 : 수업 후 학생들이 할 수 있거나 할 수 있기를 기대하는 능력으로 교과 고유의 탐구과정 및 사고 기능 등을 포함

   나. 성취기준
   - 성취기준 – 학생들이 교과를 통해 배워야 할 내용과 이를 통해 수업 후 할 수 있거나 할 수 있기를 기대하는 능력을 결합하여 나타낸 수업 활동의 기준

   (1) 영역명

   (가) 학습 요소
   - 성취기준에서 학생들이 배워야할 학습 내용을 핵심어로 제시함

   (나) 성취기준 해설
   - 제시한 성취기준 중 자세한 해설이 필요한 성취기준에 대한 부연 설명으로, 특별히 강조되어야 할 성취기준을 의미하는 것은 아님

   (다) 교수·학습 방법 및 유의 사항
   - 해당 영역의 교수·학습을 위해 제안한 방법과 유의사항
   - 학생 참여 중심의 수업 및 유의미한 학습 경험 제공 등을 유도하는 내용 제시

   (라) 평가 방법 및 유의 사항
   - 해당 영역의 평가를 할 수 있도록 제안한 방법과 유의사항
   - 해당 영역의 교수학습 방법에 따른 다양한 평가, 특히 과정 중심 평가가 이루어질 수 있도록 관련 내용 제시

4. 교수·학습 및 평가의 방향

   가. 교수·학습 방향
   - 교과의 성격이나 특성에 비추어 포괄적 측면에서 교수학습의 철학 및 방향, 교수·학습의 방법 및 유의 사항을 제시함

   나. 평가 방향
   - 교과의 성격이나 특성에 비추어 포괄적 측면에서 교과의 평가 철학 및 방향, 평가방법, 유의 사항을 제시함

〈표 1-1〉 체육과 교육과정 문서 체제의 변화

2009개정 교육과정에 따른 체육과 교육과정(2011년 고시) (표시: 09 또는 09)	2015개정 체육과 교육과정 (2015년 고시)	비고
1. 추구하는 인간상 2. 학교급별 교육목표 가. 초등학교 교육목표 나. 중학교 교육목표		• 우선 2015 개정 체육과 교육과정에서는 총론에서 추구하는 인간상과 학교급별 교육목표가 사라졌다. • 다시 2007개정 체육과 교육과정의 모습으로 회귀되었다.
3. 체육 과목 목표 가. 체육과의 방향과 역할 나. 체육과에서 추구하는 인간상 다. 체육과에서 지향하는 다섯가지 신체활동 가치 영역	1. 체육과의 성격 가. 체육과의 본질과 역할 나. 체육과의 역량 다. 체육과의 영역	• 다만 역량을 강조하는 2015개정 교육과정에 따라 체육과의 역량이 체육과 성격에 포함된 것이 특징이다.
라. 체육과의 목표 (1) 초등학교 (2) 중학교	2. 체육과의 목표	• 체육과 목표의 경우 초등학교와 중학교 목표를 구분했던 것과 달리, 체육과 목표를 하나로 제시하고 있다.
4. 내용의 영역과 기준 가. 내용체계 나. 성취기준 (1)학년군별 성취기준 (2)영역 및 학습내용 성취기준	3. 내용체계 및 성취기준 가. 내용체계 〈초등학교〉 〈중학교〉 나. 성취기준 [초등학교 3~4학년] [초등학교 5~6학년] [중학교 1~3학년]	• 내용 항목에서는 내용체계와 성취기준으로 묶이면서 내용 체계표는 초등학교와 중학교가 분리되었고, 성취기준은 학년군별 성취기준으로 간소화된 것이 특징이다. • 특히 이 부분에서는 성취기준만 제시하지 않고 성취 기준 다음에 해당 영역의 교수학습방법 및 유의 사항을 특화해서 제시하고 있다.
5. 교수학습방법 6. 평가	4. 교수학습 및 평가의 방향 가. 교수학습 나. 평가	• 이로 인해 교수학습방법과 평가항목이 교수학습방법 및 평가의 방향으로 변경되면서 관련 내용이 매우 간략하게 제시되고 있는 것이 특징이다.

2015 개정 체육과 교육과정 핵심 요약

□ 2015 개정 교육과정 적용 시기

구분	2015년 9월	2017년	2018년	2019년	2020년
초	2015 개정 교육과정 고시	1~2학년	1~4학년	1~6학년	초1~고3 전학년
중			1학년	1~2학년	
고			1학년	1~2학년	

□ 교과 역량 함양 강조

- **핵심 역량**: 기본적이고 필수적이며 보편적인 능력으로, 지식, 기능, 태도의 총체
  ※ 자기관리, 공동체, 지식정보처리, 의사소통, 창의적 사고, 심미적 감성
- **교과 역량**: 체육 교과 교육을 통해 학습되기를 기대하는 보편적인 능력

교과 역량 요소	의미
건강 관리 능력	신체 건강과 체력 증진, 여가 선용 등의 건강한 생활 습관 형성을 도모하고, 건전한 사회와 안전한 환경을 구성, 유지할 수 있는 합리적 사고와 태도를 배양할 수 있는 능력
신체 수련 능력	자신의 신체적 수준을 이해하고 받아들이면서도 지속적이고 적극적인 신체 수련 노력을 통해 새로운 목표를 달성할 수 있는 능력
경기 수행 능력	게임, 스포츠 등 유희적 본능을 바탕으로 하는 경쟁 상황에서 적합한 전략과 기능을 발휘하여 개인 혹은 공동의 목표 달성을 위해 상호 작용할 수 있는 능력
신체 표현 능력	신체와 움직임을 매개로 하여 생각과 느낌을 표현하고 수용하는 능력

※ 체육수업을 실시할 때 체육 교과의 네 가지 '교과 역량'을 우선 함양하면서, 동시에 2015 개정 교육과정의 핵심역량과의 연계성을 고려하여 지도

□ 내용 영역 및 내용 요소 조정

2009 개정 교육과정	2015 개정 교육과정
건강 활동	**건강**
도전활동	도전
경쟁활동	경쟁
표현활동	표현
여가 활동	**안전**

- 2009 '건강활동과 여가활동'의 내용을 정련하여 2015 '건강' 영역으로 개선
- 2009 '건강활동'의 내용을 2015 '안전' 영역으로 신설 및 재구성
- 도전 영역: 신체 수련의 복잡성에 따라 계열화(동작도전 → 기록도전 → 투기도전), 표적도전 삭제
- 경쟁 영역: 경기 특성에 따라 계열화(영역형 경쟁 → 필드형 경쟁 → 네트형 경쟁)
- 표현 영역: 표현 성격, 특성에 따라 계열화(스포츠 표현 → 전통 표현 → 현대 표현)
- 안전 영역: 신설, 안전 교육 내용 요소로 체계화(스포츠 활동 안전 → 스포츠 환경 안전 → 여가 스포츠 안전), 운동(스포츠) 안전 교육 중심으로 신체안전, 안전의식 함양 강조

• 각 영역별 정의적 요소 변화

영역	2009 개정	→	2015 개정
건강	자기조절 자기 존중 실천의지력		자기존중 자기조절 자율성
도전	인내심 자신감 문제해결력		용기 인내심 절제
경쟁	페어플레이 팀워크 배려와 존중	→	페어플레이 팀워크 운동 예절
표현	독창성 열정 다문화 존중		심미성 공감 비판적 사고
안전			의사결정력 존중 공동체 의식

※ 2018학년도 1학년은 2015 개정 체육과 교육과정 적용(2, 3학년은 2009 개정 교육과정 적용)

※ 연간 계획 작성 시 각 학년별로 다섯 영역(건강, 도전, 경쟁, 표현, 안전)이 포함되어야함

□ 신체 활동 예시 정련

• 대표적인 신체활동을 영역별로 구분 제시

– 영역별 역량, 내용 요소 학습에 적합한 보편적, 체계성을 갖춘 활동

– 변형 게임, 리드 업 게임 형식의 뉴스포츠는 초등 단계로 이동

• 스포츠 문화 전반을 폭넓게 습득하는 활동 제시

• 종목, 활동내용 선택의 자율성 부여

※ 신체활동은 교육과정의 목적에 근거하여 선택하되, 학교의 교육 여건을 고려하여 다른 영역의 신체활동 예시나 새로운 신체활동을 선택할 수 있음. 단, 단위 학교의 교과 협의회를 통해 결정.

□ 성취기준 초점화 및 교수·학습, 평가 구체화

• 영역별 성취기준과 함께 교육과정 적용에 도움이 될 수 있는 다양한 교수·학습과 평가 사례 제시

• 구체적인 '교수·학습 방법 및 유의사항', '평가 방법' 및 '유의사항' 제시

1 체육

1. 체육과의 성격

체육과는 '신체활동'을 통해 체력 및 운동 능력을 비롯한 건강하고 활기찬 삶에 필요한 능력을 기르고 사회 속에서 바람직한 인성을 발휘함으로써 자신의 삶을 개척하고 체육 문화를 창조적으로 계승·발전시킬 수 있는 자질을 함양하는 교과이다.

체육과의 역량은 신체활동을 체험하고 그 가치를 내면화하는 과정을 통해 습득되는 지식, 기능, 태도를 포괄하는 총체적 능력이며, 신체 움직임을 바탕으로 형성되는 건강 관리 능력, 신체 수련 능력, 경기 수행 능력, 신체 표현 능력으로 구성된다. 이러한 역량을 기를 수 있도록 체육과 내용은 건강, 도전, 경쟁, 표현, 안전 영역으로 구성된다.

가. 체육과의 본질과 역할

(1) 체육과의 본질

신체활동은 '체육'을 타 교과와 구별 지을 수 있는 가장 핵심적인 요소이다. 체육과에서는 신체활동을 교육의 본질이자 교육의 도구로서 활용한다. 모든 교과는 각 교과의 교육적 도구를 활용하여 교과의 탐구 대상을 분석함으로써 서로 다른 방식으로 우리 주변의 세계를 알아가도록 한다. 체육과는 교과의 핵심 본질이자 도구인 **'신체활동'**을 통해 학생들이 세상을 이해할 수 있도록 돕는다.

(2) 체육과의 역할

체육 교과 교육은 학생들의 건강을 증진시키고 기본 움직임, 원리, 기능, 전술, 태도를 포함한 종합적인 운동 능력을 기를 수 있도록 한다. 이러한 교과 고유의 학습 과정을 통해 자신과 세계를 이해하며 바람직한 품성과 사회성을 함양하고 개인적으로는 건강하고 안전한 생활 습관 및 태도와 더불어 자기 관리 능력과 대인 관계 능력, 창의력 및 문제 해결 능력 등을 기르게 된다. 이러한 능력들은 개인적 성장뿐만 아니라 타인과 더불어 온전한 삶을 살아가는 데 필요한 역량이며, 체육 문화를 창조적으로 계승·발전시킬 수 있는 자질이 된다.

특히, **체육 교과**는 자신이 속한 사회에서 신체활동이 어떠한 문화적 의미를 가지며 신체활동에 관한 바람직한 행동 양식은 무엇인지, 어떻게 질 높은 신체활동을 향유하고 감상할 수 있는지에 대한 종합적인 안목과 실천 능력을 기를 수 있는 교과로서 의의를 지닌다.

나. 체육과의 역량 17 서술 19 기출 21 기출

체육과에서는 신체활동이 가지고 있는 다양한 가치 요소를 종합적으로 체험하여 신체활동의 가치를 내면화하고 이를 삶 속에서 실천할 수 있는 **인간상**을 추구한다.

체육 교과 역량은 **교육과정 총론**에서 제시하는 **일반 역량**인 **자기관리 역량, 지식정보처리 역량, 창의적 사고 역량, 심미적 감성 역량, 의사소통 역량, 공동체 역량**과 관련된다.

'건강 관리 능력'은 개인의 신체적·정신적 건강과 사회적·환경적 건강을 함께 도모할 수 있는 능력이다.

따라서 **'건강 관리 능력'**의 함양은 개인의 신체적·정신적 건강 차원에서, 자신을 수용하고 조절하는 능동적이고 적극적인 실천적 삶의 태도와 합리적이고 유연하게 사회에 적응하는 능력을 갖게 함으로써 건강한 라이프 스타일(healthy life style)을 형성하는 데 중요한 요인이 되며 지속적으로 활기차고 행복한 삶을 가꾸어가는 기초가 된다. 또한, '건강 관리 능력'의 함양은 사회적·환경적 건강 차원에서, 모두 함께 조화롭고 건강한 삶을 살아갈 수 있도록 질서와 존중의 공동체 의식과 신중하고 절제된 태도로 문제를 해결하는 안전의식 및 시민 의식을 갖도록 한다.

'신체 수련 능력'은 자신의 신체적 수준을 이해하고 받아들이면서도 지속적이고 적극적인 노력을 통해 새로운 목표를 달성할 수 있는 능력이다.

'경기 수행 능력'은 게임, 스포츠 등 유희적 본능을 바탕으로 이루어지는 경쟁 상황에서 적합한 전략과 기능을 발휘하여 개인 혹은 공동의 목표 달성을 위해 상호 작용할 수 있는 능력이다.

'신체 표현 능력'은 **신체와 움직임을 매개로 생각과 느낌을 표현하고 수용하는 능력이다.**

체육 교과 역량은 **국가 교육과정 총론**에서 제시하는 **일반 역량**과 유기적인 관계를 맺고 있다. 즉, 체육과의 역량 중 일부는 그 자체로 특정한 일반 역량에, 일부는 다차원적으로 여러 일반 역량들과 밀접하게 관련되어 있다.

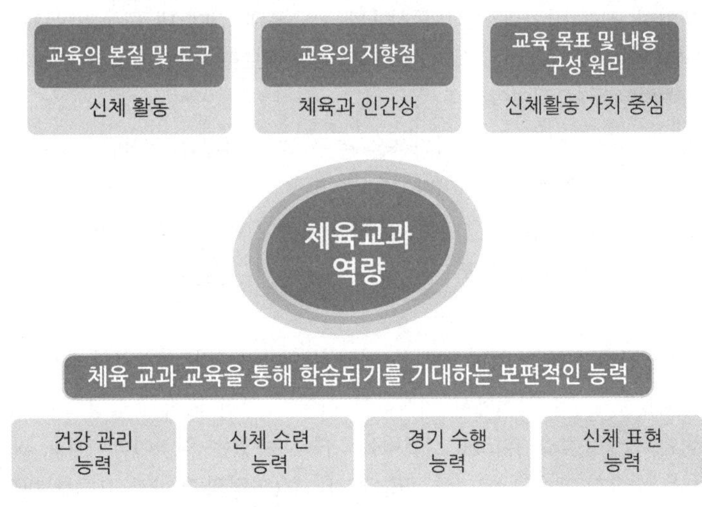

[그림 1-1] 체육 교과 역량 설정 근거

〈표 1-2〉 체육 교과 역량의 의미

교과 역량 요소	의미
건강 관리 능력	신체 건강과 체력 증진, 여가 선용 등의 건강한 생활 습관 형성을 도모하고, 건전한 사회와 안전한 환경을 구성, 유지할 수 있는 합리적 사고와 태도를 배양할 수 있는 능력
신체 수련 능력	자신의 신체적 수준을 이해하고 받아들이면서도 지속적이고 적극적인 신체 수련 노력을 통해 새로운 목표를 달성할 수 있는 능력
경기 수행 능력	게임, 스포츠 등 유희적 본능을 바탕으로 하는 경쟁 상황에서 적합한 전략과 기능을 발휘하여 개인 혹은 공동의 목표 달성을 위해 상호 작용할 수 있는 능력
신체 표현 능력	신체와 움직임을 매개로 하여 생각과 느낌을 표현하고 수용하는 능력

다. 체육과의 영역

'건강'은 개인의 생명과 안전의 확보로 활기차고 에너지 넘치는 삶을 추구하는 데 밑거름이 되며, 사회가 온전히 유지되고 발전할 수 있는 가장 기본적인 조건이고 가치이다.

건강 영역은 신체의 성장과 발달, 신체활동과 생활 습관, 체력의 증진과 유지, 생활 속에서의 위생, 질병, 영양, 신체적 여가 활동 등과 관련된 건강을 이해하고, 건강을 자기 주도적으로 실천, 관리하는 능력과 태도를 기를 수 있는 영역이다.

'도전'은 자신의 신체적 수준에 대한 이해를 바탕으로 새로운 목표를 이루기 위해 노력하고 성장하는 가치이다.

도전 영역은 적극적이고 지속적인 수련을 통해 자신이나 타인의 기량, 기록 등의 한계를 극복하고 신체적 수월성을 추구하는 신체활동에서의 도전의 태도를 기를 수 있는 영역이다. 이 영역은 합리적인 목표를 설정하고 성취에 이르기까지 신체의 단련 및 정신적 수양을 끈기 있게 지속하여 한계에 능동적으로 대응하는 진취적 태도를 기르도록 구성된다.

'경쟁'은 개인이나 집단 간의 능력을 서로 겨루는 상황에 서로 협력하며 상대를 배려하고 정정당당하게 경기에 임하는 가치이다.

경쟁 영역은 다양한 경쟁 상황과 방식의 신체활동을 통해 집단 내 공동의 목표를 추구하는 경쟁 과정을 경험하고 페어플레이와 스포츠맨십 등의 협동과 공정한 태도를 길러 건강한 미래 사회 공동체를 만들어 가는 기초적 능력을 기를 수 있는 영역이다.

'표현'은 신체와 그 움직임이 갖는 아름다움을 추구하며, 신체와 움직임을 통해 감정과 생각을 나타내고 수용하는 긍정적 상호 작용에 대한 가치이다.

표현 영역은 인간의 움직임 욕구와 심미적 표현 의지를 신체 표현을 통해 충족하여 의사소통의 질을 높이고 원활한 인간관계를 형성하며 보다 풍성한 삶을 향유할 수 있는 기본적 정서와 심미적 안목을 기를 수 있는 영역이다.

'안전'은 삶의 가장 기초가 되는 생명 유지를 위해 필요하며, '건강' 가치의 출발점이라고 할 수 있다.

안전 영역은 신체활동에서의 안전에서 시작하여 나아가 안전 의식의 함양으로 개인적, 사회적 안전의 확보를 위한 적극적이고 능동적인 태도와 실천력을 기를 수 있는 영역이다. 체육 교과 교육에서 신체활동과 연계된 안전 교육은 중요한 교육 내용이다. 또, 국가 교육과정의 방향과 요구를 반영하는 측면에서 체육 교과내용에 안전 교육 관련 내용은 강조될 필요가 있다.

2. 체육과의 목표

체육 교과는 신체활동 가치의 내면화와 실천을 통해 체육과의 역량을 습득함으로써 전인 교육을 실현하고자 한다.

즉, 신체활동을 통하여 활기차고 건강한 삶에 필요한 핵심역량을 습득함으로써 스스로 미래의 삶을 개척하고 바람직한 사회인으로 살아갈 수 있는 지식, 기능, 태도를 기르는 것을 목표로 한다.

가. **건강의 가치**를 이해하고 건강 및 체력을 증진하며 건강 관리를 지속적으로 실천한다.
나. **도전의 가치**를 이해하고 도전의 신체활동을 수행하며 도전 정신을 발휘한다.
다. **경쟁의 가치**를 이해하고 경쟁의 신체활동을 수행하며 선의의 경쟁을 실천한다.
라. **표현의 가치**를 이해하고 창의적인 신체 표현을 수행하며 심미적 안목을 갖는다.
마. 신체활동에서 안전의 중요성을 이해하고 안전하게 신체활동을 수행하며 안전 의식을 함양한다.

이와 같은 체육과의 목표를 달성하기 위해 **초등학교**에서는 체육과 역량을 기르기 위한 **'신체활동의 기본 및 기초 교육'**을, **중학교**에서는 **'신체활동의 심화 및 적용 교육'**을 담당한다.

3. 내용 체계 및 성취기준

가. 내용 체계

〈초등학교〉

영역	핵심 개념	일반화된 지식	내용 요소				기능
			초등학교				
			3~4학년군		5~6학년군		
건강	건강 관리 체력 증진 여가 선용 자기 관리	• 건강은 신체에 대한 이해를 바탕으로 건강한 생활 습관과 건전한 태도를 지속적이고 체계적으로 관리함으로써 유지된다. • 체력은 건강의 기초이며, 자신에게 적절한 신체활동을 지속적으로 실천함으로써 유지, 증진된다. • 건강한 여가 활동은 긍정적인 자아 이미지를 형성하고 만족도 높은 삶을 설계하는 데 기여한다.	• 건강한 생활 습관 • 운동과 체력 • 자기 인식	• 건강한 여가 생활 • 체력 운동 방법 • 실천 의지	• 건강한 성장 발달 • 건강 체력의 증진 • 자기 수용	• 운동과 여가 생활 • 운동 체력의 증진 • 근면성	• 평가하기 • 계획하기 • 관리하기 • 실천하기
도전	도전 의미 목표 설정 신체·정신 수련 도전 정신	• 인간은 신체활동을 매개로 자신이나 타인의 기량 및 기록, 환경적 제약을 극복하기 위해 도전한다. • 도전의 목표는 다양한 도전 상황에 대한 수행과 반성 과정을 통해 성취된다. • 도전 정신은 지속적인 수련과 반성을 통해 길러진다.	• 속도 도전의 의미 • 속도 도전 활동의 기본 기능 • 속도 도전 활동의 방법 • 끈기	• 동작 도전의 의미 • 동작 도전 활동의 기본 기능 • 동작 도전 활동의 방법 • 자신감	• 거리 도전의 의미 • 거리 도전 활동의 기본 기능 • 거리 도전 활동의 방법 • 적극성	• 표적/투기 도전의 의미 • 표적/투기 도전 활동의 기본 기능 • 표적/투기 도전 활동의 방법 • 겸손	• 시도하기 • 분석하기 • 수련하기 • 극복하기
경쟁	경쟁 의미 상황 판단 경쟁·협동 수행 대인 관계	• 인간은 다양한 유형의 게임 및 스포츠에 참여하여 경쟁 상황과 경쟁 구조를 경험한다. • 경쟁의 목표는 게임과 스포츠 상황에서 숙달된 기능과 상황에 적합한 전략의 활용을 통해 성취된다. • 대인 관계 능력은 공정한 경쟁과 협력적 상호 작용을 통해 발달된다.	• 경쟁 활동의 의미 • 경쟁 활동의 기초 기능 • 경쟁 활동의 방법과 기본 전략 • 규칙 준수	• 영역형 경쟁의 의미 • 영역형 게임의 기본 기능 • 영역형 게임의 방법과 기본 전략 • 협동심	• 필드형 경쟁의 의미 • 필드형 게임의 기본 기능 • 필드형 게임의 방법과 기본 전략 • 책임감	• 네트형 경쟁의 의미 • 네트형 게임의 기본 기능 • 네트형 게임의 방법과 기본 전략 • 배려	• 분석하기 • 협력하기 • 의사소통하기 • 경기 수행하기
표현	표현 의미 표현 양식 표현 창작 감상·비평	• 인간은 신체 표현으로 느낌이나 생각을 나타내며, 감성적으로 소통한다. • 신체 표현은 움직임 요소에 바탕을 둔 모방이나 창작을 통해 이루어진다. • 심미적 안목은 상상력, 심미성, 공감을 바탕으로 하는 신체 표현의 창작과 감상으로 발달된다.	• 움직임 표현의 의미 • 움직임 표현의 기본 동작 • 움직임 표현의 구성 방법 • 신체 인식	• 리듬 표현의 의미 • 리듬 표현의 기본 동작 • 리듬 표현의 구성 방법 • 민감성	• 민속 표현의 의미 • 민속 표현의 기본 동작 • 민속 표현의 구성 방법 • 개방성	• 주제 표현의 의미 • 주제 표현의 기본 동작 • 주제 표현의 구성 방법 • 독창성	• 탐구하기 • 신체 표현하기 • 감상하기 • 의사소통하기
안전	신체 안전 안전 의식	• 인간은 위험과 사고가 없는 편안하고 온전한 삶을 살아가기 위해 안전을 추구한다. • 안전은 일상생활과 신체활동의 위험 및 사고를 예방하고 적절히 대처함으로써 확보된다. • 안전 관리 능력은 안전 의식을 함양하고 위급 상황에 대처하는 연습을 통해 길러진다.	• 신체활동과 안전 • 수상 활동 안전 • 위험 인지	• 운동장비와 안전 • 게임 활동 안전 • 조심성	• 응급 처치 • 빙상·설상 활동 안전 • 침착성	• 운동시설과 안전 • 야외 활동 안전 • 상황 판단력	• 상황 파악하기 • 의사 결정하기 • 대처하기 • 습관화하기

〈중학교〉 17 서술 17 논술

영역	핵심 개념	일반화된 지식	내용 요소 중학교 1~3학년군			기능
건강	건강 관리 체력 증진 여가 선용 자기 관리	• **건강**은 신체에 대한 이해를 바탕으로 건강한 생활 습관과 건전한 태도를 지속적이고 체계적으로 관리함으로써 유지된다. • **체력**은 건강의 기초이며, 자신에게 적절한 신체활동을 지속적으로 실천함으로써 유지, 증진된다. • **건강한 여가 활동**은 긍정적인 자아 이미지를 형성하고 만족도 높은 삶을 설계하는 데 기여한다.	• 건강과 신체 활동 • 체력의 측정과 평가 • 자기 존중	• 건강과 생활 환경 • 체력 증진과 관리 • 자기 조절	• **건강과 여가 활동** • 운동처방 • 자율성	• 평가하기 • 계획하기 • 관리하기 • 실천하기

영역	09 중학교 1~3학년군		
건강 활동	(가) 건강과 환경 · 건강의 이해 및 증진 · 약물과 기호품 · **환경오염**과 건강 · 자기조절	(나) 건강과 체력 · 체력의 이해 및 증진 · 성의 이해와 성폭력 · 안전사고와 예방 · 자기존중	(다) 건강과 안전 · 운동처방 · 구급처치 및 운동 상해 · **재난과 안전** · 실천의지력
여가 활동	(가) 사회와 여가 · 청소년기 여가의 이해 · 일상적 여가 활동 계획 및 실천 · 여가 활동의 감상 · 흥미와 몰입	(나) 자연과 여가 · 자연형 여가의 이해 · 자연형 여가 활동 계획 및 실천 · 여가 활동의 감상 · 공존	(다) 지구촌 여가 · 지구촌 여가의 이해 · 지구촌 여가 활동 계획 및 실천 · 여가 활동의 감상 · 개방성

※ 필수체크: 2009 교육과정 - 4. 내용의 영역과 기준/가. 내용체계(표시: 09)

영역	핵심 개념	일반화된 지식	내용 요소			기능
			중학교			
			1~3학년군			
도전	도전 의미 목표 설정 신체·정신 수련 도전 정신	• 인간은 신체활동을 매개로 자신이나 타인의 기량 및 기록, 환경적 제약을 극복하기 위해 도전한다. • 도전의 목표는 다양한 도전 상황에 대한 수행과 반성 과정을 통해 성취된다. • 도전 정신은 지속적인 수련과 반성을 통해 길러진다.	• 동작 도전 스포츠의 역사와 특성 • 동작 도전 스포츠의 경기 기능과 과학적 원리 • 동작 도전 스포츠의 경기 방법과 전략 • 용기	• 기록 도전 스포츠의 역사와 특성 • 기록 도전 스포츠의 경기 기능과 과학적 원리 • 기록 도전 스포츠의 경기 방법과 전략 • 인내심	• 투기 도전 스포츠의 역사와 특성 • 투기 도전 스포츠의 경기 기능과 과학적 원리 • 투기 도전 스포츠의 경기 방법과 전략 • 절제	• 시도하기 • 분석하기 • 수련하기 • 극복하기

영역	09 중학교 1~3학년군		
도전 활동	(가) 기록 도전 · 역사 및 과학적 원리 · 경기 방법과 기능 · 스포츠의 비교 및 감상 · 인내심	(나) 동작 도전 · 역사 및 과학적 원리 · 경기 방법과 기능 · 스포츠의 비교 및 감상 · 자신감	(다) 표적/투기 도전 · 역사 및 과학적 원리 · 경기 방법과 기능 · 스포츠의 비교 및 감상 · 문제해결력

영역	핵심 개념	일반화된 지식	내용 요소			기능
			중학교			
			1~3학년군			
경쟁	경쟁 의미 상황 판단 경쟁·협동 수행 대인 관계	• **인간**은 다양한 유형의 게임 및 스포츠에 참여하여 경쟁 상황과 경쟁 구조를 경험한다. • **경쟁의 목표**는 게임과 스포츠 상황에서 숙달된 기능과 상황에 적합한 전략의 활용을 통해 성취된다. • **대인 관계 능력**은 공정한 경쟁과 협력적 상호 작용을 통해 발달된다.	• 영역형 경쟁 스포츠의 역사와 특성 • 영역형 경쟁 스포츠의 경기 기능과 과학적 원리 • 영역형 경쟁 스포츠의 경기 방법과 전략 • 페어플레이	• 필드형 경쟁 스포츠의 역사와 특성 • 필드형 경쟁 스포츠의 경기 기능과 과학적 원리 • 필드형 경쟁 스포츠의 경기 방법과 전략 • 팀워크	• 네트형 경쟁 스포츠의 역사와 특성 • 네트형 경쟁 스포츠의 **경기 기능**과 **과학적 원리** • 네트형 경쟁 스포츠의 경기 방법과 전략 • **운동 예절**	• 분석하기 • 협력하기 • 의사소통하기 • 경기수행하기

영역	09 중학교 1~3학년군		
경쟁 활동	(가) 영역형 경쟁 · 역사 및 과학적 원리 · 경기의 수행 및 창의적 전략 · 스포츠의 비교 및 감상 · 페어플레이	(나) 필드형 경쟁 · 역사 및 과학적 원리 · 경기의 수행 및 창의적 전략 · 스포츠의 비교 및 감상 · 팀워크	(다) 네트형 경쟁 · 역사 및 과학적 원리 · 경기의 수행 및 창의적 전략 · 스포츠의 비교 및 감상 · 배려와 존중

영역	핵심 개념	일반화된 지식	내용 요소			기능
			중학교			
			1~3학년군			
표현	표현 의미 표현 양식 표현 창작 감상·비평	• **인간**은 신체 표현으로 느낌이나 생각을 나타내며, 감성적으로 소통한다. • **신체 표현**은 움직임 요소에 바탕을 둔 모방이나 창작을 통해 이루어진다. • **심미적 안목**은 상상력, 심미성, 공감을 바탕으로 하는 신체 표현의 창작과 감상으로 발달된다.	• 스포츠 표현의 역사와 특성 • 스포츠 표현의 표현 동작과 원리 • 스포츠 표현의 수행과 창작 • 심미성	• 전통 표현의 역사와 특성 • 전통 표현의 표현 동작과 원리 • 전통 표현의 수행 • 공감	• 현대 표현의 역사와 특성 • 현대 표현의 표현 동작과 원리 • 현대 표현의 수행과 창작 • 비판적 사고	• 탐구하기 • 신체 표현하기 • 감상하기 • <u>**의사소통하기**</u>

영역	09 중학교 1~3학년군		
표현 활동	(가) 심미표현 · 특성과 유형 · 표현 방법 · 창의적 표현 및 감상 · 독창성	(나) 현대표현 · 역사와 유형 · 표현 방법 · 창의적 표현 및 감상 · 열정	(다) 전통표현 · 역사와 유형 · 표현 방법 · 창의적 표현 및 감상 · 다문화 존중

영역	핵심 개념	일반화된 지식	내용 요소			기능
			중학교			
			1~3학년군			
안전	신체 안전 안전 의식	• **인간**은 위험과 사고가 없는 편안하고 온전한 삶을 살아가기 위해 안전을 추구한다. • **안전**은 일상생활과 신체활동의 위험 및 사고를 예방하고 적절히 대처함으로써 확보된다. • **안전 관리 능력**은 안전 의식을 함양하고 위급 상황에 대처하는 연습을 통해 길러진다.	• 스포츠 유형별 안전 • 운동 손상 예방과 처치 • 의사 결정력	• 스포츠 생활과 안전 • 스포츠 시설·장비 안전 • 존중	• 여가 스포츠와 안전 • 사고 예방과 구급·구조 • 공동체 의식	• 상황 파악하기 • 의사 결정하기 • 대처하기 • 습관화하기

영역	09 중학교 1~3학년군		
건강 활동	(가) 건강과 환경 · 건강의 이해 및 증진 · 약물과 기호품 · <u>**한경오염**</u>과 건강 · 자기조절	(나) 건강과 체력 · 체력의 이해 및 증진 · 성의 이해와 성폭력 · 안전사고와 예방 · 자기존중	(다) 건강과 안전 · 운동처방 · 구급처치 및 운동 상해 · <u>**재난과 안전**</u> · 실천의지력
여가 활동	(가) 사회와 여가 · 청소년기 여가의 이해 · 일상적 여가 활동 계획 및 실천 · 여가 활동의 감상 · 흥미와 몰입	(나) 자연과 여가 · 자연형 여가의 이해 · 자연형 여가 활동 계획 및 실천 · 여가 활동의 감상 · 공존	(다) 지구촌 여가 · 지구촌 여가의 이해 · 지구촌 여가 활동 계획 및 실천 · 여가 활동의 감상 · 개방성

나. 성취기준

[중학교 1~3학년군] 17 논술

(1) 건강

중학교 1~3학년군의 건강 영역은 건강과 신체활동의 관계를 이해하고 그 중요성을 내면화하여 다양한 신체활동을 통한 건강과 체력 관리 방법을 탐색하고 실천함으로써 건강을 지속적으로 유지·증진시킬 수 있는 능력을 기르는 데 목적이 있다.

이를 위해 건강과 신체활동 및 생활 환경의 관계를 이해하고, 건강에 필요한 체력을 측정, 분석하여 자신의 건강을 지속적으로 관리하며, 다양한 신체적 여가 활동을 통해 건강한 생활 습관을 기를 수 있는 건강 관리 능력을 함양하도록 한다.

[건강과 체력 평가]

[9체01-01] 건강과 신체활동(신체 자세, 규칙적인 운동 등)의 관계를 이해하고, 건강 증진을 위한 신체활동을 계획적으로 실천한다.

[9체01-02] 체력의 개념을 이해하고, 다양한 측정 방법을 적용하여 체력을 측정하고 분석한다.

[9체01-03] 청소년기의 신체적, 정신적 변화(2차 성징, 성 의식, 성 역할 등)를 이해하고, 자신의 신체적 특성을 가치 있게 여긴다.

[건강과 체력 관리]

[9체01-04] 건강과 생활 환경(감염성·비감염성 질환, 기호품 및 약물의 오·남용, 영양 등)의 관계를 이해하고, 건강한 생활 습관을 실천한다.

[9체01-05] 체력 증진의 과학적 원리, 운동 내용, 관리 방법을 이해하고 자신에게 적합한 체력 증진 프로그램을 계획하고 습관화한다.

[9체01-06] 건강과 체력 증진을 위한 올바른 생활 습관을 유지하고, 건강한 생활에 부정적인 영향을 미치는 행동을 삼간다.

[여가와 운동처방]

[9체01-07] 여가의 개념과 실천 방법을 이해하고, 다양한 여가 활동 참여 방법을 계획하고 실천한다.

[9체01-08] 운동처방의 개념, 절차, 방법, 원리 등을 설명하고, 자신에게 적합한 운동처방 프로그램을 계획하고 적용한다.

[9체01-09] 신체적 여가 활동과 운동처방을 위한 전 과정(계획, 실행, 평가 등)을 스스로 선택하고 실천한다.

(가) 교수·학습 방법 및 유의 사항

• 건강을 유지, 증진하기 위해 필요한 신체활동과 생활 환경의 관계를 이해할 수 있도록 학교생활과 일상생활에서 실천할 수 있는 학습 활동을 선정한다.
• 각 영역별 학습 내용은 신체활동의 직접 체험 활동을 중심으로 하되, 이론과 실기를 통합하여 학습하고 간접 체험 활동(읽기, 보기, 토론하기 등)을 포함하여 지도한다. 특히, 건강 활동의 특성과 밀접하게 관련되는 자기 존중, 자기 조절, 자율성 등의 정의적 내용은 간접 체험 활동뿐만 아니라 직접 체험 활동 과정을 통해 느끼고 발휘할 수 있도록 지도한다.
• 체력 측정의 방법과 평가, 여가 활동의 내용들은 주변에서 흔히 접할 수 있거나 중학교 1~3학년군 학생들이 관심과 흥미를 가질 수 있는 활동을 활용하도록 한다.
• 건강 생활을 위한 체력 관리의 학습은 건강을 유지, 증진하기 위해 필요한 지속적인 관리방법을 스스로 탐색하고 적용할 수 있도록 단원을 구성한다.
• 건강에 도움이 되는 신체활동과 체력 증진 활동은 개인의 건강 상태와 체력 수준에 맞게 구성할 수 있도록 단계별, 수준별로 구분하여 지도하며, 자신의 신체를 긍정적으로 인식하고 존중할 수 있도록 지도한다.
• 건강 영역에서의 여가 활동은 청소년기의 부정적인 여가 활동이 건강에 미치는 영향에 대해 이해하고, 건강과 체력을 지속적으로 증진할 수 있는 신체활동을 자율적으로 탐색, 실천, 유지하고 점검할 수 있도록 지도한다.

(나) 평가 방법 및 유의 사항

• 건강 영역에서는 건강 관리, 체력 관리, 여가 활동의 일회성 평가를 지양하고, 자신에게 적합한 건강 및 체력 증진 방법을 스스로 선택하고 지속적으로 실천하는 과정을 평가한다.
• 건강 및 체력 수준을 스스로 점검할 수 있는 활동의 체크리스트나 건강 생활 습관 실천과 관련된 포트폴리오를 활용하여 평가할 수 있다.

(2) 도전 17 논술

[동작 도전]

[9체02-01] 동작 도전 스포츠의 역사와 특성을 이해하고, 경기 유형, 인물, 기록, 사건 등을 감상하고 분석한다.

[9체02-02] 동작 도전 스포츠에서 활용되는 유형별 경기 기능과 과학적 원리를 이해하고 운동 수행에 적용하며, 운동 수행 과정에서 나타나는 문제점을 분석하고 해결한다.

[9체02-03] 동작 도전 스포츠의 경기 방법과 전략을 이해하고 경기에 활용할 수 있으며, 경기 상황에 맞게 전략을 창의적으로 구상하고 적용한다.

[9체02-04] 동작 도전 스포츠 활동 중 어려움과 두려움을 느끼는 활동 과제를 통해 도전 정신과 자신의 한계를 극복하는 능력을 기른다.

[기록 도전]

[9체02-05] 기록 도전 스포츠의 역사와 특성을 이해하고, 경기 유형, 인물, 기록, 사건 등을 감상하고 분석한다.

[9체02-06] 기록 도전 스포츠에서 활용되는 유형별 경기 기능과 과학적 원리를 이해하고 운동 수행에 적용하며, 운동 수행 과정에서 나타나는 문제점을 분석하고 해결한다.

[9체02-07] 기록 도전 스포츠의 경기 방법과 전략을 이해하고 경기에 활용할 수 있으며, 경기 상황에 맞게 전략을 진단하여 창의적으로 적용한다.

[9체02-08] 기록 도전 스포츠 활동에 참여하면서 자신이 설정한 도전 목표를 달성하기 위해 스스로의 한계를 극복해 나가며 기량을 향상시킨다.

[투기 도전]

[9체02-09] 투기 도전 스포츠의 역사와 특성을 이해하고, 경기 유형, 인물, 기록, 사건 등을 감상하고 분석한다.

[9체02-10] 투기 도전 스포츠에서 활용되는 유형별 경기 기능과 과학적 원리를 이해하고 운동 수행에 적용하며, 운동 수행 과정에서 나타나는 문제점을 분석하고 해결한다.

[9체02-11] 투기 도전 스포츠의 경기 방법과 전략을 이해하고 경기에 활용할 수 있으며, 경기 상황에 맞게 전략을 진단하여 창의적으로 적용한다.

[9체02-12] 투기 도전 스포츠 활동에 참여하면서 자신의 말과 행동을 규범에 맞게 수행한다.

(가) 교수·학습 방법 및 유의 사항

- 중학교 1~3학년군의 도전 활동은 도전 영역의 다양한 내용 요소를 가장 효율적으로 학습할 수 있는 신체 활동을 선정한다. 특히, 국내외에서 역사와 전통이 인정되고 보편화된 신체활동을 선택하되, 학교의 교육 여건에 따라 새로운 유형의 도전 스포츠 활동을 선정할 수 있다.
- 각 영역별 학습 내용은 신체활동의 직접 체험 활동을 중심으로 하되, 이론과 실기를 통합하여 학습하고 간접 체험 활동(읽기, 보기, 토론하기 등)을 포함하여 지도한다. 특히, 도전 활동의 특성과 밀접하게 관련되는 용기, 인내심, 절제 등의 정의적 내용은 간접 체험 활동뿐만 아니라 직접 체험 활동 과정을 통해 느끼고 발휘할 수 있도록 지도한다.
- 도전 영역은 자신과 타인의 수준을 파악하고 체계적으로 목표 성취 계획을 세울 수 있는 자기주도적인 학습 활동이 이루어질 수 있도록 해야 하며, 개인 또는 모둠별로 수준별 교수·학습이 이루어질 수 있도록 적절한 교수·학습 방법을 적용한다.
- 동작 도전은 학생들이 익숙하지 않은 동작이나 어려운 동작을 학습할 때, 불안감과 두려움을 극복하고 용기 있게 도전할 수 있도록 학습 내용을 단계별 또는 수준별로 구성하고 복잡성과 세련미를 체계적으로 경험할 수 있도록 지도한다.
- 기록 도전은 자신의 기능과 체력 수준을 파악하고 실현 가능한 목표를 자기 주도적으로 설정할 수 있도록 하며, 팀을 구성하여 상호학습이 될 수 있도록 지도한다.
- 투기 도전은 상대방과 기량을 겨루면서 자신을 이해하고, 보다 향상된 기량을 함양할 수 있도록 수련하며, 경기 상황에서 자신의 말과 행동을 규범에 맞게 수행할 수 있도록 지도한다.

(나) 평가 방법 및 유의 사항 **17 논술**

- **도전 영역**은 영역별 도전 스포츠 활동의 역사와 특성, 과학적 원리와 기능, 경기 방법과 규칙, 전략 등 스포츠 활동 전반에 대한 **이해력**, 도전 스포츠 경기의 기본 기능과 전략을 실제 경기에서 발휘할 수 있는 **운동 수행 능력**, 도전 스포츠 경기에 참여하며 지켜야 할 용기, 인내심, 절제 등의 **규범 실천 능력** 등을 균형 있게 평가한다.
- **동작 도전**은 새롭고 어려운 동작에 단계적으로 도전하는 과정을 종합적으로 평가한다. 특히, 학생들의 성별, 능력, 발달 단계 등의 개인차를 고려한 수준별 평가가 이루어질 수 있도록 한다.
- **기록 도전**은 최상의 운동 수행 능력을 발휘하며 속도, 거리, 정확성의 한계에 도전하는 과정을 종합적으로 평가한다. 특히, 과학적인 지식을 바탕으로 연습하고, 경기 상황에 맞는 전략을 효과적으로 구상할 수 있는가를 평가한다.
- **투기 도전**은 상대의 신체적 기량과 의지에 도전하기 위해 자신의 몸과 마음을 수련하는 과정을 종합적으로 평가한다. 특히, 자신의 말과 행동을 규범에 맞게 조절하고 높은 수준의 신체 움직임에 적응하는 신체 수련과정을 평가한다.

(3) 경쟁

[영역형 경쟁]

[9체03-01] 영역형 경쟁 스포츠의 역사와 특성을 이해하고, 경기 유형, 인물, 기록, 사건 등을 감상하고 분석한다.

[9체03-02] 영역형 경쟁 스포츠에서 활용되는 유형별 경기 기능과 과학적 원리를 이해하고 운동 수행에 적용하며, 운동 수행 과정에서 나타나는 문제점을 분석하고 해결한다.

[9체03-03] 영역형 경쟁 스포츠의 경기 방법과 전략을 이해하고 경기에 활용할 수 있으며, 경기 상황에 맞게 전략을 진단하여 창의적으로 적용한다.

[9체03-04] 영역형 경쟁 스포츠에 참여하면서 경기 규칙을 준수하고, 상대방을 존중하며, 정정당당하게 경기한다.

[필드형 경쟁]

[9체03-05] 필드형 경쟁 스포츠의 역사와 특성을 이해하고, 경기 유형, 인물, 기록, 사건 등을 감상하고 분석한다.

[9체03-06] 필드형 경쟁 스포츠에서 활용되는 유형별 경기 기능과 과학적 원리를 이해하고 운동 수행에 적용하며, 운동 수행 과정에서 나타나는 문제점을 분석하고 해결한다.

[9체03-07] 필드형 경쟁 스포츠의 경기 방법과 전략을 이해하고 경기에 활용할 수 있으며, 경기 상황에 맞게 전략을 진단하여 창의적으로 적용한다.

[9체03-08] 필드형 경쟁 스포츠에 참여하면서 자신의 역할에 책임을 다하고 팀의 공동 목표를 이루기 위해 노력한다.

[네트형 경쟁]

[9체03-09] 네트형 경쟁 스포츠의 역사와 특성을 이해하고, 경기 유형, 인물, 기록, 사건 등을 감상하고 분석한다.

[9체03-10] 네트형 경쟁 스포츠에서 활용되는 유형별 **경기 기능**과 **과학적 원리**를 이해하고 운동 수행에 적용하며, 운동 수행 과정에서 나타나는 문제점을 분석하고 해결한다. 23 기출

[9체03-11] 네트형 스포츠의 경기 방법과 전략을 이해하고 경기에 활용할 수 있으며, 경기 상황에 맞게 전략을 진단하여 창의적으로 적용한다.

[9체03-12] 네트형 경쟁 스포츠에 참여하면서 경기 절차, 상대방, 동료, 심판 및 관중에 대한 예의범절을 지킨다.

(가) 교수·학습 방법 및 유의 사항

- 중학교 1~3학년군의 경쟁 활동은 경쟁 영역의 다양한 내용 요소와 스포츠 문화 전반을 폭넓게 습득할 수 있는 신체활동을 선정한다. 특히, 국내외에서 역사와 전통이 인정되고 보편화된 신체활동을 선택하되, 학교의 교육 여건에 따라 새로운 유형의 경쟁 스포츠 활동을 선정할 수 있다. 또한, 단순한 게임 수준의 기초 기능을 넘어 국내외에서 인정된 공식적인 경기 규칙과 방법을 적용하여 보다 심화된 경기 활동이 되도록 한다.
- 각 영역별 학습 내용은 신체활동의 직접 체험 활동을 중심으로 하되, 역사와 특성, 과학적 원리, 경기 방법 및 규칙, 전략적 지식을 통합하여 학습하거나 읽기, 보기, 토론하기 등의 간접 체험 활동이 포함될 수 있도록 한다. 특히, 경쟁 활동의 특성과 밀접하게 관련되는 페어플레이, 팀워크, 운동 예절 등의 정의적 내용은 간접 체험 활동뿐만 아니라 직접 체험 활동 과정을 통해 느끼고 발휘할 수 있도록 지도한다.
- 경쟁 영역은 경기 기능을 효과적으로 발휘하고 상황에 맞는 전략을 창의적으로 적용할 수 있도록 하며, 팀의 공동 목표를 위해 구성원들과 협동할 수 있는 학습이 이루어질 수 있도록 한다. 특히, 과학적인 지식을 바탕으로 경기 기능 향상에 도움이 되는 수업, 경기 장면에서 팀의 문제점을 분석하고 새로운 전략을 구상하여 적용하는 수업, 운동 예절과 팀워크를 강화하고 선의의 경쟁 활동이 이루어지는 수업 등을 통해 효과적인 학습이 이루어질 수 있도록 다양한 교수·학습 방법을 적용한다.
- 영역형 경쟁은 연습과 실제 경기에서 팀의 공동 목표를 추구하면서 경기 규정과 관습을 존중하며 공정하게 경기할 수 있는 다양한 상황을 제시하고 다른 사람과 상호 작용하며 문제를 해결할 수 있도록 지도한다.
- 필드형 경쟁은 경기에 필요한 기능을 익히고 공격과 수비 시에 자신의 역할과 책임을 다하며, 팀원 간에 서로 신뢰하고 존중할 수 있도록 팀별 협동 과제를 제시한다.
- 네트형 경쟁은 상대방의 기능 수준을 인정하고 경기 시에 상대를 존중하며 운동 예절을 실천할 수 있도록 지도한다.

(나) 평가 방법 및 유의 사항

- 경쟁 영역은 경쟁 스포츠 활동의 역사와 특성, 과학적 원리와 기능, 경기 방법과 규칙, 전략 등 스포츠 활동 전반에 대한 이해력, 경쟁 스포츠 경기의 기본 기능과 전략을 실제 경기에서 발휘할 수 있는 운동 수행 능력, 경쟁 스포츠경기에 참여하며 지켜야 할 페어플레이, 팀워크, 운동 예절 등의 규범 실천 능력을 균형 있게 평가한다.
- 영역형 경쟁은 페어플레이를 실천하며 창의적인 경기 전략을 구사하는지를 종합적으로 평가한다. 특히, 경기에 필요한 개인 기능과 팀의 목표를 위한 창의적인 전략·전술이 발휘되는지를 평가한다.

- 필드형 경쟁은 역할과 책임을 다하며 협동적인 경기를 수행할 수 있는지를 종합적으로 평가한다. 특히, 역할 수행을 위한 개인의 노력과 협동을 통한 경기 수행 능력이 발휘되는지를 평가한다.
- 네트형 경쟁은 운동 예절을 지키며 효율적인 경기를 수행할 수 있는지를 종합적으로 평가한다. 특히, 과학적인 기능 연습과 상대팀의 전략을 비교·분석하며 새로운 전략을 구상할 수 있는지를 평가한다.

(4) 표현

[스포츠 표현]

[9체04-01] 스포츠 표현의 역사와 특성을 이해하고, 표현 유형, 인물, 기록, 사건 등을 감상하고 분석한다.

[9체04-02] 스포츠 표현의 동작과 원리를 이해하고 심미적으로 표현한다.

[9체04-03] 스포츠 표현의 특성과 원리가 반영된 작품 또는 활동을 구성하고 발표하며, 작품에 나타난 표현 요소와 방법을 감상하고 평가한다.

[9체04-04] 스포츠 표현 활동에 참여하면서 스포츠에 존재하는 미적인 요소를 이해하고 감상한다.

[전통 표현]

[9체04-05] 전통 표현의 역사와 특성을 이해하고, 표현 유형, 인물, 기록, 사건 등을 감상하고 분석한다.

[9체04-06] 전통 표현의 동작과 원리를 이해하고 심미적으로 표현한다.

[9체04-07] 전통 표현의 특성과 원리가 반영된 작품을 발표하며, 작품에 나타난 표현 요소와 방법을 감상하고 평가한다.

[9체04-08] 전통 표현 활동에 참여하면서 다양한 문화적 차이를 이해하고 수용한다.

[현대 표현]

[9체04-09] 현대 표현의 역사와 특성을 이해하고, 표현 유형, 인물, 기록, 사건 등을 감상하고 분석한다.

[9체04-10] 현대 표현의 동작과 원리를 이해하고 심미적으로 표현한다.

[9체04-11] 현대 표현의 특성과 원리가 반영된 작품을 구성하고 발표하며, 작품에 나타난 표현 요소와 방법을 감상하고 평가한다.

[9체04-12] 현대 표현 활동에 참여하면서 다양한 표현 문화의 의미와 가치를 비교하고 평가한다.

(가) 교수·학습 방법 및 유의 사항

- **중학교 1~3학년군의 표현 영역**은 학년별 표현 주제의 다양한 내용 요소를 폭넓게 이해하고 습득할 수 있는 신체활동을 선정한다. 특히, 내용 요소를 고려하여 표현 활동의 역사와 특성, 표현 동작과 원리, 작품 구성과 발표, 감상과 비평 등 활동 내용에서 체계성과 보편성이 높은 활동을 선택하되, 학교의 교육 환경을 고려하여 표현 활동의 유형을 다양하게 선정할 수 있다.
- **각 영역별 학습 내용**은 신체활동의 직접 체험 활동을 중심으로 하되, 역사와 특성, 동작과 원리, 작품 구성과 발표, 감상과 비평 등을 통합하여 지도하고, 간접 체험 활동(읽기, 보기, 토론하기, 감상하기 등)을 포함하여 사고의 깊이를 더할 수 있도록 지도한다. 특히, 표현 활동의 특성과 밀접하게 관련되는 심미성, 공감, 비판적 사고 등의 정의적 내용은 간접 체험 활동뿐만 아니라 직접 체험 활동 과정을 통해 느끼고 발휘할 수 있도록 지도한다.
- **스포츠 표현 활동, 전통 표현 활동, 현대 표현 활동**을 하면서 인문적 지식, 예술적 지식, 과학적 지식을 균형 있게 학습할 수 있도록 하며, 표현 기능과 더불어 창의성과 감수성을 함께 지도한다.
- **스포츠 표현**은 동작 습득 자체에 지도 초점을 두기보다는 신체활동에 존재하는 심미성, 예술성 등을 직접 체험하고, 아름답고 창의적인 동작을 표현하고 감상할 수 있도록 지도한다.
- **전통 표현**은 전통을 존중하고 공감할 수 있는 능력과 전통 표현 움직임에 존재하는 다양한 문화를 체험하고, 작품을 발표하며 감상할 수 있도록 지도한다.
- **현대 표현**은 자신의 생각과 감정을 정형화된 표현 방식에서 벗어나 보다 자유롭고 다양한 신체 움직임으로 표현할 수 있도록 하고, 자신과 타인의 창작 작품을 비판적으로 감상하고 발표할 수 있도록 지도한다.

(나) 평가 방법 및 유의 사항

- **표현 영역**은 각 표현 주제의 특징적인 면을 다양한 자료를 통해 이해하고 비교할 수 있는 분석력, 대표적인 표현 동작과 원리를 이해하고 적용할 수 있는 동작 수행 능력, 독창적인 작품을 구성하고 발표할 수 있는 창의적 표현력, 자신의 작품과 타인의 작품을 감상하고 비교·평가할 수 있는 비평 능력 등을 균형 있게 평가한다.
- **스포츠 표현**에서는 신체 움직임의 다양한 특성과 원리를 적용하여 동작을 아름답게 표현할 수 있는지를 평가한다.
- **전통 표현**에서는 다양한 전통 표현에 담긴 역사와 특성을 이해하고 전통 표현의 특성과 원리가 적용된 작품을 구성하여 발표할 수 있는지를 평가한다.
- **현대 표현**에서는 자신의 생각과 감정을 현대 표현의 동작과 원리를 통해 표현하고, 자신 및 타인의 작품을 비교·평가하며 감상할 수 있는지를 평가한다.
- **표현 영역의 심미성, 공감, 비판적 사고**는 표현 활동 과정에서 나타나는 태도나 행동에 대한 체크리스트, 일지, 감상문, 창작 보고서 등을 통해 평가할 수 있다.

(5) 안전

[스포츠 활동 안전]

[9체05-01] 스포츠 활동에서 안전의 중요성을 이해하고 여러 가지 스포츠 유형에 따른 안전 수칙을 설명한다.

[9체05-02] 운동 손상의 원인과 종류, 예방과 대처 방법을 이해하고, 상황에 맞게 적용한다.

[9체05-03] 응급 상황이나 안전사고 발생 시, 해결 방법과 절차를 올바르게 판단하고 적용한다.

[스포츠 환경 안전]

[9체05-04] 스포츠 환경과 안전의 관계를 이해하고 안전한 스포츠 활동에 필요한 여러 가지 활동 규칙과 방식을 설명한다.

[9체05-05] 안전한 스포츠 활동에 필요한 시설 및 장비들의 사용법을 이해하고 스포츠 활동에 적용한다.

[9체05-06] 스포츠 활동에서 자신과 타인의 안전을 고려하여 안전 수칙과 절차를 준수한다.

[여가 스포츠 안전]

[9체05-07] 야외 및 계절 스포츠 활동에서 발생할 수 있는 안전 문제를 이해하고 바람직한 예방 및 대처 방법을 설명한다.

[9체05-08] 야외 및 계절 스포츠 활동 시 안전사고의 종류, 원인, 예방 대책 등을 이해하고 상황별 응급처치 및 구조의 올바른 절차와 방법을 실천한다.

[9체05-09] 스포츠 안전사고 발생 시 타인 및 공공의 안전을 위해 노력하고 대처한다.

(가) 교수·학습 방법 및 유의 사항

- **중학교 1~3학년군의 안전 영역**에서는 안전사고의 예방과 사고 발생 시 즉각적으로 대응할 수 있는 능력을 기르는 데 초점을 두고 학습하여야 한다. 따라서 일상생활과 운동 상황에서 실제 일어난 사고의 구체적인 예시들을 교수·학습 자료로 활용하여 학습하도록 한다.
- 스포츠 또는 여가 활동 중에 혹은 스포츠 시설이나 장비로 인해 일어나는 **안전사고**에 대해 학습하기 위해서 사고의 유형별, 특성별 구체적인 사례들을 모의 상황에서 직간접적으로 체험할 수 있는 기회를 제공하고 스스로 올바른 판단과 결정을 할 수 있는 기회를 가질 수 있도록 학습 활동을 선정하고 조직하도록 한다. 또한, 이 과정에서 의사 결정력, 효과적인 위기 대처 능력뿐만 아니라, 타인에 대한 존중과 공동체 의식도 구체적인 학습 활동을 설정하여 수업 활동으로 지도한다.
- 다양한 **안전사고**의 예방법과 대처 방안을 숙지하는 차원에서 벗어나 모둠별로 가상의 안전사고 상황을 부여하고, 적절한 대처방안을 **토의·토론**이나 **팀 프로젝트** 형태로 학습하도록 한다.
- 신문 기사, 잡지, 뉴스 등의 대중 매체나 시청각 자료를 충분히 활용하여 안전에 대한 중요성과 투철한 안전 의식을 갖추도록 지도하며, 자신뿐만이 아닌 공동의 안전을 위해 필요한 마음가짐을 가질 수 있도록 지도한다.

(나) 평가 방법 및 유의 사항

- **안전 영역**에서는 안전사고의 유형과 상황에 따른 올바른 판단력과 적절한 대처 능력을 수행할 수 있는 능력을 중심으로 평가하는 것이 바람직하다. 이를 위해서는 구체적인 위기 상황을 제시하고 이에 대해 적절한 판단과 대처를 할 수 있는지를 중심으로 평가한다.

• **스포츠 활동**에 참여하거나, **스포츠 시설 및 장비**로 인해 발생되거나, **여가 스포츠**에 참여하면서 일어나는 안전사고의 예방과 그에 따른 대처 방안들을 조사, 발표, 시연하면서 사고 상황에서 필요한 조치 및 그 예방법을 종합적으로 사고할 수 있도록 평가한다.
• **안전**에 대한 중요성을 인식하고 안전 의식을 고취시키기 위해 안전을 소재로 한 포스터 그리기, 시(시화) 쓰기, 표어 만들기, UCC 제작 등의 평가를 활용할 수 있다.

※ 필수체크: 〈표 1-3〉 중학교 1~3학년 신체활동 예시 22 기출

영역		신체활동 예시
건강	(가) 건강과 체력 평가	심폐지구력, 순발력, 유연성, 근력 및 근지구력 향상을 위한 건강 체력 측정 운동, 성폭력 예방 및 대처 활동 등
	(나) 건강과 체력 관리	건강 체조, 웨이트 트레이닝, 인터벌 트레이닝, 서킷 트레이닝 등의 건강 체력 증진 운동, 위생 및 질병 예방 활동, 올바른 영양 섭취 및 식습관 개선 활동, 약물 및 기호품의 올바른 사용법 등
	(다) 여가와 운동처방	체력 요소별 운동처방의 계획과 여가 활동(단축마라톤, 파워워킹, 트레킹, 사이클링, 수영, 요가, 래프팅, 스키, 스노보드 등)
도전	(가) 동작 도전	마루운동, 도마운동, 평균대운동, 철봉운동, 다이빙 등
	(나) 기록 도전	트랙경기, 필드경기, 경영, 스피드스케이팅, 알파인스키, **사격, 궁도, 볼링, 다트,** 스포츠스태킹 등
	(다) 투기 도전	태권도, 택견, 씨름, 레슬링, 유도, 검도 등
경쟁	(가) 영역형 경쟁	축구, 농구, 핸드볼, 럭비, 풋살, 넷볼, 츄크볼, **플로어볼**, 얼티미트 등
	(나) 필드형 경쟁	야구, 소프트볼, 티볼, 킨볼 등
	(다) 네트형 경쟁	배구, 배드민턴, 탁구, 테니스, 정구, 족구 등
표현	(가) 스포츠 표현	창작체조, 리듬체조, 음악줄넘기, 피겨스케이팅, 싱크로나이즈드스위밍, 치어리딩 등
	(나) 전통 표현	우리나라의 전통무용, 외국의 전통무용 등
	(다) 현대 표현	현대무용, 댄스스포츠, 라인댄스, 재즈댄스, 힙합댄스 등
안전	(가) 스포츠 활동 안전	스포츠 유형별 연습과 경기에서의 손상 예방 및 대처 활동
	(나) 스포츠 환경 안전	스포츠 생활에서 발생하는 폭력 및 안전사고, 스포츠 시설 및 장비 사용 시 사고 예방 및 대처 활동
	(다) 여가 스포츠 안전	야외 및 계절 등의 여가 스포츠 활동 시 사고 예방 및 대처 활동(RICE, 심폐소생술)

* **신체활동은 교육과정의 목적에 근거하여 선택하되, 학교의 교육 여건을 고려하여 다른 영역의 신체활동 예시나 새로운 신체활동을 선택할 수 있다. 단, 단위 학교의 교과 협의회를 통해 결정한다.**

4. 교수·학습 및 평가의 방향

가. 교수·학습

(1) 교수·학습의 방향

체육과의 교수·학습은 학습자와의 적극적인 상호 작용을 통해 학습 내용을 탐색하고 적용하는 것을 지향한다. 이를 위해 교사 중심의 일방향적 교육 내용 전달을 지양하고 학습 환경의 특성에 맞는 다양한 교수·학습 방법을 구안하고 변용하여 지도하도록 한다.

(가) 체육과 역량 함양을 지향하는 교수·학습

체육과의 역량은 신체활동을 체험하고 그 가치를 내면화함으로써 습득되는 지식, 기능, 태도의 종합적인 능력을 의미한다. 체육과 역량의 함양을 위해서는 신체활동의 각 영역별 역량과 학습의 내용 요소, 학생들에게 기대되는 수행 능력, 성취기준의 관계를 이해하고 이를 체계적으로 경험할 수 있는 교수·학습 활동을 마련해야 한다. 예를 들어, 축구를 선택하여 영역형 경쟁을 교수·학습할 경우, 단원 전반에 걸쳐 영역형 경쟁 스포츠 활동의 역사와 특성을 탐구하고 감상하는 능력, 축구의 경기 기능을 과학적으로 분석하고 문제를 해결하며 향상시키는 능력, 경기 방법 및 전략을 분석하고 창의적으로 적용하는 능력, 규칙을 준수하고 타인을 존중하며 페어플레이를 발휘할 수 있는 능력을 기를 수 있도록 해야 한다. 이러한 경기 수행 능력은 의사소통 역량, 공동체 역량, 창의적 사고 역량 등 총론의 핵심 역량과 연계해 일상생활에서 발휘될 수 있도록 지도한다.

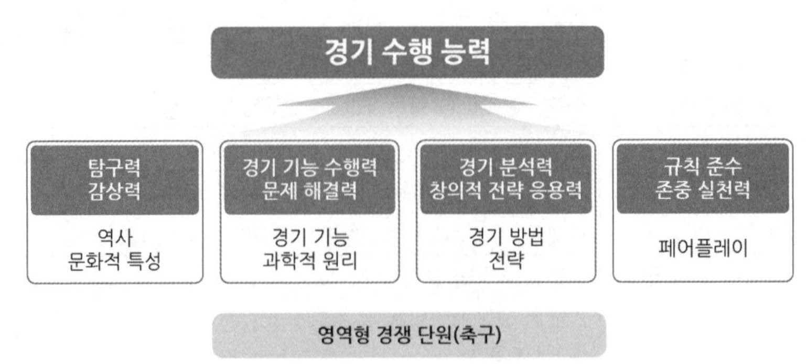

[그림 1-2] 체육과 역량 함양을 지향하는 교수·학습

(나) 학습자 특성을 고려한 수준별 수업 19 서술

학생들은 신체활동에 대한 흥미, 운동 기능, 체력, 성차, 학습 유형이 다르기 때문에 학습 활동의 방식에 따라 성취 결과가 다르게 나타날 수 있다. 따라서 학습자의 다양한 특성을 이해하고 활동 내용, 활동 과제, 활동 방법을 다양하게 구성함으로써 목표 달성의 기회를 제공해야 한다. 예를 들어, 속도 도전 활동의 경우 활동 내용은 빠르게 달리기뿐만 아니라 빠르게 걷기, 빠르게 쌓기, 빠르게 헤엄치기 등 다양하게 제시하고, 활동 과제의 유형과 수준은 학습 자료, 과제 수행 시간, 활동 공간의 재구성 등에 기반하여 조절하고, 과제를 학생들이 스스로 선택하게 함으로써 학습자의 참여 동기를 높이며 나아가 학습 성취 경험을 높일 수 있다. 활동 방법에서도 학습자의 특성을 고려하여 일제식, 과제식, 질문식, 협동식 등의 다양한 방법을 적용하도록 한다.

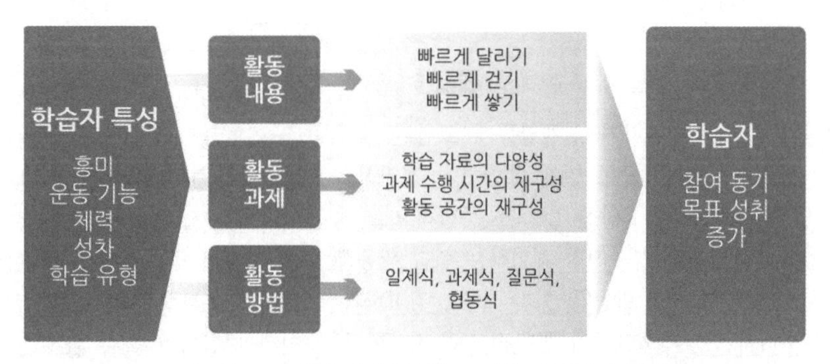

[그림 1-3] 학습자의 특성을 고려한 수준별 수업

(다) 자기 주도적 교수·학습 환경 조성 21 기출

학생들이 스스로 학습 내용을 파악하고, 주어진 과제를 체계적이며 적극적으로 해결할 수 있도록 교수·학습 환경을 조성한다. 학생들의 관심을 고려한 과제 제시, 자신감을 향상시키는 동기 유발 전략을 마련하고, 주요 학습 내용과 방법을 학생들이 활동 상황 속에서 스스로 탐색하며 이해할 수 있도록 탐구적 교수·학습 자료를 제공하며, 신체활동 시 적극적인 연습과 교정이 이루어질 수 있도록 학습 과제, 시설 및 기자재를 효율적으로 조직하도록 한다.

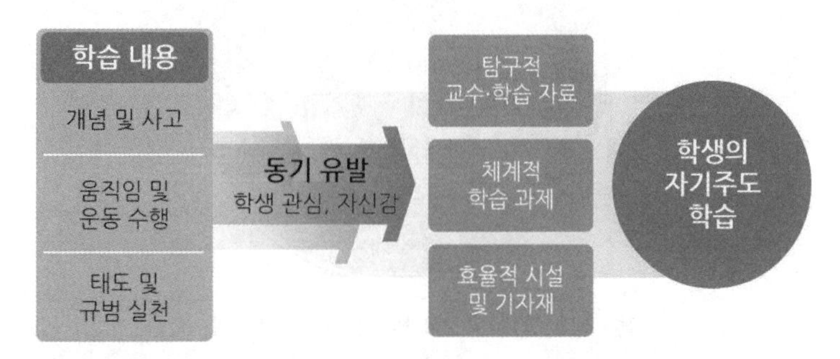

[그림 1-4] 자기 주도적 교수·학습 환경 조성

(라) 전인적 발달을 위한 통합적 교수·학습 20 기출

체육 교과의 학습은 학습자가 신체활동에 포함된 심동적, 정의적, 인지적 역량을 균형 있게 체험하여 전인적으로 성장·발달할 수 있도록 다양한 활동을 통합적으로 제공한다. 이를 위해 신체활동을 직접 체험하는 학습 활동뿐만 아니라 다양한 간접 체험 활동(예 읽기, 쓰기, 감상하기, 조사하기, 토론하기 등)을 포함하여 통합적으로 지도한다.

09	(4) 통합적 교수·학습 활동
신체 활동을 총체적으로 이해하고 수행할 수 있도록 교수·학습 활동을 통합하여 운영한다. 체육 교과의 학습은 신체 활동에 직접 참여하는 것을 기본으로, 활동 속에서 관련 가치를 통합적으로 습득할 수 있도록 활동을 구성하여 제공한다. 또한 신체 활동 가치의 학습을 위해 직접적인 학습 활동과 간접적인 학습 활동(예 읽기, 쓰기, 감상하기, 조사하기, 토론하기 등)을 포함한 다양한 학습 활동을 병행할 수 있다.	

[그림 1-5] 전인적 발달을 위한 통합적 교수·학습

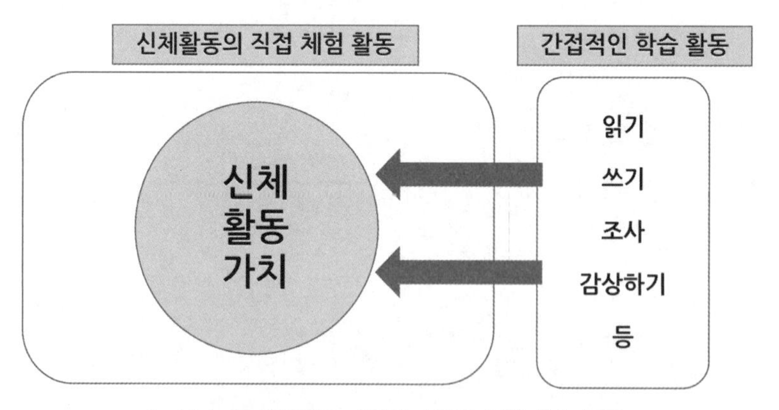

[그림 1-6] 신체활동 가치의 습득을 위한 학습 활동

(마) 맞춤형 교수·학습 방법의 선정과 활용

체육과 학습 내용의 특성을 고려하여, 학습의 효과를 높일 수 있는 가장 적합한 수업 모형과 스타일, 교수·학습 전략, 수업 기법을 선정하며, 이를 실천할 수 있는 시설 및 교육 기자재 등을 마련한다. 각 영역과 신체활동별로 특정한 수업 모형이나 전략에 의존하기보다는 수업이 이루어지는 맥락을 고려하여 적합한 수업 모형이나 전략을 선정하거나 이를 창의적으로 변형하는 등 교육과정이 의도하는 범위 안에서 다양한 교수·학습 방법을 적용할 필요가 있다. 또한, 지속적인 수업 평가를 통해 실제 적용한 수업 모형과 방법의 개선점을 파악함으로써 교수·학습 방법의 타당성을 높여야 한다.

09	(5) 효율적 교수·학습 방법의 선정과 활용
	체육과 교육과정 내용의 특성을 고려하여 가장 효율적으로 지도할 수 있는 수업 스타일과 수업 모형, 교수·학습 전략, 수업 기법, 교육 기자재 등을 선정하여 활용한다. 또한 단위 학교나 교사 수준에서 교육 목표와 내용에 따라 교수·학습 방법을 창의적으로 변형하여 활용할 수 있다.

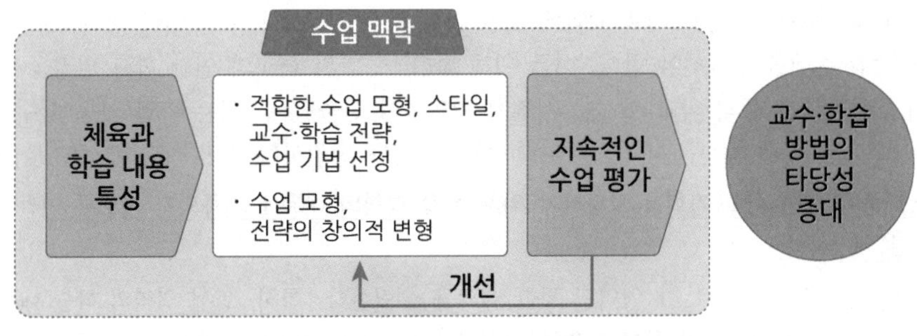

[그림 1-7] 수업 개선을 위한 반성적 체육 수업

(바) 정과 외 체육 활동과 연계한 교수·학습 20 서술

정과 체육 활동을 통해 배운 내용을 기반으로 생활 속에서 지속적으로 신체활동에 참여하며 체육과 역량을 발휘할 수 있는 자율성 및 실천력을 길러줄 필요가 있다. 이를 위해서는 학교스포츠클럽 활동에 참여하는 등 일상생활에서 지속적으로 신체활동을 실천할 수 있는 다양한 방법들을 체육 수업을 통해 안내하거나 생활 속 신체활동의 실천 경험들을 체육 수업의 소재로 삼는 등 일상의 신체활동을 촉진시킬 수 있는 교수·학습 방법을 모색할 필요가 있다. 체육 수업과 정과 외 체육 활동을 연계할 때 신체활동의 기본적인 원리와 방법들은 체육 수업에서 학습하고 정과 외 체육에서는 학습한 내용의 자율적 실천을 강조하도록 한다.

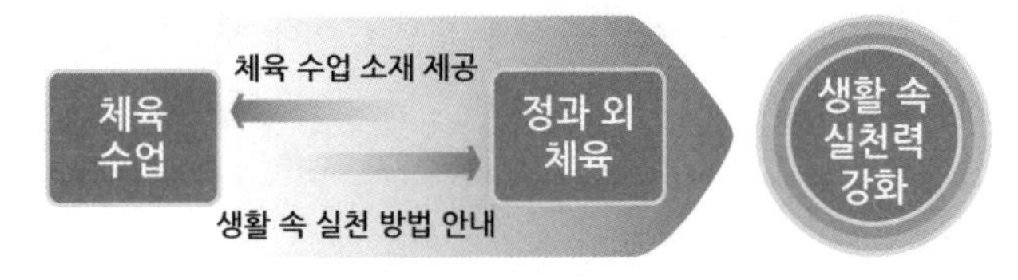

[그림 1-8] 정과 외 체육 활동과의 연계를 통한 생활 실천력 강화

(2) 교수·학습의 계획 17 서술

교수·학습 계획은 교수·학습 환경을 구성하는 제반 요소(학급 규모, 시간, 시설 및 용·기구, 학습자의 특성 등)들을 고려하여 수업 목표 도달을 위한 효율성과 안전성을 높일 수 있도록 유기적으로 계획한다. 또한, 교수·학습 계획을 실천하는 데 있어 발생 가능한 우발적 상황에 대비하여 계획의 다양성과 유연성을 확보한다.

(가) 교육과정 운영 계획

단위 학교에서는 교육과정에 제시된 내용 영역(건강, 도전, 경쟁, 표현, 안전)에 근거하여 각 영역별 성취기준을 해당 학년군(3~4학년, 5~6학년, 중학교 1~3학년)에서 반드시 지도한다. 체육과의 학습 내용은 학년군 단위로 계획하여 구성하며, 건강, 도전, 경쟁, 표현, 안전의 5개 대영역에서 내용별로 구분된 학습 영역은 학년별 수준에 따라 단위 학교별로 자율적으로 재편성할 수 있다. 이를 위해 **학년 또는 체육 교과 협의회**를 통해 **학년군 단위로 지도 계획**을 수립하고 이를 매년 연계적으로 실천하며, 해당 학년군에서 제시된 **모든 성취기준**이 학습될 수 있도록 해야 한다. 단, 재편성으로 인한 **중복 학습**이 이루어지지 않도록 유의한다.

① 연간 교육과정 운영 계획 수립 17 서술

적절한 수업 시간의 확보 및 영역별 분배는 활동 중심의 체육 학습에서 성취도를 결정하는 중요한 요소이다. 따라서 먼저 주 단위로 배정된 체육 교과에 대한 **기본 시수를 확보**할 수 있어야 하며, 정상적인 교육과정 운영을 통해 수업 손실을 방지해야 한다. 이를 위해 학기 초 단위 학교의 연간 학사 일정을 바탕으로 교내·외 체육 대회, 현장 학습 등의 학교 행사를 사전에 확인하여 산출될 수 있는 수업 가능 일수와 시간을 명확하게 파악하고, 실제 수업 시수를 바탕으로 수업 활동 내용을 선별하여 조직, 계획할 수 있어야 한다.

다양한 내용에 대한 학습 기회를 보장하기 위해 **특정 영역의 내용에 편중되지 않도록** 연간 교육 계획을 수립하고 시수를 배정한다.

또한, 신체활동을 중심으로 한 영역의 **통합** 계획을 수립한다. **특히, 안전 영역의 학습 내용 요소는 타 영역과 연계하여 지도함으로써 안전 확보를 위한 실질적 능력을 강화시키도록 한다.** 단, 통합은 해당 영역들의 **내용 요소 학습에 누락이 없어야 하며** 영역 설정의 취지에서 어긋나지 않는 범위에서 가능하다. 또한, **체력 증진** 등 장기간의 실천 내용이 포함된 영역은 학기 초와 학기 말에 영역을 분할하여 편성하거나 주당 시수 중 1시간을 해당 영역에 편성하는 등 융통성 있는 계획을 수립하여 지도한다.

(나) 교수·학습 운영 계획 21 기출

① 영역의 특성과 학습 주제 고려 21 기출

동일한 신체활동을 수행할지라도 수업 의도에 따라 다른 결과가 나타날 수 있기 때문에 교수·학습 계획 수립 시 영역의 특성과 학습 주제를 명확히 인식해야 한다. 특히, 영역별 학습을 통해 습득하고자 하는 역량이 무엇인지 판단하고 이를 위해 강조해야 하는 학습 중점을 선정하고 학습 과정을 조직한다. 예를 들어, 신체 수련을 강조하는 도전 영역의 수업에서 이루어지는 달리기는 건강을 위한 달리기와는 달리 속도 기록을 단축시키기 위한 목적으로 다양한 연습과 시도를 하게 되므로 이에 도전을 위한 시도와 분석, 수련과 반성의 과정이 보다 강조되어야 한다.

② 학생의 사전 학습 경험 및 발달 특성 분석

체육 수업 중 학생들의 사전 학습 경험 및 발달 특성을 고려하는 것은 학습자 중심 수업을 지향하려는 방안 중 하나이다. 학생 개인이 가지고 있는 사전 학습 경험은 수업 내용과 직간접적으로 관련되는 신체활동의 경험뿐만 아니라 지적, 정서적 경험 전체를 의미한다. 이를 위해 교사는 교수·학습 운영을 계획할 때 학생들의 흥미와 수준을 파악하고 학생들의 다양한 사전 학습 경험을 존중함으로써 학생에게 유의미한 경험을 제공할 수 있는 활동을 구성해야 한다.

③ 시설 및 용·기구 확보

수업에 필요한 시설과 용·기구의 수요를 파악하여 가급적 적합한 시설과 충분한 수량을 확보하고자 노력해야 한다. 부득이 일정 수요를 확보하지 못하는 경우, 동일한 교육적 가치와 효과를 가져 올 수 있는 다른 용·기구로 대체 또는 보완하거나, 인근 학교, 지역 사회 시설을 이용하는 등의 대안을 마련한다. 이때 교육적 효과와 안전을 충분히 고려하여야 하며, 위험 요소가 확인될 경우 다른 신체활동을 선정하는 것이 바람직하다.

(다) 교수·학습 활동 계획 22 기출

① 학습 활동의 재구성 22 기출

성취기준에 보다 쉽게 도달할 수 있도록 영역의 특성과 학습 주제, 학생의 특성 및 가용 자원, 학습 환경을 고려하여 학습 활동을 재구성한다. 예를 들어, 경기장의 형태와 사용하는 도구, 신체활동에 참여하는 인원수와 조직의 형태, 실행 규칙 등을 변형하여 활동을 구성할 수 있다. 또한, 학습 활동의 재구성 시 학생들의 의견을 적극적으로 수렴하거나 재구성 과정 일부에 학생들을 참여시킴으로써 참여 동기를 높이고 학습 활동에 대한 이해도를 높일 수 있다. 단, 학습 활동의 재구성이 목표 도달에 갖는 효과성과 안전성을 충분히 고려해야 한다.

② 평등한 학습 기회 제공

평등한 학습 기회를 제공한다는 것이 모든 학습자가 동일한 내용과 방식으로 학습해야 한다는 것을 의미하는 것은 아니다.

학습자가 처해 있는 상황을 고려하여 체육 학습의 기회가 다양하고 합리적으로 제공되어야 한다는 것을 의미한다. 특히, 성별, 체력 및 운동 기능의 차이, 장애로 인해 불이익을 받거나 참여에 제한이 이루어지지 않도록 주의한다. 예를 들어, 규칙과 방법을 변형하여 다양한 체력 수준과 운동 기능을 가진 학생들이 평등하게 참여할 수 있는 활동을 구성한다. 특히, 다양한 과제 혹은 역할을 제시하여 활동에 적극적으로 참여할 수 있도록 유도함으로써 수업에 소외되는 학생이 없도록 해야 한다.

③ 통합적인 학습 활동 구성

지식, 기능, 태도가 통합된 형태의 교과 역량을 기르기 위해서는 영역별 성취기준의 내용들을 다양한 관점에서 통합적으로 학습할 수 있도록 지도해야 한다.

예를 들어, 경쟁의 의미에 대한 내용을 학습함에 있어 교육과정, 교과서에 제시된 진술문을 바탕으로 경쟁의 개념적 특성을 파악할 수 있으며 게임의 구성과 활동에 직접 참여하는 과정을 통해 경쟁의 구조를 파악하고 경쟁이 갖는 공정과 협동의 의미를 체험해 볼 수도 있다.

특히, 학습자가 경쟁의 의미를 다양한 관점에서 파악하고 내면화할 수 있도록 다양한 활동을 제시할 필요가 있다. 또한, 필요 시 신체활동을 중심으로 단위 수업과 관련된 여러 성취기준의 내용들을 통합하여 지도할 수 있다.

④ **학습자 관리와 안전 고려**

학년 또는 학기 초에 수업 규칙을 수립하고 일관성 있게 적용함으로써 학생들을 효율적으로 관리하고 학생들의 부적절한 행동을 예방하거나 최소화하도록 한다. 또한, 학생들의 안전사고를 예방하기 위해 안전 수칙과 절차를 마련하고 이를 학생들에게 공지하여 준다.

특히, 선택한 신체활동의 특성을 고려한 준비 운동 및 정리 운동을 실시하여 활동 및 학습에서 안전한 조건을 갖추도록 지도하며, 수업 전·후 체육 시설 및 장비에 대한 점검을 통해 안전사고의 발생을 사전에 예방할 수 있도록 한다. 또한, 도전 또는 경기 상황 등에서 과도한 목표 성취 욕구와 지나친 경쟁심으로 운동 손상 사고가 발생할 수 있으므로 이에 대한 안내를 충분히 실시한다.

나. 평가

(1) 평가의 방향

평가는 교육과정과의 연계성, 평가 내용의 균형성, 평가 방법의 타당성과 신뢰성을 확보하여야 하며, 핵심역량과 개인차를 고려한 성취기준을 수립하여 적용하도록 한다.

(가) 교육과정과의 연계성

- **평가**는 교육과정과 연계되어야 한다. 즉, 국가 및 지역 수준의 체육과 교육과정에서 추구하는 목적과 목표를 파악하고, 이를 근거로 단위 학교의 체육과 교육과정을 계획·실천하여 의도한 교육적 효과가 어느 정도 성취되었는지 평가하는 일련의 과정이 연계성 있게 진행되어야 한다.
- **평가**는 수업 목표 및 교수·학습 활동과 일관되어야 한다. 즉, 수업 목표 달성을 위해 지도된 교수·학습 활동과 평가 내용이 서로 다르지 않도록 일관성을 유지하여야 한다.

(나) 평가 내용의 균형성

- **평가**는 교육과정에 제시된 건강, 도전, 경쟁, 표현, 안전의 전 영역을 대상으로 균형 있게 실시하여야 한다. **즉, 5개 영역의 평가 비중**은 단위 학교의 실정에 따라 차이는 있을 수 있으나, 특정 영역에 치우쳐 지나친 평가 비중을 두거나 축소되는 일이 없도록 유의한다.
- 건강, 도전, 경쟁, 표현, 안전의 각 영역별 내용 요소의 평가 비중을 달리하여 실시할 수 있다. **즉, 5대 영역의 각 내용 요소의 평가**는 성취기준에 따라 균형 있게 평가하되 그 비중은 교과 협의회 또는 동학년 협의회를 거쳐 달리할 수 있다.

(다) 평가 방법과 평가 도구의 다양성

- **평가**는 학습의 결과뿐만 아니라 학습의 과정을 포함하여 실시한다.
- 단편적 기능 또는 일회성 기록 측정 위주의 평가를 지양하고, **수업 목표와 교수·학습 내용에 따라 다양한 평가 요소**를 제시하고 충분한 시간을 확보하여 평가한다.
- **평가의 타당도와 신뢰도**를 높이기 위해 평가 목표와 내용, 방법이 밀접하게 관련되도록 점검하고, 다양한 유형의 방법을 활용하여 평가한다.
- **양적 평가와 질적 평가**를 병행하고, **실제성과 종합성**이 확보되고 **핵심역량의 성취 정도**를 파악할 수 있는 평가를 비중 있게 실시한다.
- **교사에 의한 평가**뿐만 아니라 상호 평가, 자기 평가 등 **학생이 주체가 된 평가**를 병행하여 실시할 수 있다.

(2) 평가의 계획

평가 계획은 체육과 교육과정에서 제시한 학년군의 내용에 따라 학년군별 평가 계획을 구체적으로 수립한 후, 학년 초 또는 학기 초에 이를 학생들에게 공지하도록 한다. 종합적이고 공정한 평가가 이루어질 수 있도록 평가 계획 수립 시 학교의 평가 지침을 토대로 평가의 내용, 기준, 방법, 도구 등을 마련한다.

(가) 평가 내용 선정

- **평가 내용**은 교육과정 내용 요소를 바탕으로, 수업 목표와 학습 내용에 제시된 요소뿐만 아니라 신체활동에 내재된 핵심역량에 대한 학습 내용을 고루 포함한다.
- **평가의 범위**는 교수·학습 활동을 통해 지도된 전체 영역을 대상으로 실시하되, 내용 영역에 따라 평가 비중을 달리할 수 있다. 단, 평가 내용의 균형성을 위해 특정 내용에 편중되지 않도록 유의한다.
- **평가**는 내용과 방법에 있어 구체성을 확보하여야 한다. 즉, 교육 내용 및 방법에 적합한 평가가 이루어 질 수 있도록 단위 교수·학습 계획을 면밀히 검토하고 이에 상응하는 평가 내용과 시기, 도구 및 방법을 구체적으로 계획하여야 한다. 이를 위해 교수·학습 계획 단계에서 평가 계획표를 함께 작성하여 활용한다.
- 동료 또는 자기 평가와 같은 **학습자 평가**를 실시할 경우 평가자에 적합한 내용을 선별해 수준에 맞게 제시한다.

(나) 성취기준 및 성취수준의 선정

- **평가를 위한 성취기준 및 성취수준**은 해당 평가와 관련된 교육과정 성취기준과 단위 학교 수업 내용을 바탕으로 개발한다.
- **평가에 적용하는 성취기준**은 독립적 혹은 통합하여 선정할 수 있다. 예를 들어, 경기 수행을 위하여 경기 기능의 과학적 원리를 적용하며, 경기 방법을 연습하고, 수행 중 페어플레이를 발휘하는 성취기준 각각을 혹은 이를 통합한 성취기준을 선정할 수 있다.
- **성취수준**은 점수화 및 등급화를 위한 기능의 단순 분류나 기록의 명시보다는 영역별 내용 요소에 따른 기능의 도달 정도를 구체적으로 나타낼 수 있는 행동 수준으로 **진술**하고, 평가 등급은 양적 요소와 질적 요소를 모두 포함하여 각각의 수준에 맞게 **진술**되도록 한다.
- 동일한 목표 성취 행동으로 된 **성취기준 및 성취수준**을 적용하기보다는 주어진 과제에 대한 수행 능력 및 변화 정도를 목표의 수준에 따라 서로 다르게 평가하여 이를 통해 차후 교수·학습 내용에 대한 참여 동기를 높이고, 개개인의 신체활동 실천에 도움을 줄 수 있도록 한다.

(다) 평가 방법 및 도구 선정·개발

- **평가 방법**은 학습 목표 및 평가 목적에 적합하게 선정하도록 한다. 다양한 평가 방법의 특징과 장단점을 파악한 후 학생의 특성과 수준을 고려하고, 다양한 평가 목적(학습의 과정 또는 결과에 대한 평가, 학생의 학습 성취도 파악, 교수·학습 과정의 개선 등)을 고려하여 가장 적합한 평가 방법을 선정한다.
- **평가 도구**는 기존의 체육과 평가에서 활용되고 있던 것을 사용하거나 새로 개발하여 사용할 수 있다. 기존의 평가 도구를 그대로 혹은 수정하여 사용할 때에는 평가 도구의 용도 및 특성과 검사 도구의 신뢰도, 타당도 등을 구체적으로 검토한 후 선택해야 한다. 그리고 교사(학년 또는 체육 교과 협의회 포함)가 새로운 평가 도구를 직접 개발하기 위해서는 평가 대상, 평가 시기, 평가 장소, 채점 방식, 시설 및 장비, 평가 인원 등을 고려하도록 한다.

(3) 평가 결과의 활용

- **평가 결과**는 다음에 이루어질 교수·학습 계획을 수립하는 데 활용한다. 학습자 개개인의 평가 결과를 분석하여 이후의 학습 과제의 수준과 활동 방법을 계획하고 결정하기 위한 기초 자료로 활용한다. 또한, 학습자 전체에게 나타나는 평가 결과의 특징을 분석하여 교수·학습 방법의 개선에 활용한다.
- **평가 결과**는 학습자와 학부모가 쉽게 이해하도록 구체적으로 재구성하여 안내한다. 결과를 통해 학습자가 생활 속에서 스스로 학습 주제와 관련된 신체활동 수행 계획을 수립하고 지속적으로 실천하는 데 도움을 주도록 한다.
- **특히, 개인별 평가 결과**를 자신의 건강 관리, 진로 진학, 여가 활용 등과 연계하여 건전하고 즐거운 신체활동 계획을 수립하고 실천하기 위한 기초 자료로 활용하도록 한다.

제 2 장 선택 중심 교육과정

1 일반 선택: 체육

1. 성격

고등학교 체육은 중학교에서 학습한 내용을 바탕으로 운동, 스포츠 등에 대한 보다 심화된 신체활동 지식을 습득하고, 체육에 대한 긍정적 안목과 평생 체육으로의 실천 능력을 함양하는 과목이다.

2. 목표(생략)

3. 내용 체계 및 성취기준

가. 내용 체계

영역	내용 요소	
건강	• 생애 주기별 건강 관리 설계 • 신체활동과 여가 생활	• 자신의 체력 관리 설계 • 자기 관리
도전	• 도전 스포츠의 가치 • 도전 스포츠의 경기 전략	• 도전 스포츠의 경기 수행 • 자기 극복
경쟁	• 경쟁 스포츠의 가치 • 경쟁 스포츠의 경기 전략	• 경쟁 스포츠의 경기 수행 • 경기 예절
표현	• 신체 표현에서의 표현 문화와 신체 문화 • 신체 표현 작품 창작과 감상	• 신체 표현 양식과 창작의 원리 • 심미적 안목
안전	• 신체활동과 안전사고 • 안전 의식	• 심폐소생술

〈표 2-1〉 고등학교 체육 과목 신체활동 예시

영역	신체활동 예시
안전	• 안전사고 예방 및 대처 활동, 안전 관리활동 등 체육 안전 생활 관련 활동 • 심장 자동제세동기(AED) 사용법, 심폐소생술 등

※ 신체활동의 교육과정의 목적에 근거하여 선택하되, 학교의 교육 여건을 고려하여 다른 영역의 신체활동 예시나 새로운 신체활동을 선택할 수 있다. 단, 단위 학교의 교과 협의회를 통해 결정한다.

2 일반 선택: 운동과 건강

1. 성격

고등학교 운동과 건강은 일상생활 속에서 계획적으로 신체활동을 수행하면서 신체적, 정신적, 사회적으로 건강한 삶을 영위하는 데 필요한 지식과 운동의 생활화를 위한 실천 능력을 함양하는 과목이다.

2. 목표(생략)

3. 내용 체계 및 성취기준

가. 내용 체계

영역	내용 요소	
운동과 건강의 관계	• 생활 습관과 건강 관리 • 운동과 자기 관리	• 건강과 운동 효과
운동과 건강 관리	• 운동과 자세 관리 • 운동과 체력 증진	• 운동과 비만 관리 • 운동과 정서 조절
운동과 안전	• 운동 손상의 유형과 특성 • 안전한 운동 환경	• 운동 손상의 예방과 대처

3 진로 선택: 스포츠 생활

1. 성격

고등학교 스포츠 생활은 생활 속에서 실천되는 스포츠의 역할과 가치를 이해하고, 스포츠를 수행하는 데 필요한 지식과 기능을 습득하며, 자발적이고 지속적으로 스포츠에 참여할 수 있는 태도를 길러 스포츠 참여를 통해 활기찬 생활을 영위할 수 있는 능력을 함양하는 과목이다.

2. 목표(생략)

3. 내용 체계 및 성취기준

가. 내용 체계

영역	내용 요소	
스포츠가치	• 스포츠의 역할과 특성 • 스포츠와 경기 문화	• 스포츠와 사회 문화 • 스포츠 윤리
스포츠수행	• 스포츠와 도전 • 스포츠와 표현	• 스포츠와 경쟁 • 스포츠와 여가 생활
스포츠안전	• 스포츠 안전사고의 유형과 특성 • 스포츠 환경과 안전	• 스포츠 안전사고의 예방과 대처

나. 성취기준

(1) 스포츠 가치

스포츠 가치 영역에서는 스포츠의 의미, 경기 문화, 윤리 등과 관련된 스포츠의 문화 현상을 이해하고 스포츠 참여를 통해 스포츠의 관행, 규범, 제도 등 스포츠 문화를 체험하여 스포츠 윤리를 실천한다. 이러한 과정을 통해 스포츠 정신을 기름으로써 스포츠 참여 과정에서 요구되는 스포츠맨십과 페어플레이 정신 등의 윤리 의식을 갖도록 하는 데 목적이 있다.

이를 달성하기 위해 스포츠의 역할과 특성, 스포츠와 사회 문화, 스포츠와 경기 문화, 스포츠 윤리 등 스포츠에 담긴 가치를 학습하고, 다양한 역할의 스포츠 활동에 참여하여 스포츠의 의미와 스포츠 문화를 체험하고 느낄 수 있도록 하며, 이 과정에서 스포츠 윤리를 실천할 수 있는 공동체 의식을 기른다.

[12스생01-01] 현대 사회에서 제도화된 스포츠의 의미를 이해하고 스포츠의 역할과 특성을 탐색한다.
[12스생01-02] 스포츠가 문화에 미치는 영향과 문화가 스포츠에 미치는 영향을 비교·분석하여 문화로서의 스포츠를 이해한다.
[12스생01-03] 스포츠의 관행, 규범, 제도 등 스포츠 경기와 관련된 문화를 분석하여 스포츠 경기에서 요구되는 경기 문화를 판단한다.
[12스생01-04] 스포츠 참여 과정에서 스포츠맨십과 페어플레이 정신을 발휘하고 윤리적 태도를 함양한다.

(가) 교수·학습 방법 및 유의 사항

- 스포츠 가치 영역은 일상생활에서 찾아보기 쉽고 참여가 용이하며 신체활동 학습에 개인차가 있는 학생들에게도 적용하기 적합한 스포츠를 소재로 학습 활동을 구성한다.
- 스포츠 의미와 문화에서는 신문기사, 잡지, 뉴스 등의 대중 매체나 시청각 자료를 충분히 활용하여 이해하기 쉽도록 지도한다.
- 스포츠 정신에서는 스포츠맨십과 페어플레이가 발휘되는 스포츠 경기 상황이나 비신사적인 행위가 벌어지는 상황을 보여주고 학생 스스로 가치 판단을 내릴 수 있는 기회를 제공하고, 동일한 갈등 상황에 대해 토론하여 자신과 타인의 생각을 나눠볼 수 있도록 교수·학습 상황을 진행한다.
- 스포츠 가치 영역은 학년 또는 학기 단위에 걸쳐 지속적으로 지도하여 스포츠 문화를 생활 속에서 자주 접하도록 하고, 이를 통해 스포츠의 의미와 가치를 자연스럽게 익힐 수 있도록 지도한다.

4 진로 선택: 체육 탐구

1. 성격

고등학교 체육 탐구는 체육이 내포한 인문 및 자연과학의 심화된 지식을 바탕으로 체육을 종합적으로 이해하고, 이를 운동이나 스포츠 수행 등의 신체활동과 진로 설계에 적용할 수 있는 능력을 함양하는 과목이다.

2. 목표(생략)

3. 내용 체계 및 성취기준

가. 내용 체계

영역	내용 요소
체육의 본질	• 체육의 의미와 가치 • 현대 사회에서의 체육의 기능과 역할 • 체육의 생성과 발전
체육과 과학	• 체육의 사회학적 원리와 적용 • 체육의 생리학적 원리와 적용 • 체육의 심리학적 원리와 적용 • 체육의 역학적 원리와 적용
체육과 진로	• 체육 적성과 관련 역량 • 체육 진로의 설계 • 체육과 직업의 유형별 특성

79 | 2013학년도

[1~2] 다음은 '2009 개정 교육과정에 따른 체육과 교육과정'에 근거한 OO중학교의 도전 활동 영역 단원 지도 계획서이다. 각 문항에 답하시오.

대영역	도전활동	중영역	기록도전	학년	1
신체 활동	멀리뛰기		총시수		9

차시	학습 주제	교수·학습 내용	교수·학습자료
1	◎ 기록 도전 스포츠의 개념과 역사의 이해 · (가) 멀리뛰기의 개념, 특성 및 가치 이해 · (나) 멀리뛰기의 변천 과정과 역사적 의미 이해	◎ 기록 도전 스포츠의 개념과 역사의 이해 · 다양한 기록 도전 스포츠 종류 감상 · 멀리뛰기의 변천 과정 동영상 감상	· 비디오 · 빔프로젝터 · PPT
2	◎ 멀리뛰기의 기초 기능 이해 및 실천 · 멀리뛰기의 기초 기능 방법 및 실천 (도움닫기, 발구르기, 공중 동작, 착지)	◎ 멀리 뛰기의 기초 기능 연습 · 기능 수준에 따른 과제 1~3의 개인별, 모둠별 연습 · 멀리뛰기 자세 동영상 촬영	· 비디오 · 활동 기록지
3	◎ 멀리뛰기의 과학적 원리와 적용 · (다) 멀리뛰기의 과학적 원리 이해와 운동 수행의 적용 · (라) 목표한 기록에 도달하는 과정에서 어려움을 이겨내는 인내심 기르기	◎ 멀리뛰기의 과학적 원리 및 적용 · 속도, 가속도, 작용·반작용의 원리 등을 이용하여 동작 연습 · 각자 자신의 동영상을 분석하여 잘못된 동작을 발견하고, 수정 사항을 기록한 후 개별 연습하여 멀리뛰기 동작을 개선하고 반성 · 도약 거리를 증가시킬 수 있는 운동 방법의 탐색과 그 과정에서 도전심과 인내심 향상	· 줄자 · 비디오 · 활동 기록지
4~7	◎ 멀리뛰기의 경기 방법 이해와 적용 · 멀리뛰기 경기 방법의 개념과 규칙의 이해 · (마) 멀리뛰기 경기 방법과 경기 기능의 이해 및 경기 상황에 적용 · 멀리뛰기의 실제 경기 운영 및 관리	◎ 멀리뛰기의 경기 방법 이해와 적용 · 멀리뛰기 경기 방법의 개념, 규칙 및 기능 이해 · 모둠별로 멀리뛰기 경기를 운영하고 관리	· 비디오 · 빔프로젝터 · PPT · 활동 기록지
8~9	◎ 멀리뛰기 경기 감상 및 비교·분석 · 멀리뛰기 경기의 다양한 기술 감상 · (바) 경기 유형, 규칙 및 용구, 인물, 기록, 사건 등의 감상 및 비교·분석	◎ 멀리뛰기 경기 감상 및 토론 · 멀리뛰기 경기 감상 및 감상활동 기록지 작성 · 경기 감상을 통한 경기 유형, 규칙, 기록, 사건 등의 분석 및 비교 · 기록 도전 스포츠에 대한 토론(주제: 스포츠용품 발전에 따른 기록 향상은 진정한 인간의 능력 향상이라 할 수 있는가?)	· 비디오 · 빔프로젝터 · 감상 · 활동 기록지

1. 학습주제 (가)~(바) 중 2009 개정 교육과정에 따른 체육과 교육과정의 '도전 활동 영역의 학습 내용 성취 기준'에 해당되는 것만을 있는 대로 고른 것은?

① (가), (나), (라)
② (가), (다), (마), (바)
③ (나), (다), (라), (바)
④ (가), (나), (다), (마), (바)
⑤ (가), (나), (다), (라), (마), (바)

[정답] ⑤ (가), (나), (다), (라), (마), (바)

80 | 2013학년도

2. '교수·학습 내용'과 '교수·학습 자료'의 내용 중 2009 개정 교육과정에 따른 체육과 교육과정의 '교수·학습 방향'을 반영한 것만을 <보기>에서 있는 대로 고른 것은?

<보 기>

ㄱ. 교육과정 내용의 특성을 고려하여 효율적으로 지도할 수 있는 교육 기자재를 선정하여 활용한다.
ㄴ. 학생들이 주도적으로 내용을 파악하고, 주어진 과제를 스스로 해결할 수 있도록 교수·학습 환경 조직을 구성한다.
ㄷ. 체육 교과의 특성상 직접적인 학습 활동만을 제공한다.
ㄹ. 학생의 운동 기능을 고려한 다양한 수준별 수업을 실시한다.
ㅁ. 학생들이 창의적으로 문제를 해결하고 인성을 기를 수 있는 다양한 학습 활동을 제공한다.

① ㄱ, ㄴ ② ㄱ, ㄴ, ㄹ ③ ㄱ, ㄹ, ㅁ ④ ㄴ, ㄹ, ㅁ ⑤ ㄱ, ㄴ, ㄹ, ㅁ

[정답] ⑤ ㄱ, ㄴ, ㄹ, ㅁ

[해설] ㄷ. 통합적 교수·학습활동에 근거하여 수정되어야 한다. 체육 교과의 학습은 신체활동에 직접 참여하는 것을 기본으로, 활동 속에서 관련 가치를 통합적으로 습득할 수 있도록 활동을 구성하여 제공한다.

81 | 2013학년도

3. 2009 개정 교육과정에 따른 체육과 교육과정의 '체육 과목 목표'에 대한 설명으로 옳은 것만을 <보기>에서 있는 대로 고른 것은?

<보 기>

ㄱ. 체육 과목 목표는 '체육과의 방향과 역할', '체육과에서 추구하는 인간상', '체육과에서 지향하는 다섯 가지 신체 활동 가치 영역'과 같이 세 가지 하위 영역으로 구성되어 있다.
ㄴ. 체육과에서 신체 활동은 핵심적인 교육의 도구로써 활용되나 교육의 본질로 보기는 어렵다.
ㄷ. 체육과에서 추구하는 인간상은 신체 활동을 종합적으로 체험함으로써 신체 활동의 가치와 함께 창의·인성을 내면화하여 실행하는 사람이다.
ㄹ. 체육과에서 지향하는 신체 활동의 가치(건강, 도전, 경쟁, 표현, 여가)는 미래 사회에서 요구되는 자기 관리 능력과 대인 관계 능력 및 시민 의식, 창의력 및 문제해결 능력 등과 관련된 핵심역량들을 포함한다.
ㅁ. 체육과에서 지향하는 다섯 가지 신체 활동 가치 영역 중 '건강'은 개인이 질병이나 질환 없이 몸과 마음의 평안을 유지할 수 있을 뿐 아니라 사회적으로도 조화로운 삶을 살아갈 수 있는 능력을 추구하는 가치이다.

① ㄱ, ㄹ ② ㄷ, ㅁ ③ ㄴ, ㄷ, ㅁ ④ ㄷ, ㄹ, ㅁ ⑤ ㄱ, ㄷ, ㄹ, ㅁ

[정답] ④ ㄷ, ㄹ, ㅁ

[해설] ㄱ. 체육 과목 목표는 '체육과의 방향과 역할', '체육과에서 추구하는 인간상', '체육과에서 지향하는 다섯 가지 신체 활동 가치 영역', '체육과의 목표'와 같이 네 가지 하위 영역으로 구성되어 있다.
ㄴ. 체육과에서 신체 활동은 핵심적인 교육의 본질이자 교육의 도구로 활용되는 특징이 있다.

82 | 2013학년도

4. 다음은 2009 개정 교육과정에 따른 체육과 교육과정에 근거한 2013학년도 OO 중학교 1학년 체육과 교육과정 수립을 위한 교과협의록이다. (가)~(마) 중 옳은 것만을 있는 대로 고른 것은?

일 시	2012년 ○○월 ○○일(수)	장소	○○중학교 체육실
참석 교사	김○○, 차○○, 박○○ (3명)		
안 건	2013학년도 1학년 체육과 교육과정 수립을 위한 방향 설정		
협의 내용	김 교사: 최근 개정된 중학교 교육과정 총론에서 정하고 있는 시간 배당을 보니 1학년부터 3학년까지 공통 교육과정 기간이며, (가) 연간 34주를 기준으로 한 3년간 272시간 이상의 수업 시수를 확보해야 함. 차 교사: 체육과 교육과정을 보면 체육과의 목표에서는 (나) 신체 활동 가치의 심화 교육을 담당하면서 신체 활동의 실천 태도와 기본 실천 능력을 기르는 것을 강조하고 있음. 박 교사: 내용의 영역과 기준은 (다) 내용 체계와 성취 기준으로 나뉘어 제시되었고, 성취 기준은 학년군별 성취 기준과 영역 및 학습 내용 성취 기준으로 제시되어 있음. 김 교사: (라) 창의 · 인성의 개념을 체육과의 내용 영역에 국한하여 적용하는 게 좋을 듯함. 박 교사: 교수 · 학습 방법에서는 (마) 동일 과제에 대한 목표 수준을 달리 적용하여 학습 활동에서 소외되는 학생들이 없도록 해야 할 필요가 있음. 평가도 실제성과 종합 능력을 중시하는 수행 평가를 실시하는 것이 좋겠음.		

① (가), (다), (라)　　② (가), (다), (마)
③ (나), (라), (마)　　④ (가), (나), (다), (마)
⑤ (나), (다), (라), (마)

[정답] ② (가), (다), (마)

[해설] (나) 초등학교 5~6학년에 해당되므로 수정되어야 한다. 중학교 체육(7, 8, 9학년)은 초등학교에서 이루어진 신체 활동 가치의 기초 교육을 바탕으로 교육 내용의 범위와 깊이가 심화된 '신체 활동 가치의 심화 교육'을 담당한다.

(라) 개정된 국가수준 교육과정에서 강조하는 창의·인성 개념은 체육과의 목표, 내용, 방법, 평가의 모든 측면에서 전방위적으로 적용되고 강조되어야 한다.

5. 표는 2009 개정 교육과정에 따른 체육과 교육과정의 중학교 '내용 체계'이다. 2007 개정 체육과 교육과정의 내용 체계와 비교한 설명으로 옳은 것만을 〈보기〉에서 있는 대로 고른 것은?

영역	중학교 1~3학년군		
건강 활동	(가) 건강과 환경 ⋮	(나) 건강과 체력 ⋮	(다) 건강과 안전 ⋮
도전 활동	(가) 기록 도전 ⋮	(나) 동작 도전 ⋮	(다) 표적/투기 도전 ⋮
경쟁 활동	(가) 영역형 경쟁 ⋮	(나) 필드형 경쟁 ⋮	(다) 네트형 경쟁 ⋮
표현 활동	(가) 심미표현 ⋮	(나) 현대표현 ⋮	(다) 전통표현 ⋮
여가 활동	(가) 사회와 여가 ⋮	(나) 자연과 여가 ⋮	(다) 지구촌 여가 ⋮

〈보 기〉

ㄱ. 2007 개정 교육과정과 같이, 대영역, 중영역, 소영역, 내용요소의 체계가 지속적으로 유지되고 있다.
ㄴ. 2007 개정 교육과정과 같이, 경쟁 활동의 중영역은 영역형 경쟁, 필드형 경쟁, 네트형 경쟁으로 동일하게 유지되고 있다.
ㄷ. 2007 개정 교육과정과 같이, 독창성, 개방성, 공존, 열정 등의 창의·인성 관련 내용 요소는 동일하게 유지되고 있다.
ㄹ. 2007 개정 교육과정과 같이, 모든 중영역의 내용 요소는 네 가지로 동일하게 유지되고 있다.
ㅁ. 2007 개정 교육과정과 달리, 건강 활동 영역은 세 개의 중영역으로 제시되었다.
ㅂ. 2007 개정 교육과정과 달리, 학년별로 구분되어 제시되었던 내용 체계가 학년 구분 없이 제시되었다.

① ㄱ, ㄴ, ㄷ ② ㄴ, ㅁ, ㅂ ③ ㄴ, ㄷ, ㄹ, ㅁ ④ ㄴ, ㄹ, ㅁ, ㅂ ⑤ ㄷ, ㄹ, ㅁ, ㅂ

[정답] ② ㄴ, ㅁ, ㅂ

[정답] ㄱ. 2009 개정 교육과정은 대영역, 중영역, 내용요소의 체계로 이루어져 있다.
ㄷ. 2009 개정 교육과정에서 독창성, 개방성, 공존, 열정 등의 창의·인성 관련 내용 요소는 새롭게 추가되었다.
ㄹ. 2009 개정 교육과정의 모든 중영역의 내용 요소는 네 가지로 제시되어 있다. 2007개정 교육과정은 3~4가지이다.

10. 다음은 OO 중학교에서 2009 개정 교육과정에 따른 체육과 교육과정에 근거해 작성한 체육과 평가 계획서이다. 이 계획서에 대해 권 교사와 송 교사가 나눈 대화의 (가)~(라) 중 옳은 것만을 있는 대로 고른 것은?

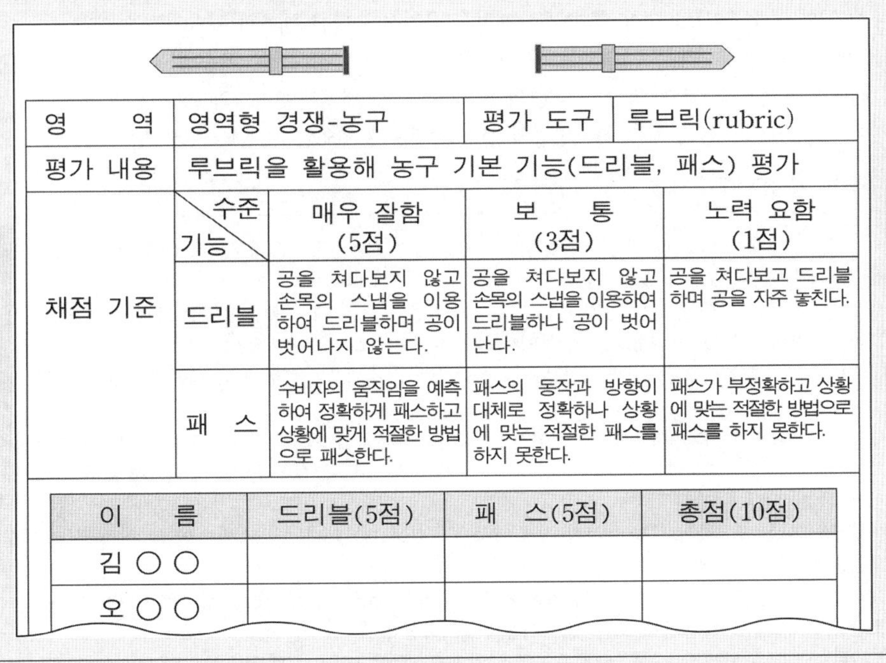

영 역	영역형 경쟁-농구		평가 도구	루브릭(rubric)
평가 내용	루브릭을 활용해 농구 기본 기능(드리블, 패스) 평가			
채점 기준	수준/기능	매우 잘함 (5점)	보 통 (3점)	노력 요함 (1점)
	드리블	공을 쳐다보지 않고 손목의 스냅을 이용하여 드리블하며 공이 벗어나지 않는다.	공을 쳐다보지 않고 손목의 스냅을 이용하여 드리블하나 공이 벗어난다.	공을 쳐다보고 드리블하며 공을 자주 놓친다.
	패 스	수비자의 움직임을 예측하여 정확하게 패스하고 상황에 맞게 적절한 방법으로 패스한다.	패스의 동작과 방향이 대체로 정확하나 상황에 맞는 적절한 패스를 하지 못한다.	패스가 부정확하고 상황에 맞는 적절한 방법으로 패스를 하지 못한다.

이 름	드리블(5점)	패 스(5점)	총점(10점)
김 ○ ○			
오 ○ ○			

권 교사: 제가 '경쟁 활동' 영역의 평가를 위한 계약서를 작성해 보았습니다. 선생님께서 한번 검토해 주세요.

송 교사: 평가 도구로 루브릭을 활용하셨군요? (가) 루브릭은 학생에게 학습에 대한 피드백을 제공해 주지 못하는 것이 단점이죠.

권 교사: 아, 그런가요? 아무튼 저는 채점 기준 만드는 절차에 신경을 썼어요. 우선 (나) 평가 과제 성공 여부를 확인할 수 있는 수준을 정한 다음에 각 수준에 적합한 점수를 정했습니다.

송 교사: 그건 그렇고 이 계획서의 평가 내용은 2009 개정 교육과정에 따른 체육과 교육과정에 제시된 평가의 방향과 상반되는 것 같아요. (다) 2009 개정 교육과정에 따른 체육과 교육과정에 부합되게 보완하려면 농구 기능에만 편중하지 말고 가급적 다양한 평가 요소를 제시해야 할 것 같습니다. 그렇지만 (라) 루브릭으로는 정의적 영역을 평가할 수 없습니다.

① (가), (나) ② (나), (다) ③ (가), (나), (다) ④ (가), (다), (라) ⑤ (나), (다), (라)

[정답] ② (나), (다)

[해설] (가) 전통평가의 단점이다. 전통평가는 농구 자유투 개수처럼 학습결과에 대한 정보만 알게 되어 성취행동에 대한 구체적인 피드백을 줄 수 없다. 루브릭은 평가기준표라고도 하며 이를 근거로 학습에 대한 피드백을 줄 수 있다.

(라) 루브릭은 교사가 계획하거나 요구된 행동(정의적 영역의 태도를 포함)을 평가할 수 있다.

1. 다음의 (가)는 ○○중학교 김 교사와 박 교사가 2013학년도 체육과 교육과정 운영에 대해 나눈 대화이고, (나)는 박 교사가 2009 개정 교육과정에 따른 체육과 교육과정에 근거해 작성한 영역형 경쟁 활동 단원의 지도 계획서이다. (가)에서 두 교사의 대화 중 2009 개정 교육과정에 따른 체육과 교육과정에 대해 잘못 이해하고 있는 내용 2가지와 각각의 근거를 기술하시오(2점). 또한 (나)의 '주요 교수·학습 활동'에서 2009 개정 교육과정에 따른 체육과 교육과정 '교수·학습의 방향'의 하위 항목 중 반영된 3가지와 각 항목별 사례 2가지씩을 찾아 함께 기술하시오. (단, 효율적 교수학습 방법의 선정과 활용은 제외함.)(6점) [총 10점]

(가) 김 교사와 박 교사의 대화 내용

김 교사: 박 선생님, 올해부터 2009 개정 교육과정에 따른 체육과 교육과정이 적용되는데요, 중학교 체육은 어디에 중점을 두고 지도를 하는 것이 좋을까요?
박 교사: 아무래도 중학교 체육은 신체 활동의 기본 실천 능력을 기르는 데 초점을 맞추는 것이 중요하다고 생각합니다. 그리고 이번에 1학년은 영역형 경쟁 활동에서 농구를 가르쳐 보면 어떨까요?
김 교사: 네, 좋습니다. 요즘 학생들은 준법성이 부족하니 농구를 통해 학생들에게 페어플레이 정신을 길러주고 평가했으면 합니다.
박 교사: 네, 그러면 교과 협의회에서 다른 선생님들과 구체적으로 의논해 보도록 하죠. 그런데, 지난번 예비 신입생 설문조사에서 배드민턴 종목의 선호도가 가장 높게 나타났으니 네트형 경쟁 활동도 1학년 때 함께 가르쳐도 좋지 않을까요?
김 교사: 아니에요. 내용 체계를 보니까 네트형 경쟁 활동은 중학교 1학년 때는 가르치면 안 되고, 올해 1학년이 3학년이 되었을 때 가르쳐야 합니다.
박 교사: 그러면, 김 선생님, 제가 영역형 경쟁 활동 지도 계획서를 작성해 보았는데요, 학생들의 학업 성취를 높이기 위해 포괄형 스타일을 우선 적용해 보는 것은 어떻게 생각하십니까?
김 교사: 포괄형 스타일은 학생들이 동일 과제를 다른 수준으로 해 볼 수 있기 때문에 학생들 모두에게 평등한 학습 기회를 부여한다는 측면에서도 의미가 있다고 생각합니다.

(나) 영역형 경쟁 활동 단원 지도 계획서

대영역	경쟁 활동	중영역	영역형 경쟁	학년	1
신체 활동	농 구				
단원 목표	1. 농구의 특성과 역사적 의미를 이해할 수 있다. 2. 농구의 과학적 원리를 이해하고 운동 수행에 적용할 수 있다. 3. 농구 경기에 참여하면서 기본 기능과 경기 기능을 익힐 수 있다. 4. 농구 연습과 경기에서 페어플레이 정신을 발휘할 수 있다.				
	학습 내용	주요 교수·학습 활동			
1	농구의 특성과 역사	○ 농구의 특성과 역사적 변천 과정 이해			
2~4	농구의 기본 기능 (패스, 드리블, 슛) 연습	○ 진단 평가 후 개인별 수준에 적합한 과제 제시 ○ 패스, 드리블, 슛 기능별 연습 ○ 농구 슛 동작 체크리스트를 학생 스스로 작성			
5	농구의 과학적 원리 이해와 적용	○ 과학적 원리의 적용을 통한 농구 기본 기능의 분석 및 변용			
6~7	농구의 기본 기능 분석과 연습	○ 교사의 학생 개인별 기본 기능 분석과 피드백 ○ 기본 기능 분석 결과에 대한 자기 평가와 연습			
8	개인 기능 평가	○ 개인 기본 운동 기능 검사			
9~11	모둠별 리그전	○ 3개 모둠의 리그전 및 모둠 경기 능력 평가 ○ 페어플레이 선서식 및 경기 중 실천 능력 검사			
12	총괄 평가	○ 지필 검사			

(문제) (가)에서 두 교사의 대화 중 2009 개정 교육과정에 따른 체육과 교육과정에 대해 잘못 이해하고 있는 내용 2가지와 각각의 근거를 기술하시오. [2점]

[정답] • 첫째, 박 교사가 신체 활동의 '기본 실천 능력'에 초점을 두는 것이라 언급한 것은 초등학교 5~6학년에 해당된다. 중학교 체육은 '신체 활동 가치의 심화 교육'을 담당하였다.[1점]
  * 초등학교 기초 내용을 바탕으로 신체활동의 다섯 가지 가치를 추구하는 데 있어 적용능력을 강조한다. (O)
  * 기본 실천 능력 대신 심동적 영역으로 서술하면 인정되지 않는다.(X)

• 둘째, 김 교사는 영역형 경쟁활동을 3학년에 지도해야한다는 '학년별로 내용 제시'한 것으로 이해하고 있다. 중학교 1~3학년의 3개의 '학년군제'가 도입된 후 통합되어 제시되었다. [1점]

(문제) (나)의 '주요 교수·학습 활동'에서 2009 개정 교육과정에 따른 체육과 교육과정 '교수·학습의 방향'의 하위 항목 중 반영된 3가지와 각 항목별 사례 2가지씩을 찾아 함께 기술하시오. (단, 효율적 교수학습 방법의 선정과 활용은 제외함.) [6점]

[정답] • 첫째, 창의 인성을 지향하는 교수학습 방법이다. 사례로는 과학적 원리의 적용을 통한 농구 본 기능의 분석 및 변용, 페어플레이 선서식 및 경기 중 실천 능력 검사 등이 있다.

• 둘째, 개인차를 고려한 수준별 수업이다. 사례로는 진단 평가 후 개인별 수준에 적합한 과제 제시, 교사의 학생 개인별 기본 기능 분석과 피드백 등이 있다.
  * 주의) 개인차를 '개별성'으로 쓴 사람은 오답이다. (개별성: 사물이나 사람 또는 어떤 상황이나 현상이 각각 따로 지니고 있는 특성)

• 셋째, 자기주도적 교수학습 환경 조성이다. 사례로는 농구 슛동작 체크리스트를 학생 스스로 작성, 기본 기능 분석 결과에 대한 자기 평가와 연습 등이 있다.

[2점] 논술체제

주의) 위의 문장을 모두 써야하는데 줄여서 쓴 사람은 감점. 가령, '농구 슛동작 체크리스트를 학생 스스로 작성' 이렇게 다 써야 하는데 '체크리스트를 학생'이라고 쓰면 감점.

2. 다음은 '신체 활동 참여 증진 프로그램'을 반영한 ○○중학교의 2014학년도 2학년 건강 활동 영역 교육 계획서의 일부이다. 2009 개정 교육과정에 따른 체육과 교육과정의 '평가의 방향' 중 '교육과정과의 연계성', '평가 방법과 도구의 다양성'에 근거하여 'Ⅲ. 평가 방침 및 내용'에서 잘못된 내용을 각각 2가지씩 찾아 쓰고 그 이유를 기술하시오. 또한, 〈참고 자료 1〉에서 밑줄 친 ㉠, ㉡의 내용을 계산된 신뢰도 계수와 성취기준 점수를 포함하여 기술하고, 〈참고 자료 2〉에서 괄호 안의 ㉢, ㉣에 해당하는 평가 방법을 차례대로 쓰시오. [10점]

○○중학교 2학년 건강 활동 영역 교육 계획서

Ⅰ. 교육목표

(1) 신체활동이 건강, 체력에 미치는 영향을 이해할 수 있다.
(2) '신체활동 참여증진 프로그램'을 통해 학생들의 신체 활동량을 증가시킬 수 있다.
(3) 규칙적인 신체활동을 통해 건강체력을 기르고, 자기 주도적 신체 활동습관을 형성할 수 있다.
(4) 다양한 신체활동을 통해 자기 존중의 태도를 함양할 수 있다.

Ⅱ. 교육방침

(1) 건강활동의 '건강과 체력'영역을 선정하고, '신체활동 참여증진 프로그램'을 적극적으로 활용한다.
(2) 체육수업에서 배운 '신체활동 참여증진 프로그램'을 일상생활과 연계하여 실시할 수 있도록 지도한다.
(3) '일주일 5일 이상, 하루 60분 이상 누적하여 중고강도 신체활동참여'의 원칙을 학생들이 지속적으로 실천할 수 있도록 지도한다.
(4) 학생의 신체 활동량 변화정도를 지속적으로 관찰하고 기록한다.

Ⅲ. 평가방침 및 내용

(1) 학생들의 '신체활동 참여증진 프로그램' 실천과정 및 결과를 종합적으로 평가한다.
(진단평가-1주차, 형성평가-6주차, 총괄평가-12주차에 실시함.)
(2) 평가내용·방법 및 도구

평가내용	평가방법 및 도구	비고
신체활동 및 건강과 체력의 이해	• 지필검사	• 진단, 형성, 총괄 평가 비교 • 〈참고자료1〉 참조
신체활동 습관 및 활동량	• 신체활동 실천일지 • 청소년용 신체 활동 질문지 • 보행계수계(만보계) • 체격 검사	• 실천 일지의 횟수와 내용의 수준 • 진단, 형성, 총괄 평가 비교 • 청소년 신체 활동 가이드라인 기준치와 비교 • 청소년 표준 체격 기준과 비교
식습관	• 식사 일지 • 1일 평균 섭취 열량 기록지	• 청소년 권장 열량 기준과 비교
학생건강체력검사(PAPS) 필수요소	• 앉아 윗몸 앞으로 굽히기 • 제자리 멀리뛰기 • 왕복 오래달리기 • 윗몸 말아올리기 • 눈 감고 외발서기 • 체질량지수(BMI)	• 학생건강체력검사(PAPS) 평가기준과 비교 • 매 학기 초와 말에 1회씩 실시
자기효능감	• 자신감 검사	• 진단, 형성, 총괄 평가 비교
구급처치	• 심폐소생술(CPR) 실시능력검사	• 실시 절차 준수 여부
◎ 참고: 모든 검사도구는 타당도와 신뢰도 검증 후 사용		

〈참고자료 1〉 '신체 활동 및 건강과 체력'에 대한 이해력 성취 기준 점수의 신뢰도 검증 예시

성취 기준 점수의 신뢰도 검증 결과

신뢰도검증 절차와 측정결과

- 학생들의 '신체활동 및 건강과 체력'에 대한 이해력을 측정하기 위하여 이해 능력 검사를 활용함. (총 10문항, 10점 만점)
- 학생들의 능력을 고려하여 성취 기준을 8점으로 설정함.
- 이 성취 기준 점수가 학생들의 능력을 일관성 있게 분류하는지 확인하기 위해 신뢰도 검증을 실시하고자 함.
- 10명의 학생에게 '신체활동 및 건강과 체력'의 이해력 검사를 2차시에 걸쳐 실시함.

〈표 1〉 학생들의 '신체활동 및 건강과 체력'에 대한 이해력 검사 결과

(단위: 점)

구분	소영	문정	솔하	은혜	서진	채은	석중	승준	지민	강태
1차 검사	6	10	5	5	10	6	9	7	9	9
2차 검사	9	8	9	5	10	9	6	9	3	9

- 얻어진 측정값을 이용하여 설정된 성취 기준 점수에 대한 신뢰도(일치도 또는 합치도)계수를 계산함.

결과해석

- ㉠ 문제점: ______________________.
- ㉡ 해결방안: ______________________.

(단, 신뢰도 계수는 0.80이어야 함.)

Ⅳ. 평가결과의 활용

(1) 개인평가결과를 정리하여 학부모에게 통보한다.(〈참고자료 2〉 참조)

(2) 학생이 신체 활동 수행계획을 수립할 수 있도록 지도한다.

〈참고자료 2〉 개인평가 결과지 예시

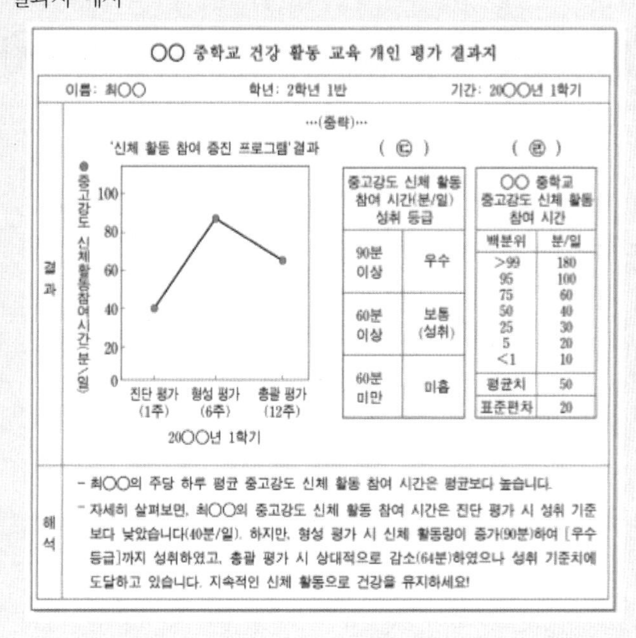

ㅇㅇ 중학교 건강 활동 교육 개인 평가 결과지

이름: 최ㅇㅇ　학년: 2학년 1반　기간: 20ㅇㅇ년 1학기

결과

…(중략)…

(㉢)

중고강도 신체 활동 참여 시간(분/일) 성취 등급	
90분 이상	우수
60분 이상	보통(성취)
60분 미만	미흡

(㉣)

ㅇㅇ 중학교 중고강도 신체 활동 참여 시간	
백분위	분/일
>99	180
95	100
75	60
50	40
25	30
5	20
<1	10
평균치	50
표준편차	20

해석

- 최ㅇㅇ의 주당 하루 평균 중고강도 신체 활동 참여 시간은 평균보다 높습니다.
- 자세히 살펴보면, 최ㅇㅇ의 중고강도 신체 활동 참여 시간은 진단 평가 시 성취 기준보다 낮았습니다(40분/일). 하지만, 형성 평가 시 신체 활동량이 증가(90분)하여 [우수 등급]까지 성취하였고, 총괄 평가 시 상대적으로 감소(64분)하였으나 성취 기준치에 도달하고 있습니다. 지속적인 신체 활동으로 건강을 유지하세요!

[정답] • 교육과정과의 연계성에 근거하면
[1점] 식습관, 구급처치 항목이 잘못되었다.(반드시 2개 써야함)
[1점] 이유는 목표, 내용, 방법, 평가 일관성이 없기 때문이다.
목표, 내용, 방법, 평가의 일관성[일치성, 같아야]이 있어야 한다.(O)
목표, 내용, 방법, 평가가 연계되어야 한다.(x)

• 평가 방법과 평가도구의 다양성에 근거하면
[1점] 눈 감고 외발서기, 체격검사가 수정되어야 한다. (반드시 2개 써야함)
[1점] 이유는 목표, 내용, 방법, 평가가 밀접한 관련이 있어야 하기 때문이다.

• 체육측정평가 내용
[2점] ㉠ 합치도 계수가 0.4로 너무 낮다. [1점] ㉡ 성취 기준을 6점으로 조정하면 된다.
[1점] ㉢ 절대평가(준거지향평가)이며 학생의 성취도를 절대 준거에 비추어 확인하는 평가이다.
㉣ 상대평가(규준지향평가)이며 다른 학생의 성적과 비교하는 평가이다. 2개 맞아야 1점

[2점] 논술체제 (2014년도 한정함)
주의) 정답이 맞고, 글로 풀어쓰면 2점.
(대신 10점 만점에 정답이 5점 이상이어야 논술체제 2점을 받을 수 있었다. 3점 이하이면 0점)
글로 쓰지 않고, 기호를 쓴다던지, 도식으로 쓰면 점수 없음.

87 | 2017학년도

12. 다음은 중등 체육 교과 모임에서 교사들이 나눈 대화 내용이다. 〈작성 방법〉에 따라 서술하시오. [4점]

> 최 교사: 2015 개정 교육과정에 따른 체육과 교육과정은 건강 관리 능력, 신체 수련 능력, 경기 수행 능력, 신체 표현 능력이라는 체육과 역량의 함양을 강조하고 있습니다.
>
> 김 교사: 그중 ㉠ <u>건강 관리 능력의 함양을 위해서는 모든 사람이 조화롭고 건강한 삶을 살 수 있도록 질서와 존중의 공동체 의식과 신중하고 절제된 태도로 문제를 해결하는 안전 의식을 갖도록 하는 것이 중요합니다.</u> 내용 체계상의 변화에는 어떤 것이 있습니까?
>
> 박 교사: 이번 개정 교육과정에서는 대영역의 변화가 있었고, 신체 활동 예시에서도 학년 간, 영역 간 중복을 최소화하도록 하였습니다. 특히 ㉡ <u>중학교 1~3학년군의 '내용체계 및 성취 기준'에서는 2009 개정 교육과정에 따른 체육과 교육과정에서 다루었던 '여가 활동' 내용은 제시하고 있지 않습니다.</u>
>
> 최 교사: 도전 영역의 경우, ㉢ <u>2009 개정 교육과정에 따른 체육과 교육과정에서 제시한 '표적 도전 스포츠'관련 신체활동은 기록 도전에 일부 제시되어 있습니다.</u>
>
> 김 교사: 이번 교육과정에는 안전 영역이 신설되었는데, 이는 '안전 교육 강화'라는 사회적 요구가 반영된 것이라고 할 수 있습니다. 따라서 ㉣ <u>중학교 1~3학년군의 안전 영역에는 2009 개정 교육과정에 따른 체육과 교육과정의 건강 활동 영역에서 제시한 '재난과 안전', '환경오염과 안전'의 내용을 보다 확대하여 제시하고 있습니다.</u>
>
> 최 교사: 네. 특히 연간 교육과정 운영 계획 수립 시 ㉤ <u>안전 영역의 학습 내용 요소는 다른 영역과 연계하여 지도함으로써 학생들의 안전 확보를 위한 실질적 능력을 강화하도록 하고 있습니다.</u>

〈보 기〉

- ㅇ 밑줄 친 ㉠~㉤ 중, 2015 개정 교육과정에 따른 체육과 교육과정을 근거로 잘못된 2가지를 찾고, 그 이유와 함께 각각 서술할 것(단, 이유에는 '체육과의 역량', '내용 체계 및 성취 기준', '교육과정 운영 계획' 중 1가지의 내용을 포함할 것).

[정답] ㉡ 건강역역의 핵심개념에 '여가 선용', 내용 요소에 '건강과 여가활동'이라 제시하고 있다.
㉣ 삭제 축소하였다. 스포츠와 안전의 관계 이해, 스포츠 활동에서 발생할 수 있는 다양한 안전사고 유형과 대처방법을 학습하여 사고 발생 시 안전하게 대처할 수 있는 능력을 기르는데 목적이 있다.

7. 다음의 (가)는 박 교사의 기록 도전 단원 계획서이고, (나)는 박 교사가 3차시 수업 과정에서 학생과 나눈 대화 내용이다. 〈작성 방법〉에 따라 서술하시오. [5점]

(가) 박 교사의 이어달리기 단원 계획서

영역	기록 도전(이어달리기)	학년	2학년	총시수	8차시
단원 목표	1. 이어달리기의 역사와 특성을 이해할 수 있다. 2. 이어달리기의 과학적 원리를 이해하고 경기 기능에 적용할 수 있다. …				

차시	내용 요소	교수·학습 활동: 학습 과제	교수·학습 활동: 지도 중점
1	역사와 특성	• 이어달리기의 유래와 변천 과정, 효과와 특성	
2	경기 기능과 과학적 원리	• 단거리 달리기 기록 측정과 모둠 편성	수준별 3개 모둠 편성
3		• 과학적원리를 적용한 출발법, 중간질주 연습 • 모둠별 이어달리기 기록 측정	기록 단축 목표, 연습 계획의 작성
4		• 배턴 주고받기(제자리, 걸어가며, 달려가며 주고받기) 연습	
5	인내심	• 이어달리기 선수의 끈기 있는 노력에 관한 영상 시청	인내심 발휘 동기 유발
6	(㉠)	• 400m 이어달리기 경기 규칙 이해 및 적용 • 개인 특성에 따른 주자 배치, 신호 및 거리 조절 방법 구안	
7		• 컨트롤 마크 활용법, 효율적인 배턴 주고받기 영상 분석	상황별 문제점 분석 및 개선
8	…	• 모둠별 이어달리기 단축 기록 비교 및 평가	

평가

평가 내용	평가 요소	평가 방법(도구)
이해력	• 이어달리기의 역사와 특성, 과학적 원리, 경기 규칙 및 방법 이해 • 과학적 연습 방법, 경기 전략 구상	지필검사 모둠별 보고서
운동 수행 능력	• 개인 단거리 달리기 기록 • 모둠별 이어달리기 경기 기록 변화 및 단축 기록	개인 운동 기능 검사 모둠 경기 수행 기능 검사

(나) 박 교사가 3차시수업 과정에서 학생과 나눈 대화

> 박 교사: 오늘은 A, B, C 모둠별로 400m 이어달리기 5회, 개인별로 출발법 10회, 20m 중간질주 10회 실시하는 것을 목표로 연습해 보자.
>
> 학생들: (학생들은 연습을 시작한다. 연습 과정에서 A 모둠 학생들은 이어달리기를 200m 구간에서 하고 있고, 개인 연습도 목표 횟수를 줄여 연습한다.)
>
> 박 교사: (A모둠의 연습 장면을 관찰한 후) ㉡너희 모둠은 개인 기록과 체력 수준이 가장 낮으니, 이어달리기는 200m 구간에서 연습하고, 출발법은 3회, 10m 중간 질주는 5회를 목표로 연습해 보자.
>
> … (중략) …
>
> 박 교사: (연습을 하지 않고 돌아다니면서 장난을 치는 등 수업 규칙을 지키지 않는 B모둠의 학생들을 보며) 얘들아, 다른 모둠은 열심히 하는데, 너희는 제대로 하지 않는구나. 너희들 때문에 다른 모둠이 방해가 되고 있는 것 같다.
>
> 학 생: 선생님, 날씨가 너무 더워서 힘이 들어요. 그늘에 가서 쉬게 해 주시면 안 될까요?
>
> 박 교사: (웃으며) 그래, 좋다. ㉢만약 너희 모둠이 수업 규칙을 잘 지키면 그렇게 하도록 해 주마.

〈보 기〉

- 2015 개정 교육과정에 따른 체육과 교육과정의 '내용 체계'를 근거로, 괄호 안의 ㉠에 해당하는 '내용 요소'를 쓰고, 도전 영역의 '평가 방법 및 유의 사항'의 내용 중 (가)의 '평가'에 반영되지 않은 1가지를 찾아 서술할 것(단, 동작 도전, 투기 도전의 유의 사항은 제외함).
- 시덴탑(D. Siedentop)의 '체육수업 생태의 과제 체계'를 근거로, 밑줄 친 ㉡, ㉢의 타협 방식의 명칭을 각각 쓰고, 밑줄 친 ㉢의 타협 방식에서 박 교사가 사용한 전략을 서술할 것.

[정답] ㉠ 내용요소 – 경기 방법 및 전략 [1점]
'평가'에 반영되지 않은 1가지 – 규범실천능력(인내심, 끈기 및 능력, 정의적 영역) [1점]
㉡ 과제 내 타협, ㉢ 과제 간 타협

1. 다음의 (가)는 시기별 고등학교 체육 교과 편성의 주요 변화를 나타낸 자료이고, (나)는 시기별 체육과 교육과정의 특징에 대한 교사와 교육 실습생과의 대화이다. 〈작성 방법〉에 따라 순서대로 서술하시오. [4점]

(가)

시기	교육과정의 특징
(A)	• 고등학교 선택 교육과정에서는 교과 영역이 기초, 탐구, 체육·예술, 생활교양으로 구분되었다. 체육은 체육·예술 교과 영역에 속하고, 운동과 건강생활, 스포츠 문화, 스포츠 과학 과목이 개발되었다.
(B)	• 10학년은 국민 공통 교육과정의 일환으로 체육 과목이 편성되었고, 11~12학년은 선택교육과정으로 운동과 건강생활, 스포츠 문화, 스포츠 과학 과목이 개발되었다.
(C)	• 고등학교 과목은 공통과목과 선택과목으로 이원화되고, 체육은 선택과목에 편성되었다. 체육, 운동과 건강, 스포츠 생활, ㉠ 체육 탐구 과목이 개발되었다.

(나)

교 사: 체육과 교육과정은 (A), (B), (C) 시기별로 어떤 특징을 가지고 있나요?

김○○: (A) 시기에는 '신체 활동 선택 예시'에서 '신체활동활용 예시'로 바뀌었습니다. 또한 이 시기에는 학년군별, 영역별, 내용별로 성취기준이 제시되었습니다.

이○○: (B) 시기는 체육과 교육과정 내용 영역을 건강 활동, 도전 활동, 경쟁 활동, 표현 활동, 여가 활동으로 구성하였습니다. 또한 이 시기에는 인지적 영역, 심동적영역, 정의적 영역의 내용이 통합되어 제시되었습니다.

박○○: (C) 시기의 성취기준은 내용 체계의 핵심 개념과 학년별 내용 요소가 융합한 형태로 진술되었습니다.

〈작성 방법〉

- (가)의 (A), (B), (C)를 시기순(과거 → 현재)으로 배열하고, 밑줄 친 ㉠의 내용 영역을 기술할 것.
- (나)의 시기별 체육과 교육과정의 특징에 대한 밑줄 친 응답 중에서 잘못된 1가지를 찾아 바르게 수정하여 기술할 것.

[정답] • (가) (B), (A), (C) (1점) (B) 2007, (A) 2009, (C) 2015
㉠ 체육의 본질, 체육과 과학, 체육과 진로 (1점)
• (나) (C)의 밑줄(1점) 내용체계의 학년별 내용요소와 기능이 융합한 형태 (1점)

90 | 2018학년도

7. 다음은 고등학교 교사들의 안전 영역 수업에 관한 대화 내용이다. 〈작성 방법〉에 따라 순서대로 서술하시오. [5점]

A 교사: 지난 해 운동 손상을 입었던 학생들이 많았는데 걱정이에요.
B 교사: 맞아요. 2018학년도 신입생들에게는 '운동손상의 예방과 대처'에 대한 이해와 실천능력을 기르는데 중점을 두어야겠어요.
A 교사: 그럼 1학년 신입생들에게 체육과 선택 과목 중 어떤 과목이 가장 적절할까요?
C 교사: 저는 체육 과목이 가장 적절하다고 봅니다.
B 교사: 그런데 2015 개정 체육과 교육과정을 보니 체육 과목에서는 '돌연히 발생할 수 있는 심정지에 대비하기' 위한(㉠)을 내용 요소로 강조하고 있던데요.
C 교사: 그런가요? 그럼 '운동손상의 예방과 대처'를 강조한 과목은 무엇인가요?
B 교사: (㉡) 과목이 있는데, 우리가 가르칠 내용 요소와 일치합니다.

〈작성 방법〉

- 괄호 안의 ㉠에 들어갈 안전 영역의 내용 요소를 쓰고, ㉠에 적합한 '교수·학습 방법 및 유의 사항'을 서술할 것.
- 괄호 안의 ㉡에 들어갈 과목명을 쓰고, 해당 과목의 안전관련 영역 내용 요소 1가지를 쓸 것(단, 대화에서 언급한 내용 요소는 제외함).

[정답] ㉠ 심폐소생술 [1점] 심폐소생술의 중요성과 원리를 탐색할 수 있는 실제 사례 분석 [1점]과 심폐소생술에 대한 실습 [1점]을 중심으로 교수학습활동이 이루어지도록 한다.
㉡ 운동과 건강 [1점] 운동손상의 유형과 특성, 안전한 운동환경 중 1가지 [1점]

8. 다음은 ○○중학교에서 유 교사가 2015 개정 체육과 교육과정을 반영한 도전 영역 단원의 교수·학습 및 평가를 계획하면서 체육부장인 장 교사와 나눈 대화의 일부이다. 앞으로 전개될 유 교사의 도전 영역 수업의 교수·학습 및 평가 계획에 대해 〈작성 방법〉에 따라 논술하시오. [10점]

유 교사: 부장님, 제가 2015 개정 체육과 교육과정을 반영한 도전 영역의 단거리 달리기의 교수·학습 및 평가를 계획하고 있습니다. 이와 관련해서 조언을 부탁드립니다.

장 교사: 교육과정의 내용 중 어떤 점을 반영해서 도전 영역 단원을 지도하고 싶으세요?

유 교사: 우리 학교의 체육 수업 실태와 교육과정을 분석해 본 결과, 2015 개정 체육과 교육과정의 교수·학습의 방향 중 체육과 역량 함양을 지원하는 교수·학습, 맞춤형 교수·학습 방법의 선정과 활용, 학습자 특성을 고려한 수준별 수업에 관한 내용을 반영하고 싶습니다.

장 교사: 유 선생님은 단거리 달리기 수업을 통해서 학생들이 어떤 역량을 함양하면 좋겠어요?

유 교사: 단거리 달리기를 선택하여 교수·학습할 경우, ㉠ 자신의 신체적 수준을 이해하고 받아들이면서도 지속적이고 적극적인 단거리 달리기 연습을 통해 새롭게 설정한 목표를 달성할 수 있는 능력을 길러 주고 싶습니다.… (중략) …

장 교사: 유 선생님께서 적용하고 싶은 수업 모형과 스타일, 전략, 수업 기법이 있나요?

유 교사: 예, 저는 교수 전략 중 ㉡ 협력교수법을 적용하고 싶습니다.

장 교사: 왜 협력교수법을 적용하고 싶으세요?

유 교사: 그 이유는 우리 학교가 남녀공학이고, 통합 학급도 있어서 ㉢ 학습자 특성인 흥미, 체력, 성차를 고려한 수준별 수업에 어려움이 많습니다. 마침 도전 영역을 지도하는 시기에 사범대학 학생들의 교육 봉사활동이 있어서 해당 학생에게 지원교사 역할을 부여하면 협력교수법의 특성을 잘 살릴 수 있는 좋은 수업이 될 것 같습니다. … (중략) …

장 교사: 우리 학교의 특성상 교수·학습 활동이 이루어질 때 학생들에게 평등한 학습 기회를 제공했으면 좋겠습니다.

유 교사: 아, 그건 미처 생각하지 못했습니다. ㉣ 교사로 인해 체육 수업에서 발생할 수 있는 불평등 요소를 파악한다면 평등한 학습 기회를 제공하는데 도움이 될 것 같습니다. … (중략) …

장 교사: 그럼, 평가는 어떻게 구상하고 있나요?

유 교사: 예, 교육과정 내용을 반영하여 학습의 결과뿐만 아니라 학습의 과정을 포함하여 평가하고자 합니다. ㉤ 스마트 기기를 활용해서 학생들의 수행 과정을 영상과 기록으로 남긴 자료와 최종 산출물로 제작한 UCC를 평가 자료로 활용한 평가를 할 예정입니다.

장 교사: 유 교사의 수업에 대한 열정에 감동했습니다. 앞으로 계획한 수업이 잘 이루어지고, 수업 개선을 위한 반성적 체육 수업을 기대 하겠습니다.

〈작성 방법〉

- ㅇ 서론, 본론, 결론의 형식을 갖추되, 본론은 다음 5가지를 포함하여 논술하고, 서론과 결론은 본론과 연계성을 갖도록 제시할 것.
- ㅇ 밑줄 친 ㉠의 내용에 가장 부합하는 2015 개정 체육과 교육과정의 체육 교과 역량을 제시할 것.
- ㅇ 밑줄 친 ㉡에서 집단 편성과 지원교사 측면의 장점을 각각 1가지 제시할 것(단, 학습자 특성을 고려한 수준별 수업 상황을 전제로 함).
- ㅇ 밑줄 친 ㉢에서 2015 개정 체육과 교육과정 문서상 추가해야 할 학습자 특성 2가지를 제시할 것.
- ㅇ 밑줄 친 ㉣을 내퍼-오웬(G. Napper-Owen)의 주장에 근거하여 상호작용과 언어 사용 측면에서 각각 1가지 제시할 것.
- ㅇ 밑줄 친 ㉤에 해당하는 수행평가 방법을 제시할 것.

[정답] • (서론) 2015 개정 체육과 교육과정을 반영한 도전 영역의 단거리 달리기의 교수·학습 및 평가를 계획하기 위해서 체육 교과 역량, 교수·학습의 방향 중 체육과 역량 함양을 지원하는 교수·학습, 맞춤형 교수·학습 방법의 선정과 활용, 학습자 특성을 고려한 수준별 수업을 잘 반영해야하며 내퍼-오웬(G. Napper-Owen)의 주장에 근거하여 상호작용과 언어 사용 측면에서 학생들의 불평등 요소, 평가 시에는 수행평가와 관련하여 알아보고자 한다. [1점]

• (본론) ㉠은 신체수련능력이다. [1점]　(㉡ 스포츠 교육학2 내용 생략) ㉢은 운동기능 [1점], 학습유형 [1점] 이다.

㉤ 포트폴리오

• (결론) 따라서 2015 개정 체육과 교육과정을 반영한 도전 영역의 단거리 달리기의 교수·학습 및 평가를 계획하기 위해서는 체육 교과 역량, 교수·학습의 방향 중 체육과 역량 함양을 지원하는 교수·학습, 맞춤형 교수·학습 방법의 선정과 활용, 학습자 특성을 고려한 수준별 수업을 반영해야 하며 내퍼-오웬(G. Napper-Owen)의 주장에 근거하여 상호작용과 언어 사용 측면에서 학생들의 불평등 요소를 제거해야 하여 평가 시에는 수행평가를 제공해야 한다. [1점]

9. 다음은 ○○중학교 체육 교과 협의실의 게시판을 보며 조 교감과 오 교사가 나눈 대화 내용이다. 〈작성 방법〉에 따라순서대로 서술하시오. [4점]

> **우리나라의 전통 신체활동**
>
> · 편 력: 명산대천을 다니며 무예를 익히고 심신을 단련하던 활동
> · 각 저: 두 사람이 맞잡고 힘과 기를 겨루던 경기
> · (㉠): 삼국 시대와 고려 시대에 행해진 매를 이용하던 사냥 활동
> · (㉡): 조선 시대에 5인 이상이 한 팀이 되어 승부를 겨루던 활쏘기 경기
>
> … (하략) …

> 조 교감: 이번에 협의실 벽면에 게시한 읽기 자료군요. 편력, 사냥, 마술, 궁술, 검술, 수박 등과 같은 신체활동은 학생이 2015 개정 체육과 교육과정의 교과 역량인 신체 수련 능력을 함양하는 데 좋은 소재가 될 수 있을 것 같네요. 특히, 검술과 각저는 투기 도전 영역 지도에 참고가 되겠네요.
> 오 교사: 네 맞습니다. 교감 선생님! 이러한 활동들은 중학교 1~3학년군의 내용 요소 중 하나인 절제를 가르치기에도 적합한 활동들입니다. 그런데, 교감 선생님! ㉢ 교육과정 신체활동 예시에 없는 활동들이 대부분인데, 이러한 활동들도 체육수업 시간에 지도해도 괜찮다고 알고 있습니다.
> 조 교감: 그럼 당연히 괜찮지요. 다만, 교내 교과협의회를 통해 결정해야 하겠지요.
> 오 교사: 아 그렇군요. 그렇다면 우선은 택견의 모태가 된 것으로 알려진 (㉣)을/를 가르쳐보고 싶네요. 택견, 태권도, 씨름, 레슬링, 유도, 검도 등은 중학교 1~3학년 신체활동 예시에 있는 활동이니까요.

〈작성 방법〉

- 괄호 안의 ㉠, ㉡에 해당하는 명칭을 순서대로 쓸 것.
- 밑줄 친 ㉢의 근거를 2015 개정 중학교 체육과 교육과정의 '신체활동 예시'에 제시된 내용에 근거하여 서술할 것.
- 괄호 안의 ㉣에 해당하는 명칭을 쓸 것.

[정답] • ㉠은 방응이고, [1점] ㉡은 편사이다. [1점]
• ㉢은 신체활동은 교육과정의 목적에 근거하여 선택하되, 학교의 교육 여건을 고려하여 새로운 신체활동을 선택할 수 있다. 단, 단위 학교의 교과 협의회를 통해 결정한다. [1점]
• ㉣은 수박이다. [1점]

93 | 2020학년도

3. 다음의 (가)는 박 교사의 수업 반성 일지이고, (나)는 교수·학습 지도안의 일부이다. 〈작성 방법〉에 따라 순서대로 서술하시오. [4점]

(가) 수업 반성 일지

학생들의 배구 기초 기능이 향상되어 경기를 하였으나 많은 학생들이 경기 규칙을 몰라 우왕좌왕하는 모습을 보였다. ㉠ 경기규칙에 관한 수업을 충분히 한 후, 이에 관한 지필 평가를 실시하여 모든 학생들이 90점을 넘었을 때 경기를 해야겠다.

… (중략) …

스파이크 기능에도 관심을 기울여야겠다. ㉡ 스파이크 기능을 어려워하는 학생들이 이해하기 쉽게 "독수리가 하늘로 비상하기 위해 날개를 쫙 펴듯이 상체를 숙이고 팔을 뒤로 힘껏 뻗는 자세를 취한 후 점프해야 한다"라는 비유를 활용해 지도해야겠다. 또한 수업 중 학생들이 활발한 상호작용과 협동을 할 수 있게 해야겠다.

(나) 교수·학습 지도안

영역 신체활동	㉢네트형 경쟁 배구	학년	3학년	차시	6/14
교수·학습 과정					시간
○ 전개 • 직소 Ⅰ(Jigsaw Ⅰ) 모형을 활용하여 배구 기초 기능을 다음과 같이 연습함. **1단계** • 학급을 A, B, C 3개의 큰 모둠으로 나눈다. • 각각의 큰 모둠 안에서 다시 4개의 작은 모둠 ⓐ, ⓑ, ⓒ, ⓓ를 만든다. • ⓐ는 언더핸드 패스, ⓑ는 오버핸드 패스, ⓒ는 서브, ⓓ는 블로킹을 학습하는 역할을 맡는다. **2단계** • (㉣) **3단계** • 2단계에서 학습한 내용을 본래의 큰 모둠으로 돌아가 모둠원들에게 가르친다.					35분

〈작성 방법〉

○ 밑줄 친 ㉠에 해당하는 용어를 메츨러(M. Metzler)의 모형 중심 체육 수업의 과제 전개 전략에 근거하여 쓰고, 밑줄 친 ㉡에 해당하는 슐만(L. Shulman)의 교사 지식의 명칭을 쓸 것.
○ 밑줄 친 ㉢에 해당하는 정의적 내용 요소의 명칭을 2015 개정 중학교 체육과 교육과정의 '내용 체계'에 근거하여 쓸 것(단, '페어플레이', '팀워크'는 제외할 것).
○ 괄호 안의 ㉣에 들어갈 활동을 애론슨(E. Aronson)의 직소모형에 근거하여 서술할 것.

[정답] • ㉠은 완전학습중심 과제전개이고, [1점] ㉡은 내용교수법지식(PCK)이다. [1점]
• ㉢은 운동예절이다. [1점]
• ㉣은 ⓐ모둠끼리 언더핸드 패스, ⓑ모둠끼리 오버핸드 패스, ⓒ모둠끼리 서브, ⓓ모둠끼리 블로킹에 대한 각각의 전문가 집단을 구성하여 집중적으로 학습한다. [1점]

5. 다음은 2019학년도 ○○중학교에서 작성한 체육 교과 협의회 회의록이다. 〈작성 방법〉에 따라 순서대로 서술하시오. [4점]

체육 교과 협의회 회의록

일시	2019년 ○○월 ○○일 16:00~	장소	체육 교과 협의실
참석 교사	김○○, 이○○, 박○○, 정○○, 송○○		
안건	자유학기제 지원을 위한 체육교사들의 의견 수렴		
유의 사항	○ 개인적·사회적 책임감 모형 적용 시 유의점 – 수업 중에는 존중, 노력, 협동을 내면화하고, 수업 후에는 자신의 행동을 되돌아볼 수 있도록 지도가 요구됨. – ㉢ 학생들이 체육관에서 배운 책임감을 방과 후 학교나 지역사회에서 연계하여 적용할 수 있도록 지도가 요구됨. – 가치 실천과 더불어 ㉣ 신체활동의 생활 속 실천력 강화가 이루어지도록 지도가 요구됨.		

〈작성 방법〉

○ 밑줄 친 ㉣을 위한 교수·학습 방향을 2015 개정 중학교 체육과 교육과정의 '교수·학습의 방향'에 근거하여 서술할 것.

[정답] ㉣은 정과 외 체육 활동과 연계한 교수·학습이다. [1점]

95 | 2020학년도

5. 다음의 (가)는 수업 계획에 관한 교사들의 대화 내용이고, (나)는 박 교사의 단원 계획서이다. 〈작성 방법〉에 따라 순서대로 서술하시오. [4점]

(가) 수업 계획에 관한 교사들의 대화 내용

김 교사: 새 학기에 배드민턴 수업을 하려고 해요. 이번 수업으로 학생들이 배드민턴 문화 전반을 잘 이해했으면 해요.

박 교사: 그러면 시덴탑(D. Siedentop)의 스포츠 교육 모형을 적용한 수업을 해보면 어떨까요? 저도 이 모형으로 배드민턴 수업을 했었는데, 학생들의 반응이 참 좋았어요. 그런데 우선 스포츠 교육 모형의 학습 선호도를 잘 파악해야 해요. 스포츠 교육 모형에서 학습 선호도는 자기 팀 안에서는 협력적, 상대 팀에 대해서는 (㉠)인 성향의 학생들에게 적절해요. 수업 설계와 운영 시 이를 참고하면 도움이 될 거예요.

김 교사: 그렇군요. 제가 참고할 만한 자료가 있을까요?

박 교사: 제가 스포츠 교육 모형을 적용하여 재구성한 배드민턴 단원 계획서를 드릴게요. ㉡학생들의 전인적 발달을 위한 통합적 수업을 운영하는 데에 도움이 될 거예요.

(나) 박 교사의 단원 계획서

<table>
<tr><td>영역</td><td>네트형 경쟁</td><td>3학년</td><td>총 시수</td><td>16차시</td></tr>
<tr><td>단원 목표</td><td colspan="4">1. 배드민턴의 역사와 특성을 이해할 수 있다.
… (하략) …</td></tr>
<tr><td>모형의 특성</td><td colspan="4">시즌, 팀 소속, 공식 경기, 결승전 행사, 기록 보존, 축제화</td></tr>
<tr><td rowspan="2">차시</td><td rowspan="2" colspan="2">학습 과제</td><td colspan="2">학습 활동</td></tr>
<tr><td>(㉢)</td><td>(㉣)</td></tr>
<tr><td>1</td><td colspan="2">• 배드민턴의 역사, 특성, 가치의 이해</td><td></td><td>• 역사 자료 읽기
• 경기 동영상 감상하기</td></tr>
<tr><td>2~8</td><td colspan="2">• 기초 기능 연습 및 평가, 팀편성
• 팀별 기능 및 전술 연습
• 경기 규칙 및 운영 방법 습득
• 임무 역할(심판, 기록자 등)의 학습
• ㉤팀원으로서의 임무 수행·경기 일정 수립
• 예선 리그</td><td>• 클리어, 드라이브, 스매시, 푸시, 드롭, 헤어 핀 연습하기
• 경기 전술 연습하기</td><td>• 경기 규칙 조사하기
• 시즌 운영에 대해 토론하기</td></tr>
<tr><td>13~16</td><td colspan="2">• 결승 리그 및 결승전
• 축제 운영</td><td>• 경기 기능 및 전술 보강 연습 하기</td><td>• 깃발, 폿말 제작하기
• 소감문 쓰기</td></tr>
</table>

〈작성 방법〉

○ 괄호 안의 ㉢, ㉣에 해당하는 학습 활동의 명칭을 밑줄 친 ㉡을 고려하여 순서대로 쓸 것(단, 2015 개정 중학교 체육과 교육과정의 '교수·학습의 방향'에 근거할 것).

[정답] ㉢은 직접 체험 활동이고(1점), ㉣은 간접 체험 활동이다. (1점)

10. 다음은 ○○중학교 김교사의 스포츠 표현 교수·학습 지도안의 일부이다. 〈작성 방법〉에 따라 순서대로 서술하시오. [4점]

• 교육과정 분석

교육과정 영역	표현	단원명	스포츠 표현
신체활동	음악 줄넘기	단원의 주제	음악 줄넘기 작품 개발 및 감상

• 교과 역량

- 신체와 움직임을 매개로 생각과 느낌을 표현하고 수용하는 (㉠) 능력 향상에 중점을 둔다.

• 기능 분석

기능	학습의 초점
탐구하기	스포츠 표현의 역사와 특성, 표현 동작 원리, 창작 작품 구성 방안 등을 탐구하기
신체 표현하기	표현 동작과 원리에 따라 신체 움직임을 표현하기
감상하기	다른 모둠의 창작 작품을 심미적·비판적으로 감상하기
(㉡)	신체 또는 움직임을 매개로 서로의 생각을 나누며 타인을 이해하고 공감하기

• 교수·학습 운영 방안

- 학습자 경험 분석: 음악 줄넘기의 신체적 및 정서적 경험은 충분하나, 창작 과정에서 요구되는 다양한 절차에 관한 지적 경험은 부족한 편이다. 지적 경험의 부족 문제에 대한 교수·학습 운영 방안을 계획한다.
- 수업 용·기구 분석: 학습 도구(줄넘기)는 최소 2~3개 학급을 동시에 운영할 수 있을 정도로 충분하다.
- ㉢교수·학습의 중점 사항: 줄넘기 동작을 반복 연습하면서 건강 체력을 증진할 수 있도록 한다.

• 교수·학습 방법의 주안점

- 학생들 스스로 창작 작품과 관련된 학습 내용을 파악하며, 창작 과제를 적극적으로 해결할 수 있도록 교수·학습 환경을 조성한다. 특히, 학생들이 창작 활동에 관심을 가질 수 있는 과제 제시 방법과 자신감을 높일 수 있는 동기 유발 전략을 활용하고, 창작 과정을 스스로 탐색하며 이해할 수 있는 탐구적 교수·학습 자료를 제공한다. (가)

〈작성 방법〉

○ 괄호 안의 ㉠, ㉡에 해당하는 명칭을 2015 개정 중학교 체육과 교육과정에 근거하여 순서대로 쓸 것.
○ ㉢의 문제점을 2015 개정 중학교 체육과 교육과정의 '교수·학습 운영 계획'에 근거하여 서술할 것.
○ (가)에서 의도하는 교수·학습의 방향을 2015 개정 중학교 체육과 교육과정의 '교수·학습의 방향'에 근거하여 제시할 것.

[정답] • ㉠은 신체 표현이다. [1점] ㉡은 의사소통하기이다. [1점]
• ㉢은 표현 영역의 특성과 학습 주제를 고려해야 하는데 건강 영역의 특성을 고려하고 있다. [1점]
• (가) 자기 주도적 교수·학습 환경 조성이다. [1점]

3. 다음은 교육 실습 중 예비 교사와 실습 지도 교사의 대화 내용이다. 〈작성 방법〉에 따라 순서대로 서술하시오. [4점]

[2021년 5월 14일 대화 중]

지도 교사: 선생님, 2교시에 했던 2반 댄스스포츠 수업을 참관하실 때 특이한 점을 느끼셨나요? 2반은 다른 반과 좀 달라요. 학생들의 기능 수준도 낮으며, 수업의 참여도 소극적인 편이라 수업을 진행하는 데 어려움이 많아요. 그래서 항상 수업을 할 때는 학생들의 수준 상태, 태도 등을 파악해야 합니다. (가)

예비 교사: 교사가 알아야 할 교사 지식은 참 많은 것 같아요.

지도 교사: 또한 수업을 계획하기 전에는 운동장의 크기, 체육관의 활용 여부, 체육 수업이 가능한 공간 등을 확인하여 원하는 종목의 수업을 진행할 수 있는지 고려해야 합니다. 수업하고자 하는 종목의 용·기구들이 학교에 구비되어 있는지도 확인해야 합니다. 아. 우리 학교 후문은 뒷산 트래킹 코스로 연결됩니다. 이곳을 활용하여 수업을 진행할 수 있으니 참고하세요. (나)

[2021년 5월 21일 대화 중]

지도 교사: 선생님, 마지막 주에 공개 수업을 하시던데요. 어떤 내용의 수업을 하실 건가요?

예비 교사: 저는 (㉠)경쟁 활동을 계획하고 있어요. 활동 종목으로는 2015 개정 체육과 교육과정 문서에서 (㉠) 경쟁의 신체활동 예시로 제시되어 있는 플로어볼을 하려고 해요.

… (중략) …

지도 교사: 지난주에 계속 참관하셔서 아시겠지만 1학년은 학생들의 운동 기능 수준도 다양하며, 특수 교육대상 학생들도 포함되어 있습니다. 또한 체육관이 작고 남녀 성비의 차이가 있으니 규칙의 변형도 고려하면서 공개 수업을 준비하세요.

예비 교사: 알겠습니다. 2015 개정 체육과 교육과정 문서를 보면, 교수·학습 활동을 계획할 때에는 ㉡ <u>성취기준에 보다 쉽게 도달할 수 있도록 영역의 특성과 학습 주제, 학생의 특성 및 가용 자원, 학습 환경을 고려해야 함을 알 수 있습니다.</u> 예를 들면, 경기장의 형태와 사용하는 도구, 신체활동에 참여하는 인원수와 조직의 형태, 실행 규칙 등을 변형할 수 있다고 명시되어 있습니다. 이를 바탕으로 경기장과 플로어볼 용·기구, 경기 규칙 등을 변형하여 변형된 플로어볼 수업의 교수·학습 활동을 계획하겠습니다.

〈작성 방법〉

- (가), (나)에 해당하는 교사 지식의 명칭을 슐만(L.Sulman)의 주장에 근거하여 순서대로 쓸 것.
- 괄호 안의 ㉠에 해당하는 명칭을 2015 개정 체육과 교육과정 문서에 근거하여 쓸 것.
- 밑줄 친 ㉡이 의도하는 교수·학습 활동 계획을 2015 개정 체육과 교육과정의 '교수·학습 활동 계획'에 근거하여 서술할 것.

[정답]
- (가)학습자와 학습자 특성지식 [1점] (나)교육환경지식(또는 수업환경지식) [1점]
- ㉠ 영역형 [1점]
- ㉡ 교사는 학습활동의 재구성을 통해 교수학습활동을 계획할 수 있다. [1점]

6. 다음은 김 교사의 단원과 차시 계획의 일부이다. 〈작성 방법〉에 따라 순서대로 서술하시오. [4점]

❑ 단원 계획

○ 교육과정

내용요소	네트형 경쟁 스포츠의 (㉠)와/과 (㉡)
성취기준	[9체03-10] 네트형 경쟁 스포츠에서 활용되는 유형별 (㉠)와/과 (㉡)을/를 이해하고 운동 수행에 적용하며, 운동 수행 과정에서 나타나는 문제점을 분석하고 해결한다

○ 단원 설계의 주안점

- 탐구 수업 모형을 적용한 별도의 차시를 두어 운동 수행 과정의 문제점 분석 및 해결에 관한 학습 경험을 제공하도록 함.

… (하략) …

〈작성 방법〉

○ 괄호 안의 ㉠, ㉡에 해당하는 용어를 2015 개정 체육과 교육과정에 근거하여 순서대로 쓸 것.

[정답] ㉠ 경기 기능 ㉡ 과학적 원리 [1점]

내가 꿈을 이루면 나는 누군가의 꿈이 된다.
오늘은 최선! 내일은 최고!

해커스임용 이채문 전공체육 스포츠교육학 1

PART 5
2022개정 체육과 교육과정

제1장 공통 교육과정

• 체육과 교육과정은 아래의 문서 목차를 기준으로 작성되었으며, 목차 및 주요 용어의 의미에 대한 해설을 참고하여 교육활동에 활용하시기 바랍니다.

교육과정 설계의 개요
■ 교과(목) 교육과정의 설계 방향에 대한 개괄적인 소개
■ 교과(목)와 총론의 연계성, 교육과정 구성 요소(영역, 핵심 아이디어, 내용 요소 등) 간의 관계, 교과 역량 등 설명

1. 성격 및 목표

• 성격: 교과(목) 교육의 필요성 및 역할 설명
• 목표: 교과(목) 학습을 통해 기르고자 하는 능력과 학습의 도달점을 총괄 목표와 세부 목표로 구분하여 제시

2. 내용 체계 및 성취기준

가. 내용 체계

• 내용 체계 – 학습 내용의 범위와 수준을 나타냄
  – 영역: 교과(목)의 성격에 따라 기반 학문의 하위 영역이나 학습 내용을 구성하는 일차 조직자
  – 핵심 아이디어: 영역을 아우르면서 해당 영역의 학습을 통해 일반화할 수 있는 내용을 핵심적으로 진술한 것. 이는 해당 영역 학습의 초점을 부여하여 깊이 있는 학습을 가능하게 하는 토대가 됨
  – 내용 요소 : 교과(목)에서 배워야 할 필수 학습 내용
  a. 지식·이해: 교과(목) 및 학년(군)별로 해당 영역에서 알고 이해해야 할 내용
  b. 과정·기능: 교과 고유의 사고 및 탐구 과정 또는 기능
  c. 가치·태도: 교과 활동을 통해 기를 수 있는 고유한 가치와 태도

나. 성취기준

• 성취기준 – 영역별 내용 요소(지식·이해, 과정·기능, 가치·태도)를 학습한 결과 학생이 궁극적으로 할 수 있거나 할 수 있기를 기대하는 도달점
  – 성취기준 해설: 해당 성취기준의 설정 취지 및 의미, 학습 의도 등 설명
  – 성취기준 적용 시 고려 사항: 영역 고유의 성격을 고려하여 특별히 강조하거나 중요하게 다루어야 할 교수·학습 및 평가의 주안점, 총론의 주요 사항과 해당 영역의 학습과의 연계 등 설명

3. 교수·학습 및 평가

가. 교수·학습

• 교수·학습의 방향: 교과(목)의 목표를 달성하기 위한 교수·학습의 원칙과 중점 제시
• 교수·학습 방법: 교수·학습의 방향에 따라 교과(목) 수업에서 활용할 수 있는 교수·학습 방법이나 유의사항 제시

나. 평가

• 평가의 방향: 교과(목)의 목표를 달성하고 학습을 지원하기 위한 평가의 원과 중점 제시
• 평가 방법: 평가의 방향에 따라 교과(목)의 평가에서 활용할 수 있는 평가 방법이나 유의 사항 제시

1 교육과정 설계의 개요

체육과는 활동적이고 창의적인 삶, 건강하고 주도적인 삶, 신체활동 문화를 향유하며 사회 속에서 바람직하고 더불어 사는 삶을 추구한다.

체육과가 추구하는 삶은 세 가지 신체활동 역량을 갖춤으로써 실현된다. 첫째, '움직임 수행 역량'은 신체활동 형식에 적합한 움직임의 기능과 방법을 효율적, 심미적으로 발휘할 수 있는 능력으로 운동, 스포츠, 표현 활동 과정에서 움직임에 필요한 지식, 기능, 태도를 다양한 상황에 적용하며 발달한다. 둘째, '건강 관리 역량'은 체력 및 신체적, 정신적, 사회적 건강을 유지하고 증진하는 능력으로 체육과 내용 영역에서 학습한 신체활동을 일상생활에서 실천하고, 개인과 사회적 측면에서 건강을 저해하는 요소에 적극적으로 대처하며 함양된다. 셋째, '신체활동 문화 향유 역량'은 다양한 신체활동 문화를 전 생애 동안 즐기며 타인과 상호작용할 수 있는 능력으로 각 신체활동 형식의 특성을 이해하고 인류가 축적한 문화적 소양을 내면화하여 공동체 속에서 실천하면서 길러진다.

신체활동 역량은 총론이 추구하는 인간상을 실현하는 기반이 된다. 자기 주도성은 건강한 삶을 위해 다양한 건강 관련 문제를 적극적, 주도적으로 해결하는 과정에서 학습되고, 창의적 사고는 신체적으로 활동적인 삶을 사는 데 필요한 움직임을 다양한 환경에서 수행하고 적용함으로써 길러지며, 포용성과 시민성은 신체활동에 참여하며 공동체의 가치 있는 규범과 문화를 인식하고 공유함으로써 함양된다.

체육과의 내용은 '운동', '스포츠', '표현'의 세 가지 영역으로 구성되며, 이는 움직임 기술의 발달을 통해 조직화되고 제도화된 신체활동 형식(forms)이다. '운동' 영역은 체력과 운동 기능 향상, 건강 증진을 목적으로 수행하는 신체활동 형식으로, 체력 운동과 건강 활동으로 구분된다. '스포츠' 영역은 제도화되고 조직화된 신체활동과 다양한 환경과의 상호작용을 통해 생태적 결합을 추구하는 신체활동 형식으로, 기술의 수월성을 겨루는 '기술형 스포츠', 전략에 따라 승패가 결정되는 '전략형 스포츠', 다양한 환경 맥락에 따라 활동 특성이 나타나는 '생태형 스포츠'로 분류된다. '표현' 영역은 생각과 감정을 연속된 움직임과 다양한 동작으로 표현하는 신체활동 형식이다.

영역별 핵심 아이디어는 '운동', '스포츠', '표현'이라는 신체활동 형식의 개인적, 사회적 가치, 활동의 원리와 맥락, 실천 및 활용 방식에 따라 설정되었다. 운동은 건강한 삶의 기반이 되고, 건강은 체력 및 건강 증진 운동과 다양한 건강 활동을 통해 증진되며, 운동을 통해 습득한 건강한 생활 습관은 주도적이고 행복한 삶을 견인한다. 스포츠는 인간이 제도화된 규범과 문화를 통해 타인과 소통하며 사회 속에서 더불어 사는 존재로 성장하도록 하며, 표현은 생각과 감정의 심미적이고 창의적인 움직임을 통해 자유롭고 주체적인 삶을 살아가도록 한다.

내용 요소는 영역별 핵심 아이디어에 따라 '지식·이해', '과정·기능', '가치·태도'의 세 가지 범주로 제시되었다.

범주	의미
'지식·이해' 요소	체육과의 내용 지식을 구성하는 명제적 지식(각 내용 영역에서 이해해야 하는 개념이나 원리 등)과 방법적 지식(명제적 지식을 실제 상황에서 수행할 수 있는 기술이나 활동 방법 등)을 의미
'과정·기능' 요소	체육과의 '지식·이해' 요소를 탐구하는 절차적 지식과 결과적으로 발휘할 수 있는 능력을 의미
'가치·태도' 요소	신체활동의 학습 과정에서 습득되는 바람직한 성품을 의미

특히 체육과의 내용 요소에는 총론에서 강조하는 '핵심 역량', '생태교육', '민주시민교육' 등의 가치와 언어, 수리, 디지털 소양 등의 '기초 소양'을 반영하여 총론의 목표를 체육과에서 구현할 수 있도록 하였다.

내용 요소는 〈표 1-1〉과 같이 학년군별 내용 요소의 선정 원리에 따라 계열화되었다.

첫째, '지식·이해' 요소의 명제적 지식은 지식을 구성하는 내용 수준에 따라 개념과 원리로 구분되었고, 방법적 지식은 움직임 기술의 수준에 따라 신체활동 입문을 위한 기초 기술, 신체활동 참여를 위한 복합 기술, 제도화된 활동을 목표로 하는 응용 기술로 분류되었다.

'가치·태도' 요소는 주관적 수준으로 나타나는 개인적 태도, 타인과의 관계 속에서 나타나는 대인적 태도, 보편적인 사회적 규범 수준에서 요구되는 사회적 태도로 분류되었다.

또한 '과정·기능' 요소는 '지식·이해', '가치·태도' 요소별로 학습 과정 및 결과에서 요구되는 행동을 학년군별 발달 수준에 맞게 제시하였다.

〈표 1-1〉 학년군별 내용 요소의 선정 원리

내용 / 학년군	지식·이해		가치·태도	과정·기능
	명제적 지식	방법적 지식		
3~4학년군	개념적 수준	입문을 위한 기초 기술	개인	인지, 시도, 수용
5~6학년군	⬇ 원리적 수준	⬇ 참여를 위한 복합 기술	⬇ 대인	⬇ 분석, 적용, 실천
중학교 1~3학년군	⬇ 이론적 수준	⬇ 제도화된 활동을 위한 응용 기술	⬇ 사회	⬇ 평가, 구성, 지속
고등학교		⬇ 정식 활동의 심화 및 전문 기술		

2 성격 및 목표

가. 성격

체육과는 신체활동의 학습을 통해 활동적이고 창의적인 삶, 건강하고 주도적인 삶, 신체활동 문화를 향유하며 사회 속에서 바람직하고 더불어 사는 삶의 자질을 길러주는 교과이다. 신체활동은 놀이, 게임, 운동, 스포츠, 표현 등의 맥락에서 계획적, 의도적으로 수행되는 움직임으로, 신체 능력과 건강을 증진하고, 다양한 기술과 전략을 바탕으로 타인 및 환경과 상호작용하는 과정에서 형성된 삶의 양식이다.

인간은 움직임 기술을 바탕으로 운동, 스포츠, 표현 활동을 실천하며 일상생활과 여가활동에서 활동적인 삶을 영위할 수 있다. 운동 실천과 전략적 경기 수행, 심미적 표현과 같은 신체활동 체험을 통해 인간은 주변 세계와 적극적으로 상호작용하며 창의적으로 대응한다. 신체활동은 건강하고 주도적인 삶의 기초로 신체적, 정신적, 사회적 건강을 위한 필수적인 활동이다. 건강한 삶은 현대 사회의 기후 환경 위기, 좌식화된 생활 방식, 개인화된 사회 구조 등으로 인한 신체적, 정신적, 사회적 건강 문제를 적극적으로 대처하려는 주도적인 노력을 통해 실현된다. 또한 신체활동은 인간이 신체와 관련된 고유한 문화를 향유하고 사회의 다양한 구성원과 더불어 살도록 한다. 인류의 문명화 과정에서 신체활동 문화는 신체적 수월성을 겨루는 경기 문화, 인간의 삶을 풍요롭게 하는 놀이 및 여가 문화, 신체적 움직임이 미적으로 승화한 표현 문화, 제도화된 신체활동에 내재한 정신문화, 건강한 생활을 추구하는 과정에서 형성된 건강 문화 등 다양한 문화 양식으로 발전해 왔다. 이러한 신체활동 문화는 바람직한 인간관계의 기초가 되며 책임 있고 협력적인 태도, 공정하고 호혜적인 관계와 더불어 생태환경과의 조화로운 삶을 경험할 수 있는 기반이 된다.

이를 실현하기 위해 체육과에서는 첫째, 학습자가 기본 움직임 기술을 익히고, 신체활동 형식과 관련된 개념, 기술, 전략 등을 습득하며, 일상생활에서 신체활동을 계획하고 실천하도록 한다. 둘째, 연구와 실천을 통해 축적된 신체활동에 관한 이론적·경험적 지식을 이해하고 생활 속에서 적용하고 즐기며 다양한 안목을 기르도록 한다. 셋째, 다양한 신체활동 경험을 성찰하며 자신과 세계와의 관계를 인식함으로써 신체활동에 내재한 가치와 태도를 실천하도록 한다. 즉, 체육과 학습을 통해 학습자는 신체활동 문화에 입문하고, 운동, 스포츠, 표현 등의 신체활동 형식과 관련된 움직임 지식, 기술, 태도를 습득하며, 이를 기반으로 체육과가 추구하는 삶의 방식을 생애 전반에 걸쳐 실천할 수 있는 역량을 함양한다. 또한 이러한 신체활동 역량을 운동, 스포츠, 표현 맥락뿐만 아니라 일상생활과 직무, 여가활동 등에서 효과적이고 효율적으로 발휘할 수 있다.

따라서 체육과는 학습자가 전 생애에 걸쳐 체력과 건강, 움직임에 대한 기능과 지식, 다양한 신체활동에 참여하려는 의지와 태도를 길러 적극적으로 신체활동에 참여하며, 신체활동 문화를 깊이 이해하고 실천함으로써 건강하고 활기찬 삶을 생활화하고, 타인 및 세계와 소통하며 바람직한 민주 시민으로 성장할 수 있도록 한다.

나. 목표

체육과는 활동적이고 창의적인 삶, 건강하고 주도적인 삶, 신체활동 문화를 향유하며 사회 속에서 바람직하고 더불어 사는 삶을 영위할 수 있는 신체활동 역량을 기르는 것을 목표로 한다.

(1) 움직임 관련 지식을 이해하고, 움직임의 목적과 환경에 적합하게 움직임 기술을 수행하며, 움직임 수행에 필요한 가치와 태도를 실천한다.

(2) 건강 관련 지식을 이해하고, 생애 전반에 걸쳐 건강을 증진 및 관리하며, 건강의 증진과 관리에 필요한 가치와 태도를 실천한다.

(3) 신체활동의 고유한 문화 특성을 이해하고, 신체활동 문화를 일상생활에서 누리며, 다양한 문화 양식에 내재한 가치와 태도를 실천한다.

3 내용 체계 및 성취기준

가. 내용 체계

(1) 운동

구분	내용 요소		
핵심 아이디어	• 운동은 체력과 건강을 관리하는 주요 방법으로, 생애 전반에 걸쳐 건강한 삶의 토대가 된다. • 체력은 건강의 기초가 되며, 건강은 신체적 특성에 맞는 운동과 생활 습관을 계획하고 관리함으로써 증진된다. • 인간은 생활 속에서 운동을 즐기고, 심신의 건강을 유지하며, 행복한 삶을 영위한다.		
범주	초등학교		중학교
	3~4학년	5~6학년	1~3학년
지식·이해	• 운동과 체력 • 기본 체력 운동 방법 • 운동과 건강 • 건강한 생활 습관	• 건강 체력과 운동 체력 • 체력 종류별 운동 방법 • 운동과 성장 발달 • 안전한 생활 습관	• 체력 증진의 원리 • 체력 증진 운동 방법 • 체력 관리의 원리 • 체력 관리 운동 방법 • 운동 처방의 원리 • 운동 처방 방법 • 신체 건강의 특성 • 신체 건강 활동 • 정신 건강의 특성 • 정신 건강 활동 • 사회적 건강의 특성 • 사회적 건강 활동
과정·기능	• 운동과 체력의 관계 파악하기 • 기본 체력 운동 시도하기 • 운동과 건강의 관계 파악하기 • 건강한 생활 습관 시도하기 • 안전하게 활동하기	• 건강 체력과 운동 체력의 의미와 요소 파악하기 • 체력을 측정하고 다양한 운동 시도하기 • 운동과 성장 발달의 관계 파악하기 • 운동과 생활 속 안전사고 예방 방법 탐색하며 대처하기 • 안전하게 활동하기	• 체력 운동 원리 분석하기 • 체력 요소별 운동 방법 적용하기 • 건강 활동 특성 분석하기 • 건강 활동 방법 실천하기 • 안전하게 활동하기
가치·태도	• 긍정적 신체 인식 • 운동 및 건강에 관한 관심 • 운동 및 건강 습관 실천 의지	• 체력 운동 참여의 근면성 • 체력 증진을 위한 끈기 • 성장 발달의 차이 공감 • 안전사고에서의 침착성	• 체력 문제 해결 의지 • 운동 실천의 자기 주도성 • 자율적인 건강 추구 • 자신과 공동체에 대한 안전의식

(2) 스포츠

<table>
<tr><td>핵심 아이디어</td><td colspan="3">• 스포츠는 인간이 제도화된 규범과 움직임 기술을 바탕으로 타인 및 주변 세계와 소통하며 바람직한 구성원으로 성장하는 데 이바지한다.
• 스포츠는 인간이 환경과 상호작용하고 다양한 기술과 창의적인 전략을 발휘하며 한계를 극복하는 과정에서 발달한다.
• 인간은 스포츠를 다양한 방식으로 체험함으로써 움직임의 즐거움을 느끼고 활동적인 삶의 태도를 배운다.</td></tr>
<tr><td rowspan="3">구분 / 범주</td><td colspan="3">내용 요소</td></tr>
<tr><td colspan="2">초등학교</td><td>중학교</td></tr>
<tr><td>3~4학년</td><td>5~6학년</td><td>1~3학년</td></tr>
<tr><td>지식·이해</td><td>• 스포츠와 움직임 기술
• 기본 움직임 기술의 종류와 수행 방법
• 스포츠에서의 기본 움직임 기술 수행 방법</td><td>• 기술형·전략형·생태형 스포츠의 유형
• 기술형·전략형·생태형 스포츠의 유형별 움직임 기술 응용 방법
• 기술형·전략형·생태형 스포츠의 활동 방법과 기본 전략</td><td>• 기술형·전략형·생태형 스포츠의 역사와 특성
• 기술형·전략형·생태형 스포츠의 경기 기능과 수행 원리
• 기술형·전략형·생태형 스포츠의 경기 방법과 전략</td></tr>
<tr><td>과정·기능</td><td>• 스포츠의 의미와 유형 이해하기
• 기본 움직임 기술과 스포츠의 관계 파악하기
• 기본 움직임 기술의 종류 파악하고 시도하기
• 스포츠 유형별 움직임 기술 종류 파악하기
• 스포츠 유형별 움직임 기술 시도하기
• 안전하게 움직이기</td><td>• 기술형·전략형·생태형 스포츠의 유형 파악하기
• 기술형·전략형·생태형 스포츠의 유형별 움직임 기술 응용 방법 활용하기
• 기술형·전략형·생태형 스포츠의 기본 전략 적용하기
• 안전하게 활동하기</td><td>• 기술형·전략형·생태형 스포츠 유형별 역사와 특성 비교하기
• 기술형·전략형·생태형 스포츠 유형별 수행 원리를 경기 기능에 적용하기
• 기술형·전략형·생태형 스포츠 유형별 경기 방법과 전략을 경기에 활용하기
• 안전하게 경기하기</td></tr>
<tr><td>가치·태도</td><td>• 움직임 수행의 자신감과 적극성
• 최선을 다하는 태도
• 게임 규칙 준수
• 스포츠 환경에 대한 개방성
• 스포츠 활동 참여의 적극성</td><td>• 목표 달성 의지
• 상대 기술 인정
• 팀원과의 협력
• 구성원 배려
• 스포츠 환경을 아끼는 태도
• 스포츠 환경에 감사하는 태도</td><td>• 경기 수련에 대한 인내심
• 도전적 경기 태도
• 팀워크와 신뢰
• 페어플레이
• 스포츠 환경 개선을 위한 공동체 의식
• 스포츠 환경에 친화적인 태도</td></tr>
</table>

(3) 표현

핵심 아이디어	• 표현 활동은 인간이 신체 움직임에 생각과 감정을 담아 심미적으로 표현하는 과정에서 창의적인 삶의 태도를 형성하고, 예술적 신체활동 문화를 향유할 수 있도록 한다. • 표현 활동은 기본 움직임에 표현 원리가 적용되어 다양한 유형으로 구현되며, 구성 및 창작의 과정을 통해 발달한다. • 인간은 다양한 표현 활동을 체험함으로써 움직임의 심미적 가치를 내면화하며 자유롭고 주체적으로 사는 방법을 터득한다.		
구분 / 범주	내용 요소		
	초등학교		중학교
	3~4학년	5~6학년	1~3학년
지식·이해	• 표현 활동과 움직임 기술 • 기본 움직임 기술의 표현 방법	• 표현 활동의 유형 • 표현 활동의 유형별 움직임 기술 응용 방법 • 표현 활동의 유형별 움직임 기술 구성	• 표현 활동의 역사와 특성 • 표현 활동의 동작과 표현 원리 • 표현 활동의 창작과 감상
과정·기능	• 표현 활동의 움직임 기술 파악하고 시도하기 • 다양한 방법으로 움직임 기술 표현하기	• 표현 활동의 유형 파악하기 • 표현 활동의 유형별 움직임 기술 응용 방법 활용하기 • 표현 활동의 유형별 움직임 기술 구성하고 발표하기	• 표현 활동의 유형별 역사와 특성 비교하기 • 표현 활동의 유형별 동작 표현하기 • 표현 활동의 유형별 원리 적용하기 • 표현 활동의 유형별 작품 창작하고 감상하기
가치·태도	• 움직임 표현에 대한 호기심 • 움직임 표현에 대한 감수성	• 다양한 표현 활동 유형에 대한 수용적 태도 • 움직임 표현의 심미성 추구	• 표현의 독창성 • 다양한 표현 활동에 대한 개방성 • 예술적 표현에 대한 공감과 비평 의식

나. 성취기준

[초등학교 3~4학년]

(1) 운동

[4체01-01] 운동과 체력의 의미를 이해하고 관계를 파악한다.
[4체01-02] 기본 체력 운동의 방법과 절차를 익히며 자신의 수준에 맞는 운동을 시도한다.
[4체01-03] 운동과 건강의 의미를 이해하고 관계를 파악한다.
[4체01-04] 건강을 위한 바른 생활 습관을 이해하고 생활 속에서 규칙적으로 실천한다.
[4체01-05] 자신의 신체적 특징을 긍정적으로 인식하고 운동 계획을 세워 안전하게 활동한다.
[4체01-06] 운동과 건강한 생활 습관 형성에 관심을 갖고 적극적으로 실천한다.

(가) 성취기준 해설

- [4체01-01]은 운동이 신체 변화와 체력 증진에 미치는 영향을 이해하기 위해 설정하였다. 운동과 체력의 의미를 이해하고 운동 전후의 신체 및 체력의 변화와 특성을 파악하여 운동의 중요성을 인식하도록 한다.
- [4체01-02]는 체력 증진을 위한 기본 운동 방법과 절차를 체험하며 자신의 신체 특성과 체력 수준에 맞게 운동하기 위해 설정하였다. 준비 운동, 본 운동, 정리 운동의 단계별 목적과 주안점을 파악하면서 운동 방법과 절차를 익히고, 자신의 신체 특성과 체력 수준에 적합한 운동을 선택하여 안전하게 시도하도록 한다.
- [4체01-03]은 운동과 건강의 관계를 이해하기 위해 설정하였다. 건강의 의미와 운동이 건강을 유지, 증진하는 데 미치는 영향을 탐색하고 운동의 필요성을 파악하도록 한다.
- [4체01-04]는 건강을 유지하는 바른 생활 습관을 이해하고 일상생활에서 적극적으로 실천하는 습관을 기르기 위해 설정하였다. 건강한 생활 습관이 신체적 건강뿐만 아니라 정신적, 사회적 건강에도 영향을 미친다는 점을 이해하고, 건강 증진을 위한 생활 태도와 행동을 가정, 학교, 지역사회에서 규칙적으로 실천하도록 한다.
- [4체01-05]는 기본 체력 운동을 통해 자신에게 적합한 운동 계획을 세우고 실천하기 위해 설정하였다. 체격, 체형, 체력 등 개인마다 다른 신체 특성을 긍정적으로 인식하고 자신의 신체 특성에 맞는 운동을 안전하고 효과적으로 수행하도록 한다.
- [4체01-06]은 운동을 통한 건강한 생활 습관 형성의 의지를 기르기 위해 설정하였다. 자신의 운동 및 생활 습관을 점검해 보고, 건강 유지, 증진의 저해 요인을 삼가며, 적절한 운동과 바람직한 생활 태도에 관심을 갖고 적극적으로 실천할 수 있는 의지를 갖도록 한다.

(나) 성취기준 적용 시 고려 사항

- 3~4학년군 운동 영역에서는 자신의 체력 수준에 맞는 운동을 하며 즐거움을 느끼고, 체력과 건강을 증진하면서 정서적, 사회적 건강을 유지할 수 있도록 운동과 일상생활에서의 건강 활동을 체험하도록 한다.

- 체력 운동에서는 학습자가 자신의 신체 특성과 수준을 고려한 운동 방법을 다양하게 탐색하고 실천하도록 운영한다. 단순한 흥미 위주의 활동을 지양하고 자신의 체력 수준을 점검하며 체력의 중요성을 인식할 수 있는 활동을 선정한다. 건강 활동에서는 학습자 스스로 생활 습관을 점검하면서 건강에 대해 적극적인 관심을 두고 올바른 생활 습관 실천 의지를 가질 수 있도록 운영한다. 이론 중심의 수업보다는 생활 속의 다양한 신체활동을 체험하면서 바람직한 생활 태도를 습관화할 수 있도록 활동을 구성한다.
- 3~4학년군의 발달 특성, 학습자의 흥미와 신체활동 능력을 고려하여 수업을 운영한다. 체력 증진에 도움이 되는 다양한 기본 운동 방법을 흥미 있게 구성하여 운동에 관한 관심과 욕구를 가질 수 있도록 한다. 또한 건강한 생활 습관을 자기 주도적으로 실천할 수 있도록 일상생활에서 쉽게 실천할 수 있는 생활 방식을 활용하며, 더욱 생동감 있게 학습할 수 있도록 디지털 기기와 온라인 프로그램의 모의 상황 또는 가상 현실 등 다양한 자료를 활용한다.
- 3~4학년군 운동 영역에서는 운동과 체력, 기본 운동 방법, 운동과 건강, 건강한 생활 습관에 관한 이해력, 체력과 건강을 효과적으로 관리하기 위한 운동 수행 능력, 일상생활에서 운동과 건강에 적극적인 관심을 갖고 실천할 수 있는 능력을 균형 있게 평가한다.
- 체력 운동에서 학습자의 체력 증진 수준을 평가할 때는 단순히 체력 측정 결과 중심으로 평가하기보다는 자신의 체력 증진을 위한 자기 주도적인 계획 수립과 실천, 관리의 과정을 전개했는지를 종합적으로 평가한다. 건강 활동에서는 운동에 기초하면서도 그 밖의 건강과 신체의 안전에 긍정적인 영향을 미칠 수 있는 다양한 건강 행동 및 생활 습관을 일상생활에서 실천하는지를 평가한다.
- 3~4학년군 운동 영역 지식에 관한 이해력은 운동과 건강 관련 기본 지식을 중심으로 평가하고, 운동 및 건강 활동 수행 능력과 태도는 건강과 신체의 안전에 영향을 미칠 수 있는 다양한 운동 및 건강 습관을 일상생활에서 꾸준하게 실천하는 과정과 결과를 보여주는 체크리스트, 개인일지, 운동 기능 검사 등을 활용하여 평가한다.
- 3~4학년군 운동 영역에서는 범교과 학습 주제인 안전·건강 교육과 연계하여 학교와 일상생활에서 안전하고 건강한 생활의 기본 습관을 형성할 수 있도록 체험 중심의 교수·학습을 운영하고, 학습자의 변화 과정을 다양한 방법으로 평가한다.

(2) 스포츠

[4체02-01] 스포츠의 의미와 유형을 파악한다.
[4체02-02] 기본 움직임 기술의 의미와 종류를 이해하고 스포츠와의 관계를 파악한다.
[4체02-03] 움직임 요소에 따른 기본 움직임 기술의 수행 방법을 파악하고 시도한다.
[4체02-04] 기본 움직임 기술을 연결한 복합적인 움직임 기술을 파악하고 시도한다.
[4체02-05] 기술형 스포츠에 적합한 기본 움직임 기술을 파악하고 시도한다.
[4체02-06] 전략형 스포츠에 적합한 기본 움직임 기술을 파악하고 시도한다.
[4체02-07] 생태형 스포츠에 적합한 기본 움직임 기술을 파악하고 시도한다.
[4체02-08] 움직임 기술 수행에 자신감을 갖고 적극적으로 시도한다.
[4체02-09] 게임 활동에 최선을 다하고 규칙을 지킨다.
[4체02-10] 다양한 스포츠 환경에 개방적인 태도를 갖고 적극적이고 안전하게 스포츠 활동에 참여한다.

(가) 성취기준 해설

- [4체02-01]은 스포츠의 의미와 유형을 이해하기 위해 설정하였다. 일정한 규칙과 방법에 따라 경기 기술을 수행하고 환경과의 상호작용을 통해 발달한 스포츠의 개념과 기술형, 전략형, 생태형 스포츠의 유형별 특성을 이해하도록 한다.
- [4체02-02]는 기본 움직임 기술의 의미, 종류(이동 움직임, 비이동 움직임, 조작 움직임)와 특성을 파악하기 위해 설정하였다. 기본 움직임 기술의 종류를 다양하게 탐색하면서 스포츠 활동에 기초가 되는 기본 움직임 기술의 특성과 스포츠 활동 수행과의 관계를 파악하도록 한다.
- [4체02-03]은 움직임 요소의 의미를 이해하고, 기본 움직임 기술을 다양한 상황에서 시도하기 위해 설정하였다. 이동 움직임, 비이동 움직임, 조작 움직임 기술을 단계적으로 익히고, 움직임 요소(신체, 노력, 공간, 관계)에 변화를 주어 안전하고 효과적으로 기본 움직임 기술을 수행하도록 한다.
- [4체02-04]는 기본 움직임 기술을 연결하여 다양하고 복합적인 움직임 기술을 수행하기 위해 설정하였다. 움직임 기술의 종류별(이동 움직임 기술 내 호핑과 스키핑의 연결 등), 종류 간(조작 움직임 기술의 치기와 이동 움직임 기술의 달리기의 연결 등)에 기본 움직임을 다양한 방식으로 연결하여 기본 움직임보다 심화된 복합적인 움직임 기술을 익히고, 간단한 게임 상황에서 시도하도록 한다.
- [4체02-05]는 기술형 스포츠 유형에 적합한 움직임 기술을 탐색하고 수행하기 위해 설정하였다. 움직임 기술의 수월성을 겨루는 기술형 스포츠 활동에서 활용되는 다양한 기능과 관련된 움직임 기술의 효과적 수행 방법(앞뒤 구르기, 옆돌기, 전력 달리기, 헤엄치기, 발차기 등)을 익히고, 간단한 게임 상황에서 시도하도록 한다.
- [4체02-06]은 전략형 스포츠 유형에 적합한 움직임 기술을 탐색하고 수행하기 위해 설정하였다. 움직임 기술과 전략에 따라 승패가 결정되는 전략형 스포츠 활동의 다양한 기능과 관련된 움직임 기술의 효과적 수행 방법(공던지기와 잡기, 공몰기, 공차기와 멈추기, 공치기와 받기, 라켓으로 치기 등)을 익히고, 기본적인 전략을 세워 간단한 게임 상황에서 시도하도록 한다.
- [4체02-07]은 생태형 스포츠 유형에 적합한 움직임 기술을 탐색하고 수행하기 위해 설정하였다. 생활 주변과 자연환경에서 이루어지는 다양한 생태형 스포츠 활동과 관련된 움직임 기술의 수행 방법(균형 잡고 이동하기, 타고 버티기, 잡고 오르기 등)을 익히고, 간단한 활동 상황에서 안전하게 시도하도록 한다.
- [4체02-08]은 기본 움직임 기술의 지속적인 시도를 통해 움직임 기술 수행에 대한 자신감을 기르기 위해 설정하였다. 기본 움직임 기술을 체계적으로 숙달하고, 간단한 규칙을 적용한 활동 상황에서 적극적으로 시도하며 움직임 기술 수행에 대한 자신감을 갖도록 한다.
- [4체02-09]는 게임 활동을 수행하며 정해진 규칙을 지키고 최선을 다하는 태도를 기르기 위해 설정하였다. 다양한 유형의 스포츠 활동에 임하는 마음가짐, 구성원에 대한 태도, 규칙 준수의 필요성, 최선의 가치 등을 실제 활동 과정에서 느끼고 실천하도록 한다.
- [4체02-10]은 스포츠 활동을 즐길 수 있는 환경에 개방적인 태도를 갖고 적극적이고 안전하게 활동하는 태도를 기르기 위해 설정하였다. 가정, 학교, 지역사회 체육 시설, 자연환경 등 다양하고 도전적인 스포츠 환경을 적극적으로 수용하고 활용하되, 안전 수칙을 숙지하여 안전사고를 예방하는 태도를 실천하도록 한다.

(나) 성취기준 적용 시 고려 사항

- 3~4학년군 스포츠 영역에서는 스포츠의 개념을 이해하고 다양한 유형의 스포츠 활동을 수행하는데 요구되는 기본 움직임과 복합적인 움직임을 탐색하고 간단한 게임 상황에서 시도하도록 한다. 특히 3~4학년군 스포츠 영역은 움직임의 체계적 발달을 위한 입문 단계로서 이동 움직임, 비이동 움직임, 조작 움직임 기술을 신체, 노력, 공간, 관계와 연결한 다양한 복합 움직임 기술의 수행 능력을 기를 수 있도록 충분한 학습 기회를 제공한다.
- 스포츠 유형별 기본 기능과 관련된 기본 움직임 기술을 습득하기 위해 신체, 노력, 공간, 관계의 변화에 따라 다양한 기술을 단계적으로 향상할 수 있는 학습 활동을 선정하고 조직한다. 스포츠 유형에 적합한 기본 움직임 기술과 복합적인 움직임 기술을 연결하여 간단한 게임 상황에서 시도하고 익힐 수 있도록 활동을 구성한다. 기본 움직임 기술을 수행할 기회를 충분히 제공하며, 스포츠 경기 방법 자체보다 기본 움직임의 수행 능력을 충실하게 습득할 수 있도록 운영한다.
- 3~4학년군 스포츠 영역에서는 스포츠 수행에 필요한 다양한 기본 움직임 기술을 탐색하고 간단한 활동 상황에서 기본 움직임 기술을 시도하고 습득하는 것을 평가한다. 다양한 기본 움직임 기술의 정확하고 효과적인 수행 능력 습득에 평가의 초점을 맞추고, 이를 활용한 움직임 기술의 연결 능력과 스포츠 유형별 기본 기능에 적합한 복합 움직임 기술의 수행 능력을 평가한다.
- 기본 움직임 기술을 움직임의 요소에 따라 실제로 다양하게 수행할 수 있는지를 평가하도록 한다. 일회성 평가를 지양하고 간단한 게임 상황에서 각각의 움직임 기술을 상황에 맞게 수행할 수 있는지를 평가한다. 이를 위해 움직임 기술 수행 능력 평가, 체크리스트, 자기 평가 등의 다양한 평가 방법을 학습 상황에 맞게 활용한다.
- 3~4학년군 스포츠 영역의 지식에 관한 이해력은 스포츠의 의미와 유형에 관한 이해를 간단한 질의응답이나 평가지를 통해 확인할 수 있으며, 스포츠 관련 움직임 수행 능력은 기본 움직임 기능 및 복합 움직임 기능을 조작적 상황 또는 게임 상황에서 평가할 수 있다. 가치·태도의 실천 능력은 지속적인 태도 변화를 관찰하거나 체크리스트, 성찰 일지, 관찰 등의 평가 방법과 함께 수업 상황에서의 실천 여부를 중심으로 평가한다.
- 3~4학년군 스포츠 영역에서는 다양한 기본 움직임을 탐색하고 습득하는 과정을 통해 개인별 특성을 존중하고, 상호 존중 및 공동체 의식을 함양할 수 있도록 교수·학습을 계획하고 평가한다.

(3) 표현

[4체03-01] 표현 활동의 의미와 기본 움직임 기술과의 관계를 파악한다.
[4체03-02] 움직임 요소에 따른 기본 움직임 기술의 표현 방법을 파악하고 시도한다.
[4체03-03] 기본 움직임 기술을 활용하여 사물이나 자연을 모방하여 표현한다.
[4체03-04] 기본 움직임 기술을 활용하여 느낌이나 생각을 표현한다.
[4체03-05] 기본 움직임 기술을 리듬에 맞춰 표현한다.
[4체03-06] 기본 움직임 기술을 도구를 활용하여 표현한다.
[4체03-07] 움직임의 심미적 표현에 대한 호기심과 감수성을 나타낸다.

(가) 성취기준 해설

- [4체03-01]은 표현 활동의 의미, 표현 활동과 기본 움직임 기술과의 관계를 이해하기 위해 설정하였다. 표현 활동에서의 움직임 기술과 운동 및 스포츠 영역에서의 움직임 기술의 차이를 이해함으로써 표현 활동에서 움직임 기술의 창의적이고 심미적인 특성을 이해하도록 한다.
- [4체03-02]는 움직임 요소에 따른 다양한 기본 움직임 기술을 학습함으로써 표현 활동의 기본 수행 능력을 기르기 위해 설정하였다. 이동 움직임, 비이동 움직임, 조작 움직임 기술을 체험하되 신체, 노력, 공간, 관계 등 움직임 요소의 변화에 따라 기본 움직임 기술을 창의적이고 심미적으로 표현하도록 한다.
- [4체03-03]은 기본 움직임 기술을 활용한 모방 표현 능력을 기르기 위해 설정하였다. 기본 움직임 기술을 활용하여 사물, 인물, 자연 현상 등의 모양과 움직임을 모방하여 표현하는 방법을 탐색하고 그 특징을 살려 표현하도록 한다.
- [4체03-04]는 기본 움직임 기술을 활용한 추상 표현 능력을 기르기 위해 설정하였다. 기본 움직임 기술을 활용하여 느낌과 생각 등을 동작으로 표현하는 방법을 탐색하고 창의적으로 표현하도록 한다.
- [4체03-05]는 기본 움직임 기술을 활용한 리듬 표현 능력을 기르기 위해 설정하였다. 기본 움직임 기술을 활용하여 박자, 강약, 빠르기, 패턴에 맞춰 표현하는 방법을 탐색하고 리듬감을 살려 표현하도록 한다.
- [4체03-06]은 기본 움직임 기술을 활용한 도구 표현 능력을 기르기 위해 설정하였다. 기본 움직임 기술을 활용하여 줄, 공, 천, 훌라후프 등 도구의 특성을 활용한 표현 방법을 탐색하고 도구의 조작과 움직임을 연결하여 표현하도록 한다.
- [4체03-07]은 움직임을 심미적으로 표현하는 것에 대한 호기심과 감수성을 갖도록 설정하였다. 기본 움직임 기술을 아름답게 표현하며 움직임을 심미적으로 표현하는 다양한 자극에 관심을 갖고 운동이나 스포츠 기술과는 다른 감성을 느낄 수 있도록 한다.

(나) 성취기준 적용 시 고려 사항

- 3~4학년군 표현 영역에서는 표현 활동의 의미와 움직임 기술의 관계에 관한 이해를 바탕으로, 움직임 요소에 따른 표현 기술을 파악하고, 모방 및 추상 표현 방법, 리듬, 도구 등을 활용한 표현 방법을 탐색하여 발표함으로써 표현 활동의 기본 능력을 기르도록 한다. 표현에 관한 이해의 폭을 넓힐 수 있도록 다양한 표현 사례를 직·간접적으로 학습할 기회를 제공한다.
- 모방 표현 방법을 학습하면서 모방 대상의 움직임을 충분히 관찰하고 자유로운 방식으로 표현할 수 있는 학습 분위기를 조성하며, 자연 현상과 주변 환경을 모방 대상으로 설정함으로써 생태전환적 관점에서 환경을 이해할 기회를 제공한다. 추상 표현 방법의 경우 느낌이나 생각을 자유롭게 나타내고, 타인의 표현 방법을 존중하는 허용적인 학습 분위기를 조성한다. 리듬 표현에서는 음악뿐만 아니라 자연 현상이나 생활에서 나타나는 규칙적, 불규칙적 리듬에 따라 신체 표현을 할 수 있도록 표현 대상을 다양화한다. 도구를 활용한 표현의 경우 사전에 안전한 도구 사용 방법을 충분히 숙지하고 그 특징을 파악하여 표현 활동에 활용하도록 한다.
- 기본 움직임 기술의 표현 방법은 자기 주도적 학습을 통해 다양한 움직임 요소를 반영한 기본 움직임 기술을 탐색할 기회를 제공하고, 탐색한 움직임을 모둠별로 공유할 수 있도록 협력 중심의 수업을 설계하고 운영할 수 있다. 또한 협력하여 만든 작품을 서로 발표하고 감상하는 과정을 통해 표현을 위한 움직임 기술을 넓게 탐색하도록 한다.

- 3~4학년군 표현 영역에서는 생각과 느낌을 자유롭게 움직임으로 표현하는 과정에서 인간의 신체적 자유에 대한 기본 권리와 행복추구권을 연계하고, 다양한 표현 방식을 이해하고 존중하는 태도를 학습하도록 한다.
- 3~4학년군 표현 영역에서는 표현과 움직임 기술의 관계, 움직임 요소에 따른 다양한 기본 움직임 기술의 이해력, 표현 방법에 따른 움직임 기술의 수행과 구성 능력, 표현 활동 과정에서 나타나는 움직임에 관한 호기심과 감수성을 균형 있게 평가한다.
- 모방 대상의 특징을 움직임의 관점에서 파악하고 표현하는 능력, 생각과 느낌을 움직임으로 표현하는 능력, 리듬에 맞춰 다양한 요소에 따라 움직임을 표현하는 능력, 도구의 특성을 활용하여 심미적으로 표현하는 능력을 종합적으로 평가한다.
- 3~4학년군 표현 영역에서 표현의 의미와 움직임 기술의 관계에 대한 지식은 지필평가 외에 실제 움직임 표현 과정에서의 이해력을 중심으로 평가한다. 움직임 표현 능력은 표현 동작 검사, 관찰 평가, 프로젝트 평가 등을 활용하여 움직임 기술과 표현 방법의 선택, 동작 수행, 구성의 과정을 종합적으로 평가한다. 가치·태도에 관한 평가는 표현 활동의 적극성과 긍정적인 태도 변화를 관찰하거나 수행 일지, 감상문 등을 통해 평가할 수 있다.

〈표 1-2〉 초등학교 3~4학년군의 신체활동 예시

영역	세부 영역	신체활동 예시
운동	기본 체력 운동	• 체력 운동 관련 기본 움직임 기술(걷기, 달리기, 매달리기, 버티기나 굽히기, 밀기, 당기기 등) • 체력 운동 기능(오래 달리거나 걷기, 팔굽혀펴기, 윗몸말아올리기, 왕복달리기 등)
	건강 운동 및 생활 습관	• 건강 생활 습관(자세, 체중 및 체형 관리, 위생, 식습관, 정서 관리 활동 등) • 운동 생활 습관(맨손체조, 산책, 계단 오르기, 생활 주변 운동기구 활용하기 등)
스포츠	기본 움직임의 기초 기술	• 이동 움직임(방향 전환 달리기, 뛰기, 구르기, 물에서 이동하기 등) • 비이동 움직임(균형잡기, 구부리기, 회전하기, 물에 뜨기 등) • 조작 움직임(던지기, 굴리기, 차기, 잡기, 치기, 튀기기, 몰기, 타기 등)
	스포츠 유형별 움직임 기술	• 기술형 스포츠 유형별 움직임(앞뒤 구르기, 옆돌기, 전력 달리기, 헤엄치기, 발차기 등) • 전략형 스포츠 유형별 움직임(공던지기와 잡기, 공몰기, 공차기와 멈추기, 공치기와 받기, 라켓으로 치기 등) • 생태형 스포츠 유형별 움직임(균형 잡고 이동하기, 타고 버티기, 잡고 오르기 등)
표현	기본 움직임의 기초 표현	• 이동 움직임 표현(워킹, 점핑, 호핑, 스키핑, 갤러핑, 리핑, 슬라이딩 등) • 비이동 움직임 표현(펴기, 접기, 비틀기, 제자리 돌기, 털기, 흔들기 등) • 조작 움직임 표현(들기, 돌리기 등)
	기본 움직임의 표현 방법	• 추상 표현(언어 표현, 느낌이나 생각 표현하기 등) • 모방 표현(사물 표현, 인물 표현, 자연 현상 표현하기 등) • 리듬 표현(박자, 강약, 빠르기, 패턴에 따라 표현하기 등) • 도구 표현(줄, 공, 천, 훌라후프 등을 활용하여 표현하기 등)

[초등학교 5~6학년]

(1) 운동

[6체01-01] 건강 체력과 운동 체력의 의미와 요소를 파악하고 다양한 운동 방법을 탐색한다.
[6체01-02] 건강 체력과 운동 체력을 측정하고 자신의 체력 수준에 맞는 운동을 시도한다.
[6체01-03] 성장 발달의 의미와 특성을 이해하고 운동과의 관계를 파악한다.
[6체01-04] 운동 및 생활 속 위험 상황, 성장 발달을 저해하는 생활 방식의 문제점을 파악하고 예방 및 대처 방법을 익혀 안전하게 활동한다.
[6체01-05] 체력 운동을 끈기 있게 규칙적으로 수행한다.
[6체01-06] 성장과 발달 과정에서 나타나는 신체적, 정서적, 사회적 특성과 차이를 공감하고 위험 상황에 침착하게 대처한다.

(가) 성취기준 해설

- [6체01-01]은 3, 4학년군에서 학습한 기본 운동 방법을 체력 요소별로 구분하여 이해하고 체력 요소별로 다양한 운동 방법을 탐색하기 위해 설정하였다. 체력을 건강 체력과 운동 체력으로 구분하고, 유형별 체력 요소를 이해하며, 학습자 스스로 자신의 수준에 적합한 체력 요소별 운동 방법을 찾도록 한다.
- [6체01-02]는 자신의 건강 체력과 운동 체력 수준을 파악하여 체력을 증진할 수 있는 다양한 운동 방법을 선택하고 실천하기 위해 설정하였다. 자신의 우수한 체력과 부족한 체력이 무엇인지를 파악하고, 특히 부족한 체력을 기르기 위해 체력 수준에 적합한 운동 방법을 탐색하여 꾸준하게 실천하도록 한다.
- [6체01-03]은 자신의 성장 발달을 이해하고, 운동이 성장 발달에 미치는 긍정적인 영향을 이해하기 위해 설정하였다. 성장에 따른 신체적, 정서적 변화, 특히 제2차 성징에 대한 이해를 바탕으로 자신의 성장 발달 양상을 긍정적으로 파악하고, 사춘기에 운동이 신체적, 정서적, 사회적 성장 발달에 바람직한 영향을 미친다는 점을 이해하도록 한다.
- [6체01-04]는 운동과 일상생활에서 발생할 수 있는 다양한 안전사고의 유형과 성장 발달을 저해하는 생활 방식의 문제점을 파악하고 침착하게 대처하기 위해 설정하였다. 운동 시설이나 용·기구, 지상·수상·빙상 등의 다양한 운동 환경에서 발생할 수 있는 안전사고, 건강한 성장 발달에 부정적인 생활 습관(흡연, 음주, 약물 오·남용 등), 안전을 위협하는 생활 및 자연 환경을 탐색하며 건강하고 안전한 생활 습관을 실천하도록 한다.
- [6체01-05]는 체력 증진에 필요한 끈기와 근면성을 기르기 위해 설정하였다. 단기간에 증진되기 어려운 체력 운동의 특성상, 학습자가 운동 과정에서 쉽게 포기하지 않도록 체력 증진을 저해하는 개인적, 환경적 조건을 탐색하고 극복하면서 체력 운동을 규칙적으로 수행하도록 한다.
- [6체01-06]은 성장과 발달 과정에서 개인별 차이를 공감하며, 안전을 위협하는 위험 상황에 대처하기 위해 설정하였다. 자신의 신체적, 정서적, 사회적 건강 특성이 다른 사람과 어떤 차이가 있고, 그러한 차이를 공감하는 것이 자신과 공동체에 어떤 영향을 미치는지를 실제 사례를 통해 이해하도록 한다.

(나) 성취기준 적용 시 고려 사항

- 5~6학년군 운동 영역에서는 체력 유형별로 각 체력 요소에 적합한 운동을 선정하고 자기 수준에 맞는 운동 방법을 찾아 실천하도록 한다. 운동을 통해 신체의 성장과 발달 및 체력 향상뿐만 아니라 정서적, 사회적 성장 발달과의 관계를 파악할 수 있도록 교수·학습을 운영한다.
- 체력 운동에서는 건강 체력과 운동 체력의 요소를 학습자가 이해하기 쉬운 수준으로 안내하고, 체력 요소별로 다양한 운동 방법을 선정하며, 끈기와 근면함을 바탕으로 자신의 체력을 점진적으로 증진할 수 있도록 단계적으로 학습을 운영한다. 건강 활동에서는 신체 성장에 따른 신체적 변화와 제2차 성징에 대한 이해와 함께 양성평등 감수성을 갖출 수 있도록 운영하고, 다양한 운동을 시도해 보면서 운동이 신체의 성장과 발달, 정서적 건강, 사회적 관계에 긍정적인 영향을 미친다는 것을 체험하도록 한다.
- 건강 체력과 운동 체력의 측정 결과를 참고하여 자신의 체력 강점과 약점을 파악하고, 수준에 적합한 운동을 선정하여 안전하게 활동할 수 있도록 운영한다. 개인별 성장 및 발달 속도의 차이, 성별에 따른 차이를 인권 보호 및 양성 평등적 관점에서 수용할 수 있도록 하며, 디지털 도구와 프로그램을 활용하여 지속적이고 자기 주도적인 건강 관리와 체력 운동을 실천하도록 한다.
- 5~6학년군 운동 영역에서는 개인적, 사회적으로 올바른 생활 양식의 실천을 민주시민 교육과 양성평등 및 상호 존중의 인권 교육과 연계하여 학습하도록 한다.
- 5~6학년군 운동 영역에서는 건강 체력과 운동 체력, 체력 요소별 운동 방법, 운동과 성장 발달, 안전한 생활 습관에 관한 이해력, 체력 측정 결과를 바탕으로 다양한 운동을 안전하게 시도할 수 있는 운동 및 건강 활동 수행 능력, 일상생활에서 체력 운동에 끈기 있고 꾸준하게 참여하면서 개인별 차이를 공감하고 수용하는 태도를 균형 있게 평가한다.
- 체력 운동에서는 체력 측정 결과 자체보다는 자신의 체력 수준에 적합한 체력 운동을 선정하고 계획하여 안전하게 실천하는 과정을 중심으로 평가한다. 건강 활동은 학습자가 운동이나 건강 활동을 하면서 자신과 타인의 신체적, 정서적 성장 발달의 차이를 공감하고 배려하면서 건강하고 안전한 생활 습관을 실천하는 태도를 평가한다.
- 5~6학년군의 운동 영역의 지식은 체력 운동 및 건강 활동 과정에서의 이해력을 중심으로 평가한다. 체력 운동 및 건강 활동 수행 능력과 태도는 체력 및 건강을 증진할 수 있는 다양한 운동 및 건강 습관을 일상생활에서 꾸준하게 실천하는 과정과 결과를 체력 및 건강 검사, 체크리스트, 개인일지 등을 활용하거나 디지털 도구 및 온라인 교수·학습 방법을 적용하여 평가한다.

(2) 스포츠

[6체02-01] 기술형 스포츠의 의미와 유형을 파악한다.
[6체02-02] 기술형 스포츠 유형별로 기본 움직임 기술을 응용한 기본 기능을 파악하고 수행한다.
[6체02-03] 기술형 스포츠 유형별 활동 방법을 파악하고 기본 전략을 게임 활동에서 수행한다.
[6체02-04] 전략형 스포츠의 의미와 유형을 파악한다.
[6체02-05] 전략형 스포츠 유형별로 기본 움직임 기술을 응용한 기본 기능을 파악하고 수행한다.
[6체02-06] 전략형 스포츠 유형별 활동 방법을 파악하고 기본 전략을 게임 활동에서 수행한다.
[6체02-07] 생태형 스포츠의 의미와 유형을 파악한다.
[6체02-08] 생태형 스포츠 유형별로 기본 움직임 기술을 응용한 기본 기능을 파악하고 수행한다.
[6체02-09] 생태형 스포츠 유형별 활동 방법을 파악하고 기본 전략을 게임 활동에서 수행한다.
[6체02-10] 스포츠 활동에 참여하며 목표를 달성하기 위한 의지를 실천하고 상대의 기술을 인정한다.
[6체02-11] 스포츠 활동에 참여하며 팀원과 협력하고 구성원을 배려한다.
[6체02-12] 스포츠 활동에 참여하며 환경을 아끼고 감사하는 태도를 실천한다.

(가) 성취기준 해설

- [6체02-01]은 기술형 스포츠의 의미와 유형을 이해하기 위해 설정하였다. 기술의 수월성을 추구하는 기술형 스포츠의 의미를 이해하고 다양한 환경(지상, 수상, 빙상 등)에서의 움직임 기록 향상을 위한 기록형, 일련의 절차와 방법이 정해진 움직임을 정확하게 수행하는 동작형, 상대방의 신체적 기량과 겨루는 투기형으로 구분하여 유형별 움직임의 세부 특성을 파악하도록 한다.
- [6체02-02]는 기록형, 동작형, 투기형 스포츠에서 기본 움직임 기술을 응용한 기본 기능을 효과적으로 활용하기 위해 설정하였다. 속도와 거리, 정확성에 도전하는 기록형 스포츠의 기본 기능(도움닫기 하여 멀리뛰기, 목표물에 정확히 던지기 등), 절차와 방법이 정해진 움직임을 수행하는 동작형 스포츠의 기본 기능(손 짚고 옆돌기, 다리 벌려 뛰어넘기 등), 상대방과 신체적 기술을 겨루는 투기형 스포츠의 기본 기능(발차기, 다리 걸기 등)을 게임 상황에 맞게 효율적으로 수행하도록 한다.
- [6체02-03]은 기록형, 동작형, 투기형 스포츠의 활동 방법과 기본 전략을 활용하기 위해 설정하였다. 기록형, 동작형, 투기형 스포츠를 변형한 게임 활동의 경기 방법을 이해하고, 기록 측정과 분석, 동작 수행의 점검과 분석, 자신과 상대의 기량 확인과 분석 등 기술형 스포츠의 기본 전략을 파악하고 수행하도록 한다.
- [6체02-04]는 전략형 스포츠의 의미와 유형을 이해하기 위해 설정하였다. 움직임 기능 수행 능력과 전략에 따라 승패가 결정되는 전략형 스포츠의 의미를 이해하고 스포츠의 유형을 상대 영역으로 이동하여 정해진 지점으로 공을 보내 득점하는 영역형, 동일 공간에서 공격과 수비를 번갈아 하며 정해진 구역을 돌아 점수를 얻는 필드형, 네트 너머에 있는 상대 영역에 공을 보내 넘기지 못하게 하여 득점하는 네트형으로 구분하여 각각의 세부 특성을 파악하도록 한다.

- [6체02-05]는 영역형, 필드형, 네트형 스포츠에서 기본 움직임 기술을 응용한 기본 기능을 효과적으로 활용하기 위해 설정하였다. 패스, 드리블, 슛 등과 같은 영역형 스포츠의 기본 기능, 포구, 송구, 타격, 주루 등과 같은 필드형 스포츠의 기본 기능, 서브, 리시브, 토스, 스트로크(스매싱) 등과 같은 네트형 스포츠의 기본 기능을 변형 게임이나 뉴스포츠 수준의 게임 상황에 맞게 효율적으로 수행하도록 한다.
- [6체02-06]은 영역형, 필드형, 네트형 스포츠의 활동 방법과 기본 전략을 활용하기 위해 설정하였다. 영역형, 필드형, 네트형 스포츠를 변형한 게임이나 뉴스포츠와 같은 게임 활동에 참여하며 경기 방법을 파악하고, 공간 만들기, 공간 차단하기, 골 넣기와 막기, 빈 곳으로 공 치기, 구역과 역할 나누어 수비하기, 빈 곳으로 공 넘기기, 유기적으로 역할 분담하기 등 전략형 스포츠의 기본 전략을 파악하고 수행하도록 한다.
- [6체02-07]은 생태형 스포츠의 의미와 유형을 이해하기 위해 설정하였다. 다양한 환경 맥락에 따라 활동 특성이 나타나는 생태형 스포츠의 의미에 관한 이해를 바탕으로 생활 주변의 환경을 이용하여 활동하는 생활환경형, 자연환경과 상호작용하며 활동하는 자연환경형으로 구분하여 유형별 세부 특성을 파악하도록 한다.
- [6체02-08]은 생활환경형, 자연환경형 스포츠에서 기본 움직임 기술을 응용한 기본 기능을 효과적으로 활용하기 위해 설정하였다. 주변 생활환경에서 할 수 있는 골프형 게임, 디스크형 게임, 자전거 타기, 롤러스케이팅, 클라이밍 활동, 민속놀이 등과 자연환경에서 체험할 수 있는 등산 활동, 캠핑 활동, 수상 활동, 설상 활동 등 생태형 스포츠의 기본 기능을 익혀 주변의 다양한 활동 상황에 맞게 환경친화적으로 수행하도록 한다.
- [6체02-09]는 생활환경형, 자연환경형 스포츠의 활동 방법과 기본 전략을 활용하기 위해 설정하였다. 생활환경형, 자연환경형 스포츠를 변형한 게임이나 뉴스포츠 수준의 활동에 참여하며 활동 방법을 파악하고 스포츠 환경에 적합한 활동의 선정과 장비 사용, 안전하고 환경친화적인 활동과 정리 등 생태형 스포츠의 기본 활동 방법과 전략을 파악하고 수행하도록 한다.
- [6체02-10]은 스포츠 활동에 참여하며 목표 달성을 위한 의지와 상대 기술을 인정하는 태도를 기르기 위해 설정하였다. 스스로 목표를 설정하고 책임감 있게 꾸준히 실천하도록 하며, 함께 참여하는 상대 팀과 구성원의 우수한 기술을 인정하고 배우는 태도를 실천하도록 한다.
- [6체02-11]은 스포츠에 참여하며 팀원과 협력하고 구성원을 배려하는 태도를 기르기 위해 설정하였다. 민주적인 의사결정을 통해 역할을 분담하고 전략을 수립하는 등 팀원과의 협력을 강조하며, 기능 수행에 어려움을 겪는 학습자를 도와주고 배려함으로써 팀의 활동 성과를 공유하도록 한다.
- [6체02-12]는 스포츠 활동 환경을 아끼고 감사하는 태도를 기르기 위해 설정하였다. 주변의 다양한 스포츠 시설 및 용·기구 현황을 탐색하고 이를 적극적으로 활용하면서 학교 및 지역사회가 제공하는 스포츠 복지의 중요성을 이해하도록 한다. 또한 스포츠 환경을 아끼고 보존함으로써 지속해서 혜택을 누릴 수 있다는 점에 감사함을 느낄 수 있도록 한다.

(나) 성취기준 적용 시 고려 사항

- 5~6학년군 스포츠 영역에서는 3~4학년에서 학습한 스포츠와 움직임에 관한 지식, 기본 움직임 기술과 스포츠 유형별 기본 기능 및 태도를 바탕으로 기술형, 전략형, 생태형 스포츠의 의미와 유형, 기본 기능과 연계한 움직임 기술의 응용 방법과 기본 전략을 학습할 수 있도록 한다. 특히 스포츠 활동을 체험할 수 있는 주변 환경을 아끼는 태도와 목표 달성을 위한 의지를 발휘하며 경기 결과에 집착하지 않고 팀원과 협력하며 동료를 배려하는 태도를 꾸준히 실천할 수 있도록 교수·학습을 운영한다.

- 기술형 스포츠에서는 동작형, 기록형, 투기형 스포츠의 유형별 목표 달성에 효과적인 응용 기능, 활동 방법, 전략을 파악하고 시도하는 데 중점을 둔다. 기본 움직임 기술을 경기에서 활용할 수 있는 응용 기능으로 발전시켜 학습하면서 기록을 향상하거나, 동작의 정확성을 추구하며, 상대의 기술에 맞춰 상호작용하는 기술형 스포츠의 특징을 학습할 수 있는 변형 게임이나 뉴스포츠 등의 활동을 선정하고 운영한다.
- 전략형 스포츠에서는 영역형, 필드형, 네트형 스포츠의 유형별로 개인 또는 팀의 전략을 겨루는 활동에 효과적인 응용 기능, 활동 방법, 전략을 파악하고 시도하는 데 중점을 둔다. 학습자가 활동 방법과 기본 전략을 협력적으로 수행하고 역할을 맡으며 민주적 의사결정 과정을 경험하도록 활동을 조직하고, 전략형 스포츠의 기본 전략을 학습할 수 있는 변형 게임이나 뉴스포츠 등의 활동을 선정하고 운영한다.
- 생태형 스포츠에서는 자연환경형, 생활환경형 스포츠 유형별로 환경과 상호작용하며 즐길 수 있는 활동에 유용한 응용 기능, 활동 방법, 전략을 파악하고 시도하는 데 중점을 둔다. 단위 학교의 환경을 고려한 활동으로 재구성하여 직접 체험하거나 디지털 기술을 활용하여 다양한 활동을 간접적으로 체험할 수 있도록 한다. 또한 가족이나 친구들과 함께 학교 밖 여가활동으로 이어질 수 있는 실천 방법을 안내하고 주변 환경을 보호하는 활동(플로킹, 플로깅 등)을 병행하여 생태적 감수성을 높이도록 한다.
- 스포츠 영역에서는 교내외 체육 시설 이용에 따른 안전사고를 예방할 수 있도록 교수·학습을 운영한다.
- 5~6학년군 스포츠 영역에서는 기술형·전략형·생태형 스포츠의 의미와 유형, 활동 방법과 기본 전략에 관한 이해력, 스포츠 유형별 기본 기능의 습득을 위한 움직임 기술의 응용 방법과 활동 수행 능력, 목표 달성 과정에서 인내하고 팀원과 협력하며 상대를 배려하고 스포츠 환경을 아끼고 감사하는 태도를 균형 있게 평가한다.
- 기술형 스포츠에서는 학습자 수준별로 목표 달성 여부, 수행 과정에서의 변화 정도를 평가한다. 전략형 스포츠에서는 개인별 기본 움직임 기술의 응용 기능 및 전략 수행 능력과 함께 팀별 활동 수행 능력을 함께 평가한다. 생태형 스포츠에서는 생활 및 자연환경의 활용 능력뿐만 아니라 자연환경을 보호하기 위한 활동을 병행함으로써 스포츠 환경을 아끼고 감사하는 태도를 함께 평가한다.
- 5~6학년군의 스포츠 영역 지식에 관한 이해력은 자기 점검 및 경기 분석 보고서, 포트폴리오 등을 활용하고, 기본 움직임 기술을 응용한 게임의 기본 기능은 동작 분석용 애플리케이션 등 디지털 도구를 활용한 평가, 게임 수행 능력은 활동 중 기본 기능과 전략을 평가할 수 있는 체크리스트 등을 활용한다. 교육환경의 제약으로 생태형 스포츠를 학습하기 힘든 경우, 간접 체험 활동을 통해 평가할 수 있다.

(3) 표현

[6체03-01] 표현 활동의 의미와 유형을 파악한다.
[6체03-02] 스포츠 표현에서 움직임 기술을 응용한 기본 동작을 파악하고 표현한다.
[6체03-03] 스포츠 표현의 기본 동작을 다양하게 구성하여 발표하고 감상한다.
[6체03-04] 전통 표현에서 움직임 기술을 응용한 기본 동작을 파악하고 표현한다.
[6체03-05] 전통 표현의 기본 동작을 다양하게 구성하여 발표하고 감상한다.
[6체03-06] 현대 표현에서 움직임 기술을 응용한 기본 동작을 파악하고 표현한다.
[6체03-07] 현대 표현의 기본 동작을 다양하게 구성하여 발표하고 감상한다.
[6체03-08] 다양한 표현 활동 유형을 수용하고, 움직임 표현의 아름다움을 추구한다.

(가) 성취기준 해설

- [6체03-01]은 표현 활동 의미와 유형을 이해하기 위해 설정하였다. 스포츠에서 신체 움직임의 심미성을 다루는 스포츠 표현, 민족의 고유한 전통을 신체 움직임으로 표현한 전통 표현, 자유로운 형식으로 움직임을 표현하는 현대 표현의 유형별로 다양한 작품을 직·간접적으로 체험함으로써 기본 동작과 구성 방법의 공통점과 차이점을 중심으로 특징을 파악하도록 한다.
- [6체03-02]는 스포츠 표현의 기본 움직임 기술과 응용 동작을 탐색하고 심미적으로 표현하기 위해 설정하였다. 신체활동의 예술적 아름다움을 추구하는 스포츠 표현의 기본 동작에 적합한 움직임 기술의 응용 동작을 심미적으로 표현하도록 한다.
- [6체03-03]은 스포츠 표현에 적합한 움직임 기술의 응용 동작을 활용하여 작품을 구성하고 표현하기 위해 설정하였다. 스포츠 표현에 적합한 움직임 기술의 응용 동작을 창의적으로 구성하고, 개인 또는 모둠별로 간단한 작품을 만들어 발표하며 작품의 의도와 동작의 심미성을 감상하도록 한다.
- [6체03-04]는 우리나라와 세계 여러 민족과 지역에서 전해 내려오는 전통 표현에서 기본 움직임 기술을 응용한 동작의 문화적 특징을 파악하고 그 특성을 살려 표현하기 위해 설정하였다. 전통 표현의 기본 동작에 적합한 움직임 기술의 응용 동작을 문화적 특색이 드러나게 표현하도록 한다.
- [6체03-05]는 전통 표현에 적합한 움직임 기술의 응용 동작을 활용하여 작품을 구성하고 표현하기 위해 설정하였다. 다양한 전통 표현에 담긴 역사와 특성을 이해하고 전통 표현의 움직임 기술 응용 동작을 문화적 특성에 따라 구성한다. 개인 또는 모둠별로 간단한 작품을 만들어 발표하며 작품의 의도와 동작이 갖는 전통적 의미를 감상하도록 한다.
- [6체03-06]은 현대 표현에서 기본 움직임 기술을 응용한 동작의 자유로움이 갖는 특징을 파악하고 창의적으로 표현하기 위해 설정하였다. 기본 동작에 적합한 움직임 기술 응용 동작을 기존의 표현 방법이나 틀에 얽매이지 않고 자유롭고 창의적으로 표현하도록 한다.
- [6체03-07]은 현대 표현에 적합한 움직임 기술의 응용 동작을 활용하여 작품을 구성하고 표현하기 위해 설정하였다. 현대 표현에 적합한 움직임 기술의 응용 동작을 표현의 주제와 자유로운 흐름을 고려하여 구성한다. 개인 또는 모둠별로 간단한 작품을 만들어 발표하며 작품의 의도를 현대 사회의 문화적 특징과 비교하며 감상하도록 한다.
- [6체03-08]은 다양한 표현 활동 유형을 긍정적으로 수용하고 움직임 표현의 아름다움을 추구하도록 설정하였다. 다양한 표현 유형에 담긴 의미와 표현 특성을 직·간접적으로 탐색하며 표현 문화에 대한 이해의 폭을 확장하고 움직임 표현의 아름다움을 추구하도록 한다.

(나) 성취기준 적용 시 고려 사항

- 5~6학년군 표현 영역에서는 3~4학년군에서 학습한 표현과 움직임에 관한 지식, 기본 움직임 기술과 표현 유형별 기본 움직임 기술 및 태도를 바탕으로 스포츠 표현, 전통 표현, 현대 표현의 의미와 유형, 기본 움직임 기술의 심미적 응용 동작과 구성 방법을 학습하도록 한다. 스포츠 표현, 전통 표현, 현대 표현의 유형별 다양한 사례를 직·간접적으로 체험함으로써 공통점과 차이점을 인식할 수 있도록 교수·학습을 운영한다.

- 스포츠 표현에서는 기술적 표현과 예술적 표현이 강조되는 활동을 중심으로 신체활동을 선정하되 움직임이나 동작의 개수, 난이도를 고려하여 절차와 규칙을 간소화한 형식으로 활동을 구성한다. 전통 표현에서는 우리나라와 세계 여러 나라의 전통 표현을 체험함으로써 문화와 관련된 움직임 표현의 특성을 파악할 수 있도록 하며, 다양한 문화를 존중하고 수용하는 태도를 기를 수 있도록 한다. 현대 표현의 경우 최근의 문화적 변화를 반영한 다양한 표현 사례를 직·간접적으로 체험할 기회를 제공함으로써 표현 문화의 개인적, 사회적 가치를 인식하도록 하며, 창의적이고 자유로운 표현이 가능한 분위기를 조성한다.
- 표현 유형별 의미와 특징을 활동 과정에서 자연스럽게 이해할 수 있도록 하며, 언어와 이미지, 영상 등을 활용한다. 표현 유형별 움직임 기술의 응용 동작은 기본 및 복합 움직임 기술을 표현 유형별 동작에 맞게 연결하되, 다양한 표현 동작을 학습자 스스로 탐색할 수 있도록 한다. 모둠별 협력 수업을 통해 표현 동작을 공유하고 개선할 수 있도록 운영하고, 동작의 연결, 대형의 선택, 예술적 표현 방법 등 표현 동작과 구성 방법을 설계하며, 작품의 의도와 표현 동작의 심미적 특성을 고려하여 기본적인 감상이 이루어지도록 한다. 특히 모둠별 작품 구성 및 발표 과정에서 발생할 수 있는 안전사고를 예방할 수 있도록 교수·학습을 운영한다.
- 5~6학년군 표현 영역에서는 표현 유형에 따라 심미성을 추구하는 다양한 표현 방식을 존중하는 태도를 기를 수 있도록 한다. 이를 위해 세계 여러 나라의 전통 표현을 체험하면서 문화와 전통의 다양성을 존중하는 다문화 교육과 연계하여 운영할 수 있다.
- 5~6학년군 표현 영역에서는 표현 활동 유형별 움직임 기술의 공통점과 차이점에 관한 이해, 유형별 특성을 반영한 움직임 기술의 표현 능력, 작품을 구성하고 감상할 수 있는 능력, 다양한 표현 활동 유형을 수용하는 태도와 움직임 표현의 아름다움을 추구하는 태도를 균형 있게 평가한다.
- 스포츠 표현은 움직임 기술의 수행과 함께 심미적 표현 능력, 전통 표현에서는 표현에 담긴 문화적 특성을 이해하고 동작을 구성하여 발표하는 능력, 현대 표현에서는 타인의 작품을 공감하고 자신의 생각과 감정을 자유롭게 표현하며 감상하는 능력을 종합적으로 평가한다.
- 5~6학년군 표현 영역에서 표현 활동 유형별 의미와 특성에 관한 지식은 단순 지필평가보다는 유형별 표현 활동 과정에서의 이해력을 평가한다. 유형별 움직임 표현 능력은 표현 동작 평가, 관찰 평가, 동료 평가, 포트폴리오 평가 등을 활용하며, 유형별 특성이 잘 드러나도록 표현 방법의 선택, 수행, 구성 및 감상의 과정을 종합적으로 평가한다. 가치·태도에 관한 평가는 다양한 표현 활동 유형을 수용하고 표현 유형별 움직임의 아름다움을 추구하는 태도를 확인할 수 있는 관찰 평가, 개인일지, 감상문 등의 평가 방법을 활용한다.

〈표 1-3〉 초등학교 5~6학년군의 신체활동 예시

영역	세부 영역	신체활동 예시
운동	건강 체력 및 운동 체력	• 건강 체력 관련 운동(근력, 근지구력, 심폐지구력, 유연성 운동 등) • 운동체력 관련 운동(순발력, 민첩성, 평형성, 협응성 운동 등)
	성장 및 안전 활동	• 성장 관련 활동(신체 변화 및 제2차 성징 이해 활동, 감정 수용 및 조절 활동, 관계 형성 활동, 성 건강 활동 등) • 안전 활동(운동 관련 안전사고 예방 및 대처 활동, 생활 안전사고 예방 및 대처 활동, 자연환경 변화 대처 활동 등)
스포츠	기술형 스포츠 유형별 활동	• 기록형(육상 활동, 경영 활동, 빙상 활동, 표적 활동 등) • 동작형(매트 활동, 뜀틀 활동, 평균대 활동 등) • 투기형(태권도 활동, 씨름 활동 등)
	전략형 스포츠 유형별 활동	• 영역형(축구형 게임, 농구형 게임, 핸드볼형 게임, 럭비형 게임, 하키형 게임 등) • 필드형(야구형 게임 등) • 네트형(배구형 게임, 배드민턴형 게임, 족구형 게임, 탁구형 게임, 테니스형 게임 등)
	생태형 스포츠 유형별 활동	• 생활환경형(골프형 활동, 플라잉디스크형 활동, 자전거타기형 활동, 인라인스케이팅 활동, 스포츠클라이밍 활동, 민속놀이 등) • 자연환경형(오리엔티어링, 등산 활동, 캠핑 활동, 수상 활동, 설상 활동, 승마 활동 등)
표현	스포츠 표현 활동	창작체조 활동, 음악줄넘기 활동 등
	전통 표현 활동	우리나라의 민속무용 활동, 외국의 민속무용 활동 등
	현대 표현 활동	라인댄스 활동, 댄스스포츠 활동, 스트리트댄스 활동 등

[중학교 1~3학년]

(1) 운동

[9체01-01] 체력 증진의 의미를 이해하고 원리를 분석한다.
[9체01-02] 자신의 체력 수준에 맞는 체력 증진 운동을 실천한다.
[9체01-03] 체력 관리의 의미를 이해하고 원리를 분석한다.
[9체01-04] 자신의 체력을 진단하고 적합한 체력 관리 방법을 실천한다.
[9체01-05] 운동 처방의 의미를 이해하고 원리를 분석한다.
[9체01-06] 자신의 신체 조건이나 체력에 맞게 운동 처방 계획을 수립하고 안전하게 실천한다.
[9체01-07] 신체 건강의 의미를 이해하고 신체 건강 활동의 종류와 특성을 분석한다.
[9체01-08] 자신에게 적합한 신체 건강 활동 방법을 실천한다.
[9체01-09] 정신 건강의 의미를 이해하고 정신 건강 활동의 종류와 특성을 분석한다.
[9체01-10] 자신에게 적합한 정신 건강 활동 방법을 실천한다.
[9체01-11] 사회적 건강의 의미를 이해하고 사회적 건강을 위한 활동의 종류와 특성을 분석한다.
[9체01-12] 사회적으로 적합한 건강 활동 방법을 실천한다.
[9체01-13] 체력 운동을 하며 실천 의지와 인내심을 보이고 자기 주도적으로 문제를 해결한다.
[9체01-14] 건강 활동을 자율적으로 실천하며 자신과 공동체에 대한 안전을 추구한다.

(가) 성취기준 해설

- [9체01-01]은 체력 증진의 의미와 원리를 이해함으로써 효과적으로 체력 운동을 계획하기 위해 설정하였다. 체력 증진에 작용하는 과부하의 원리, 개별성의 원리, 점진성의 원리 등의 개념을 이해하고 분석하도록 한다.
- [9체01-02]는 체력 증진 원리에 따라 체력 요소별 운동 방법을 자신의 체력 수준에 적합하게 실천하기 위해 설정하였다. 체력 요소별로 심화된 수준의 체력 운동 방법을 이해하고 실천하도록 한다.
- [9체01-03]은 체력 관리의 의미와 원리를 이해함으로써 효과적으로 자신의 체력 관리 방법을 계획하기 위해 설정하였다. 일상생활에서 체력을 유지하거나 증진하는데 필요한 주 단위의 유산소성 운동, 유연성 운동, 근력 및 근지구력 운동, 좌식 생활 최소화 등 체력 관리의 기본 원리를 이해하고 분석하도록 한다.
- [9체01-04]는 일상생활에서 체력 관리 원리에 따라 체력 운동을 실천하기 위해 설정하였다. 일상생활에서 스스로 체력을 진단한 후 계획, 실행, 평가의 절차에 따라 체력 관리에 필요한 운동을 습관화하도록 한다.
- [9체01-05]는 운동 처방의 의미와 구성 요소를 이해함으로써 체력 증진 목표와 수준에 따라 맞춤형 운동 처방을 계획하기 위해 설정하였다. 운동 빈도, 운동 강도, 운동 시간, 운동 형태 등의 요소를 이해하고 각 요소가 운동 처방에 어떻게 활용되는지를 이해하고 분석하도록 한다.
- [9체01-06]은 운동 처방 원리에 따라 자신의 신체 조건이나 체력에 맞는 맞춤형 운동 처방을 실천하기 위해 설정하였다. 자신의 체격과 체력 발달 수준 검사, 운동 처방 목적 등을 고려하여 내용 설계, 실행, 평가 단계에 맞춰 운동 처방 프로그램을 안전하게 실천하도록 한다.

- [9체01-07]은 신체 건강을 유지하기 위한 활동을 이해함으로써 신체적으로 건강한 생활을 계획하기 위해 설정하였다. 운동 습관, 식이 관리, 약물과 기호품 관리, 질병 예방 등 신체 건강에 영향을 미치는 다양한 활동과 실천 방법, 효과 등을 이해하고 분석하도록 한다.
- [9체01-08]은 자신에게 필요한 신체 건강 활동을 실천하기 위해 설정하였다. 걷기, 스트레칭 등의 운동, 바른 자세, 올바른 식생활 및 기호품 관리, 약물 오남용 예방, 질병 예방 활동 등의 건강 활동을 일상생활에서 지속해서 실천하도록 한다.
- [9체01-09]는 정신 건강을 유지하기 위한 활동을 이해함으로써 정서적, 심리적으로 건강한 생활을 계획하기 위해 설정하였다. 스트레스 및 감정 조절 등 정신 건강에 영향을 미치는 다양한 활동과 실천 방법 및 효과 등을 이해하고 분석하도록 한다.
- [9체01-10]은 자신에게 필요한 정신 건강 활동을 실천하기 위해 설정하였다. 호흡법, 근육 이완법, 요가, 필라테스 등의 건강 활동을 일상생활에서 지속해서 실천하도록 한다.
- [9체01-11]은 사회적 건강을 유지하기 위한 활동을 이해함으로써 사회 구성원으로서 건강하고 안전한 생활을 계획하기 위해 설정하였다. 양성평등 및 성 건강, 생활 안전 등 가정, 학교, 지역사회 공동체에서 자신과 타인, 집단의 건강한 생활에 필요한 방법을 이해하고 분석하도록 한다.
- [9체01-12]는 사회 구성원에게 필요한 건강 활동을 실천하기 위해 설정하였다. 양성평등 및 성 건강 관련 활동, 생활 안전 활동, 재난·재해 예방 및 대처 활동, 응급처치 활동 등을 일상생활에서 지속해서 실천하며 긍정적인 사회적 관계를 형성해 나가도록 한다.
- [9체01-13]은 체력 운동을 지속해서 실천하기 위해 설정하였다. 체력 운동 과정에서 발생할 수 있는 시간적, 공간적 제약과 개인의 의지 등의 문제를 이겨내고 목표와 활동 방법을 주어진 환경에 맞게 수정하여 자기 주도적으로 활동을 지속하도록 한다.
- [9체01-14]는 건강 활동을 자율적으로 실천하는 능력을 기르기 위해 설정하였다. 자신의 건강뿐만 아니라 타인과의 관계, 사회 전체의 건강한 환경 조성을 위한 바람직한 태도를 실천하도록 한다. 개인의 자율성과 주도성을 바탕으로 공동체의 건강을 위해 타인과 함께 건강하고 안전한 환경을 조성하는 일에 적극적으로 참여하도록 한다.

(나) 성취기준 적용 시 고려 사항

- 중학교 1~3학년군 운동 영역에서는 초등학교에서 학습한 체력과 건강의 기본 지식, 운동 및 활동 방법, 태도를 심화하여 자신에게 적합한 운동을 체계적이고 자기 주도적으로 계획하고 실천할 수 있도록 교수·학습을 운영한다. 또한 신체적, 정신적, 사회적 건강 활동에 참여하며 건강한 생활 습관을 형성함으로써 개인의 심신 건강 및 사회적 건강 활동을 일상생활에서 꾸준하게 실천할 수 있도록 교수·학습을 운영한다.
- 체력 운동은 다양한 체력 증진과 관리의 원리를 충분히 이해하고 자신의 체력 수준을 파악하여 적합한 운동 방법을 개인 또는 모둠별로 탐색하고 실천할 수 있도록 교수·학습을 운영한다. 건강 활동에서는 개인의 신체적, 정신적 건강 증진과 더불어 사회적 건강 증진을 통해 민주시민으로서의 태도를 기르고 안전한 환경을 조성한다.

- 체력 운동의 원리와 건강 활동을 분석할 수 있도록 수업을 운영한다. 체력과 건강을 증진 및 관리하기 위한 운동과 활동 방법을 탐색하고 실천하는 과정에서 개별 체력 수준이나 신체 조건에 따라 자신에게 적합한 운동 방법을 선택하고 증진할 수 있도록 하며, 일상생활에서 쉽게 이용할 수 있는 용·기구, 시설을 활용한다. 또한 체력과 건강을 측정, 관리, 평가하는 과정에서 다양한 디지털 도구와 프로그램을 자기 주도적으로 활용하도록 한다. 체력과 건강의 중요성을 올바르게 인식하고 신체적, 정신적, 사회적 건강이 균형 있게 증진될 수 있도록 하며, 체력과 건강 수준의 차이로 인해 수업에서 소외되는 학습자가 없도록 한다.
- 개인의 건강과 공동체의 안전한 환경 조성에 관한 다양한 주제, 사회적 쟁점과 문제에 대해 자기 생각을 적극적으로 표현하고 토론하도록 유도하며 건강 관련 문제를 함께 이해하고 해결하는 태도를 학습하도록 한다.
- 중학교 1~3학년군 운동 영역에서는 체력 운동의 원리와 방법, 건강의 의미와 종류 및 특성을 분석할 수 있는 이해력, 체력과 건강을 증진하고 관리하기 위하여 자신에게 적합한 운동을 계획하고 지속해서 실천할 수 있는 건강 관리 능력, 체력 운동과 건강 활동의 가치를 생활 속에서 실천할 수 있는 능력을 균형 있게 평가한다.
- 체력 운동에서는 체력 증진, 체력 관리, 운동 처방의 원리에 대한 올바른 이해와 적합한 운동 방법을 적용하여 실천하는 것에 중점을 두어 평가한다. 건강 활동에서는 건강의 의미에 대한 이해와 건강 증진에 필요한 활동을 규칙적으로 실천하는 데 중점을 두어 평가한다. 특히 체력과 건강 증진에 대한 실천 의지와 인내심을 가지고 자기 주도적으로 운동하는 태도를 평가한다.
- 중학교 1~3학년군 운동 영역 지식에 관한 이해력은 탐구 보고서 등을 활용하여 실생활과 연계된 내용을 평가하고, 건강 관리 능력은 체력 및 건강 수준을 스스로 점검하고 확인할 수 있는 체크리스트나 운동 및 건강 실천 포트폴리오 등을 활용하여 과정을 중시하는 평가가 이루어지도록 한다. 영역별 가치·태도의 실천 능력은 활동 일지, 활동 영상 제작 등 학습자 수준에 적합하고 흥미 있는 평가 방법을 활용한다.

(2) 스포츠

[9체02-01] 동작형 스포츠의 역사와 특성을 탐색하고 비교한다.
[9체02-02] 동작형 스포츠의 수행 원리를 적용하여 경기 기능을 수련하고 향상한다.
[9체02-03] 동작형 스포츠의 경기 방법을 이해하고 경기 전략을 상황에 맞게 활용하며 안전하게 경기한다.
[9체02-04] 기록형 스포츠의 역사와 특성을 탐색하고 비교한다.
[9체02-05] 기록형 스포츠의 수행 원리를 적용하여 경기 기능을 수련하고 향상한다.
[9체02-06] 기록형 스포츠의 경기 방법을 이해하고 경기 전략을 상황에 맞게 활용하며 안전하게 경기한다.
[9체02-07] 투기형 스포츠의 역사와 특성을 탐색하고 비교한다.
[9체02-08] 투기형 스포츠의 수행 원리를 적용하여 경기 기능을 수련하고 향상한다.
[9체02-09] 투기형 스포츠의 경기 방법을 이해하고 경기 전략을 상황에 맞게 활용하며 안전하게 경기한다.
[9체02-10] 영역형 스포츠의 역사와 특성을 탐색하고 비교한다.
[9체02-11] 영역형 스포츠의 수행 원리를 적용하여 경기 기능을 수행하고 향상한다.
[9체02-12] 영역형 스포츠의 경기 방법을 이해하고 경기 전략을 활용하며 안전하게 경기한다.
[9체02-13] 필드형 스포츠의 역사와 특성을 탐색하고 비교한다.
[9체02-14] 필드형 스포츠의 수행 원리를 적용하여 경기 기능을 수행하고 향상한다.
[9체02-15] 필드형 스포츠의 경기 방법을 이해하고 경기 전략을 활용하며 안전하게 경기한다.
[9체02-16] 네트형 스포츠의 역사와 특성을 탐색하고 비교한다.
[9체02-17] 네트형 스포츠의 수행 원리를 적용하여 경기 기능을 수행하고 향상한다.
[9체02-18] 네트형 스포츠의 경기 방법을 이해하고 경기 전략을 활용하며 안전하게 경기한다.
[9체02-19] 생활환경형 스포츠의 역사와 특성을 탐색하고 비교한다.
[9체02-20] 생활환경형 스포츠의 수행 원리를 적용하여 기능을 수행하고 향상한다.
[9체02-21] 생활환경형 스포츠의 활동 방법을 이해하고 활동 전략을 활용하며 안전하게 경기한다.
[9체02-22] 자연환경형 스포츠의 역사와 특성을 탐색하고 비교한다.
[9체02-23] 자연환경형 스포츠의 수행 원리를 적용하여 기능을 수행하고 향상한다.
[9체02-24] 자연환경형 스포츠의 활동 방법을 이해하고 활동 전략을 활용하며 안전하게 경기한다.
[9체02-25] 스포츠의 연습과 경기 과정에서 인내심을 발휘하여 적극적으로 도전한다.
[9체02-26] 스포츠의 연습과 경기 과정에서 구성원 간에 서로 신뢰하며 팀 목표를 달성하기 위해 노력하고 경기 예절을 갖추며 정정당당하게 참여한다.
[9체02-27] 스포츠 환경에 대한 친화적 태도와 지속가능한 스포츠 환경을 만들기 위한 공동체 의식을 발휘한다.

(가) 성취기준 해설

- [9체02-01, 04, 07]은 기술형(동작형, 기록형, 투기형) 스포츠의 역사와 특성을 이해함으로써 유형별 스포츠를 분류하고 종목별 공통점과 차이점을 구분하기 위해 설정하였다. 유형별 스포츠 종목별로 유래와 변천 과정, 인물, 기록, 사건 등을 탐색하고, 경기 방법과 전략 등의 특성을 비교하고 분석하도록 한다.
- [9체02-02, 05, 08]은 기술형(동작형, 기록형, 투기형) 스포츠의 수행 원리를 적용하여 경기 기능을 효율적으로 수행하기 위해 설정하였다. 유형별 스포츠의 경기 기능을 단계적으로 연습하면서 안정적으로 경기 기능을 수행할 수 있도록 문제점을 발견하고 향상하도록 한다.
- [9체02-03]은 동작형 스포츠의 경기 방법을 이해하고, 자신과 팀의 경기 능력, 시설 및 용·기구 등을 파악하여 경기 상황에 맞게 경기 전략을 활용하기 위해 설정하였다. 동작형 스포츠 경기를 수행하며 동작의 완성도에 중점을 두고, 경기 과정에서 공중 동작, 착지 중 낙상 등 운동으로 인한 손상 없이 안전하게 경기하며 사고 발생 시 신속하게 대처하도록 한다.
- [9체02-06]은 기록형 스포츠의 경기 방법을 이해하고, 상대 선수와 팀의 경기 능력, 시설 및 용·기구, 기후 조건 등을 파악하여 경기 상황에 맞게 경기 전략을 활용하기 위해 설정하였다. 기록형 스포츠 경기를 수행하며 기록 향상에 중점을 두고, 경기 과정에서 질주나 착지 중 낙상, 특정 근육의 집중적인 사용 등으로 인한 운동 손상 없이 안전하게 경기하며 사고 발생 시 신속하게 대처하도록 한다.
- [9체02-09]는 투기형 스포츠의 경기 방법을 이해하고, 상대 선수와 팀의 경기 능력, 시설 및 용·기구 등을 파악하여 공격과 방어에 적합한 경기 전략을 활용하기 위해 설정하였다. 투기형 스포츠 경기를 수행하며 상대의 기술에 맞서 겨루는 데 중점을 두고, 경기 과정에서 신체 접촉이나 타격 등으로 인한 운동 손상 없이 안전하게 경기하며 사고 발생 시 신속하게 대처하도록 한다.
- [9체02-10, 13, 16]은 전략형(영역형, 필드형, 네트형) 스포츠의 역사와 특성을 이해함으로써 유형별 스포츠를 분류하고 종목별 공통점과 차이점을 구분하기 위해 설정하였다. 유형별 스포츠와 종목별로 유래와 변천 과정, 인물, 기록, 사건 등을 탐색하고, 경기 방법과 전략 등의 특성을 비교하고 분석하도록 한다.
- [9체02-11, 14, 17]은 전략형(영역형, 필드형, 네트형) 스포츠의 수행 원리를 적용하여 경기 기능을 효율적이고 안정적으로 수행하기 위해 설정하였다. 유형별 스포츠의 경기 기능을 다양하고 복합적으로 연계하여 연습하면서 효율적으로 경기 기능을 수행할 수 있도록 문제점을 발견하고 향상하도록 한다.
- [9체02-12]는 영역형 스포츠의 경기 방법을 이해하고, 공격 및 수비 전략을 선수와 팀의 특성에 맞게 선택하여 경기 상황에서 팀원과 상호작용하며 상대의 영역에 침범하여 득점할 수 있는 전략을 활용하기 위해 설정하였다. 영역형 스포츠 경기를 수행하며 팀의 전략을 구상하는 데 중점을 두며, 경기 과정에서 상대와의 신체 접촉이나 충돌 등으로 인한 운동 손상 없이 안전하게 경기하며 사고 발생 시 신속하게 대처하도록 한다.
- [9체02-15]는 필드형 스포츠의 경기 방법을 이해하고, 공격 및 수비 전략을 선수와 팀의 특성에 맞게 선택하여 실제 경기 상황에서 팀원과 상호작용하며 공을 던지고 받거나 타격하여 득점할 수 있는 전략을 활용하기 위해 설정하였다. 필드형 스포츠 경기를 수행하며 공격과 수비 역할 수행에 중점을 두며, 경기 과정에서 상대와의 신체 접촉이나 용·기구와의 충돌 등으로 인한 운동 손상 없이 안전하게 경기하며 사고 발생 시 신속하게 대처하도록 한다.

- [9체02-18]은 네트형 스포츠의 경기 방법을 이해하고, 단식과 복식, 공격 및 수비 전환 시기 등의 경기 전략을 상황에 맞게 선택하여, 경기 상황에서 상대가 공을 받아넘기지 못하는 경기 전략을 활용하기 위해 설정하였다. 네트형 스포츠 경기를 수행하며 팀원과 호흡하여 공격과 수비를 빠르게 전환하는 데 중점을 두며, 경기 과정에서 구성원이나 용·기구와의 충돌, 점프와 착지 등으로 인한 운동 손상 없이 안전하게 경기하며 사고 발생 시 신속하게 대처하도록 한다.
- [9체02-19, 22]는 생태형(생활환경형, 자연환경형) 스포츠의 역사와 특성을 이해함으로써 주변 생활과 환경에서 즐길 수 있는 다양한 스포츠의 종목별 공통점과 차이점을 구분하기 위해 설정하였다. 생태형 스포츠 유형과 종목별로 유래와 변천 과정, 인물, 기록, 사건 등을 탐색하고, 유형별 경기 방법과 전략 등의 특성을 비교하고 분석하도록 한다.
- [9체02-20, 23]은 생태형(생활환경형, 자연환경형) 스포츠의 수행 원리를 적용하여 활동 기능을 생활환경 및 자연환경 조건에 적합하게 수행하기 위해 설정하였다. 스포츠의 기능을 다양한 생활공간과 기구를 활용하거나(생활환경형), 다양한 자연과 기후를 고려하여(자연환경형) 연습하면서 효율적으로 기능을 수행할 수 있도록 환경에 적응하며 발전시키도록 한다.
- [9체02-21]은 생활환경형 스포츠의 활동 방법을 이해하고 활동 상황에서 생활환경 조건을 고려한 활동 전략을 활용하기 위해 설정하였다. 가정, 집 주변, 지역사회 등의 생활환경에서 활동하며 공간, 시설 등의 환경 조건을 파악하는 데 중점을 둔다. 생활환경형 스포츠 실천 과정에서 물리적 환경에 대한 부적응, 환경의 불안정성 등으로 인한 운동 손상 없이 안전하게 활동하며 사고 발생 시 신속하게 대처하도록 한다.
- [9체02-24]는 자연환경형 스포츠의 활동 방법을 이해하고 활동 상황에서 자연환경과 생태 문화를 고려한 활동 전략을 활용하기 위해 설정하였다. 산, 강이나 바다, 하늘 등의 자연환경에서 활동하며 날씨, 장비 등의 환경 조건을 파악하는 데 중점을 둔다. 자연환경형 스포츠 실천 과정에서 기후나 자연환경의 변화, 용·기구의 불안정성 등으로 인한 운동 손상 없이 안전하게 활동하며 사고 발생 시 신속하게 대처하도록 한다.
- [9체02-25]는 스포츠의 연습 및 경기 과정의 어려움을 극복함으로써 스포츠에 대한 도전 정신을 기르기 위해 설정하였다. 스포츠 유형별 기능의 연습 및 활동 과정에서 자신 혹은 공동으로 설정한 목표를 달성하기 위해 자기 주도적으로 참여하고 인내하며 한계를 극복하도록 한다.
- [9체02-26]은 스포츠의 연습 및 경기 과정에서 서로 믿고 정정당당하게 최선을 다하며 도전적인 태도를 기르기 위해 설정하였다. 구성원을 존중하고 팀의 공동 목표를 위해 끝까지 노력하며, 경기에 대한 열정을 갖고 상대와 심판, 관중 앞에서 공정하고 품위 있게 경기하도록 한다.
- [9체02-27]은 스포츠 환경에 대한 생태전환적 태도를 기르기 위해 설정하였다. 스포츠의 연습 및 활동 과정에서 여러 환경 문제를 인식하고 구성원과 함께 개선하려는 공동체 의식을 보이며, 스포츠 환경에 대한 친화적인 태도로 활동하도록 한다.

(나) 성취기준 적용 시 고려 사항

- 중학교 1~3학년군 스포츠 영역에서는 초등학교에서 학습한 스포츠의 기본 지식과 기능, 태도를 바탕으로 기술형, 전략형, 생태형 스포츠 유형별로 역사와 특성, 경기 기능과 수행 원리, 경기 방법과 전략 수준으로 심화하여 학습하도록 한다. 특히 스포츠 활동 과정에서 타인 및 공동체와의 상호작용을 통해 민주 시민 의식과 생태적 가치를 실천하고, 자기 주도적인 학습을 통해 움직임 및 기본 기능을 스포츠 유형별 경기 기능으로 발전시키며 일상생활에서 스포츠 활동을 꾸준히 실천할 수 있도록 교수·학습을 운영한다.

• 기술형 스포츠에서는 자신과 타인의 수준을 파악하여 체계적으로 목표를 계획하고 성취할 수 있도록 자기 주도적인 학습과 개인 또는 모둠별로 수준별, 맞춤형 교수·학습이 이루어지도록 한다. 전략형 스포츠에서는 팀의 공동 목표를 구성원과 협업하며 달성하기 위하여 협력 학습이 이루어지도록 한다. 생태형 스포츠에서는 지속가능한 환경을 위한 스포츠 활동을 위해 지역사회 스포츠 자원을 활용한 실생활 실천 중심의 학습을 강조하고 안전에 유의한다.
• 스포츠 유형 및 종목별 특성을 구분하고 다양한 측면에서 스포츠 문화를 분석할 수 있도록 수업을 운영한다. 스포츠의 경기 기능을 수행 원리에 맞게 연습하는 과정에서 자기 주도적으로 문제를 해결하고 학습자 중심의 교수·학습 방법을 활용하며, 스포츠 경기를 하며 모둠별 협력 학습을 통해 창의적인 전략을 적용한다. 학습 과정에서 학습자의 변형 게임이나 뉴스포츠 경기를 활용하여 흥미와 성취의식을 높이고 경기 기능을 향상하도록 연계할 수 있다. 또한 디지털 도구를 활용하여 기능을 분석하고 체계적으로 개선할 수 있도록 하며, 가상현실이나 인공지능을 활용한 스포츠 게임 기술을 활용하여 스포츠 경기 수행 능력을 확장하도록 교수·학습을 운영할 수 있다.
• 스포츠 유형별 문화적(국가, 인종, 성별, 연령, 환경 등) 차이와 시대적 변화를 이해하고, 인간과 생태계가 상호 공존하는 환경 속에서 신체활동을 실천하며 더불어 살아가는 민주시민으로서의 태도를 학습하도록 한다. 또한 스포츠 영역에서는 교내외 체육 시설 이용에 따른 안전사고를 예방할 수 있도록 교수·학습을 운영한다.
• 중학교 1~3학년군 스포츠 영역에서는 스포츠 유형별 역사와 특성, 경기 기능과 수행 원리, 경기 방법 및 전략, 스포츠 활동의 가치에 관한 이해력, 경기 기능과 전략을 정확하고 효율적으로 수행할 수 있는 경기 수행 능력, 연습과 경기 과정에서 바람직한 스포츠의 가치와 태도를 실천할 수 있는 능력을 균형 있게 평가한다.
• 기술형 스포츠에서는 목표 설정과 단계적 성장 과정을 종합적으로 평가하며, 체력, 신체 특성 등의 개인차와 수준을 고려하여 평가한다. 전략형 스포츠에서는 개인 및 팀의 경기 수행 능력을 실제 경기를 통해 평가하고, 공동체 활동에 필요한 바람직한 태도를 평가한다. 생태형 스포츠에서는 다양한 환경 특성에 적응하고 유연하게 대처할 수 있는 능력을 평가한다.
• 중학교 1~3학년군 스포츠 영역 지식에 관한 이해력은 지필 검사뿐만 아니라 감상 및 분석 보고서, 포트폴리오 등을 활용하여 실생활과 연계된 이해력을 평가하고, 스포츠 경기 수행 능력은 개인별 경기 기능 검사와 함께 팀의 경기 수행 능력 검사 등을 활용하여 과정을 중시하는 평가가 이루어지도록 한다. 영역별 가치·태도 체크리스트나 개인 일지를 통해 스포츠의 가치를 내면화하고 성찰할 수 있도록 평가한다. 특히 디지털 도구를 활용하여 학습자의 학습 과정과 결과를 누적하여 기록함으로써 신체활동 역량을 종합적으로 평가한다.

(3) 표현

[9체03-01] 스포츠 표현의 역사와 특성을 탐색하고 비교한다.
[9체03-02] 스포츠 표현의 원리를 적용하여 동작을 심미적으로 표현한다.
[9체03-03] 스포츠 표현의 특성과 원리를 반영한 작품을 창작하고 표현 요소를 고려하여 감상한다.
[9체03-04] 전통 표현의 역사와 특성을 탐색하고 비교한다.
[9체03-05] 전통 표현의 원리를 적용하여 동작을 심미적으로 표현한다.
[9체03-06] 전통 표현의 특성과 원리를 반영한 작품을 창작하고 표현 요소를 고려하여 감상한다.
[9체03-07] 현대 표현의 역사와 특성을 탐색하고 비교한다.
[9체03-08] 현대 표현의 원리를 적용하여 동작을 심미적으로 표현한다.
[9체03-09] 현대 표현의 특성과 원리를 반영한 작품을 창작하고 표현 요소를 고려하여 감상한다.
[9체03-10] 움직임을 표현하고 창작하는 과정에서 독창적이고 개방적인 태도를 갖고 표현 활동 작품을 공감하고 비평한다.

(가) 성취기준 해설

- [9체03-01, 04, 07]은 표현(스포츠 표현, 전통 표현, 현대 표현)의 역사와 특성을 이해함으로써 표현 활동의 공통점과 차이점을 구분하기 위해 설정하였다. 표현 활동별 유래, 변천, 인물, 기록, 사건 등의 역사와 주제, 동작, 구성, 음악, 의상 등의 표현 요소별 특성을 비교하고 분석하도록 한다.
- [9체03-02] 스포츠 표현의 원리를 적용하여 역동적이고 아름답게 동작을 표현하고 향상하도록 한다.
- [9체03-03]은 스포츠 표현의 특성과 원리를 반영한 작품을 창작하고 체계적으로 감상하기 위해 설정하였다. 심미적 표현을 강조하는 스포츠 표현의 특성과 원리, 일련의 창작 과정을 고려하여 개인 또는 모둠별로 작품을 창작하고, 주제, 동작, 구성, 음악, 의상 등의 표현 요소를 고려하여 작품을 감상하도록 한다.
- [9체03-05]는 전통 표현의 원리를 적용하여 동작을 표현하기 위해 설정하였다. 전통 표현의 원리를 적용하여 자연스럽고 아름답게 동작을 표현하고 향상하도록 한다.
- [9체03-06]은 전통 표현의 특성과 원리를 반영한 작품을 창작하고 체계적으로 감상하기 위해 설정하였다. 전형적 표현을 강조하는 전통 표현의 특성과 원리, 일련의 창작 과정을 고려하여 개인 또는 모둠별로 작품을 창작하고, 주제, 동작, 구성, 음악, 의상 등의 표현 요소를 고려하여 작품을 감상하도록 한다.
- [9체03-08]은 현대 표현의 원리를 적용하여 동작을 표현하기 위해 설정하였다. 현대 표현의 원리를 적용하여 자유롭고 아름답게 동작을 표현하고 향상하도록 한다.
- [9체03-09]는 현대 표현의 특성과 원리를 반영한 작품을 창작하고 체계적으로 감상하기 위해 설정하였다. 창조적 표현을 강조하는 현대 표현의 특성과 원리, 일련의 창작 과정을 고려하여 개인 또는 모둠별로 작품을 창작하고, 주제, 동작, 구성, 음악, 의상 등의 표현 요소를 고려하여 작품을 감상하도록 한다.
- [9체03-10]은 표현의 동작 수행, 창작, 감상의 전 과정을 통해 창의성과 비판적 능력을 기르기 위해 설정하였다. 동작 수행 및 창작 과정에서 독창성을 추구하고, 다양한 표현 문화를 수용하여, 작품 감상을 통해 예술적 표현에 대해 공감하고 비판적으로 바라보려는 태도를 함양하도록 한다.

(나) 성취기준 적용 시 고려 사항

- 중학교 1~3학년군 표현 영역에서는 초등학교에서 학습한 표현의 기본 지식과 기능, 태도를 바탕으로 스포츠 표현, 전통 표현, 현대 표현 유형별로 역사와 특성, 동작과 원리, 창작과 감상 수준으로 심화하여 학습할 수 있도록 한다. 특히 남녀 학습자 모두 흥미를 갖고 활동에 참여할 수 있도록 적절한 신체활동을 선정하고, 기존의 표현 동작을 토대로 자기 주도적인 학습을 통해 창의성을 발휘할 수 있도록 하며, 수행, 창작, 감상이 통합적으로 이루어질 수 있도록 교수·학습을 운영한다.
- 스포츠 표현에서는 동작 습득 자체에 초점을 두기보다는 독창적인 동작을 표현할 수 있도록 학습 과제를 구성하며, 용·기구 안전에 유의한다. 전통 표현에서는 여러 국가나 민족, 지역에서 전통을 존중하고 공감할 수 있도록 직접 체험 외에 보기, 읽기 등의 간접 체험이 이루어지도록 한다. 현대 표현에서는 정형화된 표현 방식에서 벗어나 다양하고 자유로운 움직임을 표현할 수 있도록 개인 또는 모둠별 창작 학습이 이루어지도록 하며, 표현 전반에 대한 직업군을 안내한다.
- 표현 유형 및 활동별 특성을 구분하고 다양한 관점에서 표현 활동을 분석할 수 있도록 수업을 운영한다. 표현의 동작을 표현 원리에 맞게 연습하는 과정에서 자기 주도적으로 문제를 해결하고 동작 수행 능력을 확장할 수 있는 교수·학습 방법을 활용하며, 디지털 도구를 활용하여 동작을 분석하고 체계적으로 개선할 수 있도록 한다. 창작 시 프로젝트식 수업을 통해 생태와 관련한 주제를 제시하거나 디지털 콘텐츠 형태로 작품을 제작할 수 있으며, 감상 시 모든 학습자가 자유롭게 발표하는 기회를 제공한다.
- 중학교 1~3학년군 표현 영역에서는 활동별 역사와 특성, 동작과 원리 등에 관한 이해력, 표현 동작을 원리에 맞게 효과적이고 독창적으로 수행할 수 있는 동작 표현 능력, 창작과 감상의 과정에서 독창성, 개방성, 공감과 비평의식의 가치와 태도 실천 능력을 균형 있게 평가한다.
- 스포츠 표현에서는 스포츠와 표현 간의 관계, 도구의 특성 등을 고려하여 독창적으로 동작을 표현할 수 있는지를 평가한다. 전통 표현에서는 전통 표현의 특성과 원리가 반영된 작품을 창작하고, 다양한 표현 문화에 대해 열린 태도를 나타내는지를 평가한다. 현대 표현에서는 자기 생각과 감정을 동작과 작품으로 자유롭게 표현하고, 자신이나 타인의 작품을 비판적으로 감상할 수 있는지를 평가한다.
- 중학교 1~3학년군 표현 영역 지식에 관한 이해력은 지필 검사뿐만 아니라 보고서, 감상문, 포트폴리오 등을 활용하여 실생활과 연계된 이해력을 평가하고, 동작 표현 능력을 객관적으로 판단하기 위해 개인 혹은 모둠별 표현 동작 평가, 창작 과제 평가, 실제 평가 등을 활용하되 체크리스트 등의 도구를 통합적으로 활용함으로써 평가의 신뢰도와 타당도를 확보한다. 또한 독창성, 개방성, 공감과 비평의식 등의 가치·태도를 평가하기 위해서는 활동 일지, 감상문, 창작보고서 등을 통해 표현의 가치를 내면화하고 성찰하도록 한다. 특히 디지털 도구를 활용하여 학습자의 학습 과정과 결과를 누적하여 기록함으로써 표현 능력을 종합적으로 평가한다.

〈표 1-4〉 중학교 1~3학년군의 신체활동 예시

영역	세부 영역		신체활동 예시
운동	체력 운동	체력 증진	유산소성 운동, 저항성 운동, 복합 운동, 순환 운동, 플라이오메트릭 운동 등
		체력 관리	체력 측정, 체력 운동 프로그램 설계 및 실행, 체력 평가 등
		운동 처방	체력 강화 처방 운동, 체중 조절 처방 운동, 자세 교정 처방 운동 등
	건강 활동	신체 건강 활동	건강 운동, 식이 관리 활동, 약물과 기호품 관리 활동, 질병 예방 활동 등
		정신 건강 활동	스트레스 및 감정 조절 활동(호흡법, 근육이완법, 요가, 필라테스 등)
		사회적 건강 활동	양성평등 및 성 건강 관련 활동, 생활 안전 활동, 재난·재해 예방 및 대처 활동, 응급처치 활동 등
스포츠	기술형 스포츠	동작형 스포츠	마루, 평균대, 철봉, 도마 등
		기록형 스포츠	육상, 경영, 스피드스케이팅, 국궁, 양궁 등
		투기형 스포츠	태권도, 택견, 씨름, 레슬링, 유도 등
	전략형 스포츠	영역형 스포츠	축구, 농구, 핸드볼, 럭비, 하키 등
		필드형 스포츠	야구, 소프트볼 등
		네트형 스포츠	배구, 배드민턴, 탁구, 테니스, 족구 등
	생태형 스포츠	생활환경형 스포츠	볼링, 인라인스케이팅, 사이클링, 스포츠클라이밍, 플라잉디스크 등
		자연환경형 스포츠	골프, 등반, 카약, 래프팅, 스키, 스노보드, 승마 등
표현		스포츠 표현	창작체조, 치어리딩, 리듬체조, 피겨스케이팅, 아티스틱스위밍 등
		전통 표현	• 민속무용(탈춤, 농악무, 사자춤, 코로브시카, 플라멩코 등) • 궁중무용(춘앵무, 향발무, 처용무, 발레 등)
		현대 표현	현대무용, 댄스스포츠, 라인댄스, 스트리트댄스 등

4 교수·학습 및 평가

가. 교수·학습

(1) 교수·학습의 방향

(가) 신체활동 역량 함양을 위한 교수·학습

신체활동 역량의 함양을 위해 영역별 내용 요소를 깊이 있게 경험할 수 있는 다양한 수업 주제와 교수·학습 활동을 선정하고 지도한다. 신체활동을 위한 학습을 통해 신체활동 형식의 움직임 기술, 방법 등을 습득하며 신체활동을 효율적, 심미적으로 수행하고, 신체활동에 관한 학습을 통해 신체활동에 관한 이론적, 경험적 지식을 이해하고 안목을 기르며, 신체활동을 통한 학습에서 자신의 신체활동 경험을 성찰하며 사회 속에서 자신과 타인의 관계를 인식함으로써 신체활동의 의미 있는 가치와 태도를 함양하도록 한다.

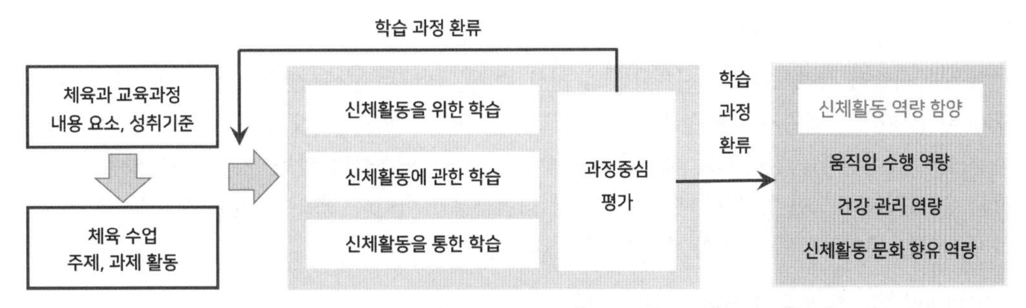

[그림 1-1] 신체활동 역량 함양을 위한 교수·학습

(나) 움직임의 체계적 발달을 위한 교수·학습

움직임 수행 역량은 신체활동 역량의 핵심으로, 움직임의 개념적 요소와 기술, 전략을 체계적으로 학습함으로써 발달한다. 이를 위해 움직임 요소를 이해하고, 움직임의 원리를 기술 수행에 적용하여, 다양한 신체활동 상황에서 효과적인 의사결정과 전략을 발휘할 수 있도록 지도한다. 특히 움직임의 지식·이해, 과정·기능, 가치·태도를 학년군에 따라 계열적으로 학습하도록 신체활동의 상황과 조건을 발달 단계에 적합하게 조직하고 지도한다.

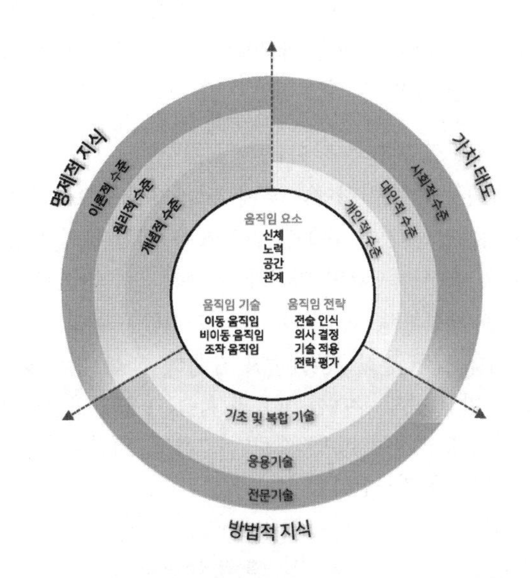

[그림 1-2] 움직임의 체계적 발달을 위한 교수·학습

(다) 자기 주도적 학습을 위한 맞춤형 교수·학습

학습자의 자기 주도적 학습을 촉진하기 위해서는 교사에 의해 안내된 학습과 학습자가 직접 설계한 학습을 병행하여 맞춤형 교수·학습이 이루어지도록 한다. 이를 위해 학습자가 스스로 학습 내용을 파악하고, 주어진 과제를 적극적으로 해결할 수 있도록 교수·학습 환경을 조성하며, 학습자의 관심과 특성을 고려한 수준별 과제 제시, 자신감을 높여주는 동기 유발 전략 등을 마련한다. 학습자 스스로 문제를 해결하기 위한 탐구적 교수·학습 자료를 제공하고 신체활동의 적극적인 연습과 교정이 이루어질 수 있도록 학습 과제, 시설 및 기자재를 안전하고 효율적으로 조직한다. 또한 영역과 활동의 특성을 고려하여 적합한 수업 모형 및 전략을 선정하거나 이를 창의적으로 변형함으로써 교수·학습의 타당성을 높인다.

(라) 신체활동의 시간적·공간적 확장을 위한 교수·학습

체육과 학습을 통해 습득한 신체활동의 지식, 기능, 태도는 생애 전반에 걸쳐 건강하고 행복한 삶의 토대가 된다. 따라서 학습자가 학습한 내용을 학교뿐만 아니라 가정 및 집 주변, 지역사회에서 실천할 수 있도록 자율성과 실천력을 길러주고, 교·내외 체육대회, 학교스포츠클럽 활동, 자율 체육 활동에 적극적으로 참여할 수 있도록 지도한다. 또한 학습자가 해당 학년군뿐만 아니라 생애주기별로 지속해서 신체활동에 참여하며 다양한 문화적 삶을 향유할 수 있도록 안내한다.

(마) 디지털 기술을 활용한 효율적 교수·학습

체육수업에서 디지털 도구, 매체, 소프트웨어, 영상 자료 등의 기술은 교수·학습 및 평가에 긍정적으로 활용될 수 있다. 예를 들어, 신체활동 모니터 도구로 수집된 신체 활동 정보는 학습자가 자신의 신체활동 수준을 확인하고, 운동 계획을 수립하는 데 활용될 수 있으며, 신체활동 참여 동기를 높이는 데 도움을 줄 수 있다. 모바일 기기의 동작 인식 프로그램은 다양한 움직임과 기능 관련 피드백을 효과적으로 제공할 수 있다. 또한 엑서게이밍(exergaming)과 같이 가상현실, 증강현실, 인공지능 기반의 실감형 콘텐츠를 활용한 학습은 학교에서 학습하기 어려운 신체활동 체험을 가능하게 하거나 체험의 질을 확장시켜 줄 수 있다. 특히 디지털 기술은 체육수업 외의 신체활동 관리에 효과적으로 활용될 수 있다. 학습자는 디지털 매체로 전달된 과제를 시·공간의 제약에서 벗어나 확인할 수 있고, 교사는 학습자의 활동 결과를 실시간으로 모니터링하고 피드백할 수 있다. 따라서 학습 과정에서 온·오프라인을 연계하거나 디지털 기술을 활용함으로써 학습자의 신체활동 참여를 촉진하고 효율적인 학습 자료 관리가 이루어지도록 지도한다.

(바) 창의성과 인성 함양을 위한 통합적 교수·학습

체육과에서는 학습자의 창의성과 인성 함양을 위해 두 가지 측면으로 통합적 교수·학습 활동을 제공한다. 첫째, 학습자가 영역별 내용을 깊이 있게 학습할 수 있도록 직접 체험 활동과 함께 간접 체험 활동을 제공하도록 한다. 즉 신체활동의 직접 체험뿐만 아니라 신체활동과 관련된 다양한 문화 자원을 탐색함으로써 새롭고 창의적인 신체활동을 체험하고, 바람직한 삶의 가치를 느끼고 성찰할 수 있도록 한다. 둘째, 타 교과 및 범교과 학습 주제, 예를 들어 문학 및 예술적 감수성, 과학 및 수학적 분석력, 인성 및 민주시민 의식, 생태전환과 지속 가능한 발전 등의 주제를 체육과 학습 내용과 융합하여 학습함으로써 학습자가 체육과의 학습 내용을 다양한 분야와 연계하여 비판적으로 사고하고, 바람직한 가치 판단과 공동체의 삶의 방식을 폭넓게 수용하고 실천할 수 있도록 지도한다.

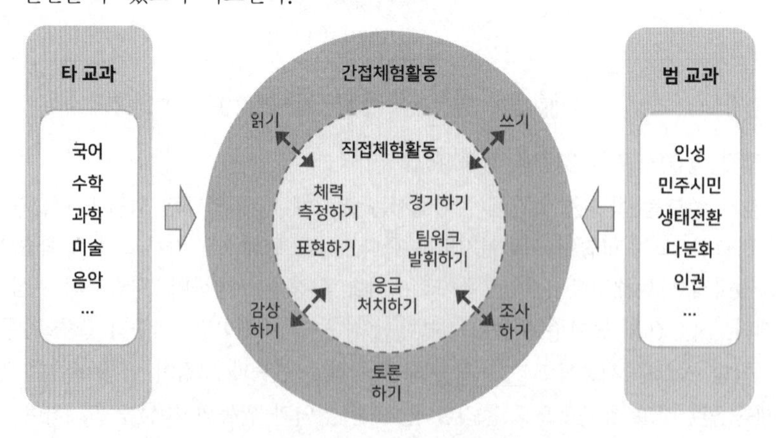

[그림 1-3] 창의성과 인성 함양을 위한 통합적 교수·학습

(2) 교수·학습 방법

(가) 교육과정의 운영

① 학년군 단위 교육과정의 운영

단위 학교에서는 해당 학년군의 교육과정에서 제시한 모든 영역을 성취기준에 맞게 반드시 지도한다. 체육과의 학습 내용은 학년군 단위로 계획하여 구성하되, 운동, 스포츠, 표현 영역별 학습 내용은 학년별 수준을 고려하여 단위 학교에서 자율적으로 재편성할 수 있다. 이를 위해 학년 또는 체육 교과 협의회를 통해 학년군 단위 지도 계획을 수립하고 매년 연계하여 운영한다. 해당 학년군에서 제시된 모든 성취기준이 학습될 수 있도록 해야 하며, 학년별로 영역의 중복 학습이 이루어지지 않도록 한다.

② 연간 교육과정 운영

학기 초 단위 학교의 연간 학사 일정을 바탕으로 교내·외 체육 대회, 현장 학습 등의 학교 행사를 사전에 확인하여 수업 가능 일수와 시간을 파악하고, 실제 수업 시수를 바탕으로 수업 활동을 계획한다. 다양한 신체활동 형식의 학습 기회를 보장하기 위해 특정 영역의 내용에 편중되지 않도록 연간 교육 계획을 수립하고 시수를 배정한다. 내용 영역을 통합하여 계획을 수립할 경우, 각 영역의 내용 요소를 누락하지 않아야 하며 영역 설정의 취지를 벗어나지 않는 범위 내에서 통합할 수 있다. 체력 운동 등 장기간의 학습 활동이 필요한 영역은 학기 초와 학기 말에 영역을 나누어 편성하거나 학기 중 주당 1시간을 해당 영역에 편성하는 등 융통성 있게 운영한다.

③ 온·오프라인 연계 교육과정의 운영

단위 학교에서는 교육환경의 변화에 적극적으로 대응하고 학교 안팎의 신체활동 학습 지원을 위해 온·오프라인을 연계한 교육과정 운영을 적극적으로 고려한다. 교사는 다양한 디지털 매체를 활용해 오프라인 학습의 시·공간적 한계를 넘어, 학습자의 흥미와 체력, 환경 특성 등을 고려한 온라인 과제 활동을 제공하고, 학습자 스스로 학습 과정을 모니터링하여 학습에 책임감 있게 참여하도록 지원한다. 오프라인 학습에서는 온라인 학습 내용과의 연계를 통해 학습 활동을 심화하고 교사와 학습자, 학습자와 학습자 간 상호작용이 충분히 이루어지도록 운영한다.

(나) 단원의 운영

① 영역의 특성을 고려한 단원 목표와 학습 활동의 선정

영역별 신체활동은 학년군별 내용 요소와 성취기준에 적합하게 선정한다. 단, 학교 여건 및 학습자 수준에 따라 다른 학년군의 신체활동을 선택할 수 있다. 예를 들어, 영역형 경쟁 단원에서 경기 시설 부재 또는 학생 수 부족 등으로 인해 정식 농구 수업이 어려운 경우, 농구형 게임(넷볼, 3대3 농구 등)을 선택하거나 경기를 변형하여 운영할 수 있다. 또한 같은 신체활동이라도 영역의 특성과 성취기준에 따라 학습 목표, 학습 내용 및 방법을 다르게 설정하도록 한다. 예를 들어, 기술형 스포츠 영역에서의 달리기는 건강 활동을 위한 달리기와는 다르게 기록 향상을 위한 트레이닝과 경기 수행을 위한 단계별 기능 및 기록 분석, 경기 전략이 강조되도록 한다.

② 학습자 수준을 고려한 교수·학습 활동의 다양화

학습자의 사전 학습 경험과 특성 등을 고려하여 학습자 수준에 맞는 교수·학습 활동을 계획하고 운영한다. 학습자의 사전 학습 경험은 수업 내용과 직·간접적으로 관련되는 신체활동의 경험뿐만 아니라 지적, 정서적 경험을 포함한다. 교사는 교수·학습 운영을 계획할 때 체력, 운동 기능, 신체 특성, 문화적 배경 등 학습자의 수준과 사전 학습 경험을 파악하여 평등한 학습 기회를 보장받도록 한다.

③ 체육 시설 및 교육환경을 고려한 교수·학습

수업에 필요한 시설과 용·기구의 수요를 파악하여 교수·학습 운영에 적합한 환경을 구축해야 한다. 시설 및 용·기구가 부족한 경우, 교육과정의 성취기준과 동일한 교육적 가치와 효과를 가져올 수 있는 용·기구로 대체 또는 보완할 수 있으며, 이를 위해 주변 학교, 지역사회 시설을 이용하는 등의 대안을 마련한다. 이때 교육적 효과와 안전을 충분히 고려하고 학교 및 지역사회 시설 환경에 대한 존중과 생태적 가치를 실천하도록 한다.

④ 차시별 수업 내용의 엄선과 위계적 조직

단원의 차시별 수업 내용은 영역별 내용 요소와 성취기준에 근거하여 선정하고, 해당 학년군 수준에 적합하게 조직한다. 이를 위해 신체활동의 유형과 종목(활동)이 영역의 성취기준 달성에 필요한 충분한 지식과 활동 내용을 제공할 수 있는지를 고려한다. 또한 차시별 수업 목표와 학습 내용을 교수·학습의 원리에 맞게 조직하기 위해 내용 요소와 학습 과제를 절차적, 위계적으로 분석하도록 한다.

(다) 수업의 운영

① 학습 활동의 재구성

영역의 특성과 성취기준을 준수하되, 단위 학교별 학습자의 특성 및 학습 환경을 고려하여 학습 활동을 재구성할 수 있다. 예를 들어, 경기장의 형태와 용·기구, 참여 인원과 조직, 경기 규칙 및 방법 등을 변형하여 학습 활동을 유연하게 조직할 수 있다. 학습 활동의 재구성 시 학습자의 의견을 적극적으로 수렴함으로써 참여 동기와 학습 활동에 대한 이해도를 높일 수 있다. 단, 목표 도달의 효과성과 안전성을 충분히 고려하여 학습 활동을 재구성한다.

② 학습 기회의 형평성 제고

모든 학습자에게 자기 수준에 맞는 평등한 학습 기회를 제공한다. 평등한 학습 기회는 모든 학습자에게 같은 학습 내용과 방법을 제공하는 것이 아니라, 학습자의 특성과 상황을 고려한 학습 과제를 제공함으로써 학습의 과정과 결과에서 모두 학습자가 목표를 성취하도록 지원하는 것이다. 특히, 체력, 운동 기능, 신체 특성, 문화적 차이로 인해 과제 참여가 제한되지 않도록 해야 한다. 예를 들어, 규칙과 방법을 변형하여 체력 및 운동 기능 수준별로 과제를 다양화하고 장애 유무, 문화의 특수성을 고려하여 시설 및 용·기구를 지원하는 등 개별 특성에 맞는 활동 과제와 환경을 제공한다. 또한 학습 활동에서 다양한 역할을 제시하여 활동에 적극적으로 참여할 수 있게 함으로써 수업에 소외되는 학습자가 없도록 한다.

③ 학습자의 효율적 관리와 안전한 수업 분위기 조성

학년 또는 학기 초에 수업 규칙을 수립하고 일관성 있게 적용함으로써 학습자를 효율적으로 관리하고 부적절한 행동을 예방한다. 또한 안전사고를 예방하기 위해 안전 수칙과 절차를 마련하고 이를 학습자가 숙지하도록 한다. 신체활동의 특성을 고려한 준비 운동 및 정리 운동을 하고, 수업 전·후 체육 시설 및 장비 점검을 통해 안전사고를 예방한다. 또한 과도한 성취 욕구와 경쟁심으로 인해 운동 손상이나 안전사고가 발생하지 않도록 하며, 수업 과정에서 구성원을 상호 존중하고, 긍정적인 관계를 형성할 수 있도록 한다.

나. 평가

(1) 평가의 방향

(가) 신체활동 역량 함양을 위한 종합적 평가

신체활동 역량은 지식, 기능, 태도를 포괄하는 총체적 능력이며, 일상생활과 여가활동 등 삶의 다양한 맥락과 밀접하게 관련되어 있다. 따라서 학습의 결과로서 습득한 지식과 기능 그리고 내면화된 가치와 더불어, 학습의 과정에서 나타나는 지식의 이해 양상과 수행 과정, 학습 태도에 관한 능력을 종합적으로 평가할 수 있도록 수행 중심의 평가를 활용한다. 이를 위해 첫째, 평가 내용 측면에서는 내용 영역(운동, 스포츠, 표현)과 범주(지식·이해, 과정·기능, 가치·태도)에 따라 분류된 내용 요소를 균형 있게 평가한다. 둘째, 평가 방법 측면에서는 학습의 결과와 과정을 평가할 수 있도록 실제 맥락에서의 수행 능력을 평가한다. 셋째, 평가 도구 측면에서는 신체활동 역량의 성취 정도를 직·간접적으로 파악하고, 특히 인지적, 정의적 영역의 경우 서술형, 논술형, 보고서 등의 평가 도구를 다양하게 활용한다.

(나) 학습자의 성장 과정을 반영한 다양한 평가

학습자는 신체활동을 통해 체형, 체력, 운동 기능, 인성, 개념 등 다양한 측면으로 성장할 수 있다. 따라서 교사는 학습자의 성장을 다면적으로 평가해야 한다. 첫째, 학습 경험을 수업 전, 중, 후로 평가하여 학습자의 학습 과정을 지원한다. 일회성 평가를 지양하고, 교육의 목표와 내용, 교수·학습 및 평가의 일관성을 고려하여 학습 과정을 지속해서 평가함으로써 학습 결과뿐만 아니라 학습 과정에서 나타나는 학습자의 변화를 학습 활동 및 개선 자료로 활용한다. 둘째, 학습자의 성취수준은 교사뿐만 아니라 동료 학습자, 학습자 자신 등 다양한 주체가 평가하도록 한다. 셋째, 체육수업은 인지적, 심동적, 정의적 학습 맥락에서 이루어지기 때문에, 각 학습 맥락에서 나타나는 학습자 경험을 다양한 평가 방법 및 도구를 활용하여 평가하도록 한다. 이때, 다양한 디지털 매체를 활용하여 학습자가 자신의 학습 경험을 기록하고, 체계적으로 관리하도록 한다.

(다) 학습자의 수준을 고려한 맞춤형 평가

학습자의 신체활동에 대한 흥미와 동기, 체력, 기능 등의 수준을 고려하여 교사는 단원이나 수업의 출발점 단계에서 학습자 수준을 파악하고 이를 학습의 과정과 결과에 반영함으로써 학습자 수준을 고려한 맞춤형 평가를 시행한다. 즉 학습자의 출발점 수준에 따라 학습 과정을 체계적으로 관찰하고, 개인별 수준을 고려하여 학습을 통해 도달해야 하는 성취기준을 융통성 있게 설정할 수 있다. 학습자는 맞춤형 평가를 통해 자기 수준에 적합한 다양하고 구체적인 피드백을 제공 받을 수 있으며, 자신의 성취수준을 파악함으로써 학습에 대한 흥미와 동기를 유지할 수 있다.

(2) 평가 방법

(가) 평가 내용 선정

① 평가 범위는 교수·학습 활동을 통해 지도된 전 영역을 대상으로 하되, 내용 영역에 따라 평가 비중을 달리할 수 있다. 단, 평가 내용의 균형성을 고려하여 특정 영역에 편중되지 않도록 한다.

② 평가 내용에는 수업 목표와 학습 내용에 제시된 지식·이해, 과정·기능, 가치·태도 요소를 균형 있게 포함한다.

③ 평가의 주체를 고려하여 평가 내용을 선정한다. 동료 또는 자기 평가와 같이 학습자가 주체가 된 평가를 할 경우, 평가의 목적에 부합하도록 평가 내용을 선별하고 구체적인 성취수준을 제공한다.

(나) 성취기준 및 성취수준 선정

① 평가를 위한 성취기준과 성취수준은 교육과정 성취기준, 단위 학교 수업 내용 등을 고려하여 선정한다.

② 평가를 위한 성취기준 선정 시 교수·학습의 내용과 방법 등을 고려하여 영역별 성취기준을 나누거나 통합할 수 있다. 단, 성취기준을 나누거나 통합할 경우, 내용 영역별 성취기준이 누락되지 않도록 한다.

③ 성취수준은 점수화 및 등급화를 위한 기능의 단순 분류나 기록의 명시보다는 영역별 내용 요소에 따른 기능의 도달 정도를 구체적인 행동 수준으로 진술하고, 평가 등급(단계) 또한 양적 요소와 질적 요소를 모두 포함하여 수준에 맞게 진술한다.

(다) 평가 방법 및 도구의 선정

① 학습 목표 및 평가 목적에 적합하게 평가 방법을 선정한다. 다양한 평가 방법의 특징과 장·단점을 파악한 후 학습자의 특성과 수준을 고려하고, 평가 목적(학습의 과정 또는 결과에 대한 평가, 학습자의 학습 성취도 파악, 교수·학습 과정의 개선 등)을 고려하여 가장 적합한 평가 방법을 선정한다.

② 체육과 평가에서 활용되는 기존 평가 도구를 사용하거나 평가 내용에 적합한 도구를 개발하여 사용할 수 있다. 평가 도구의 선정 또는 개발 시 평가의 목적이나 내용에 대한 타당도 및 신뢰도를 면밀하게 검토하며, 디지털 도구를 활용할 경우, 학습자의 도구 접근성이나 활용도 등을 고려한다. 또한 평가의 효용성을 높이기 위해 평가 대상, 평가 시기, 평가 장소, 채점 방식, 시설 및 장비, 평가 인원 등을 고려한다.

③ 모둠별 학습 활동의 경우, 개별 학습자의 역할이나 노력, 기여 정도를 평가할 수 있는 방안을 마련한다. 과제 수행의 계획 단계부터 구성원이 맡은 역할을 책임 있게 수행하도록 역할 분담과 참여 방법, 시기와 절차를 명확히 제시하며, 개인별 과제 기여도를 타당하게 평가할 수 있도록, 교사의 관찰 평가와 더불어 자기 평가와 동료 평가를 병행하여 실시한다.

(라) 평가 결과의 활용

① 평가 결과는 교수·학습을 수정하고 보완하는 데 활용한다. 개별 평가 자료는 학습 과제의 수준과 활동 방법을 수정하기 위한 기초 자료로 활용하며 전체 평가 결과의 특징을 분석하여 교수·학습 방법 전반을 개선하는 데 활용한다.

② 평가 결과의 활용성을 높이기 위해 학습자와 학부모가 쉽게 이해하도록 평가 결과를 재구성하여 안내한다. 이를 통해 학습자는 생활 속에서 학습 주제와 관련된 신체활동 수행 계획을 스스로 수립하고 지속해서 실천할 수 있다.

③ 디지털 기술은 평가 결과의 누가 기록 및 체계적인 관리, 결과 분석에 활용될 수 있다. 학습자 스스로 디지털 도구를 활용하여 개인별 학습 과정과 평가 결과를 누가 기록하고 이를 활용함으로써 자신의 건강 관리, 진로 진학, 여가 활용 등과 연계하여 체계적인 신체활동 계획을 수립하고 실천하기 위한 기초 자료로 활용할 수 있다.

제 2 장 선택 중심 교육과정

1 교육과정 설계의 개요

고등학교 체육과 선택 중심 교육과정에서는 활동적이고 창의적인 삶, 건강하고 주도적인 삶, 신체활동 문화를 향유하며 사회 속에서 바람직하고 더불어 사는 삶을 영위할 수 있는 신체활동 역량의 지속적인 발달을 위해 초·중학교 〈체육〉에서 학습한 내용을 더욱 심화하여 학습한다. 또한 총론에서 추구하는 '자기 주도성'은 고등학교 체육과 선택 과목의 학습을 통해 운동을 체계적으로 계획하고 실천하며 건강을 자기 주도적으로 관리함으로써 심화된다. '창의적 사고'는 활동적인 삶을 영위하기 위해 스포츠의 기능 및 방법을 경기 전략에 맞게 창의적으로 적용하고, 표현 활동을 창작하는 과정을 통해 깊어지며, 스포츠 문화와 스포츠 과학을 비판적으로 분석하고 융합적 관점에서 학습함으로써 확장된다. '포용성'과 '시민성'은 신체활동에 내재한 가치 있는 사회적 규범과 문화를 생활화하는 과정에서 길러지며, 특히 스포츠퍼슨십과 환경친화적 태도를 발휘하며 신체활동 문화를 폭넓게 체험함으로써 심화된다.

〈표 2-1〉 고등학교 체육과 선택 과목의 구성

구분	일반 선택	진로 선택	융합 선택
과목명	• 체육 1 • 체육 2	• 운동과 건강 • 스포츠 문화 • 스포츠 과학	• 스포츠 생활 1 • 스포츠 생활 2

고등학교 체육과 선택 과목은 일반 선택, 진로 선택, 융합 선택 유형별로 구성되었으며, 과목의 구성 원리는 다음과 같다.

먼저 일반 선택 과목은 공통과목인 〈체육〉에서 학습한 '운동', '스포츠', '표현' 영역 전반을 심화하여 학습하도록 영역 간 내용의 연계성을 고려하여 〈체육 1〉, 〈체육 2〉로 구성되었다. 〈체육 1〉은 스포츠의 생활화와 이를 통한 건강 증진을 위해 '건강 관리', '전략형 스포츠', '생태형 스포츠' 영역으로 구성되었으며, 〈체육 2〉는 스포츠의 생활화와 움직임의 수월성 향상을 위해 '체력 증진', '기술형 스포츠', '표현' 영역으로 구성되었다.

진로 선택 과목은 체육 분야 진로를 건강 관련 계열과 스포츠 문화 및 과학 계열로 구분하여 학습할 수 있도록 〈운동과 건강〉, 〈스포츠 문화〉, 〈스포츠 과학〉으로 구성되었다. 〈운동과 건강〉은 '체력 운동'과 '건강 운동' 영역으로 구성되었으며, 건강 운동은 기술형 스포츠와 표현 활동을 포함한 다양한 건강 증진 운동을 포괄하여 학습하도록 하였다. 〈스포츠 문화〉는 스포츠를 다양한 문화적 측면에서 고찰하여 체육에 대한 폭넓은 안목을 갖고 다양한 양식으로 확장할 수 있도록 '스포츠 인문 문화'와 '스포츠 경기 문화' 영역으로 구성되었으며, 〈스포츠 과학〉은 스포츠의 사회과학적 원리와 자연과학적 원리를 탐구하여 체육교과 내의 이론과 실제를 통합할 수 있도록 '스포츠와 사회과학', '스포츠와 자연과학' 영역으로 구성되었다.

융합 선택 과목은 스포츠를 실생활에서 심화하여 체험하고 응용할 수 있도록 〈스포츠 생활 1〉, 〈스포츠 생활 2〉로 구성되었다. 스포츠 영역은 내용의 비중이 타 영역보다 크고, 영역 내 세부 영역의 비중도 다른 점을 고려하여 두 과목으로 구성되며, 〈스포츠 생활 1〉은 '영역형 스포츠'와 '생활·자연환경형 스포츠', 〈스포츠 생활 2〉는 '네트형 스포츠'와 '필드형 스포츠' 영역으로 구성되었다.

과목별 핵심 아이디어는 과목의 내용이 어떤 개인적, 사회적 가치를 담고 있으며, 활동의 원리와 맥락은 무엇인지, 인간이 해당 과목의 내용과 어떤 관계를 맺고 성장해 나가는지를 제시하였다.

과목별 내용 요소는 핵심 아이디어에 따라 '지식·이해', '과정·기능', '가치·태도'의 세 가지 범주로 제시되었다. '지식·이해' 요소는 체육과 내용 지식을 구성하는 명제적 지식(각 내용 영역에서 이해해야 하는 개념이나 원리)과 방법적 지식(명제적 지식을 실제 상황에서 수행할 수 있는 기술이나 활동 방법 등)이며, '과정·기능' 요소는 '지식·이해' 요소의 학습 과정을 통해 달성되기를 기대하는 행동이다. '가치·태도' 요소는 이러한 신체활동의 학습 과정에서 습득되는 바람직한 성품을 의미한다. 특히 과목별 내용 요소에는 총론에서 강조하는 '핵심 역량', '생태교육', '민주시민교육' 등의 가치와 언어, 수리, 디지털 소양 등의 '기초 소양'을 반영하여 총론의 목표를 체육과에서 구현할 수 있도록 하였다.

과목별 내용 요소는 초·중학교 〈체육〉의 내용 요소를 통합 및 심화하여 선정되었다. 지식·이해 범주의 내용 요소인 명제적 지식과 방법적 지식은 각각 이론적 수준, 심화 및 전문 기술 수준을 중심으로 선정되었으며, 가치·태도 내용 요소는 대인 및 사회적 수준을 중심으로 선정되었다. '과정·기능 요소'는 '지식·이해', '가치·태도'의 학습 과정 및 결과 행동을 과목별 내용 요소에 맞게 초·중학교급보다 높은 수준으로 제시하였다.

〈표 2-2〉 학년군별 내용 요소의 선정 원리

<table>
<tr><th rowspan="2">내용
학년군</th><th colspan="2">지식·이해</th><th rowspan="2">가치·태도</th><th rowspan="2">과정·기능</th></tr>
<tr><th>명제적 지식</th><th>방법적 지식</th></tr>
<tr><td>3~4학년군</td><td rowspan="4">개념적 수준
⬇
원리적 수준
⬇
이론적 수준</td><td rowspan="4">입문을 위한 기초 기술
⬇
참여를 위한 복합 기술
⬇
제도화된 활동을 위한 응용 기술
⬇
정식 활동의 심화 및 전문 기술</td><td rowspan="4">개인
⬇
대인
⬇
사회</td><td rowspan="4">인지, 시도, 수용
⬇
분석, 적용, 실천
⬇
평가, 구성, 지속</td></tr>
<tr><td>5~6학년군</td></tr>
<tr><td>중학교 1~3학년군</td></tr>
<tr><td>고등학교</td></tr>
</table>

제 3 장 일반 선택 과목 체육 1

1 성격 및 목표

가. 성격

〈체육 1〉은 중학교 〈체육〉의 건강 활동, 전략형 스포츠, 생태형 스포츠 영역을 더욱 심화하여 학습함으로써, 생애주기에 따라 건강을 유지 및 증진하고, 타인 및 환경과 상호작용하며 스포츠를 생활화할 수 있는 자질을 길러주는 과목이다.

건강한 삶은 가장 기본적인 욕구이자 행복한 삶의 기초이다. 인간의 수명은 지속해서 연장되는 반면 건강을 위협하는 다양한 문제들은 갈수록 심각해지는 현대 사회에서 건강한 삶을 영위할 수 있는 역량의 중요성이 날로 커지고 있다. 또한 스포츠는 인류의 역사와 함께 이어져 온 대표적인 문화 양식으로 스포츠에 참여하는 것은 삶을 풍요롭게 만들며 더불어 사는 삶에 기여한다.

이러한 측면에서 〈체육 1〉 과목에서는 건강을 체계적으로 관리하는 생활 방식을 습관화하고, 전략형 스포츠와 생태형 스포츠를 생활 속에서 지속해서 실천함으로써 건강 문제를 주도적으로 개선하고 스포츠 친화적이며 활동적인 삶을 살아갈 수 있도록 하는 데 주안점을 둔다. 이를 위해 중학교 '체육'에서 학습한 신체적, 정신적, 사회적 건강 활동의 유형과 운동 방법을 토대로 신체활동이 건강에 영향을 미치는 기전과 효과를 깊이 있게 이해하고, 생애주기별 신체의 변화 특성에 맞게 건강을 꾸준히 관리할 수 있도록 한다. 또한 다양한 스포츠 경기 기능과 방법, 전략을 더욱 심화시키고, 스포츠 활동에 주기적으로 참여함으로써 타인과 적극적으로 소통하고 스포츠 수행에 대한 유능감을 높이며 스포츠를 생활화할 수 있도록 한다.

나. 목표

〈체육 1〉 과목은 활동적이고 창의적인 삶, 건강하고 주도적인 삶, 신체활동 문화를 향유하는 삶을 영위하는 데 필요한 신체활동 역량을 심화하고, 건강을 관리하고 스포츠를 생활화하며, 생태 감수성을 함양하는 것을 목표로 한다.

(1) 건강 관리의 원리와 방법을 체계적으로 이해하고, 생활 속에서 지속해서 안전하게 실천하며, 건강 관리에 필요한 가치와 태도를 실천한다.

(2) 전략형 스포츠의 문화를 폭넓게 탐색하고, 움직임의 과학적 원리와 방법을 경기에 적용하며, 전략형 스포츠 활동에 내재한 가치와 태도를 실천한다.

(3) 생태형 스포츠 문화를 폭넓게 탐색하고, 움직임의 과학적 원리와 방법을 경기에 적용하며, 생태형 스포츠 활동에 내재한 가치와 태도를 실천한다.

2 내용 체계 및 성취기준

가. 내용 체계

<table>
<tr><td>핵심 아이디어</td><td colspan="3">• 건강은 자신의 건강 수준을 진단하고 생애주기별 건강 특성에 맞게 신체활동을 계획적으로 실천함으로써 증진된다.
• 스포츠의 문화적 전통은 스포츠의 고유한 기술과 방법을 경기에 적용하고 제도화된 규범을 준수함으로써 유지된다.
• 인간은 생활환경 및 자연환경 속에서 스포츠 문화를 누리고 타인과 공유하며 발전시켜 나간다.</td></tr>
<tr><td>영역
범주</td><td>건강 관리</td><td>전략형 스포츠</td><td>생태형 스포츠</td></tr>
<tr><td>지식·이해</td><td>• 신체활동의 효과
• 생애주기별 건강 관리 방법
• 건강 관리와 안전</td><td>• 전략형 스포츠의 문화
• 전략형 스포츠의 경기 기능과 과학적 원리
• 전략형 스포츠의 경기 방법 및 전략</td><td>• 생태형 스포츠의 문화
• 생태형 스포츠의 경기 기능과 과학적 원리
• 생태형 스포츠의 경기 방법 및 전략</td></tr>
<tr><td>과정·기능</td><td>• 신체활동 효과 탐구하기
• 건강 관리하기
• 안전사고에 대처하기</td><td colspan="2">• 스포츠 문화 탐색하기
• 스포츠 경기 기능 분석하기
• 경기에 응용하기</td></tr>
<tr><td>가치·태도</td><td>긍정적 자아 존중감</td><td colspan="2">• 스포츠 기술 개선에 대한 적극성
• 스포츠 환경에 대한 생태 감수성</td></tr>
</table>

나. 성취기준

(1) 건강 관리

[12체육1-01-01] 신체활동이 건강에 영향을 미치는 기전과 효과를 탐구한다.
[12체육1-01-02] 생애주기별 건강 관리 방법에 따라 건강을 체계적으로 관리하여 자아 존중감을 높인다.
[12체육1-01-03] 건강 관리 측면에서 고려해야 할 다양한 안전 요소를 이해하고, 안전사고에 적절하게 대처한다.

(가) 성취기준 해설

- [12체육1-01-01]은 신체활동이 신체에 긍정적인 변화를 미치는 과정과 원리를 과학적으로 이해하여 신체활동의 필요성을 인식하고, 자기 주도적 건강 관리에 필요한 신체활동을 구안하기 위해 설정하였다. 이를 위해 신체활동이 건강에 영향을 미치는 기전과 효과를 사회과학적, 자연과학적 측면에서 구체적으로 이해하도록 한다.
- [12체육1-01-02]는 생애주기별 건강의 중요성을 이해하고 특히 청소년기 건강 관리에 필요한 다양한 지식을 습득하여 건강을 체계적으로 관리하기 위해 설정하였다. 이를 위해 청소년기에 필요한 질병 예방, 영양 균형, 약물 오남용 및 음주, 흡연 예방, 운동 등 건강 결정 요인과 신체활동을 폭넓게 이해하고 실천함으로써 자아 존중감을 갖도록 한다.

- [12체육1-01-03] 질병 예방, 영양 균형, 약물 오남용 및 음주, 흡연 예방, 운동 등 건강 관리 활동과 생활 안전 방법을 구체적인 사례를 통해 이해하고, 안전사고 유형에 따른 안전사고 대처요령을 습득하도록 한다.

(나) 성취기준 적용 시 고려 사항

- 건강 관리 영역에서는 학기 단위에 걸친 지속적 참여를 통해 건강을 종합적이고 체계적으로 관리하는 데 적합한 신체활동을 선정한다.
- 건강 관리 영역에서는 다른 영역의 내용과 연계하여 운영할 수 있으며, 건강 관리와 안전 요소는 안전한 건강 관리와 안전교육 두 가지 측면의 교수·학습이 적절하게 이루어질 수 있도록 운영한다.
- 건강 관리 방법의 중요성과 필요성을 인식하여 건강 관리 활동에 적극적으로 참여할 수 있도록 운영한다.
- 질병 예방, 영양 균형, 약물 오남용 및 음주, 흡연 예방, 운동 등의 측면에서 건강 관리 활동을 지속해서 실천할 수 있는 다양한 활동을 제시하고, 디지털 도구를 활용하여 실천 내용을 기록하고 관리할 수 있도록 하며, 체육 관련 진로 설계와 연계할 수 있도록 운영한다.
- 일상생활에서 건강하고 안전한 생활 습관의 실천을 통한 생애주기별 건강 관리 및 운동의 생활화를 중심으로 평가한다.
- 자신에게 적합한 건강 관리 활동을 실천하는 과정을 평가하기 위해 건강 관리 일지, 보고서, 체크리스트, 포트폴리오 등을 활용하여 평가한다. 또한 학습자 스스로 장단점을 파악하고 자신의 학습을 개선하여 더욱 적극적으로 수업에 참여할 수 있도록 학습자가 평가의 주체가 되는 자기 평가나 동료 평가를 활용하여 평가할 수 있다.

(2) 전략형 스포츠

[12체육1-02-01] 전략형 스포츠 문화의 개념과 특성을 탐색한다.
[12체육1-02-02] 전략형 스포츠의 경기 기능을 과학적 원리에 따라 분석하고, 적극적으로 개선한다.
[12체육1-02-03] 전략형 스포츠의 경기 방법 및 전략을 이해하고, 경기 상황에 맞게 응용한다.

(가) 성취기준 해설

- [12체육1-02-01]은 다양한 유형의 전략형 스포츠를 탐색하는 과정을 통해 전략형 스포츠 문화의 보편성과 특수성을 이해하기 위해 설정하였다. 이를 위해 물질문화(시설, 장비 등), 제도문화(규범, 기술체계 등), 관념문화(목표, 가치 등) 등 스포츠 경기 문화 측면에서 영역형, 필드형, 네트형 스포츠 문화를 비교·분석하도록 한다.
- [12체육1-02-02] 패스, 드리블, 슛 등 전략형 스포츠 경기 기능 수행에 작용하는 사회과학적, 자연과학적 원리를 이해하고 이러한 원리를 바탕으로 경기 기능을 개선하도록 한다.
- [12체육1-02-03]은 전략형 스포츠의 경기 방법과 전략이 어떠한 맥락에서 형성되고 만들어졌는지 탐구하여 전략형 스포츠를 깊이 있게 이해하고 경기 상황에 적절하게 적용하기 위해 설정하였다. 이를 위해 영역형, 필드형, 네트형 스포츠 경기에서 직면하게 되는 다양한 문제 상황의 해결을 위한 경기 기능의 활용, 공을 가지고 있는 경우와 그렇지 않은 경우의 움직임, 공격과 수비 상황에서의 전략적 움직임 등을 이해하고 경기에 응용하도록 한다.

(나) 성취기준 적용 시 고려 사항

• 전략형 스포츠 영역에서는 스포츠 문화를 폭넓게 이해하고 경험함으로써 평생 체육으로 활용할 수 있는 신체활동을 중심으로 선정하되, 특수교육 학생, 다문화 학생, 느린 학습자, 신체활동에 소극적인 학습자 등 다양한 학습자 및 학교 여건과 교내외 체육 활동에서의 안전 수칙을 고려한다.
• 팀의 소통과 협력을 바탕으로 공동의 목표를 추구하고, 공격과 수비 상황에서 자신의 역할과 책임을 다해 동료를 믿고 배려하는 자세로 경기에 참여하며, 상대를 존중하고 예절을 지키면서 경기하는 과정을 통해 민주시민의 소양을 갖추도록 운영한다.
• 일부 내용 요소를 평가하기보다는 경기 상황에 맞게 경기 기능과 전략을 수행하는 능력, 전략형 스포츠 문화에 대한 이해력, 스포츠 기술 개선에 대한 적극성 등 다양한 요소를 균형 있게 평가하고, 학습 결과와 학습 과정을 모두 평가한다.
• 전략형 스포츠 문화에 대한 이해력은 지필 검사, 감상 및 분석 보고서, 포트폴리오 등을 활용하여 평가하고, 전략형 스포츠 경기 수행 능력은 개인별 경기 기능 평가와 경기를 통한 팀 경기 수행 능력 평가, 관찰기록을 통한 게임 수행평가 등을 활용하여 평가한다. 또한 학습자 스스로 장단점을 파악하고 자신의 학습을 개선하여 더욱 적극적으로 수업에 참여할 수 있도록 학습자가 평가의 주체가 되는 자기 평가나 동료 평가를 활용하여 평가할 수 있다.

(3) 생태형 스포츠

[12체육1-03-01] 생태형 스포츠 문화의 개념과 특성을 탐색하고, 스포츠 환경에 대한 생태 감수성을 실천한다.
[12체육1-03-02] 생태형 스포츠의 경기 기능을 과학적 원리에 따라 분석하고, 적극적으로 개선한다.
[12체육1-03-03] 생태형 스포츠의 경기 방법 및 전략을 이해하고, 경기 상황에 맞게 응용한다.

(가) 성취기준 해설

• [12체육1-03-01]은 다양한 유형의 생태형 스포츠를 탐색하는 과정을 통해 생태형 스포츠 문화의 보편성과 특수성을 이해하고, 생태형 스포츠의 사회적 가치를 공유하며 실천하기 위해 설정하였다. 이를 위해 물질문화(시설, 장비 등), 제도문화(규범, 기술체계 등), 관념문화(목표, 가치 등) 등 스포츠 경기 문화 측면에서 생활환경형, 자연환경형 스포츠 문화를 비교·분석하고, 생태형 스포츠 경기에 참여하는 과정에서 자기 주변의 생태적 상황, 변화 및 그 의미를 민감하게 포착하고 이해하며 생태환경의 소중함을 알고 더불어 살아가는 태도를 실천하도록 한다.
• [12체육1-03-02] 생태형 스포츠 경기 기능 수행에 작용하는 사회과학적 원리, 자연과학적 원리를 이해하고 이러한 원리를 바탕으로 경기 기능을 개선하도록 한다.
• [12체육1-03-03]은 생태형 스포츠의 경기 방법과 전략이 어떠한 맥락에서 형성되고 만들어졌는지 탐구하여 생태형 스포츠를 깊이 있게 이해하고 경기 상황에 적절하게 적용하기 위해 설정하였다. 이를 위해 생활환경형, 자연환경형 스포츠 경기에서 직면하게 되는 다양한 문제 상황의 해결을 위한 경기 기능의 활용, 경기 상황에 따른 전략적 움직임, 경기 결과에 영향을 미치는 환경 조건 등을 이해하고 경기에 응용하도록 한다.

(나) 성취기준 적용 시 고려 사항

• 생태형 스포츠 영역에서는 여가 스포츠 문화를 폭넓게 이해하고 경험함으로써 평생 체육으로 활용할 수 있는 신체활동을 중심으로 선정하되, 특수교육 학생, 다문화 학생, 느린 학습자, 신체활동에 소극적인 학습자 등 다양한 학습자 및 학교 여건과 교내외 체육 활동에 따른 안전 수칙을 고려한다.
• 존중, 공존, 평화, 문화 다양성, 지속가능성 등과 같이 생태형 스포츠에 내재한 가치의 학습을 통해 지속 가능한 생태 문화를 인식하고 더불어 살아가기 위한 태도를 실천할 수 있도록 운영한다.
• 일부 내용 요소를 평가하기보다는 경기 상황에 맞게 경기 기능과 전략을 수행하는 능력, 생태형 스포츠 문화에 대한 이해력, 생태 감수성의 실천 등 다양한 요소를 균형 있게 평가하고, 학습 결과와 학습 과정을 모두 평가한다.
• 생태형 스포츠 문화에 대한 이해력은 지필 검사, 감상 및 분석 보고서, 포트폴리오 등을 활용하여 평가하고, 생태형 스포츠 경기 수행 능력은 개인별 경기 기능 평가와 경기를 통한 팀 경기 수행 능력 평가, 관찰기록을 통한 게임 수행평가 등을 통해 평가하며, 스포츠 환경에 대한 생태 감수성의 실천 능력은 토론, 체크리스트, 일지 등을 활용하여 평가한다. 또한 학습자 스스로 장단점을 파악하고 자신의 학습을 개선하여 더욱 적극적으로 수업에 참여할 수 있도록 학습자가 평가의 주체가 되는 자기 평가나 동료 평가를 활용하여 평가할 수 있다.

〈표 3-1〉 고등학교 〈체육 1〉의 신체활동 예시

영역	신체활동 예시
건강 관리	질병 관리 및 공중 보건 활동, 식이 관리 활동, 약물 오·남용 및 음주·흡연 예방 활동, 정신 건강 관리 활동, 안전사고 예방 및 대처 활동 등
전략형 스포츠	• 영역형(축구, 농구, 핸드볼, 럭비, 하키 등) • 네트형(배구, 배드민턴, 테니스, 탁구, 족구 등) • 필드형(야구, 소프트볼, 크리켓 등)
생태형 스포츠	• 생활환경형(당구, 볼링, 사이클링, 인라인스피드, 스포츠클라이밍 등) • 자연환경형(골프, 등반, 서핑, 스키, 스노보드, 카약, 승마 등)

3 교수·학습 및 평가

가. 교수·학습

(1) 교수·학습의 방향

(가) 신체활동 역량의 지속적인 발달을 위한 교수·학습이 이루어지도록 한다. 이를 위해 중학교 〈체육〉에서 학습한 건강 활동, 전략형 스포츠, 생태형 스포츠를 심화하여 학습할 수 있도록 다양한 수업 주제와 교수·학습 활동을 선정하고 조직한다.

(나) 학습자가 생애주기에 따라 건강을 유지 및 증진하고, 타인 및 환경과 상호작용하며 스포츠를 생활화할 수 있도록 자기 주도적 학습을 위한 맞춤형 교수·학습과 신체활동의 시간적·공간적 확장을 위한 교수·학습이 이루어지도록 한다. 이를 위해 학습자의 수준을 고려하여 적절한 동기 유발 전략을 마련하고 과제 및 학습 자료, 시설과 기자재 등을 효율적으로 조직한다. 또한 가정 및 집 주변, 지역사회에서 신체활동을 지속해서 실천하고 고등학교 시기에 적절한 신체활동에 참여하고 즐기는 방법과 체육 관련 진로를 설계하도록 지도한다.

(다) 디지털 기술을 활용하여 효율적인 교수·학습이 이루어지도록 한다. 이를 위해 교육과정 운영의 전 과정에서 온·오프라인을 연계하고 다양한 디지털 매체를 활용함으로써 학습자의 신체활동 참여를 촉진하고 효율적인 학습 자료 관리가 가능하도록 지도한다.

(라) 창의성과 인성 함양을 위한 교수·학습이 이루어지도록 한다. 이를 위해 영역별 신체활동의 심동적, 정의적, 인지적 내용 요소를 균형 있게 학습할 수 있도록 직접 체험 활동과 함께 간접 체험 활동을 제공하고, 타 교과 및 범교과 학습 주제를 체육과 학습 내용과 융합하여 학습할 수 있도록 지도한다.

(2) 교수·학습 방법

(가) 교육과정에서 제시한 내용 영역과 영역별 성취기준을 반드시 지도한다. 내용 영역을 통합하여 계획을 수립할 경우, 각 영역의 내용 요소가 누락 되지 않아야 하며 영역 설정의 취지를 벗어나지 않는 범위 내에서 통합한다.

(나) 학습자가 생애주기에 따라 건강을 유지 및 증진하고, 타인 및 환경과 상호작용하며 스포츠를 생활화할 수 있도록, 영역의 성취기준 달성에 충분한 지식과 활동 내용을 제공할 수 있는 신체활동 유형과 종목을 선정한다.

(다) 학기 초 단위 학교의 학사 일정을 바탕으로 수업 가능 일수와 시간을 파악하고, 수업 장소와 기상 요건 등을 고려하여 수업 활동을 계획한다.

(라) 학습자의 사전 학습 경험 및 특성을 고려하여 학습자 수준에 맞는 교수·학습 활동을 계획하고 운영한다. 교수·학습 운영에 적합한 시설과 용·기구의 수요를 파악하여 충분한 수량을 확보한다.

(마) 모든 학습자에게 자기 수준에 맞는 학습 기회를 평등하게 제공하도록 교수·학습 활동을 계획하고 운영한다. 특수교육 학생, 다문화 학생, 느린 학습자, 신체활동에 소극적인 학습자 등 다양한 학습자를 고려하여 학습자가 자신의 수준에 적합한 학습에 참여할 수 있도록 다양한 학습 과제를 제시한다.

(바) 최소 성취수준 보장을 위해 과목 출석률 및 학업성취율의 이수 조건을 고려하여 영역별 최소 성취수준과 학습량을 설정하고, 수준별 학습, 단계적 학습, 개별 학습과 심화 보충 학습 등이 가능하도록 학생 맞춤형 교수·학습 자료를 구성하며, 학습자가 다양한 방식과 역할로 수업에 참여할 수 있도록 교수·학습 활동을 계획하고 운영한다.

나. 평가

(1) 평가의 방향

(가) 생애주기에 따른 건강의 유지 및 증진, 타인 및 환경과의 상호작용, 스포츠 생활화를 위한 종합적 평가가 이루어지도록 한다. 건강 관리, 전략형 스포츠, 생태형 스포츠의 지식과 기능의 습득, 가치와 태도의 실천 등을 종합적으로 평가할 수 있도록 실제 맥락에서의 수행 능력을 평가한다.

(나) 학습자의 학습과 성장 과정을 반영한 다면적 평가가 이루어지도록 한다. 학습 결과와 더불어 학습 과정에서 나타나는 학습자의 과제 수행 및 학습 특성의 변화를 평가하고 평가 방법 및 도구, 평가 주체를 다양화하며 학생 성장을 다면적으로 평가한다.

(다) 특수교육 학생, 다문화 학생, 느린 학습자 등 다양한 특성을 고려한 학습자 맞춤형 평가와 학습자의 수준과 흥미를 반영한 다양한 교수·학습 방법의 구안을 위해 진단평가 및 형성평가를 적극적으로 활용하고, 최소 성취수준 보장을 위해 과정을 중시하는 평가가 이루어지도록 한다.

(2) 평가 방법

(가) 평가 범위는 교수·학습 활동을 통해 지도된 전 영역을 대상으로 하되, 내용 영역에 따라 평가 비중을 달리할 수 있다. 단, 평가 내용의 균형성을 고려하여 특정 영역에 편중되지 않도록 한다.

(나) 평가 내용에는 수업 목표와 학습 내용에 제시된 지식·이해, 과정·기능, 가치·태도 요소를 균형 있게 포함한다. 평가의 주체를 고려하여 평가 내용을 선정한다. 특히 동료 또는 자기 평가와 같이 학습자가 주체가 된 평가를 할 경우 구체적인 성취수준을 제공한다.

(다) 평가를 위한 성취기준 및 성취수준은 교육과정 성취기준과 단위 학교 수업 내용을 바탕으로 개발한다. 평가를 위한 성취기준은 교수·학습의 내용 및 방법을 고려하여 영역별 성취기준을 나누거나 통합할 수 있다.

(라) 성취수준은 점수화 및 등급화를 위한 기능의 단순 분류나 기록의 명시보다는 영역별 내용 요소에 따른 기능의 도달 정도를 구체적인 행동 수준으로 진술하고, 평가 등급(단계) 또한 양적 요소와 질적 요소를 모두 포함하여 수준에 맞게 진술한다.

(마) 평가 방법은 학습 목표 및 평가 목적에 적합하게 선정한다. 체육과 평가에서 활용되는 기존 평가 도구를 사용하거나 평가 내용에 적합한 도구를 개발하여 사용할 수 있다.

(바) 모둠별 학습 활동의 평가 시 개별 학습자의 역할 및 노력과 기여도를 평가하는 방안을 마련한다.

(사) 평가 결과는 교수·학습을 수정하고 보완하는 데 활용하며, 학습자와 학부모가 쉽게 이해하도록 구체적으로 재구성하여 안내한다.

(아) 평가 결과의 누가 기록 및 체계적인 관리, 결과 분석 등을 위해 디지털 도구를 활용할 수 있다.

제 4 장 일반 선택 과목 체육 2

1 성격 및 목표

가. 성격

〈체육 2〉는 중학교 〈체육〉의 체력 운동, 기술형 스포츠, 표현 영역을 더욱 심화하여 학습함으로써, 과학적 원리와 방법에 따라 체력을 증진하고 스포츠와 표현 활동의 수행 능력을 함양하여 생활화할 수 있는 자질을 길러주는 과목이다.

신체적 수월성의 추구와 표현 활동은 인류의 역사와 함께 이어져 왔다. 고대부터 현대에 이르기까지 신체를 극한까지 수련하여 수월성을 겨루는 경기와 신체활동을 이용한 표현 문화는 동서양을 막론하고 가장 기본적인 신체활동 문화의 영역이라고 할 수 있다. 체계적 운동을 통해 체력을 증진하고, 기술형 스포츠와 표현 활동에 참여하는 것은 신체활동 문화의 계승과 발전에 기반이 되며 신체적으로 활동적이며 주도적인 삶을 살아가는 데 중요한 역할을 한다.

이러한 측면에서 〈체육 2〉 과목에서는 체력을 체계적으로 증진하고 관리하며, 기술형 스포츠와 표현 활동을 일상생활에서 지속해서 실천함으로써 신체적 수월성과 창의적인 표현 능력을 가질 수 있도록 하는 데 주안점을 둔다. 이를 위해 중학교 〈체육〉에서 습득한 체력 증진, 체력 관리, 운동 처방의 원리 및 운동 방법을 토대로 과학적 원리를 적용하여 체계적으로 체력을 관리할 수 있도록 한다. 또한 기술형 스포츠의 기술적 정확성과 효율성을 높임으로써 신체 움직임에 대한 유능감을 향상하고 신체활동에 주도적으로 참여하며, 신체 움직임을 미적으로 표현하고 비판적으로 감상하는 활동을 통해 심미적이고 창의적인 안목을 가질 수 있도록 한다.

나. 목표

〈체육 2〉 과목은 활동적이고 창의적인 삶, 건강하고 주도적인 삶, 신체활동 문화를 향유하는 삶을 영위하는 데 필요한 신체활동 역량을 심화하고, 체력 증진과 신체적 수월성 추구에 필요한 자질을 함양하는 것을 목표로 한다.

(1) 체력 증진 운동의 원리와 방법을 이해하고, 체력을 과학적이고 종합적으로 관리하며, 체력 관리에 필요한 가치와 태도를 실천한다.

(2) 기술형 스포츠 문화를 폭넓게 탐색하고, 움직임의 과학적 원리와 방법을 경기에 적용하며, 스포츠 활동에 내재한 가치와 태도를 실천한다.

(3) 표현 활동 문화를 폭넓게 탐색하고, 움직임의 미적 원리와 방법을 작품 창작에 적용하며, 표현 활동에 내재한 가치와 태도를 실천한다.

2 내용 체계 및 성취기준

가. 내용 체계

핵심 아이디어	• 체력은 과학적 원리에 따라 신체를 단련하고, 체계적이고 종합적으로 관리해야 증진된다. • 스포츠의 문화적 전통은 스포츠의 고유한 기술과 방법을 경기에 적용하고 제도화된 규범을 준수함으로써 유지된다. • 인간은 움직임을 통해 생각이나 느낌을 표현하고, 창작 작품을 비평하면서 표현 활동 문화를 발전시켜 나간다.		
범주 \ 영역	체력 증진	기술형 스포츠	표현 활동
지식·이해	• 체력 증진의 과학적 원리와 특성 • 체력의 종합적 관리 방법 • 체력 증진 운동과 안전	• 기술형 스포츠의 문화 • 기술형 스포츠의 경기 기능과 과학적 원리 • 기술형 스포츠의 경기 방법 및 전략	• 표현 활동의 문화 • 표현 활동의 동작과 미적 원리 • 표현 활동의 창작과 비평
과정·기능	• 과학적으로 체력 분석하기 • 체력 증진 운동 방법 적용하기 • 신체 위기 상황에 대처하기	• 스포츠 문화 탐색하기 • 스포츠 경기 기능 분석하기 • 경기에 응용하기	• 표현 활동 문화 탐색하기 • 표현 활동 동작 분석하기 • 표현 활동 작품 비평하기
가치·태도	위기 상황에서의 침착성	신체적 자기효능감	심미적 안목

나. 성취기준

(1) 체력 증진

[12체육2-01-01] 체력 증진을 위한 과학적 원리와 특성을 이해하고, 체력 증진 운동에 적용한다.
[12체육2-01-02] 체력을 과학적으로 분석하고, 종합적 관리 방법에 따라 체력을 증진한다.
[12체육2-01-03] 체력 증진 운동에서 안전의 중요성을 이해하고 체력 증진 운동 시 발생할 수 있는 신체 위기 상황에 침착하게 대처한다.

(가) 성취기준 해설

- [12체육2-01-01]은 체력 증진 운동에 적용되는 원리들이 어떠한 과학적 지식을 바탕으로 구성된 것인지 이해하여 자기 주도적 체력 관리에 필요한 체력 증진 운동을 구안하기 위해 설정하였다. 이를 위해 과부하의 원리, 점진성의 원리, 개별성의 원리, 특수성의 원리, 전면성의 원리, 반복성의 원리 등 체력 증진 원리에 적용되는 사회과학적, 자연과학적 원리를 이해하고 체력 증진 운동에 활용하도록 한다.
- [12체육2-01-02]는 자신의 체력 수준을 과학적 방법을 통해 평가하여 그에 따른 종합적 관리 방법을 구안하고 실천하기 위해 설정하였다. 이를 위해 심폐지구력, 근력, 유연성, 신체 구성, 순발력, 민첩성, 평형성 등 다양한 체력 요소의 과학적 측정과 분석 방법, 맞춤형 운동 처방, 식단, 생활 습관 등 체력을 종합적으로 관리하는 방법을 이해하고 체계적으로 실천하도록 한다.
- [12체육2-01-03] 체력 증진 운동 시 발생할 수 있는 심정지, 골절, 근육과 건 좌상, 염좌, 타박상 등 신체 위기 상황에 적절하게 대처하는 방법을 이해하고 실제 위기 상황에 침착하게 대처하도록 한다.

(나) 성취기준 적용 시 고려 사항

- 체력 증진 영역에서는 다양한 체력 요소의 유지·증진이 가능하고 학습자의 체력 정도에 따라 수준별 학습이 가능한 신체활동을 선정한다.
- 체력 증진 영역은 다른 영역의 내용과 연계하여 운영할 수 있으며, 체력 증진의 중요성과 필요성을 인식하여 적극적으로 체력 관리 활동에 참여할 수 있도록 운영한다. 또한 신체 위기 상황에서 자신과 타인에 대한 대처 능력을 기를 수 있도록 교수·학습을 운영한다.
- 맞춤형 운동 처방, 식단, 생활 습관 등의 측면에서 체력 관리 활동을 지속해서 실천할 수 있는 다양한 활동을 제시하고, 디지털 기기를 활용하여 실천 내용을 기록하고 관리할 수 있도록 하며, 체육 관련 진로 설계와 연계할 수 있도록 운영한다.
- 일부 체력 요소의 성취도 평가는 지양하고 체계적이고 종합적인 관리 방법의 실천 여부를 중심으로 평가한다.
- 체력 증진 활동을 실천하는 과정을 평가하기 위해 체력 관리 일지, 보고서, 체크리스트, 포트폴리오 등을 활용하여 평가한다. 또한 학습자 스스로 장단점을 파악하고 자신의 학습을 개선하여 더욱 적극적으로 수업에 참여할 수 있도록 학습자가 평가의 주체가 되는 자기 평가나 동료 평가를 활용하여 평가할 수 있다.

(2) 기술형 스포츠

[12체육2-02-01] 기술형 스포츠 문화의 개념과 특성을 탐색하고, 지속적인 경기 참여를 통해 신체적 자기효능감을 높인다.
[12체육2-02-02] 기술형 스포츠의 경기 기능을 과학적 원리에 따라 분석한다.
[12체육2-02-03] 기술형 스포츠의 경기 방법 및 전략을 이해하고 경기 상황에 맞게 응용한다.

(가) 성취기준 해설

- [12체육2-02-01]은 다양한 유형의 기술형 스포츠를 탐색하는 과정을 통해 기술형 스포츠 문화의 보편성과 특수성을 이해하고, 기술형 스포츠의 가치를 실천하기 위해 설정하였다. 이를 위해 물질문화(시설, 장비 등), 제도문화(규범, 기술체계 등), 관념문화(목표, 가치 등) 등 스포츠 경기 문화 측면에서 동작형, 기록형, 투기형 스포츠 문화를 비교·분석하고, 기술형 스포츠 경기에 참여하는 과정에서 자신의 신체 능력 수준에 대한 기대와 신념을 높이도록 한다.
- [12체육2-02-02] 중심 이동, 도약, 회전 등 기술형 스포츠 경기 기능 수행에 작용하는 사회과학적, 자연과학적 원리를 이해하고 이러한 원리를 바탕으로 경기 기능을 개선하도록 한다.
- [12체육2-02-03]은 기술형 스포츠의 경기 방법과 전략이 어떠한 맥락에서 형성되고 만들어졌는지 탐구하여 기술형 스포츠를 깊이 있게 이해하고 경기 상황에 적절하게 적용하기 위해 설정하였다. 이를 위해 자신의 기능 수준과 동작형, 기록형, 투기형 스포츠 경기에서 직면하게 되는 다양한 문제 상황의 해결을 위한 경기 기능의 활용, 경기 상황에 따른 전략적 움직임 등을 이해하고 경기에 응용하도록 한다.

(나) 성취기준 적용 시 고려 사항

- 기술형 스포츠 영역에서는 스포츠 문화를 폭넓게 이해하고 경기 기능의 완성을 통해 수월성을 체험할 수 있도록 수준별 학습이 가능한 신체활동을 중심으로 선정하되, 특수교육 학생, 다문화 학생, 느린 학습자, 신체활동에 소극적인 학습자 등 다양한 학습자 및 학교 여건을 고려한다.

• 기술형 스포츠 영역의 교수·학습 과정에서 발생할 수 있는 다양한 안전사고를 충분히 인지하여 안전사고를 예방한다.
• 일부 내용 요소를 평가하기보다는 경기 상황에 맞게 경기 기능과 전략을 수행하는 능력, 기술형 스포츠 문화에 대한 이해력, 신체적 자기효능감의 향상 등 다양한 요소를 균형 있게 평가하고, 학습 결과와 학습 과정을 모두 평가한다.
• 기술형 스포츠 문화에 대한 이해력은 지필 검사, 감상 및 분석 보고서, 포트폴리오 등을 활용하여 평가하고, 기술형 스포츠 경기 수행 능력은 개인별 경기 기능 평가와 경기를 통한 팀 경기 수행 능력 평가, 관찰기록을 통한 게임 수행평가 등을 통해 평가하며, 신체적 자기효능감의 경우 체크리스트나 일지 등을 활용하여 평가할 수 있다. 또한 학습자 스스로 장단점을 파악하고 자신의 학습을 개선하여 더욱 적극적으로 수업에 참여할 수 있도록 학습자가 평가의 주체가 되는 자기 평가나 동료 평가를 활용하여 평가할 수 있다.

(3) 표현 활동

[12체육2-03-01] 표현 활동 문화의 유형, 개념, 특성을 이해하고, 다양한 표현 활동 문화를 탐색한다.
[12체육2-03-02] 표현 활동의 미적 원리를 이해하고, 표현 동작을 심층적으로 분석하여 창의적으로 동작을 수행한다.
[12체육2-03-03] 표현 주제에 맞게 창의적으로 작품을 창작하고 감상·비평함으로써 심미적 안목을 갖는다.

(가) 성취기준 해설

• [12체육2-03-01]은 표현 활동의 문화를 포괄적으로 탐색하기 위해 설정하였다. 표현 활동 문화의 유형인 수행 문화, 공연 문화, 감상 문화의 개념과 특성을 이해하고, 표현 활동 문화의 유형별 공통점과 차이점을 발견하도록 한다.
• [12체육2-03-02]는 표현 활동의 동작 및 미적 원리에 대한 이해를 바탕으로 동작을 분석하고 수행하기 위해 설정하였다. 동작 특성, 표현 특성 등의 표현 방법을 바탕으로 표현 동작의 수행을 심층적으로 분석하고, 통일미, 변화미, 조화미, 역동미 등의 미적 요소와 원리를 이해하고 이를 바탕으로 표현 동작을 심층적으로 분석하여 더욱 아름답고 창의적으로 동작을 수행하도록 한다.
• [12체육2-03-03]은 표현 활동에 대한 깊이 있는 체험을 통해 작품을 창작하고 비평하기 위해 설정하였다. 개인 혹은 모둠이 관심사를 반영하여 설정한 주제에 맞게 창의적으로 동작을 만들고 구성하며, 자신 혹은 타인의 작품을 감상하고 비평하는 과정에서 아름다움을 발견하고 분별할 수 있는 식견을 갖도록 한다.

(나) 성취기준 적용 시 고려 사항

• 표현 영역에서는 생각이나 감정을 신체로 표현하고 표현 활동의 문화, 표현의 수행, 창작, 감상·비평을 폭넓게 이해하고 습득할 수 있으며 성별에 상관없이 흥미를 갖고 참여할 수 있는 신체활동을 선정한다.
• 생각이나 느낌을 표현하는 데 적합한 동작을 익히고 신체 표현으로 의사소통을 하며 작품을 창작하는 일련의 과정을 모두 포함할 수 있도록 하며, 공연 활동에서 안전사고를 예방할 수 있도록 교수·학습을 운영한다.
• 정형화된 표현 동작의 숙련도에 초점을 맞추기보다 독창적이고 개성 있는 동작과 작품을 창안해내는 능력에 중점을 두고, 다각적인 평가 도구를 활용하여 결과보다는 과정을 중시하는 평가가 이루어지도록 한다.

• 과정을 중시하는 평가를 위해 체크리스트, 일지, 감상문, 창작보고서 등의 평가 방법을 자기 평가 혹은 동료 평가를 활용하여 평가할 수 있다.

〈표 4-1〉 고등학교 〈체육 2〉의 신체활동 예시

영역	신체활동 예시
체력 증진	근력 및 근지구력 운동, 심폐지구력 운동, 유연성 운동, 순발력 및 민첩성 운동 등
기술형 스포츠	• 동작형(마루, 안마, 링, 도마, 철봉, 평균대, 평행봉 등) • 기록형(트랙 경기, 필드 경기, 경영, 스피드스케이팅, 국궁, 양궁, 사격 등) • 투기형(태권도, 씨름, 유도, 검도, 펜싱, 복싱 등)
표현 활동	• 스포츠 표현(리듬체조, 치어리딩, 피겨스케이팅, 아티스틱스위밍 등) • 전통 표현(강강술래, 탈춤, 춘앵무, 향발무, 검무, 플라멩코, 발레 등) • 현대 표현(현대무용, 댄스스포츠, 라인댄스, 스트리트댄스, 재즈댄스 등)

3 교수·학습 및 평가

가. 교수·학습

(1) 교수·학습의 방향

(가) 신체활동 역량의 지속적인 발달을 위한 교수·학습이 이루어지도록 한다. 이를 위해 중학교 〈체육〉에서 학습한 체력 운동, 기술형 스포츠, 표현 활동을 심화하여 학습할 수 있도록 다양한 수업 주제와 교수·학습 활동을 선정하고 조직한다.

(나) 학습자가 과학적 원리와 방법에 따라 체력을 증진하고, 스포츠와 표현 활동의 수행 능력을 심화하여 생활화할 수 있도록 자기 주도적 학습을 위한 맞춤형 교수·학습과 신체활동의 시간적·공간적 확장을 위한 교수·학습이 이루어지도록 한다. 이를 위해 학습자의 수준을 고려하여 적절한 동기 유발 전략을 마련하고 과제 및 학습 자료, 시설과 기자재 등을 효율적으로 조직한다. 또한 가정 및 집 주변, 지역사회에서 신체활동을 지속해서 실천하고 고등학교 시기에 적절한 신체활동에 참여하고 즐기는 방법과 체육 관련 진로를 설계하도록 지도한다.

(다) 디지털 기술을 활용하여 효율적인 교수·학습이 이루어지도록 한다. 이를 위해 교육과정 운영의 전 과정에서 온·오프라인을 연계하고 다양한 디지털 매체를 활용함으로써 학습자의 신체활동 참여를 촉진하고 효율적인 학습 자료 관리가 가능하도록 지도한다.

(라) 창의성과 인성 함양을 위한 교수·학습이 이루어지도록 한다. 이를 위해 영역별 신체활동의 심동적, 정의적, 인지적 내용 요소를 균형 있게 학습할 수 있도록 직접 체험 활동과 함께 간접 체험 활동을 제공하고, 타 교과 및 범교과 학습 주제를 체육과 학습 내용과 융합하여 학습할 수 있도록 지도한다.

(2) 교수·학습 방법

(가) 교육과정에서 제시한 내용 영역과 영역별 성취기준을 반드시 지도한다. 내용 영역을 통합하여 계획을 수립할 경우, 각 영역의 내용 요소가 누락 되지 않아야 하며 영역 설정의 취지를 벗어나지 않는 범위 내에서 통합한다.

(나) 학습자가 과학적 원리와 방법에 따라 체력을 증진하고, 스포츠와 표현 활동의 수행 능력을 심화하여 생활화할 수 있도록, 영역의 성취기준 달성에 충분한 지식과 활동 내용을 제공할 수 있는 신체활동 유형과 종목을 선정한다.

(다) 학기 초 단위 학교의 학사 일정을 바탕으로 수업 가능 일수와 시간을 파악하고, 수업 장소와 기상 요건 등을 고려하여 수업 활동을 계획한다.

(라) 학습자의 사전 학습 경험 및 특성을 고려하여 학습자 수준에 맞는 교수·학습 활동을 계획하고 운영한다. 교수·학습 운영에 적합한 시설과 용·기구의 수요를 파악하여 충분한 수량을 확보한다.

(마) 모든 학습자에게 자기 수준에 맞는 학습 기회를 평등하게 제공하도록 교수·학습 활동을 계획하고 운영한다. 특수교육 학생, 다문화 학생, 느린 학습자, 신체활동에 소극적인 학습자 등 다양한 학습자를 고려하여 학습자가 자신의 수준에 적합한 학습에 참여할 수 있도록 다양한 학습 과제를 제시한다.

(바) 최소 성취수준 보장을 위해 과목 출석률 및 학업성취율의 이수 조건을 고려하여 영역별 최소 성취수준과 학습량을 설정하고, 수준별 학습, 단계적 학습, 개별 학습과 심화 보충 학습 등이 가능하도록 학생 맞춤형 교수·학습 자료를 구성하며, 학습자가 다양한 방식과 역할로 수업에 참여할 수 있도록 교수·학습 활동을 계획하고 운영한다.

나. 평가

(1) 평가의 방향

(가) 과학적 원리와 방법에 따른 체력 증진과 스포츠와 표현 활동의 수행 능력의 심화 및 생활화를 위한 종합적 평가가 이루어지도록 한다. 체력 운동, 기술형 스포츠, 표현 활동의 지식과 기능의 습득, 가치와 태도의 실천 등을 종합적으로 평가할 수 있도록 실제 맥락에서의 수행 능력을 평가한다.

(나) 학습자의 학습과 성장 과정을 반영한 다면적 평가가 이루어지도록 한다. 학습 결과와 더불어 학습 과정에서 나타나는 학습자의 과제 수행 및 학습 특성의 변화를 평가하고 평가 방법 및 도구, 평가 주체를 다양화하며 학생 성장을 다면적으로 평가한다.

(다) 특수교육 학생, 다문화 학생, 느린 학습자 등 다양한 특성을 고려한 학습자 맞춤형 평가와 학습자의 수준과 흥미를 반영한 다양한 교수·학습 방법의 구안을 위해 진단평가 및 형성평가를 적극적으로 활용하고, 최소 성취수준 보장을 위해 과정을 중시하는 평가가 이루어지도록 한다.

(2) 평가 방법

(가) 평가 범위는 교수·학습 활동을 통해 지도된 전 영역을 대상으로 하되, 내용 영역에 따라 평가 비중을 달리할 수 있다. 단, 평가 내용의 균형성을 고려하여 특정 영역에 편중되지 않도록 한다.

(나) 평가 내용에는 수업 목표와 학습 내용에 제시된 지식·이해, 과정·기능, 가치·태도 요소를 균형 있게 포함한다. 평가의 주체를 고려하여 평가 내용을 선정한다. 특히 동료 또는 자기 평가와 같이 학습자가 주체가 된 평가를 할 경우 구체적인 성취수준을 제공한다.

(다) 평가를 위한 성취기준 및 성취수준은 교육과정 성취기준과 단위 학교 수업 내용을 바탕으로 개발한다. 평가를 위한 성취기준은 교수·학습의 내용 및 방법을 고려하여 영역별 성취기준을 나누거나 통합할 수 있다.

(라) 성취수준은 점수화 및 등급화를 위한 기능의 단순 분류나 기록의 명시보다는 영역별 내용 요소에 따른 기능의 도달 정도를 구체적인 행동 수준으로 진술하고, 평가 등급(단계) 또한 양적 요소와 질적 요소를 모두 포함하여 수준에 맞게 진술한다.

(마) 평가 방법은 학습 목표 및 평가 목적에 적합하게 선정한다. 체육과 평가에서 활용되는 기존 평가 도구를 사용하거나 평가 내용에 적합한 도구를 개발하여 사용할 수 있다.

(바) 모둠별 학습 활동의 평가 시 개별 학습자의 역할 및 노력과 기여도를 평가하는 방안을 마련한다.

(사) 평가 결과는 교수·학습을 수정하고 보완하는 데 활용하며, 학습자와 학부모가 쉽게 이해하도록 구체적으로 재구성하여 안내한다.

(아) 평가 결과의 누가 기록 및 체계적인 관리, 결과 분석 등을 위해 디지털 도구를 활용할 수 있다.

제5장 진로 선택 과목 운동과 건강

1 성격 및 목표

가. 성격

〈운동과 건강〉은 중학교 〈체육〉의 건강 활동과 체력 운동 영역을 더욱 심화하여 학습함으로써, 운동을 바탕으로 건강을 관리하고, 상황과 맥락에 맞는 개인 맞춤형 트레이닝을 통해 체력을 증진하며, 운동을 생활화하는 능력을 길러주는 과목이다.

개인과 사회의 건강을 위협하는 다양한 문제들이 갈수록 심각해지는 현대 사회에서 운동은 건강한 삶을 영위하는 데 중요한 역할을 한다. 운동은 신체적, 정신적 질환 예방과 사회적 건강에 필수적이며, 체계적이고 과학적인 체력 증진 트레이닝은 체력의 관리에 반드시 필요하다. 건강 관리의 목적과 수준에 적합한 운동을 선택하여 지속해서 참여하는 것은 건강하고 행복한 삶을 살아가는 데 중요한 역할을 한다.

이러한 측면에서 〈운동과 건강〉 과목에서는 운동을 건강 관리 목적에 맞게 체계적으로 계획하고 체력 증진 트레이닝 프로그램을 실천하며, 운동 손상을 예방하고 관리함으로써 자신의 건강을 능동적으로 관리하고 적정 체력 수준을 유지하면서 활기차게 생활할 수 있도록 하는 데 주안점을 둔다. 이를 위해 중학교 〈체육〉에서 습득한 건강 활동과 체력 운동에 관한 과학적 방법을 토대로 신체적, 정신적, 사회적 건강 관리를 위한 운동 지식과 방법을 깊이 있고 체계적으로 학습하여 건강을 전문적으로 관리하고, 건강 관련 분야 진로를 탐색하고 설계할 수 있도록 한다. 또한 기술형 스포츠와 표현 활동의 다양한 신체활동을 활용하여 운동의 효과를 높이고, 건강을 체계적으로 관리할 수 있도록 하며, 학습자의 체력 발달 수준과 요구에 맞게 다양한 트레이닝 방법을 조합하여 프로그램을 구성하고 적용하며 체력 운동의 효과를 높일 수 있도록 한다.

나. 목표

〈운동과 건강〉 과목은 건강하고 주도적인 삶을 영위하는 데 필요한 신체활동 역량을 기르고, 건강 및 체력 관리 분야의 전문성 향상에 필요한 자질을 함양하는 것을 목표로 한다.

(1) 신체적, 정신적, 사회적 건강 관리 방법을 이해하고, 목적에 맞는 건강 운동 계획을 수립하고 습관화하며, 건강 관리에 필요한 가치와 태도를 실천한다.

(2) 트레이닝의 종류 및 방법, 운동 손상과 운동 재활의 개념을 이해하고, 목적에 맞게 트레이닝 프로그램을 적용하며, 체력 관리에 필요한 가치와 태도를 실천한다.

2 내용 체계 및 성취기준

가. 내용 체계

핵심 아이디어	• 운동은 건강을 관리하는 데 필수적이며, 체력은 상황과 맥락에 적합한 트레이닝을 통해 발달한다. • 운동에 따른 손상의 예방과 관리는 건강하고 활기찬 삶에 필수적인 요소이다.	
범주 \ 영역	건강 운동	체력 운동
지식·이해	• 운동과 건강 관리 • 기술형 스포츠와 건강 • 표현 활동과 건강	• 트레이닝의 종류와 방법 • 체력 증진 트레이닝 프로그램 • 운동 손상과 재활
과정·기능	• 건강 운동 계획하기 • 건강 관리하기 • 건강 관련 분야 진로 설계하기	• 트레이닝 프로그램 계획하기 • 트레이닝 프로그램 적용하기 • 운동 손상 관리하기
가치·태도	건강 관리에 대한 자기 주도성	체력 관리에 대한 자기 주도성

나. 성취기준

(1) 건강 운동

[12운건01-01] 운동이 신체적, 정신적 질환 예방과 사회적 건강에 미치는 효과를 파악하고, 운동의 목적과 자신의 수준에 적합한 건강 운동을 계획한다.

[12운건01-02] 일일, 주간, 월간 건강 운동 프로그램을 계획하고 자기 주도적으로 실천하여 건강을 관리하고, 건강 관련 분야 진로를 설계한다.

[12운건01-03] 기술형 스포츠를 이용한 건강 관리 방법을 탐색하고, 일상에서 실천하며 생활화한다.

[12운건01-04] 표현 활동을 이용한 건강 관리 방법을 탐색하고, 일상에서 실천하며 생활화한다.

(가) 성취기준 해설

- [12운건01-01]은 건강에서 운동이 갖는 의미와 운동의 필요성을 명확하게 이해하고, 자기 주도적 건강 관리에 필요한 운동을 계획하기 위해 설정하였다. 운동이 건강에 미치는 효과를 뇌혈관질환, 심장질환, 대사질환, 불안증, 스트레스 등 다양한 질환의 예방과 건강한 인간관계 및 사회적 안녕 측면에서 구체적으로 이해하도록 한다.
- [12운건01-02]는 운동 목표에 따라 과학적 원리를 적용하여 운동 프로그램을 구안하여 실천하고, 건강 관련 분야 진로를 설계하기 위해 설정하였다. 자신의 수준에 맞게 운동 종류, 운동 강도, 운동 빈도, 운동 시간 등을 결정하여 하루, 일주일, 한 달 단위의 구체적인 운동 계획을 수립하여 실천하고, 건강 관련 분야 진로 정보를 수집하여 분석하며, 자기 적성에 맞는 진로 계획을 수립하여 건강 관련 분야 진로에서 요구되는 조건이나 자격을 갖출 수 있도록 진로를 설계하고 준비하도록 한다.
- [12운건01-03, 04]는 기술형 스포츠나 표현 활동이 건강에 미치는 효과를 이해하고, 운동 목표에 따라 자신에게 맞는 운동 프로그램을 실천하며 건강을 관리하기 위해 설정하였다. 자신의 운동 수준, 운동 환경, 운동 선호도 등을 고려하여 운동 종목을 선택하고, 운동 계획을 수립하여 실천함으로써 지속해서 건강을 관리하도록 한다.

(나) 성취기준 적용 시 고려 사항

- 건강 운동 영역에서는 기술형 스포츠와 표현 활동에서 보편적인 신체활동을 선택하되, 학기 단위에 걸친 지속적 참여를 통해 건강을 종합적이고 체계적으로 관리할 수 있는 신체활동을 선정한다.
- 건강 운동 영역에서는 선택한 신체활동을 지속해서 실천하여 건강을 관리할 수 있는 다양한 활동과 함께 신체활동의 학습이 가능하도록 운영한다.
- 기술형 스포츠와 건강, 표현 활동과 건강 요소의 경우 학습자가 선호하거나 관심 있는 신체활동을 선택하고 자신의 수준에 맞게 안전에 유의하며 활동하면서 자기 주도적으로 건강을 관리할 수 있도록 한다.
- 건강 관련 분야 진로와 관련된 직업 정보를 체계적으로 탐색하되, 건강 운동 및 체력 운동 분야를 폭넓게 살펴보도록 한다. 또한 진로 탐색 결과와 학습자의 흥미, 적성, 특기 등을 바탕으로 진로를 창의적으로 설계하고 적절한 계획을 수립하여 준비할 수 있도록 운영한다.
- 신체활동의 수행 능력, 운동 프로그램을 계획하고 일상생활에서 꾸준히 실천하여 건강을 자기 주도적으로 관리할 수 있는 능력, 건강 관련 분야 진로 설계 능력 등 다양한 요소를 균형 있게 평가하고, 학습 결과와 학습 과정을 모두 평가한다.
- 경기 수행 능력은 개인별 경기 기능 평가와 팀 경기 수행 능력 평가, 관찰기록을 통한 게임 수행평가 등을 활용하여 평가하고, 자기 주도적 건강 관리 활동과 진로 설계를 평가하기 위해 운동 일지, 보고서, 체크리스트, 포트폴리오 등을 활용하여 평가할 수 있다. 또한 학습자가 스스로 장단점을 파악하고 자신의 학습을 개선하여 더욱 적극적으로 수업에 참여할 수 있도록 학습자가 평가의 주체가 되는 자기 평가나 동료 평가를 활용하여 평가할 수 있다.

(2) 체력 운동

[12운건02-01] 운동 처방에 따른 트레이닝의 종류와 방법을 이해하여 체력 증진을 위한 트레이닝 프로그램을 계획하고 체력 운동에 적용하며 자기 주도적으로 체력을 관리한다.

[12운건02-02] 운동 손상의 원인과 기전을 이해하고, 적절한 응급처치와 재활 운동을 통해 운동 손상을 관리한다.

(가) 성취기준 해설

- [12운건02-01]은 운동 처방에서 트레이닝의 효과와 중요성을 이해하고 관련 지식을 습득하여 자기 주도적으로 체력을 관리하기 위해 설정하였다. 인터벌 트레이닝, 서킷 트레이닝, 웨이트 트레이닝, 아이소메트릭 트레이닝, 스트레칭 등 체력 요소별 트레이닝 방법과 운동 목적에 따라 다양한 트레이닝 방법을 혼합하는 트레이닝 프로그램 구성 방법을 이해하고 이를 바탕으로 트레이닝 프로그램을 계획하고 체력 운동에 적용하여 체력을 관리하도록 한다.
- [12운건02-02]는 운동 과정에서 발생할 수 있는 운동 손상에 대한 이해를 바탕으로 안전하게 운동하기 위해 설정하였다. 체력 증진 트레이닝 과정에서 발생할 수 있는 외상성 부상과 과사용 부상의 원인과 발생 기전을 이해하고, 상해의 종류에 따른 적절한 응급처치 방법과 재활 운동 방법을 통해 운동 손상을 관리하도록 한다.

(나) 성취기준 적용 시 고려 사항

- 체력 운동 영역에서는 다양한 체력 요소의 유지·증진이 가능하고 학습자의 체력 수준에 따라 수준별 학습이 가능한 신체활동을 선정한다.
- 체력 운동 영역은 다른 영역의 내용과 연계하여 운영할 수 있으며, 체력 증진의 중요성과 필요성을 인식하여 적극적으로 체력 관리 활동에 참여할 수 있도록 운영한다. 또한 운동 손상에 따른 응급처치 능력을 함양하여 다양한 상황에서 적절하게 대처하도록 교수·학습을 운영한다.
- 체력 운동을 지속해서 실천할 수 있는 다양한 활동을 제시하고, 디지털 기기를 활용하여 실천 내용을 기록하고 관리할 수 있도록 하며, 체육 관련 진로 설계와 연계할 수 있도록 운영한다.
- 일부 체력 요소의 성취도 평가는 지양하고 체계적이고 종합적인 관리 방법의 실천 여부를 중심으로 평가한다.
- 체력 운동을 실천하는 과정은 체력 관리 일지, 보고서, 체크리스트, 포트폴리오 등을 활용하여 평가하며, 응급 처치와 운동 손상을 관리하는 방법은 활동 중심으로 평가한다. 또한 학습자가 스스로 장단점을 파악하고 자신의 학습을 개선하여 더욱 적극적으로 수업에 참여할 수 있도록 학습자가 평가의 주체가 되는 자기 평가나 동료 평가를 활용하여 평가할 수 있다.

〈표 5-1〉 고등학교 〈운동과 건강〉의 신체활동 예시

영역	신체활동 예시
건강 운동	• 건강 관리 운동(요가, 필라테스, 사이클링, 건강달리기, 하이킹, 등산, 캠핑 등) • 건강 관리를 위한 기술형 스포츠(육상, 경영, 스케이팅, 태권도, 씨름, 복싱, 유도, 검도 등) • 건강 관리를 위한 표현 활동(리듬체조, 치어리딩, 우리나라의 전통무용, 외국의 전통무용, 현대무용, 댄스스포츠, 라인댄스, 스트리트댄스, 재즈댄스 등) • 건강 관련 분야 진로 설계 활동
체력 운동	• 체력 증진 트레이닝(인터벌 트레이닝, 서킷 트레이닝, 웨이트 트레이닝, 아이소메트릭 트레이닝, 응용 트레이닝(크로스핏, 스피닝 등) • 운동 손상 예방 및 응급처치 활동(스트레칭, 테이핑, 스포츠마사지, 약품 사용, 심폐소생술 등)

3 교수·학습 및 평가

가. 교수·학습

(1) 교수·학습의 방향

(가) 신체활동 역량의 지속적인 발달을 위한 교수·학습이 이루어지도록 한다. 이를 위해 중학교 〈체육〉에서 학습한 건강 활동과 체력 운동을 심화하여 학습할 수 있도록 다양한 수업 주제와 교수·학습 활동을 선정하고 조직한다.

(나) 학습자가 생애주기에 따라 건강을 유지 및 증진하고, 타인 및 환경과 상호작용하며 스포츠를 생활화할 수 있도록 자기 주도적 학습을 위한 맞춤형 교수·학습과 신체활동의 시간적·공간적 확장을 위한 교수·학습이 이루어지도록 한다. 이를 위해 학습자의 수준을 고려하여 적절한 동기 유발 전략을 마련하고 과제 및 학습 자료, 시설과 기자재 등을 효율적으로 조직한다. 또한 가정 및 집 주변, 지역사회에서 신체활동을 지속해서 실천하고 고등학교 시기에 적절한 신체활동에 참여하고 즐기는 방법과 체육 관련 진로를 설계하도록 지도한다.

(다) 디지털 기술을 활용하여 효율적인 교수·학습이 이루어지도록 한다. 이를 위해 교육과정 운영의 전 과정에서 온·오프라인을 연계하고 다양한 디지털 매체를 활용함으로써 학습자의 신체활동 참여를 촉진하고 효율적인 학습 자료 관리가 가능하도록 지도한다.

(라) 창의성과 인성 함양을 위한 교수·학습이 이루어지도록 한다. 이를 위해 영역별 신체활동의 심동적, 정의적, 인지적 내용 요소를 균형 있게 학습할 수 있도록 직접 체험 활동과 함께 간접 체험 활동을 제공하고, 타 교과 및 범교과 학습 주제를 체육과 학습 내용과 융합하여 학습할 수 있도록 지도한다.

(2) 교수·학습 방법

(가) 교육과정에서 제시한 내용 영역과 영역별 성취기준을 반드시 지도한다. 내용 영역을 통합하여 계획을 수립할 경우, 각 영역의 내용 요소가 누락 되지 않아야 하며 영역 설정의 취지를 벗어나지 않는 범위 내에서 통합한다.

(나) 학습자가 생애주기에 따라 건강을 유지 및 증진하고, 타인 및 환경과 상호작용하며 스포츠를 생활화할 수 있도록, 영역의 성취기준 달성에 충분한 지식과 활동 내용을 제공할 수 있는 신체활동 유형과 종목을 선정한다.

(다) 학기 초 단위 학교의 학사 일정을 바탕으로 수업 가능 일수와 시간을 파악하고, 수업 장소와 기상 요건 등을 고려하여 수업 활동을 계획한다.

(라) 학습자의 사전 학습 경험 및 특성을 고려하여 학습자 수준에 맞는 교수·학습 활동을 계획하고 운영한다. 교수·학습 운영에 적합한 시설과 용·기구의 수요를 파악하여 충분한 수량을 확보한다.

(마) 모든 학습자에게 자기 수준에 맞는 학습 기회를 평등하게 제공하도록 교수·학습 활동을 계획하고 운영한다. 특수교육 학생, 다문화 학생, 느린 학습자, 신체활동에 소극적인 학습자 등 다양한 학습자를 고려하여 학습자가 자신의 수준에 적합한 학습에 참여할 수 있도록 다양한 학습 과제를 제시한다.

(바) 최소 성취수준 보장을 위해 과목 출석률 및 학업성취율의 이수 조건을 고려하여 영역별 최소 성취수준과 학습량을 설정하고, 수준별 학습, 단계적 학습, 개별 학습과 심화 보충 학습 등이 가능하도록 학생 맞춤형 교수·학습 자료를 구성하며, 학습자가 다양한 방식과 역할로 수업에 참여할 수 있도록 교수·학습 활동을 계획하고 운영한다.

나. 평가

(1) 평가의 방향

(가) 운동을 바탕으로 건강을 관리하고, 상황과 맥락에 맞는 트레이닝을 통해 개인 맞춤형 체력을 증진하며, 운동을 생활화하고 진로와 연계할 수 있는 능력의 종합적 평가가 이루어지도록 한다. 건강 활동과 체력 운동의 지식과 기능의 습득, 가치와 태도의 실천 등을 종합적으로 평가할 수 있도록 실제 맥락에서의 수행 능력을 평가한다.

(나) 학습자의 학습과 성장 과정을 반영한 다면적 평가가 이루어지도록 한다. 학습 결과와 더불어 학습 과정에서 나타나는 학습자의 과제 수행 및 학습 특성의 변화를 평가하고 평가 방법 및 도구, 평가 주체를 다양화하며 학생 성장을 다면적으로 평가한다.

(다) 특수교육 학생, 다문화 학생, 느린 학습자 등 다양한 특성을 고려한 학습자 맞춤형 평가와 학습자의 수준과 흥미를 반영한 다양한 교수·학습 방법의 구안을 위해 진단평가 및 형성평가를 적극적으로 활용하고, 최소 성취수준 보장을 위해 과정을 중시하는 평가가 이루어지도록 한다.

(2) 평가 방법

(가) 평가 범위는 교수·학습 활동을 통해 지도된 전 영역을 대상으로 하되, 내용 영역에 따라 평가 비중을 달리할 수 있다. 단, 평가 내용의 균형성을 고려하여 특정 영역에 편중되지 않도록 한다.

(나) 평가 내용에는 수업 목표와 학습 내용에 제시된 지식·이해, 과정·기능, 가치·태도 요소를 균형 있게 포함한다. 평가의 주체를 고려하여 평가 내용을 선정한다. 특히 동료 또는 자기 평가와 같이 학습자가 주체가 된 평가를 할 경우 구체적인 성취수준을 제공한다.

(다) 평가를 위한 성취기준 및 성취수준은 교육과정 성취기준과 단위 학교 수업 내용을 바탕으로 개발한다. 평가를 위한 성취기준은 교수·학습의 내용 및 방법을 고려하여 영역별 성취기준을 나누거나 통합할 수 있다.

(라) 성취수준은 점수화 및 등급화를 위한 기능의 단순 분류나 기록의 명시보다는 영역별 내용 요소에 따른 기능의 도달 정도를 구체적인 행동 수준으로 진술하고, 평가 등급(단계) 또한 양적 요소와 질적 요소를 모두 포함하여 수준에 맞게 진술한다.

(마) 평가 방법은 학습 목표 및 평가 목적에 적합하게 선정한다. 체육과 평가에서 활용되는 기존 평가 도구를 사용하거나 평가 내용에 적합한 도구를 개발하여 사용할 수 있다.

(바) 모둠별 학습 활동의 평가 시 개별 학습자의 역할 및 노력과 기여도를 평가하는 방안을 마련한다.

(사) 평가 결과는 교수·학습을 수정하고 보완하는 데 활용하며, 학습자와 학부모가 쉽게 이해하도록 구체적으로 재구성하여 안내한다.

(아) 평가 결과의 누가 기록 및 체계적인 관리, 결과 분석 등을 위해 디지털 도구를 활용할 수 있다.

제 6 장 진로 선택 과목 스포츠 문화

1 성격 및 목표

가. 성격

〈스포츠 문화〉는 중학교 〈체육〉의 스포츠 영역에 내재한 문화적 측면을 더욱 심화하여 학습함으로써, 인간이 스포츠 활동 과정에서 축적한 다양한 문화 양식을 이론적, 실제적으로 탐구하고 스포츠 경기와 통합하여 실천할 수 있는 자질을 길러주는 과목이다.

인간은 다양한 방식으로 스포츠를 경험한다. 스포츠에 직접 참여하기도 하고, 경기를 관람하며 간접적으로 참여하기도 한다. 최근에는 스포츠 관련 시, 소설, 수필, 자서전 등의 문학 작품을 읽거나 영화, 연극, 음악, 미술 등의 예술 작품으로 스포츠 문화를 보고 듣고 즐기기도 한다. 스포츠 관련 문학, 예술, 역사, 철학 등의 문화 속에는 스포츠의 정신과 바람직한 삶의 가치가 깃들어져 있으며, 이러한 스포츠 서사를 탐구하는 것은 스포츠 문화를 더욱 폭넓게 이해하고 교양 있는 시민으로서 문화적 소양을 갖추도록 해준다.

이러한 측면에서 〈스포츠 문화〉 과목에서는 스포츠 인문 문화와 경기 문화를 탐색하고, 스포츠 경기 과정에 이를 연계하고 접목함으로써 스포츠 문화를 다양하게 이해하고 실천하는 데 주안점을 둔다. 이를 위해 중학교 〈체육〉에서 습득한 스포츠의 역사 및 특성, 경기 기능, 방법, 전략 등을 토대로 스포츠 경기에 참여하면서 스포츠 문화를 경험하고 향유하며, 스포츠 경기대회에서 다양한 역할을 수행하면서 스포츠 문화에 대한 폭넓은 안목을 높이고, 스포츠 문화 분야 진로를 탐색하고 설계할 수 있도록 한다.

나. 목표

〈스포츠 문화〉 과목은 활동적이고 창의적인 삶, 신체활동 문화를 향유하는 삶을 영위하는 데 필요한 신체활동 역량을 기르고, 스포츠 문화 분야의 전문성 향상에 필요한 자질을 함양하는 것을 목표로 한다.

(1) 스포츠의 인문적 특성을 비판적으로 탐구하고, 스포츠 대회에 참가하며, 다양한 방식으로 스포츠에 참가하며, 스포츠 인문 문화에 내재한 가치와 태도를 실천한다.

(2) 스포츠 경기 문화의 특성을 이해하고, 스포츠 대회를 주도적으로 기획하고 운영하며, 다양한 역할로 스포츠에 참가하며, 스포츠 경기 문화에 내재한 가치와 태도를 실천한다.

2 내용 체계 및 성취기준

가. 내용 체계

핵심 아이디어	• 스포츠 인문 문화 및 경기 문화 양식에 대한 성찰은 인간의 스포츠 향유를 다양하게 확장하고 행복한 삶으로 이끈다. • 인간은 스포츠 경기 문화를 사회 변화에 맞게 개선하고, 다양한 문화와 연계함으로써 스포츠를 문화적으로 발전시킨다.	
범주 \ 영역	스포츠 인문 문화	스포츠 경기 문화
지식·이해	• 스포츠 인문 문화의 개념 및 특성 • 스포츠의 역사와 철학 • 스포츠의 문학과 예술	• 스포츠 경기 문화의 개념 및 특성 • 스포츠 경기 문화의 구성 체계 및 방법
과정·기능	• 스포츠 문화 비평하기 • 스포츠 대회 기획 및 운영하기 • 스포츠 대회 참여하기 • 스포츠 문화 분야 진로 설계하기	
가치·태도	• 스포츠 문화에 대한 비판적 태도 • 스포츠 문화에 대한 확산적 사고	

나. 성취기준

(1) 스포츠 인문 문화

[12스문01-01] 스포츠 인문 문화의 개념 및 특성을 이해하고, 스포츠 대회에 다양한 방식으로 참여한다.
[12스문01-02] 스포츠의 역사와 철학을 탐구하고, 스포츠의 문화를 비판적으로 분석한다.
[12스문01-03] 스포츠를 주제로 한 다양한 문학과 예술을 비교·분석하고, 스포츠 인문 문화 분야 진로를 설계한다.

(가) 성취기준 해설

• [12스문01-01]은 스포츠 경기에 직접 참여하는 방식과 다양한 인문 문화의 서사적 접근을 통한 간접 참여 방식의 중요성과 가치를 인식하기 위해 설정하였다. 스포츠를 매개로 하는 다양한 인문 문화(시, 소설, 수필, 희곡, 영화, 음악, 미술, 건축, 종교, 역사, 철학 등)에 대해 이해하고 창작·비평하며, 스포츠 경기를 수행하도록 한다.

• [12스문01-02]는 스포츠의 역사와 철학의 탐구과정에서 올바른 스포츠 역사의식과 스포츠의 가치를 인식하는 능력을 기르기 위해 설정하였다. 스포츠의 역사(유래, 변천, 경기 유형, 인물, 기록, 사건 등)와 스포츠 철학(스포츠 윤리, 스포츠의 관례·의식 등)에 대해 깊이 있게 탐구하고, 스포츠 역사와 철학에 관련된 문화에 대한 가치 판단을 통해 스포츠 현상의 긍정적인 측면과 부정적인 측면을 이해하도록 한다.

• [12스문01-03]은 스포츠와 관련된 문학과 예술 분야에 대한 가치를 인식하고 스포츠 문화를 향유하며, 스포츠 인문 문화 분야 진로를 설계하기 위해 설정하였다. 스포츠 경험으로 창출된 시, 소설, 희곡, 수필 등과 같은 스포츠 문학과 음악, 연극, 영화, 회화, 조각 등과 같은 스포츠 예술 분야의 공통점과 차이점, 유사점을 발견하고, 서사적 형태의 스포츠 문학과 예술 고유의 가치를 명확하게 인식하도록 한다. 또한 스포츠 인문 문화 분야 진로 정보를 수집하여 분석하고, 자기 적성에 맞는 진로 계획을 수립하여 스포츠 인문 문화 분야 진로에서 요구되는 조건이나 자격을 갖출 수 있도록 진로를 설계하고 준비하도록 한다.

(나) 성취기준 적용 시 고려 사항

• 스포츠 인문 문화 영역의 학습은 스포츠 경기에 직접 참여하는 과정에서 이루어지도록 한다.
• 스포츠 인문 문화 영역의 신체활동은 생활 스포츠 활동과 연계되고 인문적 가치가 다양하게 드러나는 전통 스포츠 경기를 선정하되, 성별, 신체적, 문화적 차이로 소외되는 학습자 없이 참여할 수 있는 신체활동을 선정한다.
• 스포츠 인문 문화 영역에서는 선정된 신체활동과 관련된 역사, 철학, 문학, 예술 등 스포츠 인문 문화 영역의 서사적 학습 자료(시, 수필, 회화, 영화, 음악, 미술 등)를 다양하게 활용한다.
• 학습 자료를 준비할 때 학습자의 성별, 신체적, 문화적 차이를 고려하여 내용을 선정하고 스포츠 문화에 대한 부정적 관점이나 왜곡된 사실이 전달되지 않도록 한다.
• 스포츠 인문 문화 분야 진로와 관련된 직업 정보를 체계적으로 탐색하고, 진로 탐색 결과와 학습자의 흥미, 적성, 특기 등을 바탕으로 진로를 창의적으로 설계하고 준비할 수 있도록 지도한다.
• 스포츠 경기 수행 능력, 스포츠 인문 문화에 대한 이해 및 실천력, 스포츠 인문 문화 분야 진로 설계 능력 등 다양한 요소를 균형 있게 평가하고, 학습 결과와 학습 과정을 모두 평가한다.
• 스포츠 경기 수행 능력은 개인별 경기 기능 평가와 경기를 통한 팀 경기 수행 능력 평가, 관찰기록을 통한 게임 수행평가 등을 활용하여 평가하고, 스포츠 인문 문화에 대한 이해 및 실천력과 진로 설계 능력은 지필 검사, 감상 및 분석 보고서, 토론 및 발표, 포트폴리오 등을 활용하여 평가한다. 또한 학습자 스스로 장단점을 파악하고 자신의 학습을 개선하여 더욱 적극적으로 수업에 참여할 수 있도록 학습자가 평가의 주체가 되는 자기 평가나 동료 평가를 활용하여 평가할 수 있다.

(2) 스포츠 경기 문화

[12스문02-01] 스포츠 경기 문화의 개념 및 특성을 이해하고, 스포츠 대회에 다양한 역할로 참여한다.
[12스문02-02] 스포츠 경기 문화의 구성 체계 및 방법에 따라 스포츠 대회를 기획하고 운영하며, 스포츠 경기 문화 분야 진로를 설계한다.
[12스문02-03] 스포츠 경기 문화의 가치를 이해하고, 스포츠 경기 문화를 다양한 분야와 접목한다.

(가) 성취기준 해설

• [12스문02-01]은 스포츠 경기 문화의 개념과 특성을 이해함으로써 경기 참여 이외의 다양한 역할로 스포츠 대회에 참가하는 것의 중요성을 인식하기 위해 설정하였다. 운동 기능이 발전하여 성립한 스포츠 경기 문화(장비, 기술체계, 규범, 사상과 이념, 제도와 조직 등)에 대해 이해하고, 형식을 갖춘 스포츠 대회에 적극적으로 참가하는 태도와 스포츠 경기를 수행하도록 한다.

- [12스문02-02]는 스포츠 경기 문화의 구성체계를 적합하게 반영하여 스포츠 대회를 기획하고 운영하며, 스포츠 경기 문화 분야 진로를 설계하기 위해 설정하였다. 물질문화(장비, 경기 용구 등), 제도문화(규범, 기술체계 등), 관념문화(목표, 가치 등)로 이루어진 스포츠 경기 문화의 구성체계를 이해하고, 제도와 조직(경기 구성원의 역할, 경기 절차, 운영 방법, 경기 단체 등)을 갖춘 스포츠 대회를 기획하고 운영한다. 또한 스포츠 경기 문화 분야에 관한 진로 정보를 수집하여 분석하고, 자기 적성에 맞는 진로 계획을 수립하여 스포츠 경기 문화 분야 진로에서 요구되는 조건이나 자격을 갖출 수 있도록 진로를 설계하고 준비하도록 한다.
- [12스문02-03]은 스포츠 경기 문화가 타 분야와 융합하여 새로운 스포츠 문화를 창출할 수 있음을 인식하도록 설정하였다. 스포츠 경기 문화는 스포츠 참여의 다양성, 지역 및 국가적 스포츠 문화의 발전, 나아가 인종·언어·국경을 초월한 보편적 가치를 지니고 있음을 이해하고, 미래 스포츠 문화의 발전을 위해 스포츠 경기 문화를 인문, 사회, 과학 등 다양한 분야와 접목하는 확산적 사고를 갖도록 한다.

(나) 성취기준 적용 시 고려 사항

- 스포츠 경기 문화 영역의 학습은 스포츠 경기에 직접 참여하는 과정에서 이루어지도록 한다.
- 스포츠 경기 문화 영역에서는 학생 주도적인 스포츠 대회의 기획과 운영이 가능하게 하고, 성별, 신체적, 문화적 차이에 상관없이 모든 학습자의 참여가 가능하며, 스포츠 대회와 관련된 문화를 폭넓게 연계하여 스포츠 경기 대회를 수행할 수 있도록 운영한다.
- 경기 참여자와 축제 참여자 역할을 다양하게 마련하여 수업에 참여하는 모든 학습자가 역할을 맡아 활동할 수 있도록 스포츠 대회를 구성한다.
- 경기 절차 및 운영 방법을 이해하고 진행할 수 있도록 경기 문화 구성체계를 지도하며 스포츠 유형별 경기 및 관람, 대회 운영 과정에서 발생할 수 있는 안전사고를 예방하도록 교수·학습을 운영한다.
- 스포츠 경기 문화 분야 진로와 관련된 직업 정보를 체계적으로 탐색하고, 진로 탐색 결과와 학습자의 흥미, 적성, 특기 등을 바탕으로 진로를 창의적으로 설계하고 준비할 수 있도록 지도한다.
- 경기 수행 능력, 스포츠 경기 문화에 대한 이해 및 실천력, 스포츠 경기 문화 분야 진로 설계 능력 등 다양한 요소를 균형 있게 평가하고, 학습 결과와 학습 과정을 모두 평가한다.
- 스포츠 경기 수행 능력은 개인별 경기 기능 평가와 경기를 통한 팀 경기 수행 능력 평가, 관찰기록을 통한 게임 수행평가 등을 활용하여 평가하고, 스포츠 경기 문화에 대한 이해 및 실천력과 진로 설계 능력은 지필 검사, 감상 및 분석 보고서, 토론 및 발표, 포트폴리오 등을 활용하여 평가한다. 또한 학습자 스스로 장단점을 파악하고 자신의 학습을 개선하여 더욱 적극적으로 수업에 참여할 수 있도록 학습자가 평가의 주체가 되는 자기 평가나 동료 평가를 활용하여 평가할 수 있다.

〈표 6-1〉 고등학교 〈스포츠 문화〉의 신체활동 예시

영역	신체활동 예시
스포츠 인문 문화	• 스포츠 종목 중 택 1 이상 • 스포츠 인문 문화 분야 진로 탐색 활동
스포츠 경기 문화	• 스포츠 종목 중 택 1 이상 • 스포츠 경기 문화 분야 진로 탐색 활동

3 교수·학습 및 평가

가. 교수·학습

(1) 교수·학습의 방향

(가) 신체활동 역량의 지속적인 발달을 위한 교수·학습이 이루어지도록 한다. 이를 위해 스포츠 문화에 대한 안목과 스포츠 활동에서 실천할 수 있는 자질을 함양할 수 있도록 다양한 수업 주제와 교수·학습 활동을 선정하고 조직한다.

(나) 학습자가 스포츠 활동 과정에서 축적한 다양한 문화 양식을 이론적, 실제적으로 탐구함으로써 스포츠 경기와 통합하여 실천할 수 있도록 자기 주도적 학습을 위한 맞춤형 교수·학습과 신체활동의 시간적·공간적 확장을 위한 교수·학습이 이루어지도록 한다. 이를 위해 학습자의 수준을 고려하여 적절한 동기 유발 전략을 마련하고 과제 및 학습 자료, 시설과 기자재 등을 효율적으로 조직한다. 또한 가정 및 집 주변, 지역사회에서 신체활동을 지속해서 실천하고 고등학교 시기에 적절한 신체활동에 참여하고 즐기는 방법을 익히고 체육 관련 진로를 설계하도록 지도한다.

(다) 디지털 기술을 활용하여 효율적인 교수·학습이 이루어지도록 한다. 이를 위해 교육과정 운영의 전 과정에서 온·오프라인을 연계하고 다양한 디지털 매체를 활용함으로써 학습자의 신체활동 참여를 촉진하고 효율적인 학습 자료 관리가 가능하도록 지도한다.

(라) 창의성과 인성 함양을 위한 교수·학습이 이루어지도록 한다. 이를 위해 영역별 신체활동의 심동적, 정의적, 인지적 내용 요소를 균형 있게 학습할 수 있도록 직접 체험 활동과 함께 간접 체험 활동을 제공하고, 타 교과 및 범교과 학습 주제를 체육과 학습 내용과 융합하여 학습할 수 있도록 지도한다.

(2) 교수·학습 방법

(가) 교육과정에서 제시한 내용 영역과 영역별 성취기준을 반드시 지도한다. 내용 영역을 통합하여 계획을 수립할 경우, 각 영역의 내용 요소가 누락되지 않아야 하며 영역 설정의 취지를 벗어나지 않는 범위 내에서 통합한다.

(나) 학습자가 스포츠 활동 과정에서 축적한 다양한 문화 양식을 이론적, 실제적으로 탐구함으로써 스포츠 경기와 통합하여 실천할 수 있도록, 영역의 성취기준 달성에 충분한 지식과 활동 내용을 제공할 수 있는 신체활동 유형과 종목을 선정한다.

(다) 학기 초 단위 학교의 학사 일정을 바탕으로 수업 가능 일수와 시간을 파악하고, 수업 장소와 기상 요건 등을 고려하여 수업 활동을 계획한다.

(라) 학습자의 사전 학습 경험 및 특성을 고려하여 학습자 수준에 맞는 교수·학습 활동을 계획하고 운영한다. 교수·학습 운영에 적합한 시설과 용·기구의 수요를 파악하여 충분한 수량을 확보한다.

(마) 모든 학습자에게 자기 수준에 맞는 학습 기회를 평등하게 제공하도록 교수·학습 활동을 계획하고 운영한다. 특수교육 학생, 다문화 학생, 느린 학습자, 신체활동에 소극적인 학습자 등 다양한 학습자를 고려하여 학습자가 자신의 수준에 적합한 학습에 참여할 수 있도록 다양한 학습 과제를 제시한다.

(바) 최소 성취수준 보장을 위해 과목 출석률 및 학업성취율의 이수 조건을 고려하여 영역별 최소 성취수준과 학습량을 설정하고, 수준별 학습, 단계적 학습, 개별 학습과 심화 보충 학습 등이 가능하도록 학생 맞춤형 교수·학습 자료를 구성하며, 학습자가 다양한 방식과 역할로 수업에 참여할 수 있도록 교수·학습 활동을 계획하고 운영한다.

나. 평가

(1) 평가의 방향

(가) 스포츠 활동 과정에서 축적한 다양한 문화 양식을 이론적, 실제적으로 탐구함으로써 스포츠 경기와 통합하여 실천할 수 있는 능력을 기르기 위한 종합적 평가가 이루어지도록 한다. 스포츠 인문 문화와 경기 문화의 지식과 안목의 습득, 스포츠 활동을 통한 실천 등을 종합적으로 평가할 수 있도록 실제 맥락에서의 수행 능력을 평가한다.

(나) 학습자의 학습과 성장 과정을 반영한 다면적 평가가 이루어지도록 한다. 학습 결과와 더불어 학습 과정에서 나타나는 학습자의 과제 수행 및 학습 특성의 변화를 평가하고 평가 방법 및 도구, 평가 주체를 다양화하며 학생 성장을 다면적으로 평가한다.

(다) 특수교육 학생, 다문화 학생, 느린 학습자 등 다양한 특성을 고려한 학습자 맞춤형 평가와 학습자의 수준과 흥미를 반영한 다양한 교수·학습 방법의 구안을 위해 진단평가 및 형성평가를 적극적으로 활용하고, 최소 성취수준 보장을 위해 과정을 중시하는 평가가 이루어지도록 한다.

(2) 평가 방법

(가) 평가 범위는 교수·학습 활동을 통해 지도된 전 영역을 대상으로 하되, 내용 영역에 따라 평가 비중을 달리할 수 있다. 단, 평가 내용의 균형성을 고려하여 특정 영역에 편중되지 않도록 한다.

(나) 평가 내용에는 수업 목표와 학습 내용에 제시된 지식·이해, 과정·기능, 가치·태도 요소를 균형 있게 포함한다. 평가의 주체를 고려하여 평가 내용을 선정한다. 특히 동료 또는 자기 평가와 같이 학습자가 주체가 된 평가를 할 경우 구체적인 성취수준을 제공한다.

(다) 평가를 위한 성취기준 및 성취수준은 교육과정 성취기준과 단위 학교 수업 내용을 바탕으로 개발한다. 평가를 위한 성취기준은 교수·학습의 내용 및 방법을 고려하여 영역별 성취기준을 나누거나 통합할 수 있다.

(라) 성취수준은 점수화 및 등급화를 위한 기능의 단순 분류나 기록의 명시보다는 영역별 내용 요소에 따른 기능의 도달 정도를 구체적인 행동 수준으로 진술하고, 평가 등급(단계) 또한 양적 요소와 질적 요소를 모두 포함하여 수준에 맞게 진술한다.

(마) 평가 방법은 학습 목표 및 평가 목적에 적합하게 선정한다. 체육과 평가에서 활용되는 기존 평가 도구를 사용하거나 평가 내용에 적합한 도구를 개발하여 사용할 수 있다.

(바) 모둠별 학습 활동의 평가 시 개별 학습자의 역할 및 노력과 기여도를 평가하는 방안을 마련한다.

(사) 평가 결과는 교수·학습을 수정하고 보완하는 데 활용하며, 학습자와 학부모가 쉽게 이해하도록 구체적으로 재구성하여 안내한다.

(아) 평가 결과의 누가 기록 및 체계적인 관리, 결과 분석 등을 위해 디지털 도구를 활용할 수 있다.

제 7 장 진로 선택 과목 스포츠 과학

1 성격 및 목표

가. 성격

〈스포츠 과학〉은 중학교 〈체육〉의 스포츠 영역에 내재한 과학적 원리를 이론적, 실제적으로 더욱 심화하여 학습함으로써, 스포츠 현상을 체계적으로 분석하고 효율적으로 실천할 수 있는 자질을 길러주는 과목이다.

스포츠 현상은 사회과학 및 자연과학에 근거하여 분석할 수 있으며, 스포츠에 대한 과학적 분석은 스포츠 경기 기술뿐만 아니라 경기 방식 및 문화 양식에도 영향을 미친다. 스포츠 현상을 스포츠 심리학 및 스포츠 사회학, 운동생리학 및 운동 역학적 원리와 방법으로 탐구하는 것은 스포츠 현상에 대한 정확하고 깊이 있는 이해를 가능하게 하며, 이를 통해 스포츠에 대한 과학적 안목과 분석 능력을 갖출 수 있다.

이러한 측면에서 〈스포츠 과학〉 과목에서는 스포츠 현상을 사회과학적 원리와 자연과학적 원리에 근거하여 분석하고 스포츠 경기 참여 과정에 적용함으로써 스포츠에 대한 과학적 안목과 창의적 사고를 함양하는 데 주안점을 둔다. 이를 위해 중학교 〈체육〉에서 습득한 스포츠 경기 기능, 방법, 전략 등을 토대로 스포츠 경기에 참여하면서 스포츠를 효율적으로 수행하는 데 필요한 과학적 원리를 이론적 수준에서 적용하고 실천하는 과정을 통해 스포츠에 대한 과학적 안목과 수행 능력을 높이며, 스포츠 과학 분야 진로를 탐색하고 설계할 수 있도록 한다.

나. 목표

〈스포츠 과학〉 과목은 활동적이고 창의적인 삶, 신체활동 문화를 향유하는 삶을 영위하는 데 필요한 신체활동 역량을 기르고, 스포츠 과학 분야의 전문성 향상에 필요한 자질을 함양하는 것을 목표로 한다.

(1) 스포츠와 사회과학과의 관계를 탐구하고, 스포츠 경기 활동에 적용함으로써 스포츠 현상을 사회과학적으로 이해하는 안목과 태도를 갖는다.

(2) 스포츠와 자연과학과의 관계를 탐구하고, 스포츠 경기 활동에 적용함으로써 스포츠 현상을 자연과학적으로 이해하는 안목과 태도를 갖는다.

2 내용 체계 및 성취기준

가. 내용 체계

핵심 아이디어	• 스포츠의 현상은 사회과학적 분석과 자연과학적 분석에 기초하여 원리가 밝혀지고 이론으로 정립된다. • 인간은 스포츠를 사회과학적, 자연과학적으로 탐구하고, 스포츠와 과학 분야의 융합적 관계를 발견하고 실제 스포츠에 적용한다.	
영역 / 범주	스포츠와 사회과학	스포츠와 자연과학
지식·이해	• 스포츠와 사회과학의 관계 • 스포츠 심리·사회학적 현상과 원리 • 스포츠 경기 활동	• 스포츠와 자연과학의 관계 • 스포츠 생리·역학적 현상과 원리 • 스포츠 경기 활동
과정·기능	• 스포츠 현상을 과학적으로 탐구하기 • 스포츠 현상에 과학적 이론 적용하기 • 스포츠 경기 참여하기 • 스포츠 과학 분야 진로 설계하기	
가치·태도	• 스포츠와 과학을 융합하는 태도 • 스포츠에 대한 과학적 안목	

나. 성취기준

(1) 스포츠와 사회과학

[12스과01-01] 스포츠와 사회과학의 관계를 이해하고, 스포츠 현상을 분석한 심리·사회학적 이론을 탐구하며, 스포츠 사회과학 분야 진로를 설계한다.

[12스과01-02] 스포츠 경기 활동에 참여하며, 심리·사회학적 이론의 적용 가능성을 탐색하고 경기 상황에 적용한다.

[12스과01-03] 스포츠와 심리·사회학적 이론을 융합하는 태도와 과학적 안목을 발휘한다.

(가) 성취기준 해설

• [12스과01-01]은 심리학, 사회학 등 사회과학과 스포츠의 관계를 탐색함으로써 스포츠 사회과학의 기능과 역할의 중요성을 이해하고, 스포츠 사회과학 분야 진로를 설계하도록 설정하였다. 심리적 요인이 스포츠 행동에 미치는 영향, 스포츠 현상과 사회학적 이론 및 방법의 관계 등 다양한 측면을 탐구하며, 스포츠 사회과학 분야 진로 정보를 분석하고 자기 적성에 맞는 진로 계획을 수립하여 스포츠 사회과학 분야 진로에서 요구되는 조건이나 자격을 갖출 수 있도록 진로를 설계하고 준비하도록 한다.

• [12스과01-02]는 실제 스포츠 참여 과정에서 나타나는 심리·사회학적 현상과 원리를 발견하고, 이를 스포츠 수행 능력 향상에 적용하기 위해 설정하였다. 다양한 유형의 스포츠 경기 참여 과정에서 심리학적 요인(성격, 불안, 동기, 귀인이론, 목표 설정, 주의집중, 사회적 태만, 리더십, 응집력, 심상 훈련, 슬럼프 등)과 사회학적 현상(스포츠와 정치, 경제, 교육, 미디어, 계층, 사회문제 등)을 탐색하고 스포츠 경기 상황에 적합하게 적용하도록 한다.

• [12스과01-03]은 스포츠 참여자 개인의 심리적 특성(유전적, 상황적, 집단적 특성, 운동 기능 학습 등)과 사회적 측면(정치, 경제, 교육, 미디어, 계층, 사회문제와 스포츠의 관계 등)을 객관적으로 분석하고, 스포츠와 사회과학과의 관계를 융합하는 태도와 스포츠에 대한 과학적 안목을 넓히도록 한다.

(나) 성취기준 적용 시 고려 사항

- 스포츠와 사회과학 영역의 학습은 스포츠 경기에 직접 참여하는 과정에서 이루어지도록 한다.
- 스포츠와 사회과학 영역의 신체활동은 스포츠의 사회학적 원리, 심리학적 원리가 쉽게 이해될 수 있고 스포츠 현상에 대한 탐색 및 적용이 편리한 스포츠를 선정한다.
- 스포츠의 심리·사회학적 현상의 이해를 높이기 위해 다양한 영상 및 매체를 활용하고, 스포츠 경기 상황에서 디지털 도구를 활용하여 분석할 수 있도록 한다. 또한 심리·사회학적 원리를 탐구하는 차원을 넘어 스포츠 경기 활동을 수행하는 과정에 적용하여 경기 수행력을 높일 수 있도록 운영한다.
- 스포츠 경기 활동을 통해 경험한 심리·사회학적 사례를 비교하고 판단하기 위해 관련된 도서, 신문 기사, 영상 자료 등을 활용하고 토의 및 토론을 통해 다양한 현상과 사례의 특성을 분석하며 스포츠에 대한 과학적 안목을 함양하도록 운영한다.
- 스포츠 사회과학 분야 진로와 관련된 직업 정보를 체계적으로 탐색하고, 진로 탐색 결과와 학습자의 흥미, 적성, 특기 등을 바탕으로 진로를 창의적으로 설계하고 준비할 수 있도록 운영한다.
- 스포츠 경기 수행 능력, 스포츠 사회과학의 이해와 적용 능력, 스포츠 사회과학 진로 설계 능력 등 다양한 요소를 균형 있게 평가하고, 학습 결과와 학습 과정을 모두 평가한다.
- 스포츠 경기 수행 능력은 개인별 경기 기능 평가와 경기를 통한 팀 경기 수행 능력 평가, 관찰기록을 통한 게임 수행평가 등을 활용하여 평가하고, 스포츠 사회과학의 이해 및 적용 능력과 진로 설계 능력은 지필 검사, 일지, 감상 및 분석 보고서, 토론 및 발표, 포트폴리오 등을 활용하여 평가한다. 또한 학습자 스스로 장단점을 파악하고 자신의 학습을 개선하여 더욱 적극적으로 수업에 참여할 수 있도록 학습자가 평가의 주체가 되는 자기 평가나 동료 평가를 활용하여 평가할 수 있다.

(2) 스포츠와 자연과학

[12스과02-01] 스포츠와 자연과학의 관계를 이해하고, 스포츠 현상을 분석한 생리·역학적 이론을 탐구하며, 스포츠 자연과학 분야의 진로를 설계한다.
[12스과02-02] 스포츠 경기 활동에 참여하여 생리·역학적 이론의 적용 가능성을 탐색하고 경기 상황에 적용한다.
[12스과02-03] 스포츠와 생리·역학적 이론을 융합하는 태도와 과학적 안목을 발휘한다.

(가) 성취기준 해설

- [12스과02-01]은 자연과학과 스포츠의 관계를 이해함으로써 스포츠 자연과학의 기능과 역할의 중요성을 이해하고, 스포츠 자연과학 분야 진로를 설계하기 위해 설정하였다. 생리학, 물리학 등 자연과학과 스포츠의 관계를 이해하고, 스포츠 활동으로 나타나는 인체의 기능적 변화에 대한 법칙, 스포츠 활동 중 인체에 작용하는 여러 가지 힘과 관련된 법칙을 다양한 사례 중심으로 분석하며, 스포츠 자연과학 분야 진로 정보를 분석하고, 자기 적성에 맞는 진로 계획을 수립하여 스포츠 자연과학 분야 진로에서 요구되는 조건이나 자격을 갖출 수 있도록 진로를 설계하고 준비하도록 한다.

• [12스과02-02]는 스포츠 참여 과정에서 나타나는 생리·역학적 현상과 원리를 발견하고, 이를 스포츠 수행 능력 향상에 적용하기 위해 설정하였다. 다양한 유형의 스포츠 경기 참여 과정에서 생리학적 변화(스포츠를 통한 근육, 신경, 호흡, 순환계, 에너지대사 등)와 역학적 원리(인체에 작용하는 힘, 운동의 법칙, 운동에너지, 지레의 작용, 무게중심 등)를 탐색하고 스포츠 경기 상황에 적합하게 적용하도록 한다.

• [12스과02-03]은 스포츠를 통한 신체의 생리학적 변화(근육, 신경, 호흡, 순환계, 에너지대사 등)와 스포츠를 수행할 때 작용하는 역학적 측면(힘의 개념, 힘의 작용, 힘의 종류, 운동의 법칙, 운동의 형태, 운동에너지, 인체 움직임의 물리적 관계 등)을 객관적으로 분석하고, 스포츠와 자연과학과의 관계를 융합하는 태도와 스포츠에 대한 과학적 안목을 넓히도록 한다.

• [12스과01-03]은 스포츠 참여자 개인의 심리적 특성(유전적, 상황적, 집단적 특성, 운동 기능 학습 등)과 사회적 측면(정치, 경제, 교육, 미디어, 계층, 사회문제와 스포츠의 관계 등)을 객관적으로 분석하고, 스포츠와 사회과학과의 관계를 융합하는 태도와 스포츠에 대한 과학적 안목을 넓히도록 한다.

(나) 성취기준 적용 시 고려 사항

• 스포츠와 자연과학 영역의 학습은 스포츠 경기에 직접 참여하는 과정에서 이루어지도록 한다.

• 스포츠와 자연과학 영역의 신체활동은 스포츠의 생리·역학적 원리가 쉽게 이해될 수 있고 스포츠 현상에 대한 탐색 및 적용이 편리한 스포츠를 선정한다.

• 스포츠의 생리·역학적 현상의 이해를 높이기 위해 다양한 영상 및 매체를 활용하고, 스포츠 경기 상황에서 디지털 도구를 활용하여 분석할 수 있도록 한다. 또한 생리·역학적 현상에 대한 원리를 탐구하고 스포츠 경기 활동을 수행하는 과정에 적용하여 경기 수행력을 높일 수 있도록 운영한다.

• 스포츠 과학 기반 융합 기술에 대한 안목을 확장하기 위해 첨단 기술이 적용된 스포츠 용품, 장비, 시설, 훈련기법 등과 관련된 사례를 학습 내용으로 제시하고 활용한다.

• 스포츠 자연과학 분야 진로와 관련된 직업 정보를 체계적으로 탐색하고, 진로 탐색 결과와 학습자의 흥미, 적성, 특기 등을 바탕으로 진로를 창의적으로 설계하고 준비할 수 있도록 운영한다.

• 스포츠 경기 수행 능력, 스포츠 자연과학의 이해와 적용 능력, 스포츠 자연과학 진로 설계 능력 등 다양한 요소를 균형 있게 평가하고, 학습 결과와 학습 과정을 모두 평가한다.

• 스포츠 경기 수행 능력은 개인별 경기 기능 평가와 경기를 통한 팀 경기 수행 능력 평가, 관찰기록을 통한 게임 수행평가 등을 활용하여 평가하고, 스포츠 자연과학의 이해 및 적용 능력과 진로 설계 능력은 지필 검사, 일지, 감상 및 분석 보고서, 토론 및 발표, 포트폴리오 등을 활용하여 평가한다. 또한 학습자 스스로 장단점을 파악하고 자신의 학습을 개선하여 더욱 적극적으로 수업에 참여할 수 있도록 학습자가 평가의 주체가 되는 자기 평가나 동료 평가를 활용하여 평가할 수 있다.

〈표 7-1〉 고등학교 〈스포츠 과학〉의 신체활동 예시

영역	신체활동 예시
스포츠 사회과학	• 스포츠 종목 중 택 1 이상 • 스포츠 사회과학 분야 진로 탐색 활동
스포츠 자연과학	• 스포츠 종목 중 택 1 이상 • 스포츠 자연과학 분야 진로 탐색 활동

3 교수·학습 및 평가

가. 교수·학습

(1) 교수·학습의 방향

(가) 신체활동 역량의 지속적인 발달을 위한 교수·학습이 이루어지도록 한다. 이를 위해 스포츠 과학에 대한 안목과 창의력 사고력을 기를 수 있도록 다양한 수업 주제와 교수·학습 활동을 선정하고 조직한다.

(나) 학습자가 스포츠의 과학적 원리를 이론적, 실제적으로 탐구함으로써, 스포츠 현상을 체계적으로 분석하고 효율적으로 실천할 수 있도록 자기 주도적 학습을 위한 맞춤형 교수·학습과 신체활동의 시간적·공간적 확장을 위한 교수·학습이 이루어지도록 한다. 이를 위해 학습자의 수준을 고려하여 적절한 동기유발 전략을 마련하고 과제 및 학습 자료, 시설과 기자재 등을 효율적으로 조직한다. 또한 가정 및 집 주변, 지역사회에서 신체활동을 지속해서 실천하고 고등학교 시기에 적절한 신체활동에 참여하고 즐기는 방법과 체육 관련 진로를 설계하도록 지도한다.

(다) 디지털 기술을 활용하여 효율적인 교수·학습이 이루어지도록 한다. 이를 위해 교육과정 운영의 전 과정에서 온·오프라인을 연계하고 다양한 디지털 매체를 활용함으로써 학습자의 신체활동 참여를 촉진하고 효율적인 학습 자료 관리가 가능하도록 지도한다.

(라) 창의성과 인성 함양을 위한 교수·학습이 이루어지도록 한다. 이를 위해 영역별 신체활동의 심동적, 정의적, 인지적 내용 요소를 균형 있게 학습할 수 있도록 직접 체험 활동과 함께 간접 체험 활동을 제공하고, 타 교과 및 범교과 학습 주제를 체육과 학습 내용과 융합하여 학습할 수 있도록 지도한다.

(2) 교수·학습 방법

(가) 교육과정에서 제시한 내용 영역과 영역별 성취기준을 반드시 지도한다. 내용 영역을 통합하여 계획을 수립할 경우, 각 영역의 내용 요소가 누락 되지 않아야 하며 영역 설정의 취지를 벗어나지 않는 범위 내에서 통합한다.

(나) 학습자가 스포츠의 과학적 원리를 이론적, 실제적으로 탐구함으로써, 스포츠 현상을 체계적으로 분석하고 효율적으로 실천할 수 있도록, 영역의 성취기준 달성에 충분한 지식과 활동 내용을 제공할 수 있는 신체활동 유형과 종목을 선정한다.

(다) 학기 초 단위 학교의 학사 일정을 바탕으로 수업 가능 일수와 시간을 파악하고, 수업 장소와 기상 요건 등을 고려하여 수업 활동을 계획한다.

(라) 학습자의 사전 학습 경험 및 특성을 고려하여 학습자 수준에 맞는 교수·학습 활동을 계획하고 운영한다. 교수·학습 운영에 적합한 시설과 용·기구의 수요를 파악하여 충분한 수량을 확보한다.

(마) 모든 학습자에게 자기 수준에 맞는 학습 기회를 평등하게 제공하도록 교수·학습 활동을 계획하고 운영한다. 특수교육 학생, 다문화 학생, 느린 학습자, 신체활동에 소극적인 학습자 등 다양한 학습자를 고려하여 학습자가 자신의 수준에 적합한 학습에 참여할 수 있도록 다양한 학습 과제를 제시한다.

(바) 최소 성취수준 보장을 위해 과목 출석률 및 학업성취율의 이수 조건을 고려하여 영역별 최소 성취수준과 학습량을 설정하고, 수준별 학습, 단계적 학습, 개별 학습과 심화 보충 학습 등이 가능하도록 학생 맞춤형 교수·학습 자료를 구성하며, 학습자가 다양한 방식과 역할로 수업에 참여할 수 있도록 교수·학습 활동을 계획하고 운영한다.

나. 평가

(1) 평가의 방향

(가) 스포츠의 과학적 원리를 이론적, 실제적으로 탐구함으로써, 스포츠 현상을 체계적으로 분석하고 효율적으로 실천할 수 있는 능력을 기르기 위한 종합적 평가가 이루어지도록 한다. 스포츠 과학에 대한 지식과 안목의 습득, 스포츠 경기 활동에 적용 등을 종합적으로 평가할 수 있도록 실제 맥락에서의 수행 능력을 평가한다.

(나) 학습자의 학습과 성장 과정을 반영한 다면적 평가가 이루어지도록 한다. 학습 결과와 더불어 학습 과정에서 나타나는 학습자의 과제 수행 및 학습 특성의 변화를 평가하고 평가 방법 및 도구, 평가 주체를 다양화하며 학생 성장을 다면적으로 평가한다.

(다) 특수교육 학생, 다문화 학생, 느린 학습자 등 다양한 특성을 고려한 학습자 맞춤형 평가와 학습자의 수준과 흥미를 반영한 다양한 교수·학습 방법의 구안을 위해 진단평가 및 형성평가를 적극적으로 활용하고, 최소 성취수준 보장을 위해 과정을 중시하는 평가가 이루어지도록 한다.

(2) 평가 방법

(가) 평가 범위는 교수·학습 활동을 통해 지도된 전 영역을 대상으로 하되, 내용 영역에 따라 평가 비중을 달리할 수 있다. 단, 평가 내용의 균형성을 고려하여 특정 영역에 편중되지 않도록 한다.

(나) 평가 내용에는 수업 목표와 학습 내용에 제시된 지식·이해, 과정·기능, 가치·태도 요소를 균형 있게 포함한다. 평가의 주체를 고려하여 평가 내용을 선정한다. 특히 동료 또는 자기 평가와 같이 학습자가 주체가 된 평가를 할 경우 구체적인 성취수준을 제공한다.

(다) 평가를 위한 성취기준 및 성취수준은 교육과정 성취기준과 단위 학교 수업 내용을 바탕으로 개발한다. 평가를 위한 성취기준은 교수·학습의 내용 및 방법을 고려하여 영역별 성취기준을 나누거나 통합할 수 있다.

(라) 성취수준은 점수화 및 등급화를 위한 기능의 단순 분류나 기록의 명시보다는 영역별 내용 요소에 따른 기능의 도달 정도를 구체적인 행동 수준으로 진술하고, 평가 등급(단계) 또한 양적 요소와 질적 요소를 모두 포함하여 수준에 맞게 진술한다.

(마) 평가 방법은 학습 목표 및 평가 목적에 적합하게 선정한다. 체육과 평가에서 활용되는 기존 평가 도구를 사용하거나 평가 내용에 적합한 도구를 개발하여 사용할 수 있다.

(바) 모둠별 학습 활동의 평가 시 개별 학습자의 역할 및 노력과 기여도를 평가하는 방안을 마련한다.

(사) 평가 결과는 교수·학습을 수정하고 보완하는 데 활용하며, 학습자와 학부모가 쉽게 이해하도록 구체적으로 재구성하여 안내한다.

(아) 평가 결과의 누가 기록 및 체계적인 관리, 결과 분석 등을 위해 디지털 도구를 활용할 수 있다.

제8장 융합 선택 과목 스포츠 생활 1

1 성격 및 목표

가. 성격

〈스포츠 생활 1〉은 중학교 〈체육〉의 전략형 스포츠의 영역형 스포츠와 생태형 스포츠의 생활·자연환경형 스포츠를 심화하여 학습함으로써, 스포츠 경기 유형에 적합한 체력을 강화하고 더욱 고도화된 스포츠 경기 수행 능력을 발휘하여 스포츠를 생활화할 수 있는 능력을 길러주는 과목이다.

스포츠는 인류의 역사와 함께 전수되어 온 대표적인 문화 양식으로, 인간은 스포츠에 참여함으로써 더욱 풍요로운 삶, 타인과 더불어 사는 삶을 누릴 수 있다. 영역형 스포츠는 대중적인 스포츠로 일상에서 다양한 경로를 통해 직접 체험하거나 간접적으로 접할 기회가 많으며, 생활·자연환경형 스포츠도 일상에서 쉽게 접할 수 있고 자연 친화적 활동에 관심이 높아지면서 다양한 생활·자연환경형 스포츠가 보급되고 있다는 점에서 스포츠의 생활화 측면에서 중요한 역할을 한다.

이러한 측면에서 〈스포츠 생활 1〉 과목에서는 영역형 스포츠와 생활·자연환경형 스포츠의 경기 특성을 더욱 깊이 이해하고, 경기 수행에 대한 유능감을 내면화하여 이를 생활화할 수 있도록 하는 데 주안점을 둔다. 이를 위해 중학교 〈체육〉에서 습득한 영역형 스포츠와 생활·자연환경형 스포츠의 문화, 체력, 경기 기능 및 전략 등을 더욱 심화하여 학습함으로써 스포츠에 대한 유능감을 높여 실생활에 응용하고 융합하며, 자신에게 적합한 평생 스포츠 활동을 선택하여 지속해서 실천할 수 있도록 한다.

나. 목표

〈스포츠 생활 1〉 과목은 활동적이고 창의적인 삶, 신체활동 문화를 향유하는 삶을 영위하는 데 필요한 신체활동 역량을 기르고, 스포츠를 생활화할 수 있는 자질을 함양하는 것을 목표로 한다.

(1) 영역형 스포츠의 문화를 이해하고, 영역형 스포츠의 경기 수행 능력을 고도화하며, 영역형 스포츠에 내재한 가치와 태도를 실천한다.

(2) 생활·자연환경형 스포츠의 문화를 이해하고, 생활·자연환경형 스포츠의 경기 수행 능력을 고도화하며, 생활·자연환경형 스포츠에 내재한 가치와 태도를 실천한다.

2 내용 체계 및 성취기준

가. 내용 체계

<table>
<tr><td>핵심 아이디어</td><td colspan="2">• 스포츠 수행은 스포츠 유형별 기능을 경기 상황에 맞게 적용함으로써 고도화된다.
• 인간은 영역형 스포츠와 생활·자연환경형 스포츠의 다양한 문화를 경험하고 제도화된 규범을 준수함으로써 바람직한 인성을 함양한다.</td></tr>
<tr><td>범주 \ 영역</td><td>영역형 스포츠</td><td>생활·자연환경형 스포츠</td></tr>
<tr><td>지식·이해</td><td>• 영역형 스포츠의 문화
• 영역형 스포츠와 체력
• 영역형 스포츠의 경기 기능과 과학적 원리
• 영역형 스포츠의 창의적 경기 전략</td><td>• 생활·자연환경형 스포츠의 문화
• 생활·자연환경형 스포츠와 체력
• 생활·자연환경형 스포츠의 경기 기능과 과학적 원리
• 생활·자연환경형 스포츠의 창의적 경기 전략</td></tr>
<tr><td>과정·기능</td><td colspan="2">• 스포츠 문화 존중하기
• 스포츠 체력 강화하기
• 스포츠 경기 기능 전이하기
• 스포츠 경기 수행 고도화하기</td></tr>
<tr><td>가치·태도</td><td colspan="2">• 스포츠퍼슨십
• 스포츠 수행에 대한 유능감
• 스포츠에 대한 환경친화적 태도</td></tr>
</table>

나. 성취기준

(1) 영역형 스포츠

[12스생1-01-01] 영역형 스포츠의 문화를 이해하고 존중하며, 스포츠퍼슨십을 실천한다.
[12스생1-01-02] 영역형 스포츠에 필요한 체력을 강화하고, 경기 기능을 과학적으로 분석하여 발전시켜 다른 기능에 전이한다.
[12스생1-01-03] 영역형 스포츠의 경기 수행 능력을 고도화하여 스포츠 수행에 대한 유능감을 높이고, 경기 전략을 창의적으로 발전시킨다.

(가) 성취기준 해설

- [12스생1-01-01] 축구, 농구, 핸드볼 등 영역형 스포츠를 경기 문화와 축제 문화 측면에서 깊이 있게 이해하고, 이를 바탕으로 영역형 스포츠 경기에 공정하게 임하고 상대와 심판, 관중을 향해 예의를 갖추며 승패를 떠나 결과에 승복하는 태도를 실천하도록 한다.
- [12스생1-01-02] 영역형 스포츠에 필요한 체력을 강화하고, 경기 기능 수행에 작용하는 사회과학적, 자연과학적 원리를 이해하며 이러한 원리를 바탕으로 경기 기능을 발전시켜 다른 기능의 학습에 긍정적인 영향을 미치도록 한다.

• [12스생1-01-03]은 경기 기능의 숙달, 과학적 원리의 적용, 경기 전략의 이해를 통해 경기 수행 능력을 고도화하고 영역형 스포츠 수행에 대한 유능감을 높여 영역형 스포츠를 생활화하기 위해 설정하였다. 영역형 스포츠 경기에서 직면하게 되는 다양한 문제 상황을 해결하기 위한 경기 기능의 활용, 공을 소유하고 있는 경우와 그렇지 않은 경우의 움직임, 공격과 수비 상황에서의 전략적 움직임 등을 이해하여 경기 수행 능력을 고도화하고, 이를 바탕으로 창의적인 경기 전략을 활용하여 경기를 수행하도록 한다.

(나) 성취기준 적용 시 고려 사항

• 영역형 스포츠 영역에서는 스포츠 문화 전반을 이해하고 경험함으로써 평생 체육으로 활용될 능력과 태도의 기반을 다질 수 있도록 일상생활에서 쉽게 접할 수 있는 스포츠 활동을 선정하되, 특수교육 학생, 다문화 학생, 느린 학습자, 신체활동에 소극적인 학습자 등 다양한 학습자 및 학교 여건과 교내외 체육 시설 이용에 따른 안전사고를 예방할 수 있도록 교수·학습을 운영한다.
• 영역형 스포츠 영역의 전반적인 경기 기능 및 전략과 경기 문화를 체험할 수 있도록 수업을 운영하며, 학습자가 익힌 경기 기능과 방법, 경기 전략을 정식 경기에 적용하고, 경기 운영, 심판법 등 영역형 스포츠 전반을 이해할 수 있도록 교수·학습을 운영한다.
• 팀의 소통과 협력을 바탕으로 공동의 목표를 추구하고, 공격과 수비 상황에서 자신의 역할과 책임을 다해 동료를 믿고 배려하는 자세로 경기에 참여하며, 상대를 존중하고 예절을 지키면서 경기하는 과정을 통해 민주시민의 소양을 갖추도록 운영한다.
• 일부 내용 요소를 평가하기보다는 경기 상황에 맞게 경기 기능과 전략을 수행하는 능력, 영역형 스포츠 문화에 대한 이해력, 스포츠퍼슨십의 실천력 등 다양한 요소를 균형 있게 평가하고, 학습 결과와 학습 과정을 모두 평가한다.
• 영역형 스포츠 문화에 대한 이해력은 지필 검사, 감상 및 분석 보고서, 포트폴리오 등을 활용하여 평가하고, 영역형 스포츠 경기 수행 능력은 개인별 경기 기능 평가와 경기를 통한 팀 경기 수행 능력 평가, 관찰기록을 통한 게임 수행평가 등을 통해 평가하며, 스포츠퍼슨십의 실천력은 체크리스트, 일지, 관찰보고서 등을 활용하여 평가한다. 또한 학습자 스스로 장단점을 파악하고 자신의 학습을 개선하여 더욱 적극적으로 수업에 참여할 수 있도록 학습자가 평가의 주체가 되는 자기 평가나 동료 평가를 활용하여 평가할 수 있다.

(2) 생활·자연환경형 스포츠

[12스생1-02-01] 생활·자연환경형 스포츠의 문화를 이해하고 존중하며, 환경친화적 태도를 실천한다.
[12스생1-02-02] 생활·자연환경형 스포츠에 필요한 체력을 강화하고, 경기 기능을 과학적으로 분석하여 발전시켜 다른 기능에 전이한다.
[12스생1-02-03] 생활·자연환경형 스포츠의 경기 수행 능력을 고도화하여 스포츠 수행에 대한 유능감을 높이고, 경기 전략을 창의적으로 발전시킨다.

(가) 성취기준 해설

• [12스생1-02-01] 생활·자연환경형 스포츠를 경기 문화와 축제 문화 측면에서 깊이 있게 이해하고, 이를 바탕으로 생활·자연환경형 스포츠 경기에 참여하는 과정에서 자신의 활동이 주변 환경에 미치는 영향을 생각하고, 환경을 오염시키지 않고 환경과 어울려 활동하는 태도를 실천하도록 한다.

• [12스생1-02-02] 생활·자연환경형 스포츠에 필요한 체력을 강화하고, 생활·자연환경형 스포츠 경기 기능 수행에 작용하는 사회과학적, 자연과학적 원리를 이해하며 이러한 원리를 바탕으로 경기 기능을 개선하도록 한다.

• [12스생1-02-03]은 경기 기능의 숙달, 과학적 원리의 적용, 경기 전략의 이해 등을 통해 경기 수행 능력을 고도화하고 생활·자연환경형 스포츠 수행에 대한 유능감을 높여 생활·자연환경형 스포츠를 생활화하기 위해 설정하였다. 생활·자연환경형 스포츠 경기에서 직면하게 되는 다양한 문제 상황을 해결하기 위한 경기 기능의 활용, 상황에 따른 전략적 움직임, 경기 결과에 영향을 미치는 환경 조건을 이해하여 경기 수행 능력을 고도화하고, 이를 바탕으로 창의적인 경기 전략을 활용하여 경기를 수행하도록 한다.

(나) 성취기준 적용 시 고려 사항

• 생활·자연환경형 스포츠 영역에서는 스포츠 문화 전반을 이해하고 경험함으로써 평생 체육으로 활용될 능력과 태도의 기반을 다질 수 있도록 일상생활에서 쉽게 접할 수 있는 스포츠 활동을 선정하되, 특수교육 학생, 다문화 학생, 느린 학습자, 신체활동에 소극적인 학습자 등 다양한 학습자 및 학교 여건과 교내외 체육 시설 이용에 따른 안전사고를 예방할 수 있도록 교수·학습을 운영한다.

• 생활·자연환경형 스포츠 영역의 전반적인 경기 기능 및 전략과 경기 문화를 체험할 수 있도록 수업을 운영하며, 과학적 지식을 바탕으로 경기 기능을 향상하고, 경기 상황에서 직면하는 다양한 문제 상황의 해결을 위해 적절한 기능과 창의적 전략의 활용이 가능하도록 운영한다.

• 존중, 공존, 평화, 문화 다양성, 지속가능성 등과 같이 생활·자연환경형 스포츠에 내재된 가치의 학습을 통해 지속가능한 생태 문화를 인식하고 더불어 살아가기 위한 태도를 실천할 수 있도록 운영한다.

• 일부 내용 요소를 평가하기보다는 경기 상황에 맞게 경기 기능과 전략을 수행하는 능력, 생활·자연환경형 스포츠 문화에 대한 이해력, 환경친화적 태도의 실천력 등 다양한 요소를 균형 있게 평가하고, 학습 결과와 학습 과정을 모두 평가한다.

• 생활·자연환경형 스포츠 문화에 대한 이해력은 지필 검사, 감상 및 분석 보고서, 포트폴리오 등을 활용하여 평가하고, 생활·자연환경형 스포츠 경기 수행 능력은 개인별 경기 기능 평가와 경기를 통한 팀 경기 수행 능력 평가, 관찰기록을 통한 게임 수행평가 등을 통해 평가하며, 환경친화적 태도 실천력은 토론, 체크리스트, 일지 등을 활용하여 평가한다. 또한 학습자 스스로 장단점을 파악하고 자신의 학습을 개선하여 더욱 적극적으로 수업에 참여할 수 있도록 학습자가 평가의 주체가 되는 자기 평가나 동료 평가를 활용하여 평가할 수 있다.

〈표 8-1〉 고등학교 〈스포츠 생활 1〉의 신체활동 예시

영역	신체활동 예시
영역형 스포츠	축구, 농구, 핸드볼, 럭비, 하키 등
생활·자연환경형 스포츠	• 당구, 볼링, 사이클링, 인라인 스피드, 스포츠클라이밍 등 • 골프, 등반, 산악자전거, 서핑, 승마, 스키, 스노보드, 조정, 패러글라이딩 등

3 교수·학습 및 평가

가. 교수·학습

(1) 교수·학습의 방향

(가) 신체활동 역량의 지속적인 발달을 위한 교수·학습이 이루어지도록 한다. 이를 위해 중학교 〈체육〉에서 학습한 영역형 스포츠와 생활·자연환경형 스포츠를 심화하여 학습할 수 있도록 다양한 수업 주제와 교수·학습 활동을 선정하고 조직한다.

(나) 학습자가 스포츠 경기 유형에 적합한 체력을 강화하고 더욱 고도화된 스포츠 경기 수행 능력을 기를 수 있도록 자기 주도적 학습을 위한 맞춤형 교수·학습과 신체활동의 시간적·공간적 확장을 위한 교수·학습이 이루어지도록 한다. 이를 위해 학습자의 수준을 고려하여 적절한 동기 유발 전략을 마련하고 과제 및 학습 자료, 시설과 기자재 등을 효율적으로 조직한다. 또한 가정 및 집 주변, 지역사회에서 신체활동을 지속해서 실천하고 고등학교 시기에 적절한 신체활동에 참여하고 즐기는 방법과 체육 관련 진로를 설계하도록 지도한다.

(다) 디지털 기술을 활용하여 효율적인 교수·학습이 이루어지도록 한다. 이를 위해 교육과정 운영의 전 과정에서 온·오프라인을 연계하고 다양한 디지털 매체를 활용함으로써 학습자의 신체활동 참여를 촉진하고 효율적인 학습 자료 관리가 가능하도록 지도한다.

(라) 창의성과 인성 함양을 위한 교수·학습이 이루어지도록 한다. 이를 위해 영역별 신체활동의 심동적, 정의적, 인지적 내용 요소를 균형 있게 학습할 수 있도록 직접 체험 활동과 함께 간접 체험 활동을 제공하고, 타 교과 및 범교과 학습 주제를 체육과 학습 내용과 융합하여 학습할 수 있도록 지도한다.

(2) 교수·학습 방법

(가) 교육과정에서 제시한 내용 영역과 영역별 성취기준을 반드시 지도한다. 내용 영역을 통합하여 계획을 수립할 경우, 각 영역의 내용 요소가 누락 되지 않아야 하며 영역 설정의 취지를 벗어나지 않는 범위 내에서 통합한다.

(나) 학습자가 스포츠 경기 유형에 적합한 체력을 강화하고 더욱 고도화된 스포츠 경기 수행 능력을 기를 수 있도록, 영역의 성취기준 달성에 충분한 지식과 활동 내용을 제공할 수 있는 신체활동 유형과 종목을 선정한다.

(다) 학기 초 단위 학교의 학사 일정을 바탕으로 수업 가능 일수와 시간을 파악하고, 수업 장소와 기상 요건 등을 고려하여 수업 활동을 계획한다.

(라) 학습자의 사전 학습 경험 및 특성을 고려하여 학습자 수준에 맞는 교수·학습 활동을 계획하고 운영한다. 교수·학습 운영에 적합한 시설과 용·기구의 수요를 파악하여 충분한 수량을 확보한다.

(마) 모든 학습자에게 자기 수준에 맞는 학습 기회를 평등하게 제공하도록 교수·학습 활동을 계획하고 운영한다. 특수교육 학생, 다문화 학생, 느린 학습자, 신체활동에 소극적인 학습자 등 다양한 학습자를 고려하여 학습자가 자신의 수준에 적합한 학습에 참여할 수 있도록 다양한 학습 과제를 제시한다.

(바) 최소 성취수준 보장을 위해 과목 출석률 및 학업성취율의 이수 조건을 고려하여 영역별 최소 성취수준과 학습량을 설정하고, 수준별 학습, 단계적 학습, 개별 학습과 심화 보충 학습 등이 가능하도록 학생 맞춤형 교수·학습 자료를 구성하며, 학습자가 다양한 방식과 역할로 수업에 참여할 수 있도록 교수·학습 활동을 계획하고 운영한다.

나. 평가

(1) 평가의 방향

(가) 스포츠 경기 유형에 적합한 체력을 강화하고 더욱 고도화된 스포츠 경기 수행 능력을 기르기 위한 종합적 평가가 이루어지도록 한다. 영역형 스포츠와 생활·자연환경형 스포츠의 지식과 기능의 습득, 가치와 태도의 실천 등을 종합적으로 평가할 수 있도록 실제 맥락에서의 수행 능력을 평가한다.

(나) 학습자의 학습과 성장 과정을 반영한 다면적 평가가 이루어지도록 한다. 학습 결과와 더불어 학습 과정에서 나타나는 학습자의 과제 수행 및 학습 특성의 변화를 평가하고 평가 방법 및 도구, 평가 주체를 다양화하며 학생 성장을 다면적으로 평가한다.

(다) 특수교육 학생, 다문화 학생, 느린 학습자 등 다양한 특성을 고려한 학습자 맞춤형 평가와 학습자의 수준과 흥미를 반영한 다양한 교수·학습 방법의 구안을 위해 진단평가 및 형성평가를 적극적으로 활용하고, 최소 성취수준 보장을 위해 과정을 중시하는 평가가 이루어지도록 한다.

(2) 평가 방법

(가) 평가 범위는 교수·학습 활동을 통해 지도된 전 영역을 대상으로 하되, 내용 영역에 따라 평가 비중을 달리할 수 있다. 단, 평가 내용의 균형성을 고려하여 특정 영역에 편중되지 않도록 한다.

(나) 평가 내용에는 수업 목표와 학습 내용에 제시된 지식·이해, 과정·기능, 가치·태도 요소를 균형 있게 포함한다. 평가의 주체를 고려하여 평가 내용을 선정한다. 특히 동료 또는 자기 평가와 같이 학습자가 주체가 된 평가를 할 경우 구체적인 성취수준을 제공한다.

(다) 평가를 위한 성취기준 및 성취수준은 교육과정 성취기준과 단위 학교 수업 내용을 바탕으로 개발한다. 평가를 위한 성취기준은 교수·학습의 내용 및 방법을 고려하여 영역별 성취기준을 나누거나 통합할 수 있다.

(라) 성취수준은 점수화 및 등급화를 위한 기능의 단순 분류나 기록의 명시보다는 영역별 내용 요소에 따른 기능의 도달 정도를 구체적인 행동 수준으로 진술하고, 평가 등급(단계) 또한 양적 요소와 질적 요소를 모두 포함하여 수준에 맞게 진술한다.

(마) 평가 방법은 학습 목표 및 평가 목적에 적합하게 선정한다. 체육과 평가에서 활용되는 기존 평가 도구를 사용하거나 평가 내용에 적합한 도구를 개발하여 사용할 수 있다.

(바) 모둠별 학습 활동의 평가 시 개별 학습자의 역할 및 노력과 기여도를 평가하는 방안을 마련한다.

(사) 평가 결과는 교수·학습을 수정하고 보완하는 데 활용하며, 학습자와 학부모가 쉽게 이해하도록 구체적으로 재구성하여 안내한다.

(아) 평가 결과의 누가 기록 및 체계적인 관리, 결과 분석 등을 위해 디지털 도구를 활용할 수 있다.

제 9 장

융합 선택 과목 스포츠 생활 2

1 성격 및 목표

가. 성격

〈스포츠 생활 2〉는 중학교 〈체육〉의 전략형 스포츠 영역의 네트형 스포츠와 필드형 스포츠를 심화하여 학습함으로써, 스포츠 경기 유형에 적합한 체력을 강화하고 더욱 고도화된 스포츠 경기 수행 능력을 발휘하여 스포츠를 생활화할 수 있는 능력을 길러주는 과목이다.

스포츠는 인류의 역사와 함께 전수되어 온 대표적인 문화 양식으로, 인간은 스포츠에 참여함으로써 더욱 풍요로운 삶, 타인과 더불어 사는 삶을 누릴 수 있다. 네트형 스포츠와 필드형 스포츠는 대표적인 생활 스포츠로 일상에서 다양한 경로를 통해 직접 체험하거나 간접적으로 접할 기회가 많으며, 대중적 관심이 지속해서 확대되고 있다는 점에서 스포츠의 생활화를 위해 매우 중요한 역할을 한다.

이러한 측면에서 〈스포츠 생활 2〉 과목에서는 네트형 스포츠와 필드형 스포츠의 경기 특성을 더욱 깊이 이해하고, 경기 수행에 대한 유능감을 내면화하여 이를 생활화할 수 있도록 하는데 주안점을 둔다. 이를 위해 중학교 〈체육〉에서 습득한 네트형 스포츠와 필드형 스포츠의 문화, 체력, 경기 기능 및 전략 등을 더욱 심화하여 학습함으로써 스포츠에 대한 유능감을 높여 실생활에 응용하고 융합하며, 자신에게 적합한 평생 스포츠 활동을 선택하여 지속해서 실천할 수 있도록 한다.

나. 목표

〈스포츠 생활 2〉 과목은 활동적이고 창의적인 삶, 신체활동 문화를 향유하는 삶을 영위하는 데 필요한 신체활동 역량을 기르고, 스포츠를 생활화할 수 있는 자질을 함양하는 것을 목표로 한다.

(1) 네트형 스포츠의 문화를 이해하고, 네트형 스포츠의 경기 수행 능력을 고도화하며, 네트형 스포츠에 내재한 가치와 태도를 실천한다.

(2) 필드형 스포츠의 문화를 이해하고, 필드형 스포츠의 경기 수행 능력을 고도화하고, 필드형 스포츠에 내재한 가치와 태도를 실천한다.

2 내용 체계 및 성취기준

가. 내용 체계

<table>
<tr><td>핵심 아이디어</td><td colspan="2">• 스포츠 경기 수행 능력은 스포츠 특성에 적합한 체력을 기르고, 유형별 경기 기능을 상황에 맞게 적용함으로써 고도화된다.
• 인간은 네트형 스포츠와 필드형 스포츠의 다양한 문화를 경험하고 제도화된 규범을 준수함으로써 바람직한 인성을 함양한다.</td></tr>
<tr><td>범주 \ 영역</td><td>네트형 스포츠</td><td>필드형 스포츠</td></tr>
<tr><td>지식·이해</td><td>• 네트형 스포츠의 문화
• 네트형 스포츠와 체력
• 네트형 스포츠의 경기 기능과 과학적 원리
• 네트형 스포츠의 창의적 경기 전략</td><td>• 필드형 스포츠의 문화
• 필드형 스포츠와 체력
• 필드형 스포츠의 경기 기능과 과학적 원리
• 필드형 스포츠의 창의적 경기 전략</td></tr>
<tr><td>과정·기능</td><td colspan="2">• 스포츠 문화 존중하기
• 스포츠 체력 강화하기
• 스포츠 경기 기능 전이하기
• 스포츠 경기 수행 고도화하기</td></tr>
<tr><td>가치·태도</td><td colspan="2">• 스포츠퍼슨십
• 스포츠 수행에 대한 유능감</td></tr>
</table>

나. 성취기준

(1) 네트형 스포츠

[12스생2-01-01] 네트형 스포츠의 문화를 이해하고 존중하며, 스포츠퍼슨십을 실천한다.
[12스생2-01-02] 네트형 스포츠에 필요한 체력을 강화하고, 경기 기능을 과학적으로 분석하여 발전시켜 다른 기능에 전이한다.
[12스생2-01-03] 네트형 스포츠의 경기 수행 능력을 고도화하여 스포츠 수행에 대한 유능감을 높이고, 경기 전략을 창의적으로 발전시킨다.

(가) 성취기준 해설

- [12스생2-01-01] 네트형 스포츠를 경기 문화와 축제 문화 측면에서 깊이 있게 이해하고, 이를 바탕으로 네트형 스포츠 경기에 공정하게 임하고 상대와 심판, 관중을 향해 예의를 갖추며 승패를 떠나 결과에 승복하는 태도를 실천하도록 한다.
- [12스생2-01-02] 네트형 스포츠에 필요한 체력을 강화하고, 경기 기능 수행에 작용하는 사회과학적, 자연과학적 원리를 이해하며 이러한 원리를 바탕으로 경기 기능을 발전시켜 다른 기능의 학습에 긍정적인 영향을 미치도록 한다.

- [12스생2-01-03]은 경기 기능의 숙달, 과학적 원리의 적용, 경기 전략의 이해를 통해 경기 수행 능력을 고도화하고 네트형 스포츠 수행에 대한 유능감을 높여 네트형 스포츠를 생활화하기 위해 설정하였다. 배구, 탁구, 배드민턴 등 네트형 스포츠 경기에서 직면하게 되는 다양한 문제 상황을 해결하기 위한 경기 기능의 활용, 공을 직접 처리하는 경우와 그렇지 않은 경우의 움직임, 공격과 수비 상황에서의 전략적 움직임 등을 이해하여 경기 수행 능력을 고도화하고, 이를 바탕으로 창의적인 경기 전략을 활용하여 경기를 수행하도록 한다.

(나) 성취기준 적용 시 고려 사항

- 네트형 스포츠 영역에서는 스포츠 문화 전반을 이해하고 경험함으로써 평생 체육으로 활용될 능력과 태도의 기반을 다질 수 있도록 일상생활에서 쉽게 접할 수 있는 스포츠 활동을 선정하되, 특수교육 학생, 다문화 학생, 느린 학습자, 신체활동에 소극적인 학습자 등 다양한 학습자 및 학교 여건과 교내외 체육 시설 이용에 따른 안전사고를 예방할 수 있도록 교수·학습을 운영한다.
- 네트형 스포츠 영역에서는 전반적인 경기 기능 및 전략과 경기 문화를 체험할 수 있도록 수업을 운영하며, 학습자가 익힌 경기 기능과 방법, 경기 전략을 정식 경기에 적용하고, 경기 운영, 심판법 등 네트형 스포츠 전반을 이해할 수 있도록 교수·학습을 운영한다.
- 협력, 소통, 배려, 공정 등과 같은 네트형 스포츠에 내재한 가치의 학습을 통해 더불어 살아가기 위한 태도를 함양하고 민주시민의 소양을 갖추도록 지도한다.
- 일부 내용 요소를 평가하기보다는 경기 상황에 맞게 경기 기능과 전략을 수행하는 능력, 네트형 스포츠 문화에 대한 이해력, 스포츠퍼슨십의 실천력 등 다양한 요소를 균형 있게 평가하고, 학습 결과와 학습 과정을 모두 평가한다.
- 네트형 스포츠 문화에 대한 이해력은 지필 검사, 감상 및 분석 보고서, 포트폴리오 등을 활용하여 평가하고, 네트형 스포츠 경기 수행 능력은 개인별 경기 기능 평가와 경기를 통한 팀 경기 수행 능력 평가, 관찰기록을 통한 게임 수행평가 등을 통해 평가하며, 스포츠퍼슨십 실천력은 체크리스트, 일지, 관찰보고서 등을 활용하여 평가한다. 또한 학습자 스스로 장단점을 파악하고 자신의 학습을 개선하여 더욱 적극적으로 수업에 참여할 수 있도록 학습자가 평가의 주체가 되는 자기 평가나 동료 평가를 활용하여 평가할 수 있다.

(2) 필드형 스포츠

[12스생2-02-01] 필드형 스포츠의 문화를 이해하고 존중하며, 스포츠퍼슨십을 실천한다.
[12스생2-02-02] 필드형 스포츠에 필요한 체력을 강화하고, 경기 기능을 과학적으로 분석하여 발전시켜 다른 기능에 전이한다.
[12스생2-02-03] 필드형 스포츠의 경기 수행 능력을 고도화하여 스포츠 수행에 대한 유능감을 높이고, 경기 전략을 창의적으로 발전시킨다.

(가) 성취기준 해설

- [12스생2-02-01] 필드형 스포츠를 경기 문화와 축제 문화 측면에서 깊이 있게 이해하고, 이를 바탕으로 필드형 스포츠 경기에 공정하게 임하고 상대와 심판, 관중을 향해 예의를 갖추며 승패를 떠나 결과에 승복하는 태도를 실천하도록 한다.

- [12스생2-02-02] 필드형 스포츠에 필요한 체력을 강화하고, 경기 기능 수행에 작용하는 사회과학적, 자연과학적 원리를 이해하며 이러한 원리를 바탕으로 경기 기능을 발전시켜 다른 기능의 학습에 긍정적인 영향을 미치도록 한다.
- [12스생2-02-03]은 경기 기능의 숙달, 과학적 원리의 적용, 경기 전략의 이해를 통해 경기 수행 능력을 고도화하고 필드형 스포츠 수행에 대한 유능감을 높여 필드형 스포츠를 생활화하기 위해 설정하였다. 필드형 스포츠 경기에서 직면하게 되는 다양한 문제 상황의 해결을 위한 경기 기능의 활용, 공을 직접 처리하는 경우와 그렇지 않은 경우의 움직임, 공격과 수비 상황에서의 전략적 움직임 등을 이해하여 경기 수행 능력을 고도화하고, 이를 바탕으로 창의적인 경기 전략을 활용하여 경기를 수행하도록 한다.

(나) 성취기준 적용 시 고려 사항

- 필드형 스포츠 영역은 스포츠 문화 전반을 이해하고 경험함으로써 평생 체육으로 활용될 능력과 태도의 기반을 다질 수 있도록 일상생활에서 쉽게 접할 수 있는 스포츠 활동을 선정하되, 특수교육 학생, 다문화 학생, 느린 학습자, 신체활동에 소극적인 학습자 등 다양한 학습자 및 학교 여건과 교내외 체육 시설 이용에 따른 안전사고를 예방할 수 있도록 교수·학습을 운영한다.
- 필드형 스포츠 영역의 전반적인 경기 기능 및 전략과 경기 문화를 체험할 수 있도록 수업을 운영하며, 학습자가 익힌 경기 기능과 방법, 경기 전략을 정식 경기에 적용하고, 경기 운영, 심판법 등 영역형 스포츠 전반을 이해할 수 있도록 교수·학습을 운영한다.
- 팀의 소통과 협력을 바탕으로 공동의 목표를 추구하고, 공격과 수비 상황에서 자신의 역할과 책임을 다해 동료를 믿고 배려하는 자세로 경기에 참여하며, 상대를 존중하고 예절을 지키면서 경기하는 과정을 통해 민주시민의 소양을 갖추도록 운영한다.
- 일부 내용 요소를 평가하기보다는 경기상황에 맞게 경기 기능과 전략을 수행하는 능력, 필드형 스포츠 문화에 대한 이해력, 스포츠퍼슨십의 실천력 등 다양한 요소를 균형 있게 평가하고, 학습 결과와 학습 과정을 모두 평가한다.
- 필드형 스포츠 문화에 대한 이해력은 지필 검사, 감상 및 분석 보고서, 포트폴리오 등을 활용하여 평가하고, 필드형 스포츠 경기 수행 능력은 개인별 경기 기능 평가와 경기를 통한 팀 경기 수행 능력 평가, 관찰기록을 통한 게임 수행평가 등을 통해 평가하며, 스포츠퍼슨십의 실천력은 체크리스트, 일지, 관찰보고서 등을 활용하여 평가한다. 또한 학습자 스스로 장단점을 파악하고 자신의 학습을 개선하여 더욱 적극적으로 수업에 참여할 수 있도록 학습자가 평가의 주체가 되는 자기 평가나 동료 평가를 활용하여 평가할 수 있다.

〈표 9-1〉 고등학교 〈스포츠 생활 2〉의 신체활동 예시

영역	신체활동 예시
네트형 스포츠	배구, 배드민턴, 테니스, 탁구, 족구 등
필드형 스포츠	야구, 소프트볼, 크리켓 등

3 교수·학습 및 평가

가. 교수·학습

(1) 교수·학습의 방향

(가) 신체활동 역량의 지속적인 발달을 위한 교수·학습이 이루어지도록 이를 위해 중학교 〈체육〉에서 학습한 네트형 스포츠와 필드형 스포츠를 심화하여 학습할 수 있도록 다양한 수업 주제와 교수·학습 활동을 선정하고 조직한다.

(나) 학습자가 스포츠 경기 유형에 적합한 체력을 강화하고 더욱 고도화된 스포츠 경기 수행 능력을 기를 수 있도록 자기 주도적 학습을 위한 맞춤형 교수·학습과 신체활동의 시간적·공간적 확장을 위한 교수·학습이 이루어지도록 한다. 이를 위해 학습자의 수준을 고려하여 적절한 동기 유발 전략을 마련하고 과제 및 학습 자료, 시설과 기자재 등을 효율적으로 조직한다. 또한 가정 및 집 주변, 지역사회에서 신체활동을 지속해서 실천하고 고등학교 시기에 적절한 신체활동에 참여하고 즐기는 방법과 체육 관련 진로를 설계하도록 지도한다.

(다) 디지털 기술을 활용하여 효율적인 교수·학습이 이루어지도록 한다. 이를 위해 교육과정 운영의 전 과정에서 온·오프라인을 연계하고 다양한 디지털 매체를 활용함으로써 학습자의 신체활동 참여를 촉진하고 효율적인 학습 자료 관리가 가능하도록 지도한다.

(라) 창의성과 인성 함양을 위한 교수·학습이 이루어지도록 한다. 이를 위해 영역별 신체활동의 심동적, 정의적, 인지적 내용 요소를 균형 있게 학습할 수 있도록 직접 체험 활동과 함께 간접 체험 활동을 제공하고, 타 교과 및 범교과 학습 주제를 체육과 학습 내용과 융합하여 학습할 수 있도록 지도한다.

(2) 교수·학습 방법

(가) 교육과정에서 제시한 내용 영역과 영역별 성취기준을 반드시 지도한다. 내용 영역을 통합하여 계획을 수립할 경우, 각 영역의 내용 요소가 누락 되지 않아야 하며 영역 설정의 취지를 벗어나지 않는 범위 내에서 통합한다.

(나) 학습자가 스포츠 경기 유형에 적합한 체력을 강화하고 더욱 고도화된 스포츠 경기 수행 능력을 기를 수 있도록, 영역의 성취기준 달성에 충분한 지식과 활동 내용을 제공할 수 있는 신체활동 유형과 종목을 선정한다.

(다) 학기 초 단위 학교의 학사 일정을 바탕으로 수업 가능 일수와 시간을 파악하고, 수업 장소와 기상 요건 등을 고려하여 수업 활동을 계획한다.

(라) 학습자의 사전 학습 경험 및 특성을 고려하여 학습자 수준에 맞는 교수·학습 활동을 계획하고 운영한다. 교수·학습 운영에 적합한 시설과 용·기구의 수요를 파악하여 충분한 수량을 확보한다.

(마) 모든 학습자에게 자기 수준에 맞는 학습 기회를 평등하게 제공하도록 교수·학습 활동을 계획하고 운영한다. 특수교육 학생, 다문화 학생, 느린 학습자, 신체활동에 소극적인 학습자 등 다양한 학습자를 고려하여 학습자가 자신의 수준에 적합한 학습에 참여할 수 있도록 다양한 학습 과제를 제시한다.

(바) 최소 성취수준 보장을 위해 과목 출석률 및 학업성취율의 이수 조건을 고려하여 영역별 최소 성취수준과 학습량을 설정하고, 수준별 학습, 단계적 학습, 개별 학습과 심화 보충 학습 등이 가능하도록 학생 맞춤형 교수·학습 자료를 구성하며, 학습자가 다양한 방식과 역할로 수업에 참여할 수 있도록 교수·학습 활동을 계획하고 운영한다.

나. 평가

(1) 평가의 방향

(가) 스포츠 경기 유형에 적합한 체력을 강화하고 더욱 고도화된 스포츠 경기 수행 능력을 기르기 위한 종합적 평가가 이루어지도록 한다. 네트형 스포츠와 필드형 스포츠의 지식과 기능의 습득, 가치와 태도의 실천 등을 종합적으로 평가할 수 있도록 실제 맥락에서의 수행 능력을 평가한다.

(나) 학습자의 학습과 성장 과정을 반영한 다면적 평가가 이루어지도록 한다. 학습 결과와 더불어 학습 과정에서 나타나는 학습자의 과제 수행 및 학습 특성의 변화를 평가하고 평가 방법 및 도구, 평가 주체를 다양화하며 학생 성장을 다면적으로 평가한다.

(다) 특수교육 학생, 다문화 학생, 느린 학습자 등 다양한 특성을 고려한 학습자 맞춤형 평가와 학습자의 수준과 흥미를 반영한 다양한 교수·학습 방법의 구안을 위해 진단평가 및 형성평가를 적극적으로 활용하고 최소 성취수준 보장을 위해 과정을 중시하는 평가가 이루어지도록 한다.

(2) 평가 방법

(가) 평가 범위는 교수·학습 활동을 통해 지도된 전 영역을 대상으로 하되, 내용 영역에 따라 평가 비중을 달리할 수 있다. 단, 평가 내용의 균형성을 고려하여 특정 영역에 편중되지 않도록 한다.

(나) 평가 내용에는 수업 목표와 학습 내용에 제시된 지식·이해, 과정·기능, 가치·태도 요소를 균형 있게 포함한다. 평가의 주체를 고려하여 평가 내용을 선정한다. 특히 동료 또는 자기 평가와 같이 학습자가 주체가 된 평가를 할 경우 구체적인 성취수준을 제공한다.

(다) 평가를 위한 성취기준 및 성취수준은 교육과정 성취기준과 단위 학교 수업 내용을 바탕으로 개발한다. 평가를 위한 성취기준은 교수·학습의 내용 및 방법을 고려하여 영역별 성취기준을 나누거나 통합할 수 있다.

(라) 성취수준은 점수화 및 등급화를 위한 기능의 단순 분류나 기록의 명시보다는 영역별 내용 요소에 따른 기능의 도달 정도를 구체적인 행동 수준으로 진술하고, 평가 등급(단계) 또한 양적 요소와 질적 요소를 모두 포함하여 수준에 맞게 진술한다.

(마) 평가 방법은 학습 목표 및 평가 목적에 적합하게 선정한다. 체육과 평가에서 활용되는 기존 평가 도구를 사용하거나 평가 내용에 적합한 도구를 개발하여 사용할 수 있다.

(바) 모둠별 학습 활동의 평가 시 개별 학습자의 역할 및 노력과 기여도를 평가하는 방안을 마련한다.

(사) 평가 결과는 교수·학습을 수정하고 보완하는 데 활용하며, 학습자와 학부모가 쉽게 이해하도록 구체적으로 재구성하여 안내한다.

(아) 평가 결과의 누가 기록 및 체계적인 관리, 결과 분석 등을 위해 디지털 도구를 활용할 수 있다.

체육과 교육과정 용어

- 건강 체력: 건강을 증진하고 신체활동을 효율적으로 수행하는 데 필요한 체력의 종류로 심폐지구력, 근력, 근지구력, 유연성, 신체 조성 등의 요소로 구성됨.
- 건강 활동: 신체적, 정신적, 사회적 건강을 증진하기 위한 활동으로 목적과 대상에 따른 운동(신체 건강 운동, 정신 건강 운동, 건강한 사회와 안전을 위한 운동 등)과 건강 관리 활동(생활 안전 관리, 질병 관리, 영양 관리, 약물 및 기호품 관리, 체형 및 체질 건강 관리)으로 구분됨.
- 경기 기능: 정식 스포츠 경기에서 요구되는 기능으로, 경기 규칙, 방법, 전략에 따라 발휘됨.
- 경기 수행 능력: 스포츠 게임 또는 경기에서 기능, 전술 및 전략 등을 상황에 맞게 수행할 수 있는 능력
- **경기(게임)** 전략: 공격이나 수비 등의 다양한 전술을 비롯해 경기(게임) 목적을 달성하기 위해 수립하는 전반적인 경기(게임) 운영 방법
- **경기(게임)** 전술: 경기(게임) 중 즉각적인 목표를 수행하거나 특정 상황을 해결하기 위해 개인 또는 팀이 내리는 대응 방법
- 기록형 스포츠: 속도(speed), 거리(distance), 정확성(accuracy)을 기준으로 수립한 기록에 도전하는 스포츠 활동
- 기본 기능: 스포츠 경기와 활동에 참여하기 위해 기본적으로 요구되는 기능으로 축구나 농구의 패스하기, 기계체조 마루 종목의 손 짚고 앞구르기 등이 해당함.
- 기본 움직임 기술(fundamental movement skills): 모든 신체활동의 바탕이 되는 움직임 기술로, 비이동 기술(뻗기, 굽히기, 균형 잡기 등), 이동 기술(걷기, 뛰기 등), 조작 기술(던지기, 치기, 차기 등)로 분류됨.
- 기술형 스포츠(skills-based sports): 참여자 개인의 기술 수행 능력에 따라 경기의 승패가 좌우되는 스포츠 활동으로, 기술 수행(혹은 도전)의 목표에 따라 동작형, 기록형, 투기형 스포츠 유형으로 구분됨.
- 네트형 스포츠: 네트를 사이에 두고 서로 공이나 콕을 주고받는 스포츠 활동으로, 상대 영역으로 보낸 공이나 콕을 받아넘기지 못할 때 득점이 됨. 상대(팀)와 신체적 접촉이 없다는 특성이 있으며, 배구, 탁구, 배드민턴, 테니스 등이 해당함.
- 도구 표현: 기본 움직임 기술을 도구의 종류(줄, 공, 천, 훌라후프 등)와 특성(모양, 움직임 등)에 맞게 표현하는 활동
- 동작형 스포츠: 맨몸 혹은 기구 등을 활용해 신체가 이루어낼 수 있는 최고의 동작을 추구하며 동작의 완성도를 겨루는 스포츠 활동으로, 대표적으로 기계체조(마루, 평균대, 철봉, 도마 등)가 해당함.
- 리듬 표현: 기본 움직임 기술을 리듬의 요소, 즉 박자(time), 강약(accent), 빠르기(tempo), 패턴(pattern)에 맞게 표현하는 활동
- 모방 표현: 기본 움직임 기술을 활용하여 사물, 인물, 자연 현상 등을 모방하여 표현하는 활동
- 변형 게임**(활동)**(modified game): 정식 경기의 경기장, 인원수 등의 물리적 환경, 전술적 상황, 경쟁적 요소 축소 등의 심리적 환경 등을 교육이나 훈련의 목적으로 변형한 게임(활동)
- 복합 기술(combination skills): 기초 기술이 결합된 기능으로, 드리블하며 패스하기, 방향 전환하여 구르기(앞구르기 후 물구나무서기) 등이 해당함.

- 생태형 스포츠(ecological sports): 생활 주변이나 자연환경 등 다양한 환경적 맥락 속에서 인간과 환경과의 상호 작용 및 생태적 결합을 추구하는 스포츠 활동으로, 활동 공간에 따라 생활환경형, 자연환경형 스포츠 유형으로 구분됨.

- 생활환경형 스포츠: 공원, 공터, 도로, 주변 실내 공간 등과 같이 일상생활 공간에서 체험할 수 있는 스포츠 활동으로, 볼링, 인라인 스케이팅, 사이클링, 스포츠클라이밍, 플라잉디스크 등이 해당함.

- 수행 원리: 신체활동 종목별 기본 기능과 경기 기능을 효율적이고 효과적으로 수행하는 데 작용하는 원리로, 특정 기능 수행에 필요한 인지적, 심동적, 정의적 측면의 내용으로 구성됨. 예를 들어, 축구 패스하기의 수행 원리는 전술적 이해 등의 인지적 측면, 자세나 균형 유지, 공을 차는 발의 면과 임팩트 지점, 차는 발의 스윙 등의 심동적 측면, 자신감이나 협력 등의 정의적 측면으로 설정될 수 있으며, 기능의 특성에 따라 심미적 측면이 추가될 수 있음. 단, 기능이 심화하면서 수행 원리의 초점(기초 기술: 동작 수행 초점, 복합 기술: 기초 기술의 연결 초점, 응용 기술: 전술이나 전략 등의 상황적 맥락에 초점 등)이 달라질 수 있으며, 고등학교에서는 학문적으로 검증되어 통용되는 인문사회적, 자연과학적, 예술적 이론으로 원리를 구성함.

- **스포츠**(sports): 기술, 규칙, 경쟁적 특성을 바탕으로 제도화되고 조직화된 신체활동과 다양한 환경과의 상호작용을 통해 생태적 결합을 추구하는 신체활동을 포괄하는 형식

- 스포츠 정신(sportsmanship 또는 sports-personship): 스포츠에 참여하는 사람이 지녀야 하는 올바르고 이상적인 덕목이자 마음가짐

- 스포츠 표현: 스포츠에서 예술적 아름다움을 추구하는 표현 활동으로, 스포츠에 존재하는 움직임의 원리와 예술성 등을 적용하고 창의적으로 표현하는 활동 유형이며, 창작체조, 리듬체조, 음악줄넘기, 피겨스케이팅 등이 해당함.

- 신체활동(physical activity): 놀이, 게임, 운동, 스포츠, 표현 등의 맥락에서 계획적, 의도적으로 수행되는 움직임으로, 신체 능력과 건강을 증진하고, 다양한 기술과 전략을 바탕으로 타인 및 환경과 상호작용하며 도전, 경쟁, 표현하는 과정에서 형성된 삶의 양식을 의미함.

- 신체활동 문화(physical activity culture): 제도화된 신체활동의 역사와 정신, 지식과 수행 방법 등 신체활동과 관련된 생활 양식을 총체적으로 일컫는 용어

- 신체활동 역량(physical activity competency): 신체활동과 관련된 지식, 기능, 태도의 총체로서, 신체활동에 참여할 수 있는 역량이자 신체활동 참여를 통해 길러질 수 있는 역량을 포괄함.

- 신체활동 형식(forms of physical activity): 신체활동을 참여 목적이나 방식 등에 따라 가장 상위 수준에서 분류한 개념으로, 기본 움직임(fundamental movements), 놀이(play), 운동(exercise), 스포츠(sport), 표현(dance), 무예(martial arts), 여가활동(leisure) 등으로 분류됨.

- 영역형 스포츠: 상대 영역으로 이동하여 정해진 지점에 공을 보내 득점하는 스포츠 활동으로, 상대 팀의 영역을 침범하기 위해 상호 경쟁하는 특성을 보이며, 축구, 농구, 핸드볼, 럭비, 하키 등이 해당함.

- 운동(exercise): 체력과 기능 향상, 건강 증진을 목적으로 행해지는 신체활동 형식

- 운동 처방(exercise prescription): 과학적인 검사를 통해서 개인의 건강 상태와 체력 수준에 맞는 운동을 선택하여 운동 시간, 운동 빈도, 운동 강도, 운동 기간 등을 적용하는 행위

- 운동 **체력**: 운동을 효율적으로 수행하는 데 기초가 되는 체력의 종류로서, 순발력, 협응성, 민첩성 등의 요소로 구성됨.

- 움직임 요소(movement concepts): 인간의 움직임을 구성하는 신체(body), 공간(space), 노력(effort), 관계(relationship) 요소를 의미함. 인간의 모든 움직임은 어떤 신체 부위를 움직일 것인가(신체), 어디로 움직일 것인가(공간), 어떻게 움직일 것인가(노력), 환경이나 도구, 다른 사람과 어떤 관계를 맺고 움직일 것인가(관계)와 같은 요소의 결합으로 분화되고 다양해짐.

- 응용 기술(skills in contexts): 특정 신체활동 종목의 전술적 혹은 전략적 상황에 맞게 기초 및 복합기술을 다양하게 적용할 수 있는 기능으로, 공격 기회를 만드는 공간 패스 혹은 드리블, 주자를 다음 누(base)에 보내기 위한 배팅 등이 해당함.

- 자연환경형 스포츠: 일상생활 공간을 벗어나 자연환경 속에서 체험할 수 있는 스포츠 활동으로, 골프, 등반, 카약, 래프팅, 스키, 승마 등이 해당함.

- 전략형 스포츠(strategies-based sports): 경기 기능뿐만 아니라 경기 전략이 승패에 주된 영향을 미치는 스포츠 활동으로, 전략적 특성에 따라 영역형, 필드형, 네트형 스포츠 유형으로 구분됨.

- 전문 기술(specialized skills): 정식 경기의 전술적 혹은 전략적 상황에 맞게 응용 기능을 수행할 수 있는 기능으로, 정식 축구 경기나 농구 경기 등에서 응용 기능을 수행할 수 있는 능력을 의미함.

- 전통 표현(traditional expression): 민족의 고유한 전통을 신체 움직임으로 표현하는 활동으로, 우리나라 또는 외국의 민속무용에서 나타나는 전형적이고 예술적인 표현 동작 또는 유형을 의미하며, 민속무용(탈춤, 부채춤, 플라멩코 등), 궁중무용(춘앵무, 향발무, 발레 등)이 해당함.

- 정식 경기(full game): 국내외 각 종목별 공인 기관에서 공식화한 경기 방법, 규칙 등을 따르는 경기

- 체력 운동: 신체적성(physical fitness)과 이를 통한 신체 수행(physical performance) 능력을 향상하기 위해 수행하는 운동

- 추상 표현: 기본 움직임 기술을 활용하여 느낌, 생각 등을 독창적으로 표현하는 활동

- 투기형 스포츠: 여러 가지 공격과 방어 기술들을 주고받으면서 상대방의 신체적 기량에 맞서는 스포츠 활동으로, 유술형, 타격형, 혼합형 스포츠 등으로 구분됨.

- **표현**(expression): 생각과 감정을 다양한 동작으로 나타내는 신체활동 형식

- 표현 방법: 움직임의 기술, 요소를 바탕으로 다양한 동작을 아름답게 나타내는 방법으로, 모방 표현, 추상 표현, 리듬 표현, 도구 표현 등이 포함됨.

- 표현 요소: 표현(활동) 작품에서 요구되는 주제, 동작, 구성, 음악, 의상 등의 표현적 특성을 드러내는 요소

- **표현(활동) 유형**: 유사한 형태로 이루어진 표현 형식의 세부 활동을 묶은 것으로, 스포츠 표현, 전통 표현, 현대 표현으로 구분됨.

- 표현 원리: 움직임을 창의적이고 아름답게 표현하는 데 작용하는 원리로, 특정 표현 활동을 수행하는 데 필요한 인지적, 심동적, 정의적 측면의 내용으로 구성됨.

- 필드형 스포츠: 동일 공간에서 공격과 수비를 번갈아 하며 정해진 구역(혹은 누)을 돌아 점수를 얻는 스포츠 활동으로, 야구, 소프트볼 등이 해당함.

- 현대 표현: 전통적이고 형식적인 표현 방식에서 벗어나 자유롭고 개성 있는 신체 움직임으로 표현하는 활동으로, 현대무용, 댄스스포츠, 스트리트댄스 등이 해당함.

참고문헌

- 교육부 고시 제2015-74호
- 김대진(2012), 스포츠교육학총론, 교육과학사
- 손천택, 박정준(2017), 체육교수이론, 서울:대한미디어
- 유정애(2016), 체육과 교육과정 총론 3판, 서울:대한미디어
- 유정애(2023), 체육과 교육과정 총론 4판, 서울:대한미디어
- 유정애(2003), 체육수업비평. 서울: 무지개사
- 이규일, 양태양, 정일진, 전용진, 류민정(2016), 고등학교 스포츠교육학, 울산광역시교육청
- 한국스포츠교육학(2015), 스포츠교육학 2급 스포츠지도사, 서울: 대한미디어
- 강신복(1993), 체육교육과정이론, 서울: 보경문화사, Jewett. A & Bain. L의 The Curriculum Processin Physical Education 1985년 초판 번역본
- 김대진(2012), 스포츠교육학 총론, 서울: 교육과학사
- 유정애(2016), 체육교육과정 총론, 서울: 대한미디어
- 최의창(2003), 체육교육탐구, 서울: 태근문화사
- Jewett A, Bain. L & Ennis. C.(1995), The Curriculum Processin Physical Education, Second Edition. Madison, Wl: Web
- Hellison, D. (2003), Teaching responsibility through physicaleducation, Champaign, IL: Human Kinetics

해커스임용 이채문 전공체육 스포츠교육학 1

초판 2쇄 발행 2024년 4월 8일
초판 1쇄 발행 2023년 6월 12일

지은이	이채문
펴낸곳	해커스패스
펴낸이	해커스임용 출판팀
주소	서울특별시 강남구 강남대로 428 해커스임용
고객센터	02-566-6860
교재 관련 문의	teacher@pass.com 해커스임용 사이트(teacher.Hackers.com) 1:1 고객센터
학원 강의 및 동영상강의	teacher.Hackers.com
ISBN	979-11-6999-260-2 (13370)
Serial Number	01-02-01